냉전의 섬, 전선의 금문도
COLD WAR ISLAND: QUEMOY ON THE FRONT LINE

마이클 스조니(Michael Szonyi) 지음

김민환·정영신 옮김

진인진

COLD WAR ISLAND by Michael Szonyi

Copyright ⓒ Michael Szonyi 2008

All rights reserved.

This Korean edition was published by Zininzin Co., Ltd in 2020
by arrangement with Cambridge University Press
through KCC(Korea Copyright Center Inc.), Seoul.

이 책은 (주)한국저작권센터(KCC)를 통한 저작권자와의 독점계약으로
진인진에서 출간되었습니다. 저작권법에 의해 한국 내에서 보호를 받는
저작물이므로 무단전재와 복제를 금합니다.

목차

머리말   7

일러두기   13

역자서문   15

제1장   서론 : 비일상적 장소에서의 일상적인 삶   25
- 세계 속의 진먼   35
- 책의 자료와 개요   40

PART I   부상하는 지정학화   45

제2장   구닝터우 전투   47
- 구닝터우 이전의 진먼   50
- 진먼과 구닝터우   52

제3장   전쟁지구의 정치, 1949-1960   63
- 임시 군사화(*Ad hoc* militarization)   64
- 전지정무에 대한 이론과 실행   68
- 마을 정치   72
- 감시와 억압   83
- 결론   87

| 제4장 | 1954-55년 포격전 | 89 |
| · 전투의 기억 | | 93 |

제5장	군사화와 진먼 민방자위대, 1949-1960	103
· 천둥 훈련(Thunder Exercise)		111
· 민방자위대 노동		114
· 결론		121

제6장	1958년 포격전	125
· 전투의 기억		131
· 운반		137
· 소개(疏開)		140
· 결론		146

PART II **군사화와 지정학화의 변화 과정** 149

제7장	1960년대: 삼민주의모범현(三民主義模範縣) 만들기	153
· 발진 계획		155
· 쥐꼬리와 위생		159
· 군사화된 근대 시민을 대상으로 한 생정치(biopolitics)		168
· 경계 넘기		171
· 결론		181

제8장	1970년대: 전투촌과 지하 진먼	185
· 전투촌의 이론과 실제		187
· 전투촌 모델의 기원		194
· 전투촌의 지정학		197
· 이념 교육과 대중 캠페인		202
· 결론		208

PART III 냉전 시대의 일상   211

  제9장   전시 경제   213
          · 전통 경제   216
          · 군사화된 발전국가   217
          · 산업화, 국유기업과 농업의 확대   222
          · 지·아이·조(G. I. Joe) 사업   231
          · 두 기업가   236
          · 지·아이·조 사업의 문제들   243
          · 결론   250

  제10장 여성의 삶: 군영 내 공창, 행진, 동원된 근대의 상징들   255
          · 매춘부로서의 여성   258
          · 군인의 아내   270
          · 아내와 어머니로서의 여성   282
          · 군인으로서의 여성   286
          · 진면의 여성 군인들   295
          · 결론   299

  제11장 냉전의 귀신과 신   303
          · 애국 장군의 사당   304
          · 민간 신앙의 통제와 감시   306
          · 왕유란(王玉蘭) 숭배   308
          · 군인, 마을 사람, 그리고 도교   314
          · 지정학과 해석 양식: 유동하는 기표로서의 왕유란   322

| PART IV | **탈군사화와 후군사화** | 327 |

제12장	탈군사화와 후군사화	329
	· 진먼 민주화 운동	331
	· 비상사태의 종식	336
	· 새로운 진먼의 831	345
	· 밀수업자, 관광객, 소삼통(小三通)	350
	· 왕유란과 정체성의 정치	353
	· 결론	359

제13장	기억과 정치	361
	· 고통(suffering)의 담론	366
	· 행위성의 담론	370
	· 향수의 담론	376
	· 세 가지 담론의 해석	378
	· 결론	385

| 제14장 | 결론: 배가된 주변성 | 387 |
| | · 세계 속의 진먼 | 396 |

부록 411

일러두기 415

머리말

50년 동안 진먼 혹은 끼모이는 빈번하게 은유(metaphor)로서 재현되었다. 진먼은 아시아의 서베를린 혹은 중국의 디엔비엔푸(Dien Bien Phu)라고 불려왔다. 이 섬은 자유의 군대가 공산주의를 공격하기 위한 전초기지이거나, 혹은 이 섬의 함락은 자유의 군대의 실패를 의미한다는 의미에서 [공산주의 확산의 도미노 이론에서 말하는] 첫 번째 도미노이기도 하다. 두 번째 부류의 은유는 진먼의 중요성에 대한 정반대의 인상을 전파한다. 즉, 진먼을 둘러싼 갈등은 단지 [보여주기 위한] 극장(theater)일 뿐이라는 것이다. 드와이트 아이젠하워(Dwight Eisenhower)는 잘 알려진 것처럼, 이 섬을 둘러싼 긴장을 "길버트와 설리반의 전쟁(Gilbert and Sullivan war)"이라고 불렀다.* 최근에 나는 전임 주베이징 미국대사가 타이완 해협을 "드럼과 징이 엄청나게 울리지만, 실제로는 아무도 다치지 않는 중국식 오페라"로 비유하는 것을 들었다. 나는 처음에 부분적으로는,

---

* Dwight Eisenhower, *Waging Peace, 195-1961: The White House Year*, 304. 옮긴이 주: 윌리엄 길버트와 아서 설리번은 19세기 말에 활동했던 영국의 극작가이자 작곡가였다. 이들은 주로 귀족을 대상으로 했던 유럽 대륙의 오페라와 달리, 해학적인 어휘와 대중적인 선율 등을 결합하여 영국식 오페레타를 확립한 것으로 평가받고 있다. "길버트와 설리번의 전쟁"은 극장의 무대에서 공연하는 것처럼 벌이는 공연으로서의 전쟁을 의미한다.

이러한 은유들 모두가 왜 진먼 주민들의 경험을 그렇게 잘 전달하지 못하는지를 설명하기 위해 이 책을 쓰고 싶었다. 나는 진먼의 많은 사람들에게 엄청난 빚을 졌다. 이 책에서 그들 대부분은 이름이 거론되지 않지만, 그들은 내가 그들의 집과 마을에 들어가는 것을 환영해 주었으며 그들의 구술사를 나와 공유해 주었다. 나는 그들이 이 책을 읽으면서, 내가 그들의 삶을 공정하고 충실하게 설명했음을 알게 되기를 희망한다. 물론 그들이 내 분석 모두에 동의하지는 않을 것이지만 말이다.

나는 기본적으로 명·청 시대를 연구하는 역사가이다. 따라서 독자들은 내가 왜 이 주제를 선정했는지 의문을 가질 수 있다. 사실 이 책은 국가와 일상생활의 관계를 탐구한 나의 이전 주제들을 다른 시간과 광대한 다른 맥락 속에서 변주한 것이다. 특히, 나의 관심은 중국 사회의 사람들이 자신을 둘러싸고 있지만 그들의 삶을 결정하지는 못하는 거대한 힘에 어떻게 예상치 못한 방식으로 반응해 왔는가에 있었다. 제임스 스콧(James Scott)이 보여준 것처럼, 실패는 사회 변혁을 목표로 하는 국가 정책의 가장 보편적인 운명이었다. 비록 스콧의 관심은 근대적인 것에 있었지만, 그의 통찰은 명나라 시대에도 어느 정도까지는 진리였다. 그러나 정책들이 그 의도된 결과를 낳는 데는 실패했더라도, 의도하지 않았고 기대되지 않았던 더 중요한 결과를 태동시킬 수 있다. 이러한 국지적 결과는, 그 결과를 낳은 중앙정부의 정책을 역사적으로 이해하는 데 매우 중요할 수 있다. 이 책은 나의 이전 책에 적용되었던 유사한 방법론적 접근을 활용하고 있다. 즉 전통적인 문헌 연구를 현장 조사 및 구술사와 결합하고, 더 큰 문제에 대한 답을 찾는 수단으로 지방사를 활용하는 것 말이다. 나는 명·청의 역사를 공부하던 학생 시절에 다른 많은 학자들, 특히 남중국연구센터(South China Research Center)와 연관된 학자들과 작업하면서 이런 접근법을 배웠다. 비록 이 그룹은 인류학에 빚지고 있지만, 질문 자체는 철저하게 역사학적이었다. 내가 진먼에 흥미를 갖게 된 요인 중 하나는 이러한 방법이 다른 맥락 속에서도 적용 가능할 것인지에 대한 호기심이었다. 독자들이 판단하겠지만, 나 스스로 내린 결론은 지방사는 현대뿐만 아니라 그 이전의 시기에서도 정치와 일상생활의 상호작용을 탐구하는 강력한 도구가 될 수 있다는 것이다.

이러한 유사성 때문에, 내가 이런 특정한 맥락에 처음으로 관심을 두게 된 것은 아니었다. 나는 2001년 9월 11일에 끝난 학술회의에 참석하기 위해 진먼을 처음 방문했다. [9.11 테러 이후에] 계속되는 소란 때문에 나는 며칠 더 체류하게 되었다. 섬의 마을들을 방문하면서 주민들과 이야기를 나누고 지역 학자들의 작업을 배우게 된 경험이 진먼 역사에 대한 내 관심을 촉발했다(어느 정도까지는, 그 당시 막 시작되던 세상의 변화가 핵심 이슈에 대한 내 생각을 형성했다). 나를 처음 진먼으로 초대해 주신 왕(C. K. Wang) 교수님께 감사드린다.

로버트 액시넬리(Robert Accinelli), 팀 브룩(Tim Brook), 베스 피셔(Beth Fischer), 제임스 플래스(James Flath), 헨리에타 해리슨(Henrietta Harrison), 이언 존슨(Ian Johnson), 앨런 맥키천(Alan MacEachern), 프랜킨 맥켄지(Francine McKenzie), 데이빗 온비(David Ownby), 로버트 로스(Robert Ross)는 각각 초고 전체를 읽어 주었다. 이들 중 몇몇은 한 번 이상 읽었다. 신시아 인로(Cynthia Enloe), 그레고리 스콧(Gregory Scott), 테리 시큘러(Terry Sicular), 이원운(Wonwoon Yi)은 개별 장들에 대한 논평을 해 주었다. 많은 동료들이 자료를 찾아보라고 제안하고, 질문에 답해주기도 했으며, 다른 도움을 주었다. 아일린 청-인 초우(Eileen Cheng-Yin Chow), 로버트 존슨(Robert Johnson), 데니스 코즈로프(Denis Kozlov), 리 조잉(Li Cho-ying), 린 홍이(Lin Hongyi), 로 쉬치(Lo Shih-chieh), 에드 밀러(Ed Miller), 레베카 네도스텁(Rebecca Nedostup), 대릴 스턱(Darryl Sterk), 눙 트란(Nhung Tran), 린 비올라(Lynne Viola)와 데이빗 왕(David Wand) 등이 그들이다(빠진 분이 있다면 사과 드린다). 사서인 제임스 청(Librarian James Cheng)과 샤오허 마(Xiao-he Ma), 그 외 하버드 옌칭 도서관의 다른 직원들은 너무나 많은 도움을 주셨다. 몇 달 안에 그들은 하버드 옌칭 도서관을 아마도 중화민국 밖에 존재하는, 진먼에 관한 가장 훌륭한 문서고로 만들었다. 타이완과 진먼에서 나는 천 자자(Chen JiaJia: Gia)와 장 지잉(Zhang Jiying: Jackie)의 탁월한 연구

보조를 받았다. 진먼 현정부(縣政府)의 벤 진징(Bian Jinjing)은 내가 례위(소진먼) 문서고를 활용할 수 있게 해 주었으며, 진먼국가공원 본부의 황 즈쥐엔(Huang Zijuan)은 많은 도움을 주었다. 황 메이링(Huang Meiling)은 내가 섬에 머무르는 동안 도움이 많이 된 집주인이다. 나는 진먼의 두 동료, 츠 창후이(Chi Changhui)와 장 보웨이(Jiang Bowei)에게도 엄청난 빚을 졌다. 만약 다른 사람이었다면 내가 자신들의 영역으로 들어오는 것을 경계했겠지만, 이 두 사람은 진먼학이라는 좁은 영역에 내가 들어오는 것을 환영해 주었다. 나는 장 보웨이와 아주 긴밀하게 일했는데, 그는 진정으로 학문적 너그러움의 모범이었고 환상적인 동료였으며 아주 좋은 친구였다. 나는 또한 진먼공과대학 소속 그의 연구팀, 특히 웡 펑란(Weng Fenglan)에게도 감사드린다. 그들은 나의 많은 요구에 자애롭게 반응해 주었고 많은 도움을 주었다. 나는 또한 진먼의 다른 구술사학자들, 특히 동 췬롄(Dong Qunlian)에게 감사를 드려야만 한다. 그들은 많은 뛰어난 구술사 관련 책을 출판하였다. 하버드로 돌아와서 아시아 냉전에 관한 신입생 세미나를 진행했는데, 여기에 참석한 학생들은 사려 깊은 비판을 제공해주었다. 제프 블로섬(Jeff Blossom)은 지도(map)를 준비해 주었다. 존 웡(John Wong)은 초고를 수정하는 마지막 단계에서 지치지도 않고 중요한 도움을 주었다. 캠브리지 대학 출판부(Cambridge University Press)의 매리골드 액랜드(Marigold Acland), 사라 그린(Sarah Green), 로시나 디 마르조(Rosina Di Marzo)는 출판 과정에서 이 책의 길잡이가 되어 주었고, 제니퍼 마일스 데이비스(Jennifer Miles Davis)는 텍스트를 향상하는데 엄청난 도움이 되었다. 아일린 도허티(Eileen Doherty)는 인덱스를 준비해 주었고, 낸시 허스트(Nancy Hearst)는 이 책을 교정보았다. 나는 또한 출판사의 익명의 독자 두 분에게도 감사드린다. 그들은 진먼이 어떻게 더 큰 이야기의 한 부분이 되는지를 내가 이해하는 데 도움을 주셨다.

이 책 내용 중 일부분들은 각각 브리티쉬 컬럼비아 대학교, 베이징의 중공중앙당교(中共中央党校), 하버드 대학교, 싱가포르 국립대학교, 샤먼대학교 등에서 발표되었다. 이러한 각 세미나에 참석하신 분들께 감사드린다. 내 연구에 도움을 주신, 중화민국 교육부의 지원을 받는 Taiwan Studies Faculty Research Award Program for Canadians와 the Social Sciences and Humanities Research Council of Canada 및 하버드 대학교의 the Clark fund 등의 기관들께도 감사를 표한다. 11장과 12장의 일부는 "The Virgin and the Chinese State: The Cult of Wang Yulan and the Politics of Local Identity on Jinmen(Quemoy)," *Journal of Ritual Studies* 19:2(2005)에 게재되었고, 편집자의 허락 하에 여기에 다시 싣게 되었다. 10장의 일부분은 2007년 Association for Asian Studies Annual Meeting을 위해 츠 창후이와 공동으로 쓴 논문에서 가져 왔다.

누군가의 가족에게 전하는 말로 책을 마무리하는 인습은 진심 어린 감정을 전혀 훼손하지 않는다. 이 책이 헌정된 캐슬린과 로버트는, 아버지의 잦은 부재와 정신없음을 잘 견뎌 주었다. 세 살인 캐슬린이 자정을 넘기면서 크레파스로 "작품"을 만들고 있을 때, 나는 책보다 더 중요한 것이 있음을 깨달았다. 마침내 그들을 진먼으로 데리고 가서 오랫동안 그들 삶의 한 부분이 되었던 여러 장소들을 보여줄 수 있어서 매우 즐거웠다. 우리가 거기 도착했을 때 나를 위해 새로운 많은 문이 열려 있다는 사실을 알게 되었다. 그렇게 많은 방식으로 나를 지원했던 프랜킨 맥켄지에게 감사를 표하기 위해 필요한 적당한 말들을 찾아낼 수 있었으면 좋겠다.

일러두기

이 책은 중국 이름과 용어를 영문으로 표기하기 위해, 몇몇 예외를 제외하고, 핀인 시스템(pinyin system)을 사용한다. 근대 중국 표준어(북경어)에서 이 책의 지리학적 주제는 핀인 시스템을 사용해서 진먼(Jinmen)으로 표기하고 있다. 그러나 대부분의 서구 비전문가들에게 이 섬은 끼모이(Quemoy)로 알려져 있다. 끼모이는 그 지방 방언인 민난어로 이 섬을 부르는 이름이다. 독자들이 이 책의 제목에서는 끼모이로, 본문에서는 진먼을 사용하는 교묘한 속임수를 용서해 주시길 희망한다. 또한 유사한 이유에서 쑨원(孫文)을 Sun Zhongshan 대신 Sun Yat-sen으로 표기하고, 장제스(蔣介石)를 Jiang Jieshi 대신 Chiang Kai-shek으로, 국민당을 Guomindang 대신 Kuomintang으로 표기한다(유감스럽게도 진먼의 영토를 수비하는 데에는 중화민국이 성공했지만, 핀인 시스템을 사용함으로써 이 책은 이 섬에 중국 본토 헤게모니를 강화하는데 이바지하게 된다. 적어도 언어학적으로는 말이다). 페스카도리스(Pescadores)라고 알려진 진먼과 타이완 사이의 열도는 여기서 중국 이름 펑후(Penghu)로 언급될 것이다. 1949년 이후 중국 본토에서 권력을 잡은 정권을 묘사할 때는 중화인민공화국과 중국을 교환해서 사용할 것이며, 그 시기 이후 타이완에서 권력을 잡은 정권은 중화민국과 타이완으로 표기될 것이다. 타이완의 계엄령 기간 동안 중국 본토의 정권은 불법적인 것으로 간주되어 결코 인민공화국으로 표기될 수 없었다. 오히려 "공산주의 강도"나 "마오[쩌둥]과 주[더] 강도"와 같은 다양한 별칭으로 불렸다. 시간이 지나면서 이러한 별칭은 단순히 중국 본토의 정권을 인습적으로 지칭하게 되었다. 따라서 번역과 관련해서, 나는 대부분 원래의 것보다 훨씬 중립적인 용어로 대체했다. 다만 원문이 그 용어를 강력하게 부정적 의미로 사용한 경우에는 예외로 했다. 중국어 문헌에서 진먼에 대한 여러 포격전은 포격이 시작된 달과 일로서 표현된다(따라서 1958년 8월 23일 시작된 포격전은 '8·23 포격전'으로 알려져 있다). 나는 1954-5년 해협 위기 및 1958년 해협 위기 등 더 잘 알려진 용어를 사용할 것이다.

이 책에서 다루는 대부분의 시기에 진먼에서는 진먼 타이완달러(NTD, New Taiwan Dollar)라는 통화를 사용했는데, 이는 일반적인 타이완 달러(NTD)와 동일한 가치를 가졌다.* 이 책에 인용된 액수들은 많은 경우 구술을 통해 전해졌기 때문에, 현재의 달러로 환산하게 되면 오류에 빠질 수 있다. 이 액수들을 각각 표현하면, 1950년 타이완의 1인당 GNP는 250NTD(50미국달러), 1960년에는 5,200NTD(130미국달러), 1970년에는 11,680NTD(292미국달러), 1978년에는 57,000NTD(1,400미국달러), 1996년에는 320,000NTD(11,600미국달러)였다.**

---

* 옮긴이 주: 중화민국 정부는 1949년에 타이완으로 이전(국부천대)하기 직전에, 대만에서 사용하던 통화(구 타이완달러) 대신에 신 타이완달러를 발행하였다. 이것은 당시 국부천대로 인해 발생한 초인플레이션을 잠재우기 위한 조치였다. 그런데 푸젠성 지역이면서 중화민국에 속해 있던 진먼, 마주, 다천(大陳)에서도 타이완달러를 사용했는데, 동일한 화폐에 각각 진먼 전용, 마주 전용, 다천 전용이라는 빨간색 마크를 찍어서 사용했다. 이 때문에 이 지역의 사람들이 대만을 방문할 때에는 환전이 필요했고, 대만 사람들이 이 지역들을 방문할 때도 마찬가지였다. 이것은 이 지역의 경제가 매우 취약하기도 했고, 본문에서 강조하고 있는 것처럼 인구를 통제하고 관리하기 위한 목적도 있었던 것으로 보인다.

** 미국달러 수치는 Samuel Ku, "The Political Economy of Regime transformation: Taiwan and Southeast Asia," 59-78에서 인용하였음. 역사적 비율에 대해서는 다음의 홈페이지 주소를 참조할 것. investintaiwan.nat.gov.tw/en/env/stats/exhcange_rates.html

...

역자서문

이 책은 마이클 스조니(Michael Szonyi)의 *Cold War Island: Quemoy on the Front Line*(Cambridge University Press, 2008)을 완역한 것이다. 이 책은 금문도라는 작은 섬을 지방적(local)-국가적(national)-지역적(regiongal)-전지구적(global) 힘들이 교차하는 현장으로 파악하고 근대화, 군사화, 지정학화와 같은 국가적·전지구적 기획들이 섬 사람들의 삶을 어떻게 주조했는지를 분석한 탁월한 연구서이다. 그것이 가능했던 이유는 저자 스조니 교수의 역량이 훌륭했기 때문이기도 하지만, 일차적으로는 이 책의 연구대상인 '금문도(金門島, 진먼다오, Quemoy, Kinmen)'가 동아시아의 냉전에서 수행한 독특한 역할 그 자체에 있다고 할 수 있다. 이 책을 읽으면 잘 알게 되겠지만, '금문도'는 1949년 구닝터우 전투-1954~5년 제1차 해협위기(9·3 포격전)-1958년 제2차 해협위기(8·23 포격전)-1958년 10월부터 1978년 12월까지 이어진 '격일포격전' 등 '동아시아 냉전-분단체제' 속에서 항상 최전선(最戰線)에 위치하고 있었다. 이 책의 제목은 그와 같은 금문도의 독특한 위치와 역할을 잘 표현해 주고 있다.

그런데 동아시아에는 금문도 이외에도 '냉전의 섬'으로 불리는 곳이 있다. 바로 동중국해에 위치하고 있는 오키나와다.* 오키나와가 미군의 직접 지배를

---

* Chalmers Johnson, ed., *Okinawa: Cold Island*, Cardiff, Japan Policy Research Institute, 1999.

받으면서 동아시아 미군의 중추 '기지'로서 역할을 해왔다면, 금문도는 서로 총구를 겨눈 채 포격전을 수행했던 전장(戰場)이었다고 할 수 있다. 그런 점에서 금문도는 한반도 비무장지대 인근의 접경지역이나 군사도시, 백령도를 비롯한 서해의 섬들과 유사한 점이 많다고 할 수 있다. 한국의 독자들이 이 책을 읽으면서 금문도의 역사를 알게 되면 될수록, 자연스럽게 우리의 경험을 떠올리게 될 것이고 그 유사성에 놀라게 될 것이다. 즉, 금문도의 역사는 20세기 현대사 속에서 매우 독특한 특징들을 지니고 있지만, 그런 독특성이야말로 우리의 분단-냉전 경험을 더 깊이 이해하고 성찰하는 유용한 길잡이가 될 수 있다. 이 책이 지리적·정치적으로 고립된 섬들과 사람들을 이어주는 디딤돌이 될 수 있다면 더 바랄 것이 없을 것이다.

　보통 외국의 저서를 번역할 뒤에 옮긴이들은 그 내용을 요약하고 번역의 의미를 설명하는 '후기'를 작성하곤 한다. 대신 우리는 '역자 서문'을 작성할 필요를 느꼈는데, 그것은 이 책에서 다루는 지명이나 인명 등을 제목과 본문에서 어떻게 표기할 것인가를 먼저 설명해야 하기 때문이다. 한자로 표기되고 중국어로 발음되는 이름을 영어권 독자에게 영어로 제시하고 있는 이 책을 한국어로 번역하는 작업은, 번역작업에서 발생하는 일반적인 어려움 이외에도 추가적인 어려움을 던져주고 있다. 가령, 1장 제일 앞에 나오는 '황펑성'이라는 인물의 경우, 굳이 이 사람의 한자 이름을 알 필요가 없고 한글 표기만으로 충분하다. 그러나 6장에 등장하는 '리진둥'이라는 인물의 이름은 한자 표기를 병행해야 했다. 그에게는 "대피소에서 태어났기 때문에 '대피소로 들어감'이란 뜻을 지닌 리진둥(李進洞)이라는 이름이 붙여"졌기 때문이다. 본문에 등장하는 지명이나 인명에는 금문도 현대사의 여러 장면들이 각인되어 있고, 따라서 한자 표기가 반드시 필요하다고 생각되는 경우에 역자들은 가급적 한자를 추적하여 밝히고자 하였다. 평범한 지역민들의 이름이나 옛 지명을 찾는 일이 쉽지 않았으며, 이 과정에 오류가 있다면 그것은 전적으로 역자들의 불찰일 것이다. 또 원문의 'the Illuminating Virtue Training Team(*Mingde xunlian ban*)'의 경우,

한자 '明德訓練班'을 영어로 옮긴 것이다. 우리는 이것을 명덕(明德)훈련반이라는 한글 표기로 옮겼는데, 그것이 이 교화시설이 지향하는 바를 잘 드러낸다고 생각했기 때문이다.

그러나 이런 어려움들은 이 책에서 다루고 있는 '金門'을 어떻게 한국어로 표기할지를 결정해야 하는 것에 비하여 아주 사소한 것이었다. 전통적으로 이 지역 사람들은 이 섬을 '끼모이(Quemoy)'로 불러 왔고, 이 이름은 서양에도 널리 알려져 있다. 그리고 14세기에 파견된 명 왕조의 관리는 이 섬에 金門島라는 한자명을 붙였는데, '끼모이'의 한자 표기가 '金門'이 된 것이다.** 이를 표준중국어(북경어)로 발음하고 표기하면 '진먼(Jinmen)'이 되고, 민난(閩南)식으로 발음하고 타이완식으로 표기하면 '킨먼(Kinmen)'이 된다. 한국과의 관련성 속에서 생각하면, 1949년 이래로 한국인들은 '金門'을 한국식으로 읽어 '금문'으로 표기해 왔다. 제1차 해협위기나 제2차 해협위기 등을 한국언론에서도 비교적 상세히 보도했는데(제2차 해협위기를 취재하다 한국일보 기자가 순직하기도 했다) 이때 '금문'이라고 불렀으며, 1960년대 이후 서해5도 요새화 과정에서는 이 섬들을 '한국의 금문도'라고 부르기도 했다. 진인진에서 2016년 출간한 책 『냉전의 섬, 금문도의 재탄생』에서는 한국과의 관련성을 염두에 두고 일관되게 '금문'으로 표기했다.

우리는 이 책에서 제목에는 '금문'을, 본문에는 '진먼'을 사용하기로 했다. 제목과 본문에서 다르게 표기하기로 한 이유는 우선 이 책의 저자가 그렇게 하고 있기 때문이었다. 스조니가 서문에서 "독자들이 이 책의 제목에서는 끼모이로, 본문에서는 진먼을 사용하는 교묘한 속임수를 용서해 주시길 희망한다"고 밝히고 있듯이, 영어로 된 이 책의 원제목에서는 'Quemoy'로 본문에서는 'Jin-

---

** 원래 그 지역어로 된 이름이 있고 그것이 나중에 한자로 표기되는 과정은 동아시아에서 보편적이라고 할 수 있다. 한국 고유의 지명이 한자로 정착되어 변경되는 경우를 우리는 잘 알고 있으며(한밭이 대전으로 된 경우), 오키나와 및 홋카이도에서도 이를 자주 찾아볼 수 있다. 오키나와 '킨'의 경우 한자로 '金武'로 표기되는데, 이 '킨'과 '金武' 사이의 관계는 매우 자의적이다.

men'으로 표기하고 있다. 역자들은 저자의 '속임수'를 그대로 채용하여 본문에서는 '진먼'을 사용하되, 저자가 영어권 독자들에게 익숙한 끼모이를 제목에 사용한 것처럼, 한국어 독자들에게 익숙한 '금문'을 제목으로 사용하였다. 무엇보다 이러한 이중적 표기 자체가 금문도의 복잡한 위치와 주민들의 복합적인 정체성을 어느 정도 드러내고 있기 때문이다.

또 '타이완'과 '대만' 중 어떤 것을 선택하는가 하는 문제도 있었다. 우리나라의 표기 관행에서는 한자로 된 국가의 이름은 한국식 발음으로 표기하는데, 日本을 '니혼'이 아니라 '일본'으로 표기하고 中國을 '쭝궈'가 아니라 '중국'으로 표기하고 있다. 반면, 한자로 된 국명을 가진 국가의 지방은 그 나라의 원어에 가깝게 표기한다. 중국의 北京은 '베이징'으로, 일본의 東京은 '도쿄'로 표기한다. 따라서 '대만'인가 '타이완'인가의 문제는 '대만'을 국가에 준하는 것으로 인정하느냐 한 국가의 '지방'으로 인정하느냐 하는 문제와 연관되어 있다. 이 문제는 베이징과 타이베이 각각에서 매우 민감한 문제이다. 여기에 한국사람들이 '臺灣'을 '대만'으로 불러온 역사적 관행도 고려해야 했다. 이 책에서는 金門을 진먼으로 표기한 것처럼, 저자와 원문을 존중하는 차원에서 '대만'이 아니라 '타이완'이라고 일관되게 표기하였다. 비록 '타이완'이라는 표기를 선택했지만, 동아시아에서 이름이 갖는 정치성의 문제는 여전히 매우 어렵고 중요하다는 점을 강조할 필요가 있다.

이 책의 앞부분(서문에서 8장까지)은 김민환이, 뒷부분(9장에서 부록까지)은 정영신이 초역하고, 이후 두 역자 모두가 처음부터 끝까지 전면적인 검토 과정을 거쳤다. 이 과정에서 인명, 지명, 단체명 등에 대한 번역 원칙을 마련하여 적용했고, 오역이나 오기 등을 함께 점검했다. 문체를 균질하게 하기 위한 노력을 함께 하였지만, 두 사람의 개성이 서로 달라 어쩔 수 없는 부분이 많았다. 저자는 미셸 푸코(Michel Foucault)나 조르조 아감벤(Giorgio Agamben) 등을 차용하여 역사적 서술을 이론적 논의와 결합하고 있는데, 역자들의 역량에 한계로 인해 풍부하고 매끄럽게 설명하는데 부족함이 있었다. 그렇지만 더 이상 출간을 미룰 수 없어 여기서 멈추기로 했다. 언제나 그렇듯이 번역과 관련된 모든 문제는 역자들이 감수할 수밖에 없다.

이 책의 번역은 '서울대학교 아시아연구소 아시아 근현대사 총서' 시리즈 중 하나로 기획되었다. 번역을 완료하기로 했던 시점보다 너무나 늦어져서 소장님과 공석기 선생님, 담당 직원과 조교 등 서울대학교 아시아연구소 관계자들께 너무나 죄송할 따름이다. 또 진인진의 배원일 선생님과 김태진 사장님께는 어떻게 사죄를 드려야 할지 모르겠다. 인내하고 기다려 주신 모든 분들께 감사와 사죄의 인사를 올린다. 그리고 역자들에게 오키나와와 금문도 등 동아시아 '냉전의 섬'을 연구하도록 이끌어 주신 정근식 선생님께 한없는 존경과 감사의 인사를 드린다. '진실화해를위한과거사정리위원회'의 위원장이라는 어려운 일을 맡으신 선생님께 더 늦기 전에 이 책을 전해 드릴 수 있어 다행이다. 마지막으로, 역자들의 금문도 여행을 안내해주고 따뜻하게 반겨준 우준방 박사와 가족들, 주민들에게도 감사의 인사를 드리고 싶다.

2020년 12월 김민환, 정영신

약어

CCP Chinese Communist Party(중국 공산당)
CCRM Chinese Cultural Renaissance Movement(중국 문화대혁명)
CO commanding officer(사령관, 지휘관)
DPP Democratic Progressive Party(민진당)
JCRR Joint Commission on Rural Reconstruction(중국농촌부흥연합위원회)
JDHQ Jinmen Defense Headquarters(진먼방위사령부)
KMT Nationalist Party(국민당)
MAAG Military Advisory and Assistance Group(미국 군사자문원조단)
NTD New Taiwan Dollar(타이완달러)
PLA People's Liberation Army(인민해방군)
PRC People's Republic of China(중화인민공화국)
ROC Republic of China(중화민국)
USO United Service Organizations(미국위문협회)
WZA War Zone Administration(전지정무)
WZAC War Zone Administration Committee(전지정무위원회)

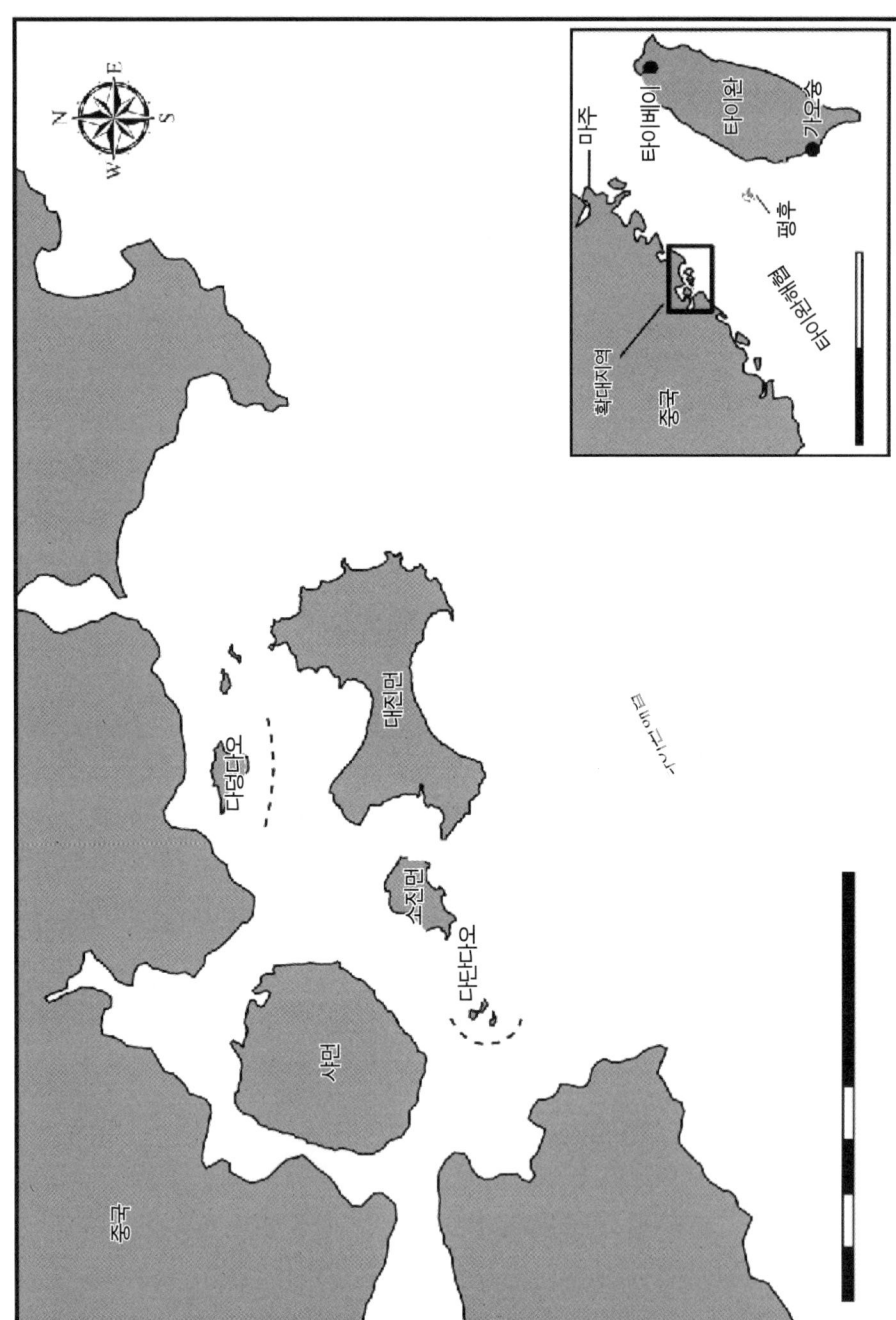

진먼과 샤먼 주변의 지도

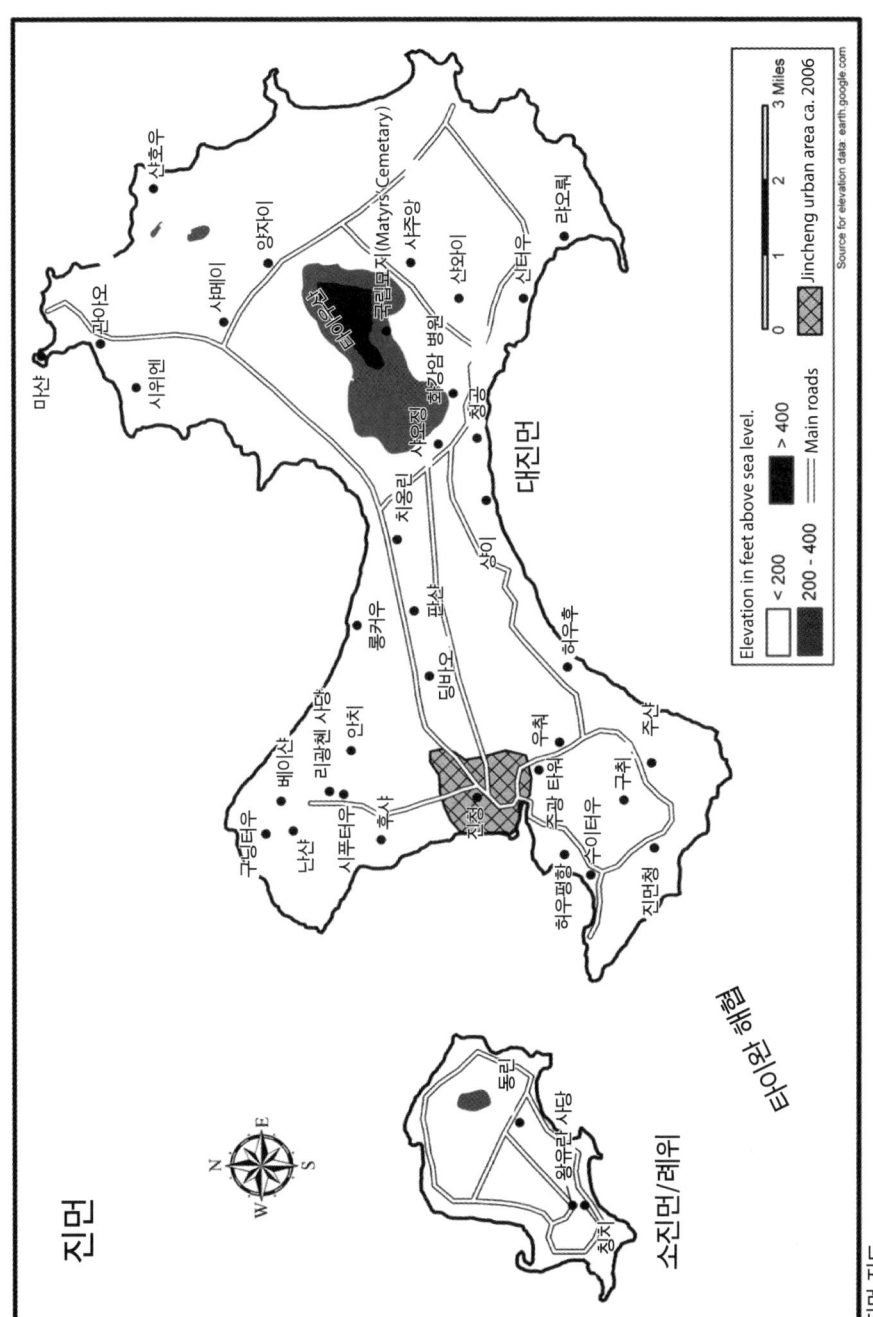

진먼 지도

제1장 서론 : 비일상적 장소에서의 일상적인 삶

1958년 당시 21살의 농부였던 황펑셩은 첫 번째 폭발음—먼 곳에서의 총기 소리와 이후 가까운 언덕에서 포탄이 터지는 소리—을 들었을 때, 가족 소유의 밭에서 작물에 물을 주고 있었다. 늦은 여름이었고 땅콩을 막 수확하려고 할 즈음이었다. 다른 남자들은 근처의 밭에서 일하고 있었지만, 여자들 대부분은 며칠 후 열릴 유령 축제(Ghost Festival)의 음식을 준비하기 위해 마을로 돌아가 있었다. 늦은 오후, 황펑셩은 우물에서 목욕하려고 마을(황의 집이 있는 시위엔(西園) 마을)로 가는 병사들을 볼 수 있었다. 황은 처음에 그 폭발음을 군대 훈련 중에 발생한 것으로 생각했다. 그래서 다시 허리를 굽히고 하던 작업을 계속했다. 그러나 그의 예상과는 달리 소음은 줄어들지 않았다. 폭발음은 언덕 경사를 타고 내려와 평야로, 황에게로 향했다. 그것은 군대의 훈련이 아니라 커다란 전투의 시작이었다.

서구에서 이 전투는 1958년의 타이완 해협 위기(Taiwan Strait Crisis)라고 알려져 있다. 황과 그의 마을 사람들은 이것을 8·23포전(砲戰)이라고 부른다. 이 전투의 진원지이자 그들의 고향인 타이완 해협의 이 작은 섬은 이 지역 말로 끼모이(Quemoy)라고 불린다. 이 책에서 나는 끼모이 대신 본토 중국어 발음으로 진먼(Jinmen)이라고 부르겠다. 이 책의 끝부분에 가서 밝혀질 어떤 이유로, 황과 다른 진먼 주민들은 40년이 지난 후 그 사건에 대한 구술사 기록에 참여하였다. 이것이 이 사건에 대한 황의 설명이 기록된 이유이기도 하다. 어쩌면 그의 차분한 설명은 그가 나중에 경찰관 경력을 쌓은 것과 관련이 있을지도 모른다. 하지만 다른 전쟁 피해자들과 마찬가지로 황은 자신의 경험을 수식 없이 사무적인 어조로 설명한다. 그는 땅의 흔들림이나 공기를 가르는 포탄 소리, 연기로 어두워진 하늘에 대해 말하지 않는다.

    포격 소리가 더욱 커짐에 따라 황은 상황을 이해하게 되었고, 밭 옆에 나 있는 도랑에 몸을 숨겼다. 포격이 진정된 틈을 타 조심스럽게 집으로 향하던 와중에 황은 군인들로 가득 찬 콘크리트 벙커를 발견했다. 다른 곳의 진먼 병사들은 민간인이 벙커에 들어오지 못하게 하였으나 황이 맞닥뜨린 이 벙커에 있는 군인들은 그가 피신할 수 있게 허락해 주었다. 해가 질 즈음에 포격은 사그라들었고 황은 안전한 벙커를 떠나 마을로 돌아갔다. 집은 버려져 있었고, 그는 다른 가족들이 죽었을 것이라고 생각했다. 그러나 몇 시간 안 되어 그의 가족들은 숨어있던 곳에서 나와 안전하게 집으로 돌아왔다. 대부분의 가정에서 제일 먼저 한 일은 신과 조상님께 자신의 안전을 지켜준 것에 감사하며 향을 피우는 일이었다. 황은 집에서 이 일을 한 것이 할머니였는지 말하지는 않았지만 이 작업은 종종 여성 연장자에게 할당된 일이었다. 여느 때와 마찬가지로 어머니들이 저녁 식사로 고구마죽을 끓였지만 많은 사람들이 너무 긴장하여 잘 먹지 못했다. 이웃들은 현관에 모여 오늘의 일에 대해 수군거렸다. 오늘의 뉴스는 명확했다. 포격에서 누가 다쳤는가, 누구의 집이 포탄을 맞았는가, 누구의 돼지가 죽었는가. 시위엔 마을은 8월 23일의 포격에는 거의 피해를 입지 않았지만 다음 날 아침 해가 뜨자마자 포격이 다시 시작되었다. 그 다음 주에 황의 이웃 중 약 20명이 사망하였다. 그 중에서 9명은 집이 무너지면서 산 채로 묻혔다. 시위엔의 사람들은 지하 생활에 익숙해졌다. 그들이 급히 판 습기차고 어두운 보금자리에는 우는 아이들과 신에게 기도하는 노인들, 그리고 곧 이 섬이 마오의 군대에 의해 점령당할 것이라는 소문이 가득했다.[1]

---

1 이러한 설명은 Dong Qunlian(ed.), *jinmen jieyan shiqi de minfang zuxun yu dongyu-*

대부분의 기존 역사는 1958년의 타이완 해협 위기를 관습적으로 외교와 상위정치(high politics)의 이야기로 서술하거나, 관련 정치인들이 이 긴장을 국제지정학의 맥락에서 어떻게 이해하려고 노력했는지를 중심으로 이야기했다.[2] 중화인민공화국이 그 적인 중화민국의 영토에 대해 감행한 이 공격의 의미는 무엇인가? 왜 중국은 냉전에 불을 지피는데 하필 이 시기를, 이 작은 섬을 택했는가? 그 결과는 무엇인가? 중화민국의 총통인 장제스는 미국의 지원에 의지했다. 미국의 아이젠하워 대통령은 장제스의 부탁이 두 국가 간의 상호방위조약에 해당하는 사항이라고 판단하여 타이완 해협에 제7함대를 보냈다. 소비에트의 외무부 공사는 베이징으로 가서 마오쩌둥에게 군대를 해산할 것을 권고했다. 전 세계의 정치지도자들과 보통 사람들은 이 충돌이 전면전의 불꽃이 되지 않을까 걱정했다. 그러나 10월 6일, 44일에 걸친 집중 포격 후에 중국인민해방군의 총은 조용해졌다. 여기에 관여했던 모든 정당들[3]은 자신의 승리를 주장했다. 냉전의 에피소드 중 위험했던 하나가 끝났고, 진먼은 다시 유명할 것 없는 섬이 되었다.

이후 몇 십 년간, 이 위기에 대한 외교적 서술은 상당한 양의 분석 문헌을 만들어냈다. 1958년 위기와 4년 전에 있었던 비슷한 에피소드가 미국, 중국, 소련 세 나라 사이의 전쟁 가능성을 높였기 때문에, 진먼에 관한 이야기는 미국 대외 정책사, 중국 대외 정책사, 중소 및 중미 관계사 서술에서 강조되었으며 이론적인 연구에서도 (전쟁)억제와 '벼랑끝 전술'에 대한 주요 사례로 서술되었다.[4]

---

  an fangtan lu(JMMFFT), I:313 ff과 다른 구술사에 의거한 것이다.
2 예를 들어 Morton Halperin, *The 1958 Taiwan Straits Crisis: A Documented History*와 Thomas Stolper, *China, Taiwan, and the Offshore Islands*를 참조할 것.
3 옮긴이 주: 중화인민공화국의 공산당과 중화민국의 국민당을 의미한다.
4 이러한 각각의 분야에서 수행된 포괄적인 문헌 목록은 너무나 광범위해서 제시하기가 어렵다. 각 분야의 대표적인 연구에는 Robert Accinelli, *Crisis and Commitment: United States*

이 책은 종종 위의 문헌들을 인용할 것이지만, 그러한 분야의 논의에 공헌하지는 않을 것이다. 대신 이 책은 진먼을 매우 다른 시각에서 본다. 이 책은 진먼의 주민들이 그 극적인 사건을 어떻게 경험했는가, 그들은 지금 그 사건을 어떻게 기억하고 있는가를 질문한다. 그것은 진먼을 더 큰 세계 속에 배태된(embedded) 어떤 인간 사회로서 간주하는 것이다. 따라서 이 책은 지난 몇 년 동안 흔히 사용되고 있는 역사기술적 방법(historiographical tactic)을 사용할 것이다. 그것은 그동안 상위정치와 국제 외교의 문제로 연구되었던 타이완 해협 충돌이라는 주제를 사회사(social history)의 관점에서 다룬다는 것을 의미한다. 하지만 선행 연구들과 마찬가지로 진먼 연구는 더 넓은 관련성을 지니고 있음을 그리고 진먼 연구가 중요한 역사적 질문에 관해 알려줄 수 있음을 주장할 것이다. 진먼 사회의 전환은 당대의 지배적인 국제체제, 즉 냉전과 따로 분리하여 생각할 수 없다.[5] 이 책은 진먼을 냉전의 사회와 문화라는 더 넓은 틀에 위치 지으려는 시도이다. 이것은 냉전을 살아 낸 삶에 대한 설명이자 지정학적 대치(geopolitical confrontation)를 인간의 체험과 기억 수준에서 설명하는 것이다.

    Policy toward Taiwan, 1950-1955, Chen Jian, *Mao's China and the Cold War*, Cordon Chang, *Freinds and Enemies: The United States, China, and the Soviet Union, 1948-1972*, Qiang Zhai, *The Dragon, the Lion and the Eagle: Chinese-British-American Relatins, 1949-1958*, Thomas Christensen, *Useful Adversaries: Grand Strategy, Domestic Mobilization, and Sino-American Conflict, 1947-1958* 등의 저작과 Gordon Chang의 "To the Nuclear Brink: Eisenhower, Dulles, and the Quemoy-Matsu Crisis"라는 논문을 들 수 있다.

5 나는 종종 냉전이라는 용어를 진먼의 역사 속에서 배태된 체제 및 더 큰 지정학적 갈등을 지칭하는 것으로 사용할 것이다. 여기에는 이데올로기나 정치경제 체제를 둘러싼 지구적 갈등, 중국의 중화인민공화국과 타이완의 중화민국 사이의 갈등 등이 포함된다. 이렇게 용어를 사용하는 데에는 단순히 용어의 적절성(felicity) 문제를 넘어서는 이유가 있다. 이 용법은 이 시기 전체를 통해 진먼의 역사적 전개가 더 큰 정치적 요인과 묶여 있다는 관심을 불러 일으킨다. 물론, 이러한 용법은 아주 복잡한 현실을 과도하게 단순화시키며 1970년대의 미중 사이의 관계회복과 관련해서는 점점 더 문제가 발생하게 된다. 이 문제와 관련해서는 결론에서 좀 더 다루기로 한다.

이 책에서 나는 네 개의 상호-관련된 현상, 즉 군사화, 지정학화(geopoliticization), 근대화, 기억을 탐구하기 위한 사례 연구로서 진먼을 활용한다. '군사화'라는 용어는 가장 흔하게는 국가가 전쟁을 일으키거나 방어하기 위해, 혹은 둘 다를 위해 능력을 향상시키는 과정을 가리킨다.[6] 우리의 목적과 관련해서는 이 용어의 넓은 의미를 채택하는 것이 좋다. 그것은 사회에 작동하는 군대의 영향, 혹은 군사적 이해(interest), 가치, 담론이 사회적 삶에 침투하는 것을 의미한다. 신시아 인로(Cynthia Enloe)는 이러한 의미의 군사화를 "어떤 것이 제도로서의 군대 또는 군사적 기준에 의해 통제되고, 그것에 의지하거나 그것에서 가치를 찾는 단계적 과정"으로 묘사한다. 광의의 군사화는 가끔 협의의 군사화를 성취하기 위한 방안, 즉 군사력을 증강시키기 위한 방법으로 잘못 이해된다. 하지만 광의의 군사화는 여기에 더해 정치적인 권력을 만들고 행사하기 위한 좀 더 일반적인 방법이기도 하다. 신시아 인로는 광의의 정의와 관련하여 사실상 무엇이든 군사화될 수 있다고 주장한다.[7] 진먼에서 군사화된 것들 중에는 쥐꼬리, 여성의 신체, 그리고 농구가 있다. 주둔군의 필요를 충족시키기 위해 새로운 군사화된 경제가 만들어졌다. 익사한 여자의 영혼에 대한 제사 또한 군사화되었는데, 그것이 반공주의의 상징이라고 군 장교들이 장려하였기 때문이다. 진먼의 역사는 군사화가 사회를 어떻게 변화시킬 수 있는지 보여주는 축도이다.

진먼의 군사화는 지정학화와 밀접하게 연결되어 있었다. '지정학화'는 진먼에서의 삶이 세계 정치와 연결되는 방식을 의미한다. 이 과정은 몇 가지 형태를 취하였다. 가장 분명한 것으로, 진먼은 베이징, 워싱턴, 모스크바 등에서 내린 결정에 의해 국제 정치와 연결된 외부 사건에 영향을 받았다. 이 섬에 대한

---

6 군사화는 국가와 관련해서 배타적으로 언급될 필요는 없지만, 예외적인 것이 흔하지는 않다.

7 Cynthia Enloe, *Maneuvers: The International Politics of Militarizing Women's Lives*, 291. 여기에 대한 논평은 Catherine Lutz, "Militarization," 318-31을 볼 것. 이 용어에 대한 넓은 의미는 오히려 중국어 용어 "군사화(军事化 junshihua)"에 잘 드러나는데, 20세기의 이 용어는 민간의 가치와 행위를 한데 묶어 군대의 가치와 행위로 전환하는 생각을 포함하고 있다.

주기적인 폭격은 진먼과 직접적인 관련이 거의 없는 문제들에 의해 추진되었다. 1958년 인민해방군의 공격이 있은 지 2년 만에 진먼에 다시 17만 발의 포탄이 떨어져 민간인 7명이 숨지고 40명이 다쳤으며 가옥 200채가 파괴되었다. 이것은 아이젠하워 미국 대통령이 타이완을 방문했을 때 "환영하는" 그들의 방식이었다. 이러한 의미에서 지정학화의 또 다른 예는 미국이나 미국이 후원하는 단체들이 진먼에 존재한다는 것이었는데, 미국의 지정학적 이익을 추구하는 그들의 활동에는 현지인들도 참여했다. 여기에는 정규군에 자문을 제공하는 미 군사자문원조그룹(MAAG), 1950년대 초 게릴라 부대를 지원했던 CIA의 위장 기관인 웨스턴 엔터프라이즈, 그리고 미국의 자금조달기관인 농촌부흥연합위원회(JCRR) 등이 포함되어 있었다.[8] 때때로 지정학적 영향력이 다른 방향으로 작용하기도 했다. 1960년 미국 대통령 선거의 토론회에서 닉슨(Richard Nixon)은 케네디(John F. Kennedy)가 진먼에 대한 미국의 방위 공약에 의문을 제기한 것을 두고 그가 공산주의의 위협에 맞설 수 없다는 것을 보여준 것이라고 비난했다. 닉슨의 혐의 제기에 대응하기 위해 케네디 팀은 쿠바의 롤백 혁명에 관여할 용의가 있다는 자극적인 성명을 발표했다. 이렇게 1961년의 실패한 피그만 침공과 진먼 사이의 연관성을 그려볼 수 있다.[9]

또한 '지정학화'는 더 큰 국제 분쟁에서 진먼을 하나의 상징으로 공식적이고 명시적으로 구성하는 것을 의미한다. 1950년대부터 이 섬은 종종 여러 미디어에서 지역 및 국제 정세에서 중요한 곳으로 다루어졌다. 진먼은 노예화된 아

---

8 다른 미국 기관들도 탈선적으로 관여했다. 예를 들어, 공산권 이탈자들에 대한 원조를 제공하는 미국의 탈출 프로그램(US Escapee Program)은 홍콩에서 게릴라들을 모집하여 진먼으로 보내는데 이용되었다. "Report on the US Escapee Program for Refugees Seeking Political Asylum in the Free World," August 17, 1954, Declassified Documents Reference Service(DDRS).

9 쿠바에 대한 침공은 아이젠하워 시기에 처음으로 계획되었고, 케네디에 의해 승인되었다. Arthur Schlesinger, *A Thousand Days: John E Kennedy in the White House*, 225-56.

시아 대중들에게 자유의 등대였으며 다가올 전쟁에서 그들을 자유롭게 할 발판이었다. 진먼은 중화인민공화국에 대한 중화민국의 저항 결정, 미국 주도의 반공 냉전 동맹에의 헌신, 그리고 심지어는 인간의 진보 과정에 대한 은유로 사용되었다. 화려한 수사로는 아무도 전 주(駐)중화민국 쿠바 대사의 말을 능가할 수 없을 것이다. 그는 1959년에 "인간성을 만든 원칙의 보존은 진먼에서 결정되었다. 진먼에서 전투는 인간의 권리, 언론의 자유, 그리고 스스로 사고할 권리와 신을 믿을 권리를 위한 것이었다"고 말했다.[10] 진먼이 지정학적 상징으로 구성되는 양상을 포괄적으로 이해하기 위해서는, 아마도 그 상징을 다양한 시공간에 전파하고 수용하는데 사용된 여러 미디어를 고려해야 할 것이다.[11] 하지만 나는 여기서 그 문제에 대해 깊이 다루지는 않겠다. 지정학적 상징으로서 진먼을 구성하는 것은 글쓰기처럼 재현의 문제가 아니며(혹은 재현의 문제일 뿐만 아니라) 사회적인 과정들이기 때문이다. 내 주요 관심사는 그 과정들과 그것이 진먼의 사람들에게 미친 영향을 이해하는 것이다. 진먼에서 발생하는 일이 지정학적 중요성을 가진다고 인식되었기 때문에 진먼에서의 삶은 지정학화되었다.

이는 반대로 그 지역의 삶에 영향을 준다. 이 책과 관련해서 가장 중요한 것은, 지정학이 사회적 관계의 여러 측면에 영향을 준다는 의미에서 진먼에서의 삶이 지정학화되었으며, 진먼 사람들이 자신들의 경험을 이해하는데 지정학이 중요한 틀이 되었다는 점이다. 지정학화는 진먼 사람들에게 그들의 삶을

10　Rosendo Canto, *Between Champagne and Powder*, 30.

11　징집병으로 진먼에서 복무한 수십만 명의 중화민국 남성에게 혹은 준군사훈련을 받기 위해 그곳을 방문한 중국청년반공구국단(中國靑年反共救國團, Chinese Youth Anti-Communist National Salvation League)의 수천 단원들에게, 또 "8월 23일 진먼 포격"이 "상생"이라는 웃기는 담화를 들은 엄청난 수의 중국인민공화국의 청중들에게, 아니면 분실한 진먼 방어계획을 되찾아 오는 영웅이 등장하는 "나, 스파이(I Spy)"라는 프로그램의 1965년 에피소드를 본 미국의 시청자들이나 버클리 공군기지(the Buckley Air Force Base) 근처 콜로라도 서브디비전(Colorado sub-division)에 있는 끼모이 코트(Quemoy Court) 주민들에게 진먼/끼모이가 어떤 의미를 갖는지 탐구하는 것으로부터 시작할 수 있을 것이다.

구성하는 평범한 일상(농사, 시장 보기, 세금 내기, 아이 기르기 등)을 없애지는 않았지만, 그것의 일부가 되면서 영향을 주었다. 오늘날 냉전은 이데올로기적 충돌이라기보다는 일상의 사소한 투쟁으로 기억되고 있다. 사람들이 통행금지, 등화관제, 호적등록법과 어떻게 협상했는지, 어떻게 문맹인 농부들이 새로운 농업 기술을 배워서 군용 식량을 생산했는지, 성 상품화와 남성 군인들이 모여있는 곳에서는 보편적이었던 강간 위협에 가족들이 어떻게 반응했는지 등 말이다. 광범위한 충돌은 사회 변화의 원동력이었으며 새로운 상호작용 패턴, 새로운 삶의 리듬, 다양한 이슈들에 대한 새로운 태도를 만들어냈다.

냉전과 중국 내전은 대중 유토피아(mass utopias) 차원의, 즉 사회가 어떻게 조직되어야 하는가에 대한 충돌하는 견해를 둘러싸고 전개되었던 차원의 투쟁이었다. 그러나 그렉 그랜딘(Greg Grandin)이 라틴 아메리카의 충돌에 대해 썼듯이 "그 투쟁에 초월적인 힘을 부여하는 것은 일상적 삶과 친숙한 주변의 정치화, 그리고 국제화이다."[12] 이 책의 목적 중 하나는 어떻게 국제적인 충돌이 가정에서의 삶, 종교적 관행, 그리고 경제적 교환 등의 영역에 내재하게 되는지를 보여주는 것이다. 이것은 지정학적 지식이 반영된 사회사를 쓰기 위한 시도이며, 사건을 이해하는 데 있어 사회사의 중요성을 보여주기 위한 시도이다. 이 방법(사회사)이 아니었다면 사람들이 구체적으로 어떻게 경험하는가 하는 차원을 넘어서는 추상적인 수준에서만 그 사건들의 의미가 발산되었을 것이다.

그러므로 이 연구는 지방적인 것(the local)이 어떻게 세계적인 것(the global)에 배태되어(embedded) 있는가에 대한 작업에 속한다. 세계와 지방의 상호작용은 또한 진먼을 종종 근대화(modernization)라고 불리는 다른 거대한 사회

---

12 Greg Grandin, *The Last Colonial Massacre: Latin America in the Cold War*, 17. 또한 Susan Bucks-Morss, *Dreamworld and Catastrophe: The Rassing of Mass Utopia in East and West*를 참조할 것.

적 힘, 거대한 전환과 만나게 했다. 과거 세기 동안 중국을 어떻게 근대화할 것인가의 문제와 근대 중국은 어떤 모습일 것인가의 문제는 중국 정치 엘리트들의 중요 관심사였다. 국민국가를 만드는 문제와 마찬가지로, 이와 관련된 문제인 근대화는 단순히 서구의 모델을 복제하는 것이 아니라 복잡한 표적(target)을 분산적으로 추격하는 것이다. 이 연구에서 나는 근대화라는 용어를 서구의 경험에서 기인한 특정한 조건과 가치를 의미하는 것으로 사용하지 않을 것이다. 대신 근대화를 사람들이 바라는 변화의 복합체라고 의미할 것이다. 이것은 근대성이 아무 의미나 부착될 수 있는 '텅 빈 기호'라는 뜻이 아니다. 오히려 근대성이 어떻게 개념화될 수 있는지에 대해 역사적이고 동시대적인 요소들이 한계를 설정한다는 의미이다. 다른 비서구 사회에서와 마찬가지로, 중국에서 근대성과 중국 전통을 어떻게 화해시킬 것인가의 문제는 수많은 예비 근대화 개혁가들을 괴롭혔던 도전 과제였다. 근대화의 의미는 언제나 협상되고 심지어 경합하기도 하며 전지구적 담론과 지방적 굴곡 양자 모두에 의해 만들어진다.[13] 엘리트들이 그들의 정치적 지향에 관계없이 원했던 변화는 규율적 틀(scheme)이라고 부를 수 있다. 근대 시민을 육성하기 위한 교육, 몸과 정신이 건강한 인구를 만들기 위한 위생, 정부가 인구를 살펴보기 위한 센서스와 인구 등록 등. 이런 것들은 군사적 위협이 인지되고 있는 조건 아래서는 특히 중요했다. 억압과 훈육의 명확한 형태들이 정당성을 얻을 수 있었던 진먼의 예외적인 상황에서, 근대화 의제는 상대적으로 덜 강제적인 방식으로 구현되었다. 군사화와 근대성의 연결은 그 자체로 대중 유토피아의 한 형태이며 독특한 통치성(governmentality)의 양식을 낳았다. 군사화와 지정학화는 또한 근대화가 정의되는 방식 및 어떤 것이 중심적 목표이고 어떤 것이 주변적 목표인가를 결정하

---

13 근대성에 대한 엄청난 연구가 있으며, 최근에는 근대성의 불안정하고 다층적인 특성에 방점을 두는 연구들이 매우 많다. 진먼의 근대성을 이해하는데 내게 특히 영향을 주었던 두 연구는 Michel Foucault, "Governmentality," 87-104와 Seungsook Moon, *Militarized Modernity and Gendered Citizenship in South Korea*이다.

는 것에 영향을 미쳤다. 이러한 과정들은 우리가 '군사화된 이상적 근대(militarized utopian modernism)'라고 이름 붙일 수 있는 현상으로 한꺼번에 밀려 왔다. 이것은 광범위한 근대화 의제에 의해 형성된 사회 전환 프로젝트를 실행하려는 권위주의적 노력을 합법화하는 것을 의미한다. 군사화된 이상적 근대는 제임스 스콧이 말한 "권위주의적 고도 모더니즘(high modernism)"의 부분집합으로 이해할 수 있다. 그것의 독특한 특징은 지각된 안보 위협과 그로 인한 사회의 군사화라는 문제이다.[14]

기억은 이 책의 네 번째 주요 테마이다. 중화민국 정부에 의해 형성된 진먼이라는 상징은 동시에 여러 방향으로 향한다. 밖으로는 중화민국의 동맹국, 특히 미국으로 향하고, 한편으로는 지지를 동원하고 권위주의적인 지배를 합법화하기 위해 타이완 사람들로 향한다.[15] 그것은 또한 내부로, 즉 진먼 주민들에게도 향하는데, 이는 그들을 이데올로기화되고 동원된 반공 정치체로 구성하기 위한 것이었다. 진먼 주민들이 그들 자신에 대한 1950년대와 60년대의 상징적 담론을 어떻게 생각했는지, 즉 그들이 영웅적인 자유 수호자의 이미지를 차용하여 그것을 자신의 정체성과 결부시켰는지 여부를 지금 알기는 힘들다. 그러나 구술사와 1980년대와 1990년대 민주화 운동의 자료를 사용하여, 예전의 정책들이 기억과 현재의 정치를 어떻게 형성하는지 볼 수 있을 것이다. 냉전 시기에 대한 집단기억은 진먼 주민들이 자신들의 정체성을 말할 때 중심

14　James Scott, *Seeing Like a State*, 1-4.

15　1950년대와 80년대의 기간 동안, 나는 국가라는 용어를 중화민국과 국민당 모두를 지칭하는 것으로 사용한다. 그 둘의 역할과 기능이 서로 매우 가깝게 얽혀 있기 때문이다. 정당 국가(party-state)라는 용어가 더 정확하겠지만 무거운 용어이다. 윌리엄 커비(William Kirby)가 주장했듯이, 근본적으로 "정부는 정당에 의해 구상된 정책을 실시했"던 것이다. "The Nationalist Regime and the Chinese Party-State, 1928-1958," 213 참조. 훙마오티엔(Hung-mao Tien)은 이 원칙이 정부와 정당 기구가 수평적으로 구성됨으로써 어떻게 중국 대륙에서 실행되었는지를 보여주고 있다. Hung-mao Tien, *Government and Politics in Kuomintang China*, 1927-1937, chs. 1-2 참조.

이 된다. 세계의 다른 곳들과 마찬가지로 집단기억은 진먼 사람들에게, 심지어 냉전 이후에도, 국가와의 관계를 형성하는 중요한 정치적 자원이 되었다. 비록 그 시기에 대한 그들의 기억이 일상생활에 초점을 맞추고 있지만, 진먼 사람들은 원한다면 자신의 영광스러운 이데올로기적·정치적 공헌을 기억할 수 있고 실제로 그렇게 한다.

세계 속의 진먼

지방사를 쓰는 일의 어려움 중 하나는 단일성의 함정을 피하는 것이다. 진먼에 관한 내용들은 매우 독특한 점이 많다. 그러나 그 역사의 중요성은 더욱 광범위하다. 20세기 후반의 다른 사회들과 진먼을 비교하는 것은 여러 질문에 통찰을 줄 수 있다. 첫째, 진먼이 한 부분을 이루고 있던 더 큰 사회, 즉 타이완섬의 중화민국이 있다. 오드 아르네 베스타(Odd Arne Westad)는 냉전 이후의 승리주의가, 미국이 냉전에 개입한 곳 중에서 안정적인 성장과 민주주의를 얻은 나라가 타이완과 남한뿐이라는 사실을 망각시켰다고 지적했다.[16] 진먼의 역사는 그러한 성취의 간접적인 영향을 보여주며, 그러므로 중화민국이 냉전에 얽힘으로써 얻은 영향을 이해하는 데 도움을 줄 수 있다. 진먼의 군사화는 진먼에서의 정책이 타이완섬에서 시행된 정책의 과장된 버전이라는 것을 의미하며, 따라서 이는 중화민국의 정치에 대해 무언가를 알려줄 수 있다. 앞으로 보게 되겠지만, 많은 진먼 사람들은 진먼과 타이완의 분업에 대해 이야기한다. 진먼은 군사적 방어에 책임이 있으며 타이완이 경제발전에 집중하고 그 과실을 즐길 수 있게 도와주는 역할이라는 것이다. 진먼 연구는 1949년 이후 타이완의 급속한 경제 성장과 그에 따른 점진적인 정치적 다원화라는 잘 알려진 이야기를 확인시켜 준다.

---

16 Odd Arne Westad, *The Global Cold War: Third World Inverventions and the Making of out Times*, 404.

둘째, 진먼은 1949년 이후 마오쩌둥 하의 중국과 장제스 하의 타이완의 유사점과 차이점을 비교하는 데 있어 유용한 사례가 된다.[17] 여기서 가장 놀라운 것은 각 체제가 얼마나 자주 훈육적, 억압적 기술을 자신의 적이자 분신으로부터 공유하고 빌렸나 하는 점이다. 진먼 당국은 종종 중화인민공화국 당국이 문제와 해결책을 구성하는 것과 놀랍도록 유사한 방식으로 문제를 정의하고 해결책을 만들었다. 그런 유사점 중 일부는 그들의 공통 기원으로 설명할 수 있다. 국민당과 중국공산당은 둘 다 20세기 전반 중국의 정치적 동요에서 탄생한 레닌주의 정당이다. 다른 공통점들은 중화인민공화국과 중화민국 간의 60년간의(그리고 지금도 지속하고 있는) 해협을 둘러싼 대립으로 설명된다. 각각의 두 사회는 다른 사회와 정반대로 자신을 정의했다. 이러한 거울-이미지화(mirror-imaging) 과정을 통해 존 보니만(John Borneman)이 동서 베를린에 대해 묘사한 표현을 빌리면, 두 국가는 "이중 체제 속에서 자신의 절반을 각각 만들었다." 다른 한편으로 한쪽이 우위를 점하지 않도록 하기 위해 서로 빌린 것들도 많다.[18] 진먼에 대한 정책은 진먼과 중국본토의 차이점을 부각하기 위해 만들어졌으나, 그 과정은 다른 방향으로 작동하기도 한다. 우리는 앞으로 진먼의 역사에서 진먼이 중국본토와 다른 점을 증명하는 것을 목적으로 하는, 그러나 사실 정확히 반대임을 승명하는 정책들의 예시를 보게 될 것이다. 이러한 평행 이론은 명시적인 이데올로기나 개별 지도자의 자부심을 초월하는 근대 중국의 정치 문화에 대한 이해에 시사점을 준다.[19]

---

17 최근에는 심지어 1949년 이후 두 정권 사이의 연속성에 관한 연구가 증가하고 있다. 여기에는 Paul Cohen, "Reflections on a Watershed Date: The 1949 Divide in Chinese History"나 Joseph Esherick, "Ten Theses on the Chinese Revolution", Kirby, "Nationalist Regime" 등의 핵심 연구가 포함된다.

18 John Borneman, *Belonging in the Two Berlins: Kin, State, Nation*, 17과 Patrick Major and Rana Mitter, "East and West is West?: Towards a Comparative Socio-Cultural History of the Cold War," 2를 참조할 것.

19 이 책의 주된 목적은 아니더라도 이 연구는 다음의 두 분야 연구와의 관계 속에서 위치할 수

진먼은 또한 전 세계의 고도로 군사화된 다른 사회들과의 비교하게 만든다. 매우 정치적인 국경을 급격히 조정함으로써 발생하는 자리 상실(dislocation)과 트라우마는 그 경계가 진먼과 중국본토 사이인가, 동서 베를린 사이인가에 관계없이 비슷하다. 주둔군의 배치와 확장은 경제적인 혼란과 기회를 만들었다. 이는 필리핀의 수빅 만과 노스 캐롤라이나의 브랙 요새(Fort Bragg) 등 군사 기지가 있는 다른 마을과 비슷하다. 거울 이미지화 과정은 전 세계에서 찾을 수 있는데, 냉전으로 말미암아 분단된 다른 국가들, 즉 남북한, 베트남, 독일에서 특히 명백하다.

진먼에서의 냉전은 개별적인 현상이 아니라, 중국 내전의 유산과 다양한 방식으로 결합된 현상으로 경험된다. 이것 또한 진먼만의 특이성은 아니다. 모든 곳에서 냉전은 지방적으로, 지방과 국가의 분쟁과 관심사와 결합하여 경험되었다. 냉전이 제1세계와 제2세계에서는 근대성의 의미를 둘러싼 폭넓은 논쟁의 표현 중 하나였다면, 제3세계에서는 냉전이 반식민주의 투쟁으로 포장되었던 점도 사실이었다. 많은 곳에 존재하는 갈등의 암호이기도 했던 냉전은 근대성의 추구에 긴박함을 더했고 그 과업을 위해 군사화를 정당화했다. 위협에 직면한 상황에서 국가 안보에 근대화가 필수적이라는 인식과, 근대화의 명확한 표현에 대한 이러한 인식의 결과는 아시아와 그 너머에까지 널리 퍼지게 되

도 있다. 즉 타이완의 지방사 연구와 중화인민공화국의 지방사 연구 분야 말이다. 타이완의 학자들이 지적했듯이, 첫 번째 분야의 많은 연구자들은 타이완 공동체를 중국 문화를 이해하기 위해 활용했다. 따라서 이 분야에서는 타이완의 역사 및 고유성 모두를 무시하는 경향이 있다. 두 번째 그룹의 연구자들은 전형적으로 1949년 이후의 국내적 전환에 초점을 맞추는데, 이들은 그러한 전환이 발생한 지정학적 맥락을 무시한다. 따라서 이 책은 단순히 지방공동체를 글로벌한 차원으로 중요하게 부각할 뿐만 아니라 민족적인(national)인 맥락에도 위치시킴으로써 이 두 연구 경향을 연결하는 것이다. Keelung Hong and Stephen Murray, *Looking through Taiwan: American Anthropologists' Collusion with Ethnic Domination*와 두 번째 분야의 두 고전적 연구인 Edward Friedman, Paul Pickowicz, and Mark Selden, *Chinese Village, Socialist State*와 Anita Chan, Richard Madsen, and Jonathon Unger, *Chen Village under Mao and Deng*을 참조할 것.

었다.

　최근 글로벌 냉전 연구에 두 가지 경향이 부상했다. 하나는 예전 소련권 문서고(아카이브)의 부분 개방에 힘입어 냉전 시기를 재평가하는 것이다. 그러나 패트릭 메이저(Patrick Major)와 라나 미터(Rana Mitter)가 지적하듯, 이러한 "새로운 냉전사"의 핵심 요소는 사실 새롭지 않다. 주요 주제는 아직도 외교와 정치의 역사이다. 다른 하나의 연구 경향은 "냉전사의 문화적 전환"으로서, 문화와 사회가 어떻게 냉전을 형성하고 또 냉전에 의해 형성되었는가로 관심이 확대된 것이다. 이러한 문헌의 대부분은 미국을 다루고, 그보다 좀 덜하게는 소비에트 연방을 다룬다. 이런 연구들은 비록 전쟁이 없었더라도 지정학적 긴장이 많은 파괴적인 결과를 낳았음을 보여준다.[20] 비슷하게, 냉전의 유산은 세계의 많은 곳에서 지속적으로 중요하게 여겨지고 있다. 어떤 곳에서는 냉전의 물질적인 결과, 즉 환경 파괴, 경제적 혼란, 사회적 탈구 등을 주요하게 다룬다. 다른 곳에서는 냉전이 현재의 정치와 기억에 중요한 역할을 한다는 점에 주목한다. 예를 들면 오키나와에서 과거의 고통에 대한 보상은 지방 정치에서 중요한 요소이다. 베트남에서 마을 주민들과 정부는 지방적 차원에서 기념의 정치를 어떻게 수행할 것인지를 두고 협상한다. 그러므로 진먼의 역사는 냉전 시기 사회문화적 비교사의 일부이다. 진먼은 20세기 후반부의 거대한 이데올로기적

20 　"새로운 냉전사 연구"는 John Lewis Gaddis, *We Now Know: Rethinking Cold War History*에 예시되어 있다. Major and Mitter, "East is East"도 참조할 것. 문화사 관련 핵심연구에는 Margot Henriksen, *Dr. Strangelove's America: Society and Culture in the Atomic Age*와 Stephen Whitfield, *The Culture of the Cold War*를 참조할 것. 논의를 위해 Robert Griffith, "The Cultural Turn in Cold War Studies"를 볼 것. Gaddis는 좀 더 최근에 *The Cold War: A New History*라는 책에서 냉전을 주로 군사적·이데올로기적 대립을 포함하는 고도의 벼랑끝전술에 의해 추동되는 낮은 긴장의 전쟁으로 규정했다. 이러한 정의는 대체로 진먼에 대해 적용할 수 있다. 그러나 대체로 유럽 전장(戰場, theater)의 갈등을 특권적으로 강조하는 것은 세계의 다른 지역의 수 많은 냉전 희생자들을 역사적으로 망각하게 한다. 또, 승리자와 패배자에 대한 명확한 구분은 그 갈등의 복잡한 영향이 전 세계적으로 어떻게 작동하는지를 질문하는데 여전히 주저하게 만든다.

충돌 아래, 일상생활이 지정학화된 광범위한 현상에 대한 지방 수준의 예시인 것이다.

어쩌면 진먼의 경험은 냉전이라는 시간적 경계를 넘어서서도 의미가 있을지 모른다. 1949년부터 계엄령이 폐지된 1992년까지 진먼의 군사화는 국가적 비상사태와 계엄령이라는 조건 아래서 일어났다. 이탈리아의 정치철학자인 조르조 아감벤(Giorgio Agamben)은, 그의 번역자가 '예외상태(state of exception)'라고 번역한 국가적 비상사태는 위기에 대한 **사실상의** 반응이라고 종종 잘못 이해되고 있다고 지적한다. 비상 상황 또는 예외상태의 핵심적인 모순은, 이 상황의 필요성이 객관적으로 결정되어야 하지만, 당연히 그럴 수 없다는 데에 있다. 그것은 정치적 결정의 결과이다. 예외상태가 단순히 법의 중지를 의미하는 것이 아니라 법적·정치적 질서의 정지를 의미하는 것이기 때문에 예외상태는 사실상 법의 한계를 설정한다. 이것은 사법적으로 설명할 수 없는 사법적 조치이다. 이것은 단순히 독재의 한 형태가 아니라, 그 필요성이 법의 궁극적 원천이 되는 어떤 다른 차원의 것이다. 아감벤은 또한 비록 그 명칭이 임시성을 의미한다 해도, '예외상태'는 사실 정치적 주권을 다루는 영역에서 떠오르는 일반적인 패러다임이라고 말한다. 비상사태라는 개념이 서구 정치사상에서 긴 역사를 가지고 있지만, 20세기에는 그것이 통치의 양식으로 점점 현실화되었다. 아감벤의 주요 관심사는 법철학과 윤리의 문제로서의 예외상태이다. 그러나 예외라는 이슈는 또한 사회사의 영역에서 문제를 설정할 수 있다. 이를 위해서 결정적인 것은, 비상사태를 객관적인 조건에 대한 피할 수 없는 반응으로 보는 것이 아니라, 그것을 설명되어야 하는 어떤 문제로 보는 것이다. 문제적인 기간, 즉 1987년까지 중화민국 전체는 비상 상황에 있었고 중화민국의 법적 근간은 계엄령과 '동원감란시기임시조관(動員戡亂時期臨時條款, 공산주의 반역 기간 동안 유효한 임시 규정)'이었다. 진먼의 독특한 위치는 계엄령과 임시조관마저도 그 상황에서는 적절하지 않다는 것을 의미했다. 진먼과 다른 섬들을 관리하기 위해서는 독특한 시스템이 만들어져야 했다. 그러므로 진먼은 예외상태 안의 예외상태가 되었다. 진먼을 보는 방법 중 하나는 "정부 패러다임으로서의 예외상태의 기능적 메커니즘과 장치들을 시험하고 연마하는"[21] 모범적인 장소로 보는 것이다. 진먼의 과거는 예외상태를 잘 튜닝하기 위한 40년간의 실험실이었다. 진먼의 현재는 아직도 남아 있는, 예외상태의 결과를 보여준다.

책의 자료와 개요

이 책은 기본적으로 구술사와 기록 문헌에 기초하고 있다. 이 책에는 내가 2002년부터 2007년까지 진먼과 주변 섬들에 머물면서 행한 70여 개의 인터뷰와 다른 연구자들이 진행하여 이전에 출판한 170여 개의 인터뷰가 활용되었다.[22] 다른 연구자들이 실시한 구술사 증언으로 작업하는 것은 구술사의 근본적인 원칙과 대면한다는 것을 의미하는데, 면접자의 질문 기술과 조직화 방법이 결과를 결정한다는 것이다. 예를 들어, 한 인터뷰가 그 시기에 대한 긍정적인 기억을 끄집어내는 데 비해 다른 인터뷰는 정부에 대한 분노와 일반적인 불만족을 담고 있을 수 있다. 후자의 경우 면접자가 다른 이들보다 특히 고통을 더 받은 피면접자를 우연히 만났다고 볼 수는 없을 것이다. 응답자의 독특한 반응은 그 시기에 대한 면접자 스스로의 해석을 반영한다. 이 해석은 피면접자에게 묻는 실문에 표현되고 자료가 나타나는 방식에도 표현된다. 그럼에도 불구하고 나는 다른 학자들이 모은 구술사 증언의 전반적인 신뢰도에 대해 상당한 자신이 있다. 내가 인터뷰를 하면서 들은 말은 출판된 자료에 쓰인 내용과 일

---

21 Giorgio Agamben, *The State of Exception*, 7.
22 인터뷰는 대부분 표준중국어(북경어)로 실시되었다. 나이든 여성들을 제외하고는 진먼에서 북경어가 널리 쓰이고 있다. 인터뷰 대상자들은 자주 북경어에서 그 지역의 언어인 민난어로 왔다갔다 했다. 연구보조원이 민난어 자료를 그 자리에서 해석하는 것을 도와주었다. 민난어로 진행된 인터뷰는 연구보조원이 통역을 했고, 그것이 녹음되었고 나중에 문헌으로 정리되었다. 인터뷰 대상자는 남성이 많았고, 60세 이상의 계엄령 시기를 살았던 사람들이 많았다. 나는 여러 연령대의 사람들이 그 시기를 어떻게 다르게 경험했고 기억하는지를 탐색하는 코호트 분석을 시도하지 않았다.

관성이 있었다.[23] 이는 그 사실이 명백하다는 것을 말하기 위함이 아니라, 내가 한 것과 출판된 것, 두 종류의 구술사 증거에 전반적인 일관성이 있음을 말하고자 하는 것이다. 이 증언들이 다른 역사적 문헌과 일치하는가의 문제는 또 다른 문제이다. 사실 지방 사람들이 과거를 어떻게 다르게 해석하는가 하는 것은 그 자체로 이 책의 주요 주제이다. 구술사는 더 큰 맥락과 변화에 뿌리내리고 있는 개인의 경험을 밝히는 데 도움이 되며, 관련된 이들이 그 변화를 어떻게 기억하는지를 보여준다.[24]

두 번째 주된 연구 원천은 마을 단위의 기록보관소이다. 이것들은 여섯 개의 마을 사무소에 보관된 파일들인데, 계엄령이 해제되던 1992년부터 그곳에 보관되어 있었다.[25] 기록보관소들은 1964년부터 1992년까지의 시기를 포함하며, 1970년대부터는 자료가 많다. 대부분은 마을 관리의 일상적인 업무 문서들인데, 포격 피난처 건설 예산, 자전거 구입 요청서 양식, 타이완 여행 및 집 건설, 상점 개점 등에 필요한 허가서 양식, 민방위 총기 관리를 위한 점검 목록 등을 포함하고 있다. 그것들은 군사화 체제의 실제 작동에 관한 기록을 제공하고 구술사 인터뷰에서 얻은 정보를 보완한다.[26]

---

23 출간된 구술사 자료에 대해서는 가능한 출처를 밝히고 있기 때문에 관심이 있는 독자들은 이 풍부한 자료들을 스스로 찾아볼 수 있다.

24 Philomena Goodman, *Women, Sexuality, and War*, 5.

25 내가 처음 그 문서들을 사용했을 때, 파일들이 수십 개의 플라스틱 여행용 가방 안에 쌓여져 있었다. 그것들을 인용할 때 나는 마을이름과 문헌의 상세한 내용들, 날짜 등을 가능한 제시할 것이다.

26 자료의 방대함 및 진먼의 사적인 친밀성이라는 측면에서 예상 밖의 윤리적 이슈가 발생했다. 출간된 진먼 거주자 구술자료의 대부분은 구술대상자의 이름 및 상세 정보를 제공하고 있다. 내가 스스로 행한 인터뷰에서 사적이고 민감한 주제들, 때로는 심지어 불법적인 활동에 대해서 이야기를 나누었기 때문에 나는 그들의 익명성을 위해 가명을 사용하였다. 또한 나는 지방정부로부터 문서에 언급되어 있는 사람들을 위해 가명을 사용해 달라는 요청을 받기도 하였다. 그러나 어떤 사람들은 여러 자료들에 등장한다. 예를 들어, 나의 구술대상자들 일부는 그들의 구술을 실명으로 출판한 이전 역사학자들과도 인터뷰를 하였다. 이것은 윤리적이고 방

1987년에 타이완 본섬에서 계엄령이 해제되었을 때, 반체제 언론들이 생겨나면서 지난 40년 간 감춰졌던 정보가 빛을 보게 되었다. 비록 진먼은 여전히 계엄령 하에 남겨져 있었지만, 진먼의 기자들은 타이완에 생긴 이 새로운 공간을 이용하려 했다. 1990년에 그들은 『진먼보도(金門報道, Jinmen Reports)』라는 소식지를 설립해 상대적으로 안전한 타이완에서 변화를 촉구하는 운동을 전개하였다. 나중에 계엄령이 진먼에서도 해제된 후, 지역 일간지인 『진먼일보(金門日報, Jinmen Daily)』는 부록(附刊)에 독자의 견해를 자유롭게 표명할 수 있게 했다. 이 섬의 주민들과 그곳에 주둔했던 군인들은 계엄령 해제 당시 그들의 개인적인 경험에 관한 수필, 시, 이야기를 제출하기 시작했다. 몇몇 이들에게 이러한 글쓰기는 자신의 경험을 다루는 중요한 방법이었다. 대개 의견 표현이 강한 이런 글들은 계엄령 시기의 삶에 대한 세 번째 관점을 제공하며, 구술사나 기록보관소가 제기하는 이슈들에 대해 빛을 비추어준다. 중화민국 신문의 독특한 글쓰기 장르인 부록(附刊)은 사실과 허구를 뒤섞는다. 그러므로 나는 이

법론적 문제를 제기한다. 예를 들어, 출판된 인터뷰에서 자신이 누구인지 명확하게 드러나 있지만, 나와 인터뷰를 할 때는 익명의 상태로 개인정보를 혼란스럽게 하는 인터뷰 대상자를 나는 어떻게 처리해야 할까? 또 신문에 자신의 이름으로 에세이를 쓴 사람과 문시에서 이름이 드러나는 사람에 대해서는? 나는 여기에 대해서 명백하게 밝히는 것이 가장 좋다는 타협책에 도달하였다. 다른 구술책에 이름이 나오지만 나와는 인터뷰를 진행하지 않고 내가 읽은 문서에도 나오지 않는 사람은 실명을 밝혔다(정보가 이미 공적으로 밝혀졌고 나는 단순히 인용하거나 번영하는 경우). 내가 읽은 문서에 이름이 나오거나 나랑 인터뷰를 진행했지만, 다른 곳에서 실명이 밝혀진 채로 출간된 것이 없는 경우 나는 이름을 밝히지 않거나 가명을 사용하였다. 내가 읽은 문서에 이름이 나오거나 나와 인터뷰를 진행했고, 동시에 다른 구술책에서 이름을 밝힌 경우, 나는 또한 가명을 사용하고 그의 정체를 숨기기 위해 세부내용을 사소하게 변경하였다. 이를 효과적으로 하기 위해서 나는 마치 내가 직접 인터뷰한 것처럼 책의 내용에서 그것을 인용하였다(그렇게 하지 않았다면 구술책의 내용과 인터뷰 대상자의 실제 정체를 단순하게 상호교차하는 단순한 문제였을 것이다). 이것이 익명을 유지하는 완전한 방법이 아님을 알고 있지만, 최선의 타협책이라고 생각했다. 마지막 범주는 공적인 인물이다. 공직을 위해 출마하거나 공직을 맡았거나 자신의 이름으로 책을 출간한 사람들 말이다. 이들은 자신의 실명을 선호했다. 이 책에는 이렇게 다섯 종류의 개인들이 등장한다.

글들을 과거 사건을 재구성하는 데 사용하지 않고 개인적인 기억과 해석을 탐구하는 데 사용한다. 비슷하게, 특정한 문제들이 어떻게 정치 이슈로 구성되었는가를 주로 탐색하기 위해 반체제 신문을 활용할 것이다. 또한, 정치적으로 연루된 진먼 주민들이 역사를 어떻게 인지하는가에 대해 신문들이 무엇을 말해 줄 수 있는지를 탐구한다. 다른 자료들에는 영화, 공상, 농담, 일기, 기억이 포함된다.

이 책은 네 부분으로 나뉜다. Ⅰ부는 1949년부터 1960년의 시기를 다루며, 어째서 진먼이 해협 사이에서 그리고 국제적 지정학 관계에서 독특한 위치를 차지하게 되었는가, 어떻게 그 독특한 위치로부터 군사화 체제가 발달하게 되었는가, 그리고 이 체제는 어떻게 진먼 사람들의 삶을 재형성하였는가를 설명한다. Ⅰ부는 또한 해당 시기 세 번의 주요 군사적 대치(1949년, 1954-55년, 1958년)를 설명한다. Ⅱ부는 연대기적 서술을 계속하며 1960년대 군사화 체제에 있었던 두 번의 주요 변화를 설명한다. Ⅰ부와 Ⅱ부의 주된 목적은 변화하는 정책과 그것이 지역의 삶에 미친 영향을 지정학적 맥락 속에 위치짓는 것이고, 이는 지역 사회의 지정학화와 군사화의 복잡한 궤도를 설명하기 위함이다. Ⅲ부는 계엄령 기간 전체에 걸쳐, 사회적 삶의 다양한 양상들을 주제별로 탐구한다. 이때 이 섬의 주민들이 어떻게 군사화 체제를 경험하고 그것과 협상하였는지에 초점을 맞춘다. Ⅳ부는 탈군사화(demilitarization) 과정과 군사화 과정에서 벗어난 이후의 사회적 삶을 다룬다. 이 부분에서 관심의 초점은 군사화 기간이 어떻게 기억되고, 기념되며, 현재의 정치적 목적을 달성하기 위해 활용되는가 하는 것이다.

지방 사회의 모든 역사가는 대표성과 특수성 사이의 대화에 참여한다. 모든 독특함에도 불구하고, 진먼이 20세기 후반에 국제적, 지정학적 충돌에서 가지는 의미 때문에 고도로 군사화된 유일한 사회는 아니다. 이 책의 나머지 부분에서 우리는 20세기 후반의 세계사, 특히 냉전을 해석함에 있어서 진먼 연구가 어떤 새로운 프레임을 제안하는지 고려할 것이다. 그것은 냉전을 단지 정치적 또는 군사적 또는 이데올로기적 견지에서가 아니라, 서로 다른 장소들을 유사한 방식으로 넓게 가로지르는 문화적이고 사회적인 과정으로 보는 것이다. 공산주의 세계든 비공산주의 세계든, 실제적이거나 지각된 위협에 맞서 위기의 시기에 군사화와 동원이라는 새로운 기술이 시행된 곳은 많다. 비록 아주 작은 사회이지만 진먼은 그러한 이슈들을 뚜렷이 강조하여 우리가 다른 사회, 다른 시대와의 공통점을 발견할 수 있도록 해준다. 이 점을 마음에 새기고, 황펑셩과 그의 마을 사람들 그리고 전쟁과 혼란의 시기에 대한 그들의 기억으로 돌아가자.

PART I

부상하는 지정학화

황펑성이 무서운 경험을 하기 전부터, 진먼 사람들은 이미 상당한 전쟁 트라우마를 겪었다. 1949년 이후의 10년 동안 진먼은 세 차례의 직접적인 군사 대결 상황을 경험했다. 1949년과 이 시기의 시작점인 구닝터우(古寧頭) 전투, 1954-5년과 1958년 두 차례의 타이완 해협 위기가 그것이다. I 부의 세 장(2, 4, 6장)에서는 지방민이 이 세 사건 속에서 어떤 경험을 했는지 논의된다. 그러나 그것의 중요성에도 불구하고 이 세 사건이 섬 역사의 전체 이야기를 말해주는 것은 아니다. 이 전투들이 단순히 엮여 들어간 다른 역사들이 존재한다. 왜냐하면 1950년대는 섬의 지정학화와 군사화 체제의 시작을 보여주기 때문이다. 나는 이런 대안적 역사들에 대한 논의를 각각의 군사적 대결이 어떻게 경험되었는지를 다루는 장들에 배치할 것이다.

제2장 구닝터우 전투

1949년 10월 24일 늦은 밤, 인민해방군 10군 소속 약 8,000명의 병력은 진먼 북쪽의 바위가 많은 섬인 다덩다오(大嶝島)에서 획득한 어선에 서둘러 탑승했다. 강한 북동풍이 불고 있었고 배들은 잘 나아갔다. 그러나 거대한 선단을 진형을 갖춰 운항해본 적 없는 어부들이 배를 운항했고, 선단은 곧 타이완 해협의 물결 속으로 흩어지게 되었다. 파도가 높아지자 바다를 처음으로 경험한 많은 병사들은 배멀미를 하고 방향감을 상실했으며 겁에 질렸다. 10월 25일 새벽 1시 40분경 처음 상륙한 배들은 목표한 상륙 지점에 인접한 해변에 도착했다. 이 지점은 진먼 방어 병력을 둘로 나누기 위해 목표로 삼았던, 진먼의 좁은 허리 부분인 룽커우(龍口) 마을 가까이에 위치했다. 그러나 본 함대는 뒤로 뿔뿔이 흩어졌다. 이들은 수 마일 서쪽에 있는 구닝터우라 불리는 곳 근처, 모래시계 모양의 진먼의 서쪽 반구에 상륙했다.

중화민국의 순찰병력은 첫 상륙 바로 직전에 상륙하는 배들을 발견했고 경보음을 울렸다(몇몇 주민은 순찰병력이 실수로 지뢰를 터뜨렸고, 그것이 혼란 속에 신호탄을 터뜨리는 것으로 이어져서 이 때문에 우연하게 공격 측 배들을 발견했다고 말한다). 중화민국 부대는 그들이 배정받은 민간인의 집에서 깨어나 서둘러 해변가로 향했다. 그때 상륙이 시작되었고 해변가는 살육의 현장이 되었다. 몇몇 인민해방군 부대는 그들이 해안가의 모래를 가로지르기도 전에 병력의 3분의 1을 잃었다.

 몇 시간 안에 상륙부대는 다시 전열을 정비했고 수비 측을 후퇴시켰다. 그들은 잘못된 지점에 상륙했다는 것을 깨닫고 동쪽으로 가려 했다. 그러나 너무 늦었다. 섬의 동쪽 반구에 있던 중화민국군이 이미 그들을 상대하러 오고 있었다. 진먼의 북서쪽으로 패주하면서 인민해방군 사령관은 구닝터우와 그 주변 마을들에 참호를 파라고 지시했다. 그 후 24시간이 넘는 잔인한 시가전이 도로와 들판에서 전개되었다. 어떤 지점에서, 리광첸(李光前)이라는 중화민국 장교가 그의 부하들에게 인민해방군 진지에 맞서 맹렬하지만 가망없는 공격을 지시했다. 리광첸은 32살의 후난성 출신으로, 반일(反日)전쟁 동안 많은 훈장을 받은 사람이었다. 그는 곧바로 쓰러졌는데, 아마 아군의 총격에 맞았을 것이다.[1] 그는 진먼 사람들의 뇌리에 계속 떠다니며 전쟁터를 떠나지 않았던 영혼 중 하나가 되었기 때문에 우리는 그를 11장에서 다시 만날 것이다.

 한편, 해변에서는 상륙의 혼란이 치명적인 시간 지연을 야기했다.[2] 중화민국 병력은 기름을 가져와 썰물에 좌초된 인민해방군의 배들을 불태웠다. 인민해방군의 증강 병력은 속절없이 허공에 총을 쏴대며 건너편 해변을 무기력하게 바라보고 있었다.[3] 중국 대륙으로부터 1,000명의 증강 병력이 다음 날 아침 일찍 도착하여 구닝터우에 숨어있던 병력에 합세했다. 그러나 이미 늦었다. 중화민국군의 증강 병력이 근처 바다에서 전투를 지켜보고 있었다. 바다가 상

---

1 진먼의 관보(gazetteer)는 그가 머리의 뒤쪽에서 총알을 맞았다고 기록하고 있다. Jinmen xianzhi(JMXZ), 417.

2 멀미를 한 병사들은 상륙하는데 시간이 너무 많이 걸렸다. 그들 중 누구도 수영을 할 수 없어서 배는 얕은 곳까지 그들을 싣고 와야 했으며, 사격을 받으리라 예상하지 않았다. 아침 일찍 썰물이 되었을 때 선두의 배는 해변에 좌초되었다. 나머지 배들은 모래에 설치되어 있던 상륙 저지시설(龍齒)에 걸려 들었다.

3 Liu Yazhou, "Wu Jinmen zhi zhan, wu jinri Taiwan."

륙할 수 있을 정도로 잔잔해지자마자, 그들은 섬의 왼쪽 가장자리를 따라 진청진(金城鎭)을 통하여 전투가 벌어지는 곳으로 행진했다.

그들의 사령관은 장차 진먼과 단단히 얽히게 되는 후롄(胡璉) 장군이었다. 그는 갓 마흔을 지났고, 평생 군인이었다. 그는 북쪽의 군벌에 맞서 싸웠고, 1930년대에는 공산주의자에 맞섰으며, 일본에도 맞서 싸웠다. 1949년 9월에 그는 공산주의자의 맹습에 직면하여 남으로 흩어지고 달아나던 중화민국 군대를 재조직하는 임무를 부여받았다. 구닝터우 전투에 관한 문헌에서 후롄은 승리의 거의 모든 공을 그에게로 돌리는 칭찬 일색의 대접을 받고 있다. 그러나 사실 그가 전장에 도착했을 때, 결과는 거의 결정되어 있었다. 늦은 오후에 이미 인민해방군은 탄약을 모두 소진했고, 생존자들은 그들을 구출해줄 배가 있길 바라면서 해변가로 후퇴했다. 거기엔 아무도 없었다. 약 1,000명이 해변가에 도달했으나, 곧 포위되었다. 절반은 밤 동안 살해당했고, 생존자들은 10월 27일 이른 아침에 항복했다. 구닝터우 전투는 끝이 났다.

인민해방군 병력은 거의 4,000명이 죽고 5,000명이 포로로 잡힌 반면, 중화민국군은 1,000명의 병력이 죽었다. 그 이전의 내전 기간 동안 양측 모두에서 수백 만의 병력이 동원된 것과 비교했을 때, 이는 매우 적은 숫자이며 구닝터우 전투는 그저 소규모 접전일 뿐이었다.[4] 그러나 그 전투는 당시에도 중요했으며, 그 후 수십 년 동안에도 그러했다. 수 개월, 수 년 간의 패배와 후퇴가 이어진 후에 승리한 구닝터우 전투는 장제스의 중화민국 세력이 처음으로 거둔 중요한 승리로 환호를 받았다. 장제스의 아들 장징궈(蔣經國)는 그의 일기에 구닝터우 전투가 "진실로 패배에서 승리로 바뀐 사례이며, 공산주의자들을 패퇴시키고 나라를 회복할 전환점"이었다고 적었다. 중화민국의 상급 장교들

---

4   지금 광범위하게 받아들여지는 이 통계는 중화민국이 선전을 위해 이전에 만들어낸 수치에 비하면 상당히 적은 수치이다. 예를 들면, 1969년에는 20,000명 이상이 침략해서 7,000명이 포로로 잡혔고, 나머지는 사살되었다고 보고되었다. Jinmen fangwei silingbu zhengzhi zuozhan bu(ed.), *Nian nian: Guninntou dajie nian zhou nian ji*, i.

은 그 전투에 대해 "정신의 승리"라며 환호했다.[5] 인민해방군 또한 그들이 구닝터우에서 중요한 교훈을 배웠음을 인정한다. 그들의 패배는 타이완을 계획적으로 공격하는 것이 얼마나 어려운 일인지를 드러냈다. 어떤 고위 공군 장교는 최근에 "우리가 의식적으로 진먼 군사 계획으로부터 교훈을 배워야만, 미래에 타이완 해협에서의 결정적인 전투에서 승리를 확신할 수 있을 것"이라고 썼다. 오늘날까지도 구닝터우는 미래에 있을 것으로 예상되는 타이완 침공에 관한 인민해방군의 글에서 유익한 교훈으로 계속 인용되고 있다.[6]

구닝터우 이전의 진먼

진먼은 중국 남부 해안선의 작은 섬들 중 한 군도의 이름이다. 중요한 두 섬은 대진먼과 소진먼 혹은 례위(烈嶼)로, 두 섬 합쳐 약 60평방마일 면적이다. 대진먼은 두 개의 둥그런 부분이 얇은 허리로 연결된 덤벨 혹은 모래시계 모양이다. 소진먼은 대진먼과 1마일 조금 안 되게 떨어져 있는데, 대진먼의 서쪽 둥그런 부분에 꼭 들어맞을 것같이 생겼다.[7] 서쪽으로 3마일만 가면 샤먼(廈門)시와 중국본토가 있다. 소진먼 사람들은 때때로 "바람만 적당하게 불면 그들의 개와 닭 소리를 들을 수 있어요"라고 말한다. 타이완 본섬은 동쪽으로 100마일 정도에 위치해 있다.

5　Guoshiguan shilian chu(ed.), *Jinmen Guningtou, Zhoushan, Dengbudao zhi zhanshi shiliao chuji*, 48-49와 Zhang Huomu, *Jinmen gujin zhanshi*, 47.

6　인민해방군의 공식 전사(戰史)에서는 패배의 이유를 기본적으로 보급 계획의 부적절성 및 샤먼 함락 이후 군대가 갑자기 도시의 행정업무를 담당해야 했을 때 남은 군사 작전이 무시될 수밖에 없었던 사실에 두고 있다. Mu Yang and Yao Jie, *Zhogguo renmin jiefangjun zhanshi*, III: 340-1. 최근의 책에서는 구닝터우의 결과는 오직 인민해방군의 성공적이지 못한 모호한 작전 때문이었음을 지적하고 있다. Qi Dexue, *Zhongwai denglu zuozhan jingyan jiaoxun*, 30.

7　따라서 나는 진먼이라는 용어를 이 두 섬을 합쳐서 또는 두 섬 중 큰 쪽을 기술하는데 사용하고 소진먼이라는 용어는 이 두 섬 중 작은 쪽을 기술하는데 사용한다.

진먼에 사람이 정착한 역사는 수 세기 전으로 거슬러 올라가지만, 최초의 믿을 만한 역사적 문서는, 황제가 처음으로 섬에 관리를 보낸 7~10세기의 당나라로부터 시작된다. 오늘날 섬에 사는 몇몇 가문은 그들이 황제가 파견한 관리의 후손이라고 주장한다. 나중에 은주공(恩主公)으로 신격화된 이 관리의 영혼이 구닝터우 전투를 포함한 진먼의 역사에서 수 차례 주민들을 돕기 위해 돌아왔다고 전해진다. 14세기에 명 왕조의 관리가 성벽으로 방비된 요새를 섬에 건설했다. 그는 또한 이 섬에 진먼다오(金門島)라는 이름을 붙였다. 핵심 항로에서 섬이 차지하는 전략적 중요성 때문에, 이 섬에 '골든 게이트(Golden Gate, 金門)'라는 이름을 붙였던 것이다. 대부분의 측면에서 이 섬에서의 삶은 인접한 중국 대륙과 닮아있다. 둘은 공통의 방언, 유사한 사회적·건축적·종교적·경제적 특성을 공유한다. 중요한 차이 중 하나는 본토의 평야지대는 내륙의 산으로부터 물을 끌어와 비옥한 쌀 농사를 지을 수 있었던 반면에, 진먼은 쌀을 재배하기에는 너무 건조했다는 점이다. 그러나 16~17세기에 그 지역으로 유입된 땅콩과 고구마가 진먼의 모래 토양에 적합하다는 것이 밝혀졌고, 이것이 아마 약 5만에 이르는 첫 번째의 극적인 인구 증가로 이어졌을 것이다.[8]

그러나 17세기는 또한 진먼에 트라우마의 시기였다. 17세기 중반에, 만주족 침략자들이 중국을 차지하고 청 왕조를 세웠다. 명의 충신 정성공(鄭成功)은 청을 몰아내기 위해 군대를 양성했고, 군대의 기반을 진먼 지역에 두었다. 후에 그가 타이완으로 후퇴했을 때, 청 당국은 보급품과 조력자들에 대한 접근을 차단하기 위해 중국 남부 해안 전체를 소개(疏開)시켰다. 진먼 주민들은 중국본토로 도망갔고, 15년 동안 귀환을 허가받지 못했다.[9] 그들이 돌아왔을 때, 서쪽 해안의 작은 청나라 주둔지 주변으로 새로운 마을인 진청이 성장하고 있었다.

---

8   최초의 믿을 만한 인구 수치는 18세기 중반의 것이고, 여기에는 총 60,623명으로 기록되어 있다. *Maxiang tingzhi*, JMXZ, 355에서 인용하였음.

9   이 시기의 역사는 Li Shide, *Shiqi shiji de haishang Jinmen*에서 정리하였다.

굶주림에 떠밀려, 그리고 유럽의 영향력이 팽창하면서 생긴 새로운 기회에 이끌려, 진먼 주민들은 19세기에 일본과 동남아시아로 이주하기 시작했다. 이주민은 주로 아내와 자식을 남겨놓고 떠나는 남자들이었다. 섬은 사람, 상품, 아이디어들이 유통되는 폭넓고도 밀집된 네트워크의 일부가 되었다. 그때 인구는 8만 정도로 정점을 찍었다.[10]

1937년에 일본군이 만주를 휩쓸고 중국 본토로 진입했다. 일본 병사들은 10월에 진먼에 상륙했고 그 후 8년 동안 섬을 장악했다. 송금이 끊겼기 때문에 일본의 점거는 진먼의 해외 이주 가족에게 극심한 어려움을 유발했지만, 한편으로 지역 사회에는 거의 영향을 미치지 않은 것으로 보인다. 전쟁의 말년에 진먼 남자들은 일본군의 활주로를 만드는 데에 동원되었다. 이것은 그들의 첫 강제노역이었지만, 마지막은 아니었다.

진먼과 구닝터우

1945년에 일본이 항복하면서 중국은 장제스 하의 중화민국 국민당과 마오쩌둥이 이끄는 공산당 간의 내전을 향해 나아갔다. 중국 내 다른 지역과 마찬가지로 국민당은 섬에서 계속 징병을 했다. 몇몇 징집병이 떠나갈 때마다, 더 많은 병사들이 도착했다(그림 2.1). 공산당의 진격을 피해 처음에는 부대 단위로, 나중에는 전투로 인해 흩어진 오합지졸의 형태로 도망치던 국민당 군대는 1948년 초 진먼에서 증강되기 시작했다. 마을 주민들은 그들의 도착을 비극적인 광경으로 회상한다. 때때로 대여섯 명의 병사들이 무기 하나를 함께 사용했다. 많은 이들이 군복을 잃었고, 풀로 만든 신발이나 대나무로 엮은 헬멧을 썼다. 그들은 영양실조 상태였다. 다양성이 결핍된 식단이 그들에게 심각한 소화 장애를 유발한 것이다. 비료로 쓸 분뇨를 모으는 관례적인 권리를 누렸던 섬 공공변소의 "소유자"들은 병사들이 볼일을 보면서 "도축당하는 돼지처럼" 욕을 하고

---

10   JMXZ, 356.

그림 2.1   1950년대의 진먼 거리(출처: 장보웨이 제공)

그림 2.2   마을에 정차하고 있는 탱크(진먼현 문화국 사용허가)

끙끙 앓는 소리를 내는 것을 들었다고 회상했다.[11] 최초로 도착한 사람들은 그들의 기지를 지었지만, 숫자가 늘어나면서 임시숙소가 필요했다. 병사들은 빈집, 헛간, 공공건물(학교, 절, 사당) 등을 차지했다. 1949년 가을 즈음에는 병사들이 너무 많아져서 전통식 가옥의 중앙 복도나 마당에서 잠을 자며 지역 주민들과 함께 지내야 했다(그림 2.2).

병사들은 민간인들에게 젓가락, 그릇, 도구, 가구 등 사소하지만 점차 커져가는 부당한 요구를 했다. 언쟁이 잦아졌다. 군대와 지역 주민 사이를 중재하기 위해 새로운 사회집단이 생겨났는데, 이것은 이후 진먼의 정치에서 중요한 패턴이 된다. 장치차이(Zhang Qicai)는 그들 중 하나였다. "내가 표준 중국어를 조금 할 수 있었기 때문에 그들과 의사소통을 했지요."[12] 언어 이외에 젊음도 이 그룹을 구분하는 주요한 기준이 되었는데, 병사들이 전통적으로 마을을 대표하여 중요한 결정을 내려온 노인들과는 협상하기 어려웠기 때문이다. 1949년 이후 이 중재자들은 군사화되고 근대화된 진먼 사회의 새로운 엘리트가 되었다.

구닝터우에 이르는 몇 달 동안, 도망쳐 온 군대와 지역 주민들은 진먼의 방어를 구축하는 데 동원되었다. 필수 보급품을 제공하기 위해 비어있거나 버려진 집들이 허물어졌고, 이것은 진먼 사람들의 가슴 속에 수십 년 동안 지속될 부담의 시작이었다. 장교들은 물자를 수송하기 위해 사내들과 당나귀를 징발했다. "병사들은 집을 무너뜨렸고, 촌장이 회수된 자재들을 옮기기 위해 우리를 보냈어요." 수요의 대부분은 구덩이를 덮어 그것을 대피처로 바꿔 줄 나무문이었다. 구술사에 따르면, 1949년에 병사들이 구닝터우에서 실질적으로 모든 문을 몰수했다는 인상을 준다. 처음에 마을 주민들은 판자에 못질을 [해서 병사들이 문을 가져가지 못하게] 했다.. 그러나 요구가 계속되자 그들은 문을 분리하고

---

11   Li Jinsheng, *Jiyan shanding tan Zhushan lishi*, 107-8.
12   Zhang Qicai, JMMFFI, I:214.

줘버리는 수밖에 없었다. 마을 주민들은 이에 대해 낙심했는데, 그 이유는 그저 재산의 손실 때문이 아니라 본토의 공격을 예상하고 그들 스스로 짓고 있던 투박한 대피처에도 그 문이 필요했기 때문이다. "우리는 그저 방들 중 하나에 구덩이를 파고 그것을 문으로 덮고 굴껍질, 고구마, 화강암 판을 층층이 문 위에 쌓아 올렸어요."[13]

병사들이 공공건물을 숙소로 이용하면서 시작된 공간의 몰수도 이제 더 늘어났다. 가장 먼저 허물어진 빈집과 공공장소들은 군대가 이미 머무는 곳이었고, 그러므로 더 많은 군인들이 점점 더 민가로 이동해야 했다. 그리고 건물 자재에 대한 수요가 증가하면서, 사람이 살고 있는 집도 허물기 위해 등록되었다. 집이 파괴된 마을 주민들은 국익에 이바지했다는 것을 기록한 증명서를 발급받았으며, 중국본토가 공산당으로부터 수복되기만 하면 보상받을 것이라고 전해 들었다.

장교들은 민간 건물을 해체하는 데에 민간인 노동력을 사용하는 것의 잠재적 문제를 명백하게 인지하고 있었다. 그래서 짐꾼들을 그들의 마을이 아닌 다른 곳에서 일하도록 배정했다. 구닝터우의 베이샨(北山) 마을에서 온 한 남자는 "문과 돌, 기둥들을 나르기 위해 우리 중 노새를 기르는 사람들이 소집되었어요. 이 마을의 노새들이 다른 마을에서 허물어진 구조물의 자재를 나르는 데에 이용되는 것이, 당시에 일이 진행되던 방식이죠. 예를 들어, 나는 난샨(南山)과 안치(安岐)에 보내졌고, 다른 마을로부터 온 노새 팀이 우리 마을로 보내졌어요"라고 회고하였다. 몇몇 문제는 억누를 수 있었지만, 여전히 강제로 노역에 투입된 것에 대한 불만으로 웅성거리는 목소리가 있었다. "우리는 한 달 내내 밤낮으로 일했어요. 병사들은 우리에게 점심 식사와 가축에게 줄 사료는 주었어요. 그렇지만 우리는 집에 부모와 자식들이 있었어요. 그들도 먹을 것이 필요

---

13   Dong Qunlian, "Zhandi Jinmen shihua"에서 인용된 Li Qingquan 이야기와 Li Tiansong, JMMFFT, Ⅱ : 62를 참조할 것.

했지만, 우리가 작업에서 벗어날 것을 요청할 때마다 장교들은 거부했지요."¹⁴

1949년 9월 말, 인민해방군 10군이 푸젠성(福建省) 지방의 해안가로 내려왔다. 대부분의 중화민국 군대가 공산당이 나타났다는 낌새에 달아나버렸기 때문에, 그들은 거의 아무 전투 없이 급속도로 해안가의 몇몇 섬을 점령할 수 있었다. 10월 15일, 인민해방군은 샤먼에 대한 공격을 감행했다. 공격은 이틀 안에 끝났다. 장악의 속도 때문에 중국본토에 가 있던 많은 진먼 주민들이 그곳에서 움직이지 못하게 되었다. 10월 17일 아침, 우차이산이라는 이름의 젊은 진먼 사내가 모친의 부탁을 받고 식용유과 약품을 사러 연락선을 타고 샤먼으로 갔다. 오후 즈음에 그 연락선은 항해를 멈췄고, 그가 집에 돌아갈 수 있기까지 40년이 넘게 걸렸다.¹⁵ 수천 명의 국민당 방어군은 진먼으로 달아날 수밖에 없었다. 나머지는 포로가 되거나 탈영했다. 열흘 뒤에 있을 진먼 공격을 위한 무대가 준비되었다.

10월 25일 며칠 전부터 임박한 침략에 대한 소문이 구닝터우 지역에 떠돌았다. 한 주민은 "우리는 건너편 해안가에 많은 어선이 결집하는 걸 육안으로 볼 수 있었어요"라고 말했다. 진먼 북서쪽의 많은 가족들이 중국본토로부터 멀리 떨어진 섬의 다른 곳으로 피난하기로 결정했다. 친밀한 사회 네트워크가 작동했다. 리칭정이 10월 24일에 공격에 대한 소문을 처음 들었을 때, 그의 아버지는 그의 가족을 "리칭정의 친할머니 생가가 있는" 시푸터우(西浦頭)로 데려 갔다. 그 후, 더 멀리 가기 위해 그는 가족을 데리고 숙모의 여동생이 있는 허우후

---

14 Li Jinchun, JMMFT, Ⅱ: 19-20과 Dong Qunlian, "Zhandi Jinmen"에서 인용된 Li Qingquan의 이야기.

15 타이완과의 비공식 관계를 다루고 있는 1996년의 중화인민공화국 문서에서는 7,000건의 유사 사례를 보고하고 있으나, 이 숫자는 너무 많은 것 같다. Yang Shuqing, *Jinmen daoyu bianyuan*, 5. 1955년의 미국 보고서에는 진먼과 중국 대륙 사이의 "엄청난 수의 민간 왕래"에 대해서 언급하고 있는데, 이는 오해임이 틀림없다. 아마 중화민국의 게릴라 침투에 대한 보고이거나 진먼과 타이완 사이의 교류에 대한 보고였을 것이다. A. J. Goodpaster, "Memorandum for the Record," DDRS.

(后湖)로 갔다. 전투가 발발했을 때, 리진춘의 가족은 밤중에 어떤 마을로 도망 갔지만, 그곳의 주민들은 전장으로 탄약을 수송하기 위해 다시 징발되고 있었다. 그래서 그들은 그의 누이의 집으로 계속 향했다. 당시 6살이었던 샹이(尚義)의 왕칭린은 피난민 행렬의 마지막 부분을 수용했던 것을 회상한다. "나는 어려서 무슨 상황인지 이해하지 못했지만, 몇몇 친척이 구닝터우로부터 와서 전투를 피하기 위해 우리와 함께 지냈어요."[16]

모두가 구닝터우에서 도망친 건 아니었다. 많은 집에서 한 명은 뒤에 남아 집과 재산을 지켰다. 어떤 아버지는 집의 경비를 위해 돌아오기 전에 그의 아이들을 마을 밖 배수로에 숨겨두고 왔다. 주로 노인들이 뒤에 남았다. 몇몇 이들은 이것이 젊고 건강한 사람이 발견되어 징발되지 않게 하기 위함이었다고 말하고, 다른 이들은 나이 많은 부모들이 선조의 집을 떠나길 거부했다고 말한다. 1949년에 겨우 2살이었던 리톈송은 이렇게 회고한다. "내 가족들은 내가 너무 어려서 어머니가 나를 업고 멀리 달아나지 못할 것을 걱정했어요. 그래서 어머니와 내가 뒤에 남아 집을 돌봤죠." 그들은 가족들이 집 아래에 파놓은 투박한 대피처에 숨었다. 인민해방군 군대가 구닝터우로 다시 퇴각했을 때, 중화민국의 총포가 그 지역을 포격하기 시작했다. 포탄 하나가 그들의 집 지붕을 뚫고 대피처 위에 떨어졌지만 터지지 않았다. "그래서 제 할아버지가 저를 호적에 등록할 때, '하늘이 보냈다'는 뜻의 톈송(天送)이라고 이름을 지었던 거죠."[17]

강제노역에 대한 마을 주민들의 두려움이 쌓여갔다. 침략이 시작되고 자신들이 해안을 사수할 수 없다는 것을 깨달았을 때, 중화민국군 장교들은 병사들을 인근 마을로 보내 주민들을 강제로 짐꾼으로 일하게 했다. 우우진은 그의 집 대피처에 숨어 있다가 끌려 나와 탄약을 옮기는 것을 돕도록 지시받았다. 그

---

16 Wu Wuuan, JMMFFT, Ⅱ: 86, Li Qingzheng, JMMFFT, Ⅰ: 16, Li Jinchun, JMMFFT, Ⅱ: 20, Wang Qinglin, JMMFFT, Ⅰ: 347.

17 Shanhua, "Xiangye beiwu", Li Tiansong, JMMFFT, Ⅱ: 62.

는 당나귀를 데리고 마을의 다른 사내들과 함께 구닝터우를 향해 걸었다. 그들이 멀리 가기도 전에, 포탄이 그들 머리 위로 떨어져 앞장서던 당나귀가 죽었다. 다른 짐승들은 흩어졌다. 우우진과 사내들은 길 옆의 구덩이에 숨었다. 그들은 그날 밤과 다음 날 아침 내내 숨어있었다(그는 날짜를 말해주지 않았지만, 분명 10월 26일이었을 것이다). 정오 즈음에 전투가 잦아드는 듯 보였고, 그들은 집으로 돌아가는 게 최선이라고 결정했다. "그러나 제가 일어서자마자, 포탄이 쌩하고 지나가 내 이빨을 모두 뽑아버렸어요." 마을 사람들은 또한 부상자를 옮기기 위해서도 필요했다. 뒤에서 살펴보겠지만, 성별과 나이에 따라 민간인의 의무가 엄격하게 나뉘어 있어서 그에 따라 의무가 할당되었던 그 이후의 시기와는 다르게, 전투가 전개 중인 바로 그 시점에서는 동원할 수 있는 모든 사람들이 중화민국 군대에 의해 동원되었다. "1949년에 나는 약 20살이었어요. 그때에는 남자든 여자든 부상자를 옮겨야만 했어요"라고 한 여성이 회고했다.[18]

믿을 만한 정보가 없었던 가족들은 전투 후에 집으로 돌아가길 꺼려했다. 그러나 총포 소리가 잠잠해졌을 때, 탁 트인 곳에 숨어있던 이들은 선택의 여지가 없음을 느꼈다. 어떤 이들은 이틀간 아무 것도 먹지 못했다. 또 밥을 짓기 위해 불을 피운지 얼마 안 되어 공격을 받았던 일부 생존 군대 또한 밥을 먹지 못했다. "우리 어머니는 국수를 요리하기 시작했어요. 요리하는 동안 몇몇 병사들이 걸어 들어왔어요. 그들은 우리를 한쪽에 밀어넣고 자기들끼리만 먹었어요. 수탉과 암탉 한 마리, 세 마리의 중간크기 닭과 새끼돼지 한 마리가 있었는데, 그들이 모두 가져가 버렸어요."[19]

돌아온 이들 중 일부는 그들의 집이 파괴되고 점거되고 강탈된 것을 보았다.

---

18 Dong Qunlian, "Zhandi Jinmen"에서 인용된 Wu Wuquan 이야기, Xu Weimin et al., "Jinmen minfang dui de tiandial jilu"에 인용된 Cai Xiujuan 이야기, (JMMFTDJL) 215.

19 Shanhua, "Xiangye".

친척들과 당분간 피난을 갈 수밖에 없었을 거예요. 하지만 거기서 영원히 살 수는 없었어요. 그래서 상황이 진정됐을 때, 마을 주민들은 모두 집으로 돌아왔죠. 그러나 그들의 집 대부분이 거의 부서졌어요. 할 수 있는 거라곤 온전하게 남아 있는 집의 주인과 협의를 하는 것이었죠. 많은 가족들이 함께 살았어요. 즉 한 집에 여러 가족들이 살았던 거죠. 침대도, 탁자도 없었어요. 사람들은 그저 땅에서 [잠만 잤어요]. 난로도 없어서 사람들은 진흙으로 난로를 하나 만들었어요. 정말 거지와 같은 삶이었어요.[20]

"우리가 돌아왔을 때, 우리 집은 싹 털려 있었어요. ⋯ 집 전체가 군대에 점거당했고, 모아놓은 고구마, 땅콩, 소금이 모두 사라졌어요." 리칭취엔 가족의 마당에는 오두막이 있었다. 병사들이 근처에서 벙커를 짓는 것을 알았을 때, 그는 오두막이 무너지는 것을 막기 위해 거기로 갔다. 오두막에 도착했을 때, 담당 장교가 그에게 말했다. "마침 잘 왔다. 우리는 인력이 부족하다. 이 자재들을 옮기는 걸 도와라."[21]

시체와 부상자가 도처에 널려있었다. 전쟁터에서 리텐송을 품에 안고 데려온 어머니는 나중에 그에게 시체가 "들판에서 말라가는 고구마 같았다"고 말했다. 마을 촌장은 시체를 묻을 사람들을 징발하라는 명령을 받았다. 인민해방군이 야전 본부로 사용했던 대저택에서 80구가 넘는 시신이 나왔다. 몇몇은 벌거벗은 상태였다. 아마 그들은 국민당군이었을 것이다. 그들의 군복은 인민해방군이 잡히지 않기 위해 위장할 목적으로 벗겨간 것으로 보인다. 예를 갖춰 시체를 매장하기란 불가능했다. 시신들을 우물이나 거름 구덩이, 관개수로에 던져 흙으로 덮었다. "우리는 모두 너무 어렸죠. 시신들의 모습을 보고 겁에 질려

20　Wu Wuquan, JMMFFT, Ⅱ: 92.
21　Weng Xiongfei, "Fenghuo taonan ji", Li Qingquan, JMMFFT, Ⅱ: 44.

서 일을 빈틈없이 하지는 못했어요."²² 며칠 내로 부패한 시체가 악취를 풍기기 시작했고, 시체를 묻었던 많은 주민들이 병에 걸렸다.²³ 이후에 구닝터우 지역 대부분의 땅은 버려졌고, 그중 일부는 죽은 이들의 영혼을 방해할까 두려워서 지금까지 내버려진 채로 남아 있다.

1952년 가을, 군사령관과 민간정부 수반 역할을 동시에 하던 후롄 장군은 이제 구닝터우에서 죽은 병사들이 적합한 매장절차를 밟을 자격이 있다고 결정했다. 그는 회고록에서 국제 정세가 이 결정의 시기를 좌우했다고 설명한다. 미국의 대선 기간 동안, 아이젠하워의 외교 정책 고문인 덜레스(John Foster Dulles)는 미국이 철의 장막 뒤에 있는 사람들의 해방을 도울 것이라고 천명했다.²⁴ 후롄은 미국의 도움으로 다시 중국본토를 점령하기 위해서 진먼을 떠날 것이었기 때문에, 병사들로 하여금 추모 묘지를 짓게 했다. 1953년 2월 샤먼을 마주보는 타이우산(太武山)의 낮은 경사면 위에 있는 지역이 선택되었다. 4,000구가 넘는 시신이 발굴되었다. 남아 있던 중화민국 병사들의 시신이 발굴되어 묘지로 옮겨졌고, 인민해방군 병사들은 그들이 처음 묻혔던 곳에서 옮겨졌다.²⁵ 그러나 전투 3년 후에는 함께 엉켜있던 아군과 적군의 뼈를 구별하는 게 거의 불가능해졌다. 많은 인민해방군의 뼈가 묘지에 묻혀 있을 것이 분명하

---

22   인민해방군 장교 Liu Yazhou는 지방민들이 몇십 년 후에 많은 인민해방군 부상병들이 산 채로 묻혔다는 이야기를 했다고 보고했다. "모자 벗은 머리, 풀린 동공, 신음소리 등이 도처에 있었다. … 아마 16살이나 17살 쯤 된 어떤 젊은 아이는 생매장 당했을 때 그의 팔을 흔들었다. 그것은 야만적이고 끔찍한 광경이었다"("Jinmen zhi zhan"). 구술을 통해서는 그와 같은 이야기를 듣지 못했다.

23   Li Tiansong, JMMFFT, Ⅱ: 63, Dong Qunlian, "Zhandi Jinmen"에서 인용된 Wang Zhichang 이야기, Chen Zonglun, JMMFFT, Ⅲ: 53-4.

24   덜레스와 아이젠하워의 약속은 후롄의 해석보다는 모호한 것이었다. Chistopher Tudda, "'Reenacting the Story of Tantalus': Eisenhower, Dulles, and the Failed Rhetoric of Liberation," 3-35를 참조할 것.

25   Hu Lian, *Jinmen yijiu*, 83.

고, 많은 국민당군의 귀신이 여전히 구닝터우의 전장을 떠돌 것이었다. 11장에서 우리는 이 주제로 다시 돌아올 것이다. 이미 1952년에, 냉전 기간 동안 진먼 당국의 작업에서 중요했던 적과 아군의 구별이 실질적인 면에서 흐려졌던 것이다.

구닝터우 전투 이후 본토의 라디오 방송은 두 번째 공격이 임박했다고 민간인들에게 경고했다. 이것은 방어 요새를 새로 건설하도록 만들었다. 건질 수 있는 유용한 자재를 얻기 위해서라는 표면적인 명분으로 진먼의 낚시배들이 부서졌다. 진짜 이유는 아마도 병사들과 민간인을 진먼에 끝까지 남게 하기 위해, 도망이나 변절의 가능성 자체를 제거하는 차원이었을 것이다. 사람들이 가장 많이 기억하는 것은 집이나 건물의 사용요금이었다. 파괴는 구닝터우 지역에서 가장 심각했다. 부분적으로는 많은 거주자들이 도망갔기 때문이었다. 전투 전에 파손된 재산에 대해서는 영수증이 발행되었다. 이제 빈 집들은 심지어 보상의 약속도 없이 포기하고 부서지게 되었다. "우리는 빈 집들에 대한 규칙이 있는 줄도 몰랐어요. 병사들이 물건들을 부수기 시작했을 때, 우리는 그저 혼란에 대해 염려했고 그래서 짐을 싸고 마을로 향했어요. 우리가 떠난 후에 우리 집은 파괴되었죠. 우리 마을에서 백여 개 건물이 부서져서 약 3분의 1정도만 남게 되었어요."[26] 가장 쓰라린 기억 중 일부는 사당이나 절과 같은 공공재 혹은 집합재의 파괴였다. 사람들은 신의 그림을 구해내서 그들의 집으로 옮겼다. 필리핀에 체류하던 마을 주민들의 기부로 운영되던 난샨의 새로운 마을 학교도 부서졌다. 심지어 주인들이 이전에 구매한 관조차도 다른 용도로 쓰였다.

구닝터우는 공산당과의 싸움에서 전환점이 되었던, 중화민국의 큰 승리 중 하나로 기억된다.[27] 진먼 사람들은 오늘날 그것을 자랑스럽게 이야기한다.

---

26 Dong Qunlian, "Zhandi Jinmen"에서 인용된 Wu Quanjian 이야기.

27 진먼 이외에도 중화민국은 1949년 늦게까지도 몇몇 섬에 대한 통제권을 유지하고 있었다. 가장 중요한 것은 진먼의 북쪽에 있는 마주 열도였다. 저장성을 마주보는, 훨씬 더 북쪽의 다첸(Dachen) 열도나 남서쪽의 하이난 섬 등도 여기에 속했다. 하이난은 1950년에 공산당에 점령당했고, 다첸 열도는 1955년 작은 섬 중 하나에서 전투가 발생한 이후 주민들이 소개되었다 (4장을 보라).

그러나 전투와 그 이후 시기가 깊은 상처로 남아 있기에 그들의 감정은 복잡하고 모호하다. 이 영웅적이고 지정학적인 역할을 그들에게 떠맡기면서 생긴 결과는 시간의 흐름에 따라 계속 깊어지기만 할 것이다.

· · ·

제3장 전쟁지구의 정치, 1949-1960

구닝터우 전투 이후 진먼의 군인 수는 급격히 증가했다. 중국본토로부터 수많은 피난민들이 도착했고, 승리를 확고히 하기 위해 타이완으로부터 군대가 보내졌기 때문이다. "낮에 그들은 그냥 마을을 돌아다녔어요. 밤에는 해변을 순찰했구요. 그곳에는 수많은 탈영병이 있었는데, 체포되면 묶인 채 행군하고 구타를 당했어요. 내가 그걸 직접 보았습니다."[1] 진먼의 이러한 변화는 1949-50년의 광범위한 지정학적 구조변동의 지역적인 표현이었다. 중국본토에서 패배한 중화민국 국민당 정권의 패잔병들은 타이완으로 후퇴했고 재결집했다. 그곳에서 장제스는 당을 개혁하여 타이완에서의 정권 유지와 궁극적으로는 대륙의 재정복을 위한 경제적, 정치적, 군사적 기반을 확고하게 하는 국가적 생존계획을 발전시키기 시작하였다. 몇 달 사이에 한국전쟁이 발발했다. 미국의 해리 트루먼 대통령은 타이완 해협의 "중립화"와 관련된 결정을 연달아 내렸다. 그것은 타이완에 대한 중화인민공화국의 공격과 중국본토에 대한 중화민국의 공격 모두를 방지하는 것이었다. 이것은 중국 국공내전의 해결되지 않은 측면이 이제 국제화되고 전지구적인 냉전의 한 부분이 되었다는 것을 의미한다.

---

1 Shanhua, "Xiangye."

진먼에서 더 거시적인 이슈들은 특수한 관심사로, 즉 수많은 병력을 배치하고 민간인들과의 관계를 다루는 등 섬의 방어를 확고히 하는 문제로 이동했다. 1956년에 전지정무(戰地政務, War Zone Administration)가 세워지기 이전에 중화민국 정부는 진먼을 통치하는 문제에 대응하기 위해 몇 가지 접근을 시도했다. 이 장에서 나는 진먼 통치행정의 역사와 기원, 그것이 합리화되고 합법화되는 미사여구, 통치가 작동되고 경험되는 방식을 탐색할 것이다. 두 가지 구체적인 정책 이슈, 즉 인구를 감시하고 이데올로기적 단일성을 유지하기 위한 제도는 진먼의 지방 정치와 지구적 지정학의 상호관계 및 군사화와 근대화의 상호관계를 보여준다.

임시 군사화(Ad hoc militarization)

구닝터우 전투의 여파로 후롄과 그의 상관들은 섬의 안전을 유지하기 위한 즉각적인 조치를 취해야 했다. 타이완의 방어는 여전히 확실하지 않았고, 진먼은 군사적 요충지였다. 인민해방군이 육해군 합동작전을 시작할 수 있는 가장 가까운 항구인 샤먼과의 인접성 때문에, 진먼 주둔군은 침략세력을 늦추거나 저지하는 데 유용하게 이용될 수 있었다. 그러나 진먼이 단지 군사적 이유만으로 중요한 것은 아니었다. 만약 진먼이 함락된다면 상징적인 구닝터우 전투의 승리는 무효가 될 것이었다. 결론은 일종의 '임시 군사화'인 즉각적 안보 조치를 취하는 것이었다. 상황이 안정되자 장기적 관심사가 추가되었다. 즉, 정보를 모으고 중국본토에서 게릴라 전투를 하는데 이 섬을 어떻게 활용할 것인가, 다가올 역습을 어떻게 준비할 것인가, 중화민국에 대한 국제적 지지, 특히 미국의 지지를 어떻게 확실하게 할 것인가 등이 그것이었다. 이러한 국제적 전략을 수행하기 위해 중화민국 당국은 진먼의 이미지를 자유의 수호자이자, 전 지구적 공산주의에 대항해 싸운 헌신의 상징으로 만들려고 시도했다. 첫 번째 이슈는 민간정부의 부활로 이어졌고, 두 번째 이슈는 군사 요새의 엄청난 확장으로 이어졌다. 중국본토에 있는 정권이 1956년까지 보여준 예상치 못한 내구성은, 계획된 역습이 무기한 연기되어야 한다는 점을 보여 주었다. 군 병력은 진먼에 머물러야 했다. 임시 조치를 공식화하고 체계화하는 것으로 정책의 강조점이 이동하였다. 이 임시 조치는 지난 5년 동안 작동한 것으로, 군대와 민간당국의 조화 문제를 해결하고 중화민국의 전체적인 방어를 위해 진먼이 얼마나 중요한지 세계에 증명했다. 임시 조치들이 공식화되고 체계화된 결과가 바로 전지정무 시스템이다.

구닝터우 전투 일주일 후, 진먼의 민간정부는 폐지되고 민간 업무에 대한 권한은 진먼방위사령부의 사령관에게 넘어갔다. 그 직위는 향후 10년간 후롄이 차지하게 된다.[2] 이러한 재조직은 이후의 몇 가지 변화들과는 다른, 단지 전문 용어 상의 변화를 넘는 수준이었다. 민간 행정을 담당하는 새로운 부대가 주둔군 내에 창설되었고, 사령관의 지명을 받은 인사가 운영하였다. 진먼현 정부(金門縣政府)는 해산되었지만, 푸젠성정부(福建省政府)가 이 섬에서 재건되었다. 당시 중화민국의 통제 아래에 있던 푸젠성의 유일한 부분이 진먼과 마주(Mazu)의 섬이었다. 그러나 중화민국이 여전히 타이완 이외의 중국의 다른 성(省)들도 통치하고 있다는 가상을 유지하고, 중화민국이 중국 전체를 통치하는 주권적 정부라는 주장을 하기 위해서는 이러한 조치가 매우 중요해 보였다. 푸젠성정부의 부활은 이러한 가상의 일부였다. 그러나 이것은 겉으로 드러나는 문제였다. 성(省)정부는 빈 껍질에 불과했다. 성정부의 수뇌는, 간단히 말해 직무상 진먼방위사령부의 사령관이었다.[3]

3년 후인 1953년 초에 현정부(縣政府)가 복원되었다. 이 변화가 왜 일어났는지 설명해 줄 근거는 아무것도 없다. 아마 그 이유는 두 가지 지정학적 이슈에 대한 중화민국 지도자들의 반응과 연관될 것이다. 첫째는 한국전쟁의 교착

---

[2] 후롄은 진먼방위사령부의 사령관으로서 두 차례를 임기를 수행했다. 한 번은 1949년 12월부터 1954년 4월까지이고 나머지 한 번은 1957년 7월부터 1958년 11월까지이다.
[3] 따라서 1950년대 포기될 때까지 북쪽 연안의 섬들을 관장하는 저장성정부 또한 존재했다.

상태이다. 인민해방군이 한국에 완전히 몰두하고 있고 미국이 기존의 해협 중립화 정책을 유지한다면 중화인민공화국의 모험주의(adventurism) 가능성이 낮아질 것이므로, 중화민국의 기획자들이 군의 통제력을 완화해도 된다고 결론을 내렸을 수 있다. 두 번째 이슈는, 중화민국 정권의 장기적 생존은 미국의 계속되는 지원에 달려 있다는 인식의 확산이다. 진먼은 미국의 지원을 확고히 하기 위한 선전 및 민간 외교 차원의 노력에 유용하게 활용될 수 있었다. 진먼은 공산주의의 위협에 저항하는 중화민국 헌신의 상징인 장소이기 때문이다. 구닝터우 전투 이후 몇 주 지나지 않은 시점에서 이루어진 미국 의회의 첫 방문과 잡지『매거진』특파원의 첫 주재를 시작으로, 진먼은 점점 아시아 반공 여행의 선호하는 정류장이 되었다.[4] 주민들이 군대의 직접 통제 하에 있는 상황에서는 진먼의 이러한 상징적 기능이 설득력 있게 수행되기가 매우 어려웠다. 진먼현 정부의 복원은, 진먼이 자유의 장소이고 공산 중국(Red China)에 맞선 자유 중국(Free China)의 일부라는 이미지의 진정한 가치를 중화민국이 인정했다는 신호였다.

그러나 이 복원은 명목상의 일일 뿐이었다. 군대가 사실상 완전히 통제하고 있었고, 사령관은 절대 권력을 가지고 있었다. 현의 어떤 공무원은 이 시기에 대해 "사령관은 황제와도 같았죠. 그가 말하는 것은 모두 현실이 되었습니다"라고 회고하였다. 1954년 후롄 사령관의 후임자를 만난 다른 사람의 기억에 의하면, "어느 날, 사령관이 나에게 '진먼의 깡패를 알고 있냐?'라고 물었고, 나는 '이곳에는 깡패가 전혀 없다고 말할 수 없습니다. 어떤 장소든지 나쁘게 행동하는 사람이 있는 법입니다'라고 답했어요. 류안치(劉安祺) 사령관이 '그들과 협상하는 것이 어떻겠나?'라고 묻자 나는 '그렇게 할 법적 근거가 필요합니다'

---

4 이러한 방문에 대해서는 진먼 지방지의 "유명한 방문자" 섹션에서 자세하게 다루어졌다. JMXZ, 1659-99. 전 세계 미디어에 나타난 진먼 관련 기사들은 Jinmen fangwei silingbu, *Nian nian*, 43-76에 번역되어 있다.

라고 말했죠. 그는 '그렇다면 그냥 새로운 규칙을 만들고 나에게 보내라. 내가 승인할 것이다. 내가 승인만 하면 당신에게는 법적 근거가 생기는 거야'라고 말했어요. 그 만남 이후, 나는 실제로 새로운 규칙을 만들었고 류 사령관이 그것을 허가했지요."[5]

현정부가 진먼의 국제적 이미지 향상에 도움이 되었지만, 현정부의 복원은 예상치 못한 문제들을 낳았다. 한 가지 문제점은 두 정부 사이의 조화였다. 군대는 민간의 노동과 다양한 물자 조달에 의존하고 있었다. 새로운 시스템은 조달과 관련한 새로운 차원의 관료제를 발생시켰다. 관할권을 두고 비효율적이고 빈번한 갈등을 낳은 것이다.[6] 다른 문제는 진먼 인구 중 상당수가 민간인인지 군인인지 그 신분이 모호하게 되었다는 것이다. 1951년 진먼에서 창설된 푸젠성 게릴라 본부에는 수천 명의 군인과 그들의 피부양자가 있었다.[7] 그들의 군사 활동은 미국중앙정보부(CIA)에 의해 조정되었다. CIA는 드러난 조직이었지만, 그들[게릴라 부대원들]이 누구의 관할 하에 움직였는지는 불분명했다. 정치적으로, 그들은 반공산주의 저항 운동이 지속적으로 존재하고 있음을 "보여주

---

5   Chen Yangjin의 인터뷰(내가 행한 모든 인터뷰는 진먼에서 이루어졌다)와 Xu Rongxiang, JMMFFT, I : 64-5 참조.

6   Wu Zongqi, "Jinmen diqu shiyan zhandi zhengwu ji qi zhidu zhuanxing zhi yanjiu," 101.

7   대부분의 게릴라들은 둘 중 한 곳 출신이다. 일부는 다른 해안의 섬 거주자였다. 이들 중 많은 경우는 현대판 해적이나 강도였는데, 이들은 중화민국 정부의 허가를 받아 선박을 방해하고 중국본토에 침투해서 공산주의를 방해한다는 깃발을 내걸고 공격행위를 계속하였다. 다른 한 부류는 피난민 출신이었다. 많은 경우 홍콩으로 탈출한 국민당 병사나 장교였다. 1950년대 초반에는 공산주의 침투에 대한 두려움으로 중화민국은 피난민들이 타이완으로 갈 수 있도록 허락하기 전에 이들에 대해 엄격한 심사를 실시했다. 보증인을 구하지 못한 사람은 누구나, 대부분은 매우 가난한 상태로 홍콩에 머물러야 했다. 후롄은 홍콩에 팀을 보내 이 게릴라 부대에 장교로서 복무할 사람을 모집해 왔다. 결국 미국의 지원과 함께 약 2,800명이 모집되었다. Foreign Operations Administration, *Report to Operations Coordinating Board*, August 17, 1954, DDRS.

는" 존재였기 때문에, 단순히 정규 부대로 통합될 수 없었다.⁸ 그러나 현정부는 그들에게 영향력을 행사하지 못했다. "그 당시에 게릴라는 상당히 무질서했어요. … 그들은 길거리에서 술을 마시고 싸움도 종종 했구요. 이렇다 할 만한 군율이 없었어요."⁹ 그리고 이 모든 이슈 아래에 근본적인 문제가 있었다. 주둔군 규모의 지속적인 증가와 배치였다. 1950년대를 거치면서 병력의 숫자는 점점 증가해, 민간인의 약 2배가 넘는 100,000명에 달했다(부록 참조).

따라서 진먼을 통치하는 가장 좋은 방법에 대한 실용적이고 상징적인 심사숙고가 진행되었다. 정책입안자들은 이 문제를 상의하면서 섬의 필요에 맞는 틀을 짜기 시작했다. 타이완으로 철수한 지 몇 달 내에, 장제스는 공산주의에 대한 완벽한 승리 이후 중화민국의 권위를 복원할 수 있는 계획을 수립할 연구기관을 세웠다. 전지정무의 기구들은 공산주의 사상과 제도들이 중국 사회에 야기했던 피해를 회복하기 위한 계획을 세웠다.¹⁰ 궁극적으로 이 기구의 작업은 진먼의 새로운 정치적 틀의 기초가 되었다. 그것은 이 섬을 오랫동안 중화민국의 통치 아래 있게 한 장제스의 공헌을 보여주는 것이어야 했고, 또한 현재 존재하는 다양한 문제점을 해결해야 하는 것이었다.

전지정무에 대한 이론과 실행

전지정무 개념의 기원은, 민주주의를 준비하기 위해서 군사 권력 하에서 정치적 "후견(tutelage)"의 시기를 거친 후에 입헌정치를 행해야 한다는, 초기 중국혁명 시절 쑨원의 교리로 거슬러 올라간다. 장제스와 그의 고문들은 1949년 이

---

8 그들의 활동은 Frank Holober, *Raiders of the China Coast: CIA Covert Operations during the Korean War*에 기술되어 있다. Holober는 중국본토에 침투하는 게릴라를 훈련시켰고 때로는 그들과 동행했던 CIA 피고용인이었다.

9 Zhang Qicai, JMMFFT, 1:215.

10 최초에 the Institute for Research into the Realization of the Revolution이라고 이름 지어졌던 이 기구는, 1952년 당시 장징궈가 이끄는 the Ministry of Defender's General Political Department로 이름이 바뀌게 되었다.

후 몇 년간 이 노선을 정교화했다. 가장 두드러지는 부분은 타이완에 대한 권위주의적 통치를 정당화하는 것이었고, 중국 본토가 회복되었을 때 필요한 정책에 대해서도 역시 고민했다. 중국본토는 적의 영역이 아니기 때문에 군사점령 정책을 펼칠 수 없을 것이다. 그러나 공산주의자들에 의해 자행된 끔찍한 피해를 회복하기 위해서는 계엄령 이상의 것이 필요했다. 공산주의 토벌 전쟁 중일 때 또한 그 직후에 국가의 영토 전체에 대한 임시적인 군사통치인 전지정무는 이 난제를 해결하기 위해 고안된 공식이었다. 장제스는 진먼(마주의 연안 섬도 역시)을 전지정무를 실험하기 위한 장소로 결정했다. 물론, 진먼은 결코 공산주의 통치 아래 들어간 적이 없기 때문에 이 제도가 적용될 수 있게 조정하는 작업이 필요했다. 이것이 공식적으로 '전지정무실험구(戰地政務實驗區)'로 알려졌다. 1946년부터 중화민국 전체에 계엄령이 내려졌으며, 따라서 타이완 자체가 이미 긴급 사태, 조르쥬 아감벤의 용어로 말하면 예외상태에 들어가 있었다. 전지정무로 인해 진먼은 예외상태의 예외가 되었다.[11]

전지정무는 민간정부를 군사 명령에 명확하게 종속시킴으로써 조정의 문제를 해결했다. 섬과 관련된 최고 의결기구는 전지정무위원회(WZA Committee)였는데, 이 위원회의 수장은 진먼방위사령부의 정치작전국(the Political Warfare Department) 국장이었고, 사령관 다음으로 강력한 권한을 가지고 있었다. 상임위원회는 일상적인 것을 결정했다. 위원회의 위원들은 현정부의 민간 관료에 딱 맞게 대응하도록 구성되었는데, 이를 통해 전지정무의 간부단은 민간 관료의 모든 일을 감독했다. 민간정부와 완전히 평행하는 구조가 만들어졌고, 분리되어 있지만 우월한 지위를 갖는 군대의 본부 장교들이 각각의 자리에 보직을 받았다. 이런 평행 구조는 국민당이 국가의 정치 시스템과 대부분의 사회 시스

---

11 전지정무 뒤에 있는 핵심적 법률 문서는 1956년 7월 국방부에 의해 발효된 진먼·마주 전지정무실험구 규정이다. 이 규정의 법적 기초는 계엄령에 관한 헌법 조항과, 1948년 국회 헌법 개정을 통해 국가적 위시에 대응하기 위해 총통에게 비상한 권력을 부여한 동원감란시기임시조관(動員戡亂時期臨時條款)이다. Wu Zongqi, "Shiyan zhandi," 38.

템을 관통하고 있는 타이완의 그것과 닮았다.[12] 그러나 한 가지 중요한 차이점이 있다. 정치, 사회 영역을 관통하고 전 영역에서 영향력을 발휘하며 임명과 승진을 결정한 것은 타이완에서 혹은 중화인민공화국에서 레닌주의 지배정당이었던 반면, 진먼에서는 그 역할을 군대가 수행했다(그림 3.1).

전지정무 아래에서 여론 수렴을 위해 인정된 주요 통로는 임명된 자문회

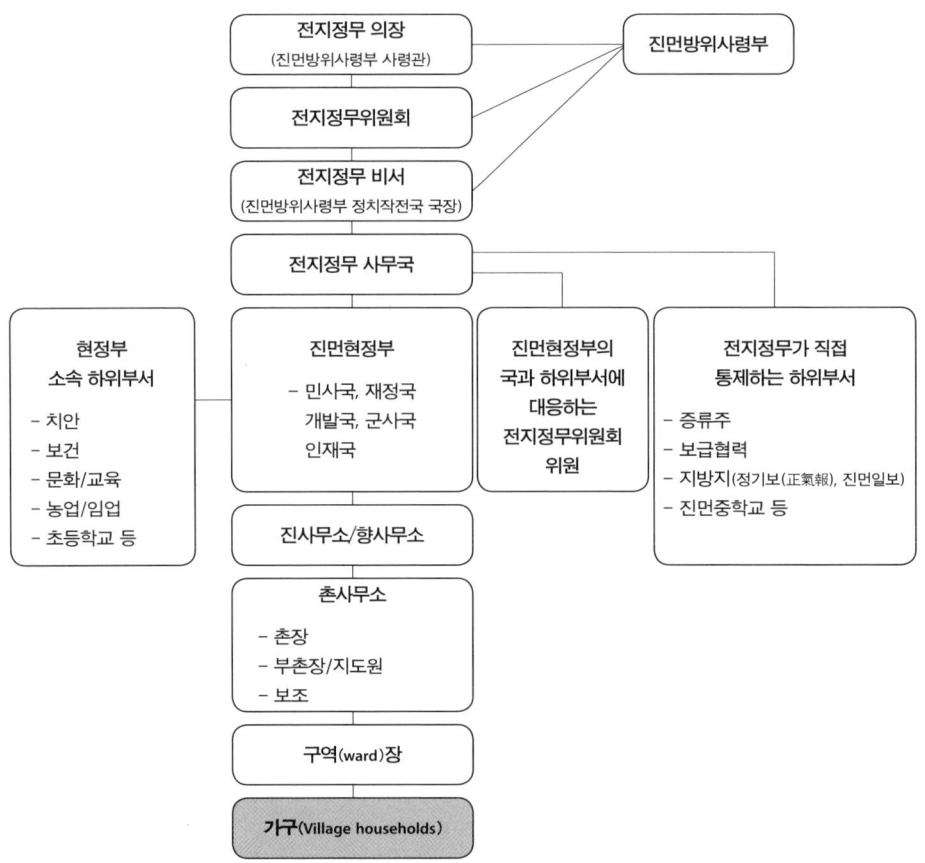

그림 3.1 전지정무 관료제의 구조

---

12   Bruce Dickson, *Democratization in China and Taiwan*: *The Adaptability of Leninist Parties*.

의였으나, 비정기적이고 소략한 형태로 개최되었고 아무 권한이 없었다. 우리는 다음 장에서 마을 및 진과 향(township)[13] 단위의 선거가 무기한 연기된 것을 볼 수 있을 것이다. 진먼은 타이완에 있는 두 개의 국회에 대표를 보냈으나 1980년대까지 선거에서 경쟁이 없었다. 전지정무는 단독 후보를 내세웠고, 그 후보는 유권자 90%의 만장일치에 가까운 지지를 받았다. 유일한 합법 정당은 당연히 국민당이었고, 지구당을 감독하고 지구당 차원의 선거 실시 여부 문제에 거부권을 갖는 국민당 담당 특별 장교에 의해 국민당은 전지정무에 종속되었다. 이 특별 장교는 사령관과 정치작전국장, 즉 전지정무의 최고위 지도자들에 의해 지시를 받았다.[14]

시간이 지나면서 현정부, 전지정무, 그리고 군대의 책임 분할을 명확하게 하기 위해 정교한 규칙과 규범의 틀이 발전하게 되었다. 예를 들어, 현정부는 법원, 상소 법원 등 중앙 정부 기관과 연결된 부서와 함께 공식적인 조사와 법률 체계를 갖추고 있었다. 그러나 광범위한 위조, 살해, 사보타주(sabotage)와 같이 지방의 안보문제와 관련된 사안들은 자동적으로 군사재판 시스템으로 이관되었다. 따라서 민간인들은 실제로 군사재판의 대상이 되었다.[15] 이러한 규칙과 적용, 규칙과 예외, 법과 사실 사이의 모호함과 불명확한 점은 진먼이 긴

---

13 옮긴이 주: 진먼현의 행정 구역은 3개의 도시형 타운십(urban township)과 3개의 농촌형 타운십(rural township)으로 구성되어 있으며, 각각 진(鎭)과 향(鄕)으로 불린다. 진에는 진청진(金城鎭), 진후진(金湖鎭), 진샤진(金沙鎭)이 있고 향에는 진닝향(金寧鄕), 례위향(烈嶼鄕), 우츄향(烏坵鄕)이 있다.

14 JMXZ, 598와 Yan Xiaoxian, *Jinmen jindaishi yanjiu*, 137. Wu Zongqi, "Shiyan zhandi." 현정부와 전지정무 예산 모두가 출간되었지만, 1992년 이전의 진먼현 정부의 재정은 불투명하다. 이용가능한 통계에는 국방부 및 다른 중앙정부부처로부터 전지정무를 경유하여 내려온 예산이 포함되어 있지 않다. 또한, 많은 건설 자본이 군대에 의해 사용되었으나, 순수 군대 건설과 학교 및 도로 등 민간에게 도움이 되는 건축 사이의 순수한 구분도 통계에 반영되어 있지 않다. Yang Dongwen과 Lin Jinwei에 대한 인터뷰와(여러 해의) *Jinmen tongji nianbiao*(JMTJ), Guofangbu(Ministry of Depense) 기록물(GFBA), 00002716, "Jinmen fangwei siling bu 43 niandu shizheng jihua," 1955 참조.

15 Fu Kuncheng and Li Jinzhen, *Jinmen zhandi zhengwu de fagui yu shixian*, 323.

급사태에서 정책을 미세조정하는 실험실이었음을 보여준다.

전지정무는 명백하게 통치 규칙의 유예를 정당화하는 예외상태로 설명된다. 그러나 예외상태는 그 자체로 통치의 한 형태이며, 따라서 통치 당국의 한계는 유예되기도 하고 그렇지 않기도 하다. 간부들은 법을 따라야 했으나 법은 필요에 따라 다시 작성될 수 있었다. 전지정무가 고무한 기본원칙은 "군사와 정치의 통일, 군대와 민간의 협력"이었다.[16] 그러나 전지정무 내부에 근본적인 모순이 있었다. 민간인은 중화민국의 시민이며, 따라서 국가는 현재와 미래 모두 그들을 위한 특정한 의무가 있다는 것을 알아야 했다. 이 의무들은 "행정, 교육, 부, 안전"이라는 슬로건으로 요약된다. 장기적 의무는 공산주의를 패배시키고 중국본토를 수복하는 국가적 임무를 완수하는 것이기 때문에, 이 슬로건의 각 요소들은 두 가지 면으로 해석되어야 한다. "행정"은 기초적인 지방행정 서비스를 제공하는 한편 공산주의의 전복 활동에 대항하는 것을 의미했다. "교육"은 기초교육에 반공사상을 주입하는 것을 의미했다. "부"는 민간생활의 기반이 될 뿐만 아니라 군의 부담을 줄이는 경제발전을 의미했다. "안전"은 치안뿐만 아니라 민방자위대로의 인구 동원을 의미했다. 전지정무 시스템은 점령지와 미래 점령지의 통치를 위해 고안된 일종의 계엄령이었다. 따라서 민간인은 친구이자 적이었고, 자신이자 타자였다. 이러한 모순은 규율, 억압, 동원의 독특한 양상을 만들어냈다.

마을 정치

1949년 말 초기 진먼현 정부가 재조직될 무렵, 섬은 약 150개의 "행정 마을(administrative villages)"로 나뉘어 있었다. 진먼방위사령부는 각 마을에서 촌장으

---

16 쑨원의 군사적 보호라는 원칙과의 이론적 연결은 의심할 여지 없이 이 체제를 명확하게 정당화해 준다. 그것은 예외상태에 대한 객관적 정당화일 뿐만 아니라 국부(國父)의 권위와 관련 있는 지점이다.

로 삼을 지방민을 선정했다. 그들은 두 가지 조건으로 선택되었는데, 중국 표준어를 말할 수 있는 능력과 읽고 쓸 수 있는 능력이 그것이었다. "중국 표준어를 말할 수 있는 사람이 굉장히 적은 시기였기 때문에 의사소통을 할 수 있는지가 가장 중요했어요."[17] 그 결과 임명받은 대부분의 사람들은 마을을 이끈 경험이 적은 청년들이었고, 이는 그들이 군 행정 당국과의 호선(co-optation)에 더욱 순종적이게 했다. 1949년에 군대의 친구였던 청년들이 이제 정치지도자가 되었다. 하지만 그들에게 결정권은 없었다. 30세이던 1949년에 임명된 왕칭뱌오는 "그것은 의무였어요. 거의 죽을 만큼 일해야 했지만, 당시 촌장은 지명된 직위였죠. 만약 거부한다면 그것은 명령에 불복종하겠다는 의미였습니다. 당신은 사상에 문제가 있는 것이 틀림없으며 그것은 당신이 공산주의자라는 것이었죠. 그래서 감히 거부할 수 없었습니다"[18]라고 이야기했다. 처음에 촌장이 된 사람들 중 많은 사람들이 향후 몇 십년 동안 진먼 정치에서 중요한 역할을 수행했다. 그들은 지방의 새로운 정치 엘리트의 핵심이 되었다. 쉐청주는 주샨(珠山)의 촌장으로 임명되었다. 1924년에 태어났고, 새롭게 설립된 진먼 중학교가 일본의 침략에 의해 폐쇄되기 직전에 그는 1학년이었다. 그는 25살에 주샨 촌장이 되었고 11년 간 그 직위를 유지했다. 1949년에 그의 학급 친구들 몇 명 역시 촌장으로 임명되었다. 쉐청주는 오늘날까지도 촌락 행정에 영향력 있는 인물로 남아 있다.

    이 젊은 촌장들은 촌락에서 전통적으로 행사되던 권위의 패턴을 바꾸어 놓았다. 1949년 이전까지 주샨의 마을 업무는 주로 쉐 가문과 부유한 화교 가문의 어른들로 구성된 비공식적 집단에 의해 결정되곤 했다. 이 사람들은 이제 새로운 공식적 행정 구조 밖으로 퇴출되었지만, 비공식적으로는 그들의 영향력을 유지해 나갔다. 쉐청주는 말한다. "모든 촌락 업무에 대해 나는 그들에게

---

17   Lin Tiansheng, in Lin Mateng and Lu Yunzai, *Cong Dongkeng tanqi*, 134.

18   Wang Qingbiao, JMMFTDJL, 164.

존경을 보여야 했어요. 집안 내에서 불화가 생기거나 촌락이 어떤 집단적 행동을 취하려고 할 때 그들의 조언을 구해야만 했지요."[19]

전지정무 설립으로 이어진 강화된 압력의 감각은 마을에도 뻗쳐 내려왔다. 1953년 마을 단위 선거라는 초기의 실험은 금지되었고, 향후 20년 간 전지정무가 촌장을 임명했다. 주로 약간의 교육을 받은 젊은이들이 새롭게 임명되었다. 동전한은 1958년 초에 촌장으로 임명되었다. "뭘 해야 할지도 몰랐지만 마을을 내가 맡아야 한다고 했고, 만약 맡지 않으면 국가를 배반하는 것이라 했어요. 나는 '내가 국가에 대해 알고 있는 것이 뭐지?'라고 말했죠. 당시 나는 27살이었어요."[20] 촌장은 상당히 명목적인 직위였다. 마을에 대한 실제 권력은 외부에서 임명된 간부의 손에 있었다. 1949년부터 1956년까지 이 간부들은 지도원(指導員), 1956년 이후에는 부촌장이라 불리었다. 1949년 말에는 모든 마을에 지도원이 파견되었다. 안후이성(安徽省) 출신으로 후롄 군대의 군인이었던 정스화는 이렇게 회상했다.

> 1949년 11월에 나는 판산(盤山) 마을 지도원으로 보내졌어요. … 촌장은 임명되었고요. 그는 매일 일을 할 필요가 없었고 보수도 받지 않았어요 … 그는 마을의 명예 촌장이었습니다. 지도원은 모든 마을 행정에 실제로 책임이 있었어요. 외부와의 연락 담당 등 군대와 관련된 모든 것은 그의 책임이었습니다. … 윗선의 명령은 보통 촌장으로 가지 않고 곧바로 지도원에게 하달되었습니다.[21]

새로운 마을 간부의 파견은 마을 사람들에게는 즉각적으로 부담이 되었

---

19   Xue Chengzu 인터뷰.
20   Dong Zhenhan 인터뷰.
21   Zheng Shihua, JMMFFT, I :458

다. 지도원들은 빈손으로 왔기 때문에 마을 사람들이 가장 먼저 할 일은 그가 사용할 생필품과 집을 확보하는 것이었다. 쉐청주는 침실 문을 포함한 가구들을 찾으면서 주샨의 집들을 오갔던 것을 회상했다. 지도원에 대한 마을 사람들의 첫인상은 그들이 대체로 가난하다는 것이었다. "지도원이 처음 마을에 왔을 때 그들은 굉장히 날카로웠어요. 그들은 사람들이 철저히 군인과 같을 것으로 기대했던 것 같아요. 그들은 지극히 권위적이었고 사람들을 군인처럼 대했어요"라고 한 주민은 회상했다. 지도원 자신들은 사태를 다르게 보고 있었다. "우리는 군대에서 파견되었기 때문에 무엇을 해야 할 필요가 있는지를 알고 있었어요. 민방자위대를 훈련시키는 것과 군인을 훈련시키는 것은 기본적으로 동일한 것이었습니다."[22]

쉐청주가 주샨에 있을 때 첫 번째 지도원의 이름은 윈스종이었다. 윈스종은 쉐청주보다 몇 살 어렸다. 그는 1948년 학교에서 집으로 돌아가다가 후렌의 군대에 징집되었다. 2001년 인터뷰에 따르면, 윈스종은 지도원 체제를 중국본토에서 국민당이 패배한 것에 대한 반응이라고 해석했다. "당시 정부는 본토에서의 내전 패배에 대해 깊이 생각했어요. 정부는 군대 병참을 지원할 민간인을 동원하는 데 실패한 것이 패배의 이유 중 하나라고 결론을 내렸어요. 그래서 민간인을 조직하기 시작했습니다. 모든 사람들을 조직 시스템에 등록하도록 하는 것이 그 일이었어요." 지도원은 핵심적인 역할을 수행했다.

> 지도원의 핵심 업무는 민간인의 이동 통제, 민방자위대 훈련, 그리고 동원 등이었습니다. 가장 먼저 해야 할 일은 가구 등록을 감시하는 것이었죠. 배반자를 처단하고, 간첩행위를 막고, 명령을 준수하며, 가구 등록 시스템이 엄격하고 정확하게 이루어지는 것에 초점을 맞추었어요 … 동원과 관련해

---

22 Xue Chengzu 인터뷰와 Yan Boyi, JMMFFT, Ⅲ:271 및 Dong Qunlian, "Zhandi Jinmen"에서 인용된 Ni Jiujing 이야기 참조

서 주된 것은 도로와 다리 건설, 도로 수리, 참호 파기, 대피소 건설 감독, 관개 시설 건설 등을 포함한, 방어를 목적으로 한 공공사업을 수행하는 작업팀을 이끄는 것이었습니다.[23]

직위의 이름이 부촌장으로 바뀌고 난 후에도 업무의 범위는 줄지 않았다. "당시 사람들은 '아기를 낳는 일을 제외하고는 작은 일이든 큰 일이든 마을의 모든 일은 [부촌장의] 일'이라고 농담을 하곤 했"다.[24]

중국 본토로부터의 침입을 방어하는 일에 대한 압박이 가장 심했다. 원스종은 이 일을 위한 주요한 수단이 민간인을 정교하고 엄격하게 감시하는 체제의 기반인 호적제도였다고 이야기했다. 이 체제는 가구와 국가 사이에 장기간 존재한 밀접한 관계를 더욱 강화했다. 1950년 1월, 섬 전체를 대상으로 한 인구조사가 실시되었고, 민간인을 그가 사는 가구와 연결시켜 등록하였다. 지도원은 호적과 검문을 통해 민간인의 집에 중국본토의 요원들이 없는지 확인했다. "당시 호적조사는 매우 엄격했고 불심검문도 있었습니다. … 그들은 흩어져서 모든 가족과 집을 조사했어요. 모든 방을 살펴 보았고, 공산주의 간첩이 숨는 것을 방지하기 위해 심지어 침대 밑까지 수색했죠 … 검문은 항상 마을 사람들이 잠에 빠진 한밤중이나 이른 아침에 이루어졌습니다."[25]

부촌장은 가구 검문을 통해 민간인의 소유가 금지된 라디오, 송신기, 카메라와 같은 금지물품을 수색할 수 있는 권한도 갖게 되었다. 또한 농구공, 배구공, 자전거와 자동차 타이어, 튜브, 기름통과 같은 용기 등 바다에 몸을 띄우기 위해 사용될 가능성이 있는 모든 것들이 포함된 긴 금지물품 목록도 존재했다. 이 물품들은 간첩이나 부역자가 될 여지가 있는 사람의 손에 들어가지 않도록

---

23   Wen Shizhong, JMMFFI, I :199-201.
24   Wu Guihai, JMMFFI, I :513.
25   Zheng Shihua, JMMFFT, I :460-1

통제되었다. 부촌장은 이 물품 목록을 각각의 호적과 연계해 두었고, 검문을 통해 그 가구에서 사라진 물품이 있는지를 조사하였다.[26] 가구 검문을 통해 민간인이 조금씩 빼돌리거나 군인들로부터 불법적으로 구입한 군수물자가 회수되기도 했다.

민간인들은 검문에 대해, 군인들이 자신들로부터 무엇인가를 훔쳐가기 위한 시간이었다고 회고한다. 1950년대 주샨의 초등학생이었던 쉐류진은 "그들은 마을 전체를 봉쇄하고 모든 사람들을 집 밖으로 쫓아냈어요. 우리는 그들이 무엇을 찾고 있는지조차 몰랐습니다. 그들은 값비싼 것, 필요한 것 등 그냥 그들이 원하는 것을 가져갔어요. … 당시에는 수색 영장도 없었죠"[27]라고 회고했다.

통행증 제도는 이동을 통제했다. 자신의 집이 아닌 곳에서 밤을 보내고 싶은 주민은 자기 마을 지도원이 발급한 통행증이 필요했으며, 목적지의 지도원에게 그것을 등록해야 했다. 실제로 이것은 통행증이 다양한 사회활동에 필수적인 것이 되었다는 것을 의미한다. "만약 당신이 결혼식이나 신 혹은 조상을 위한 제사에 참석하기 위해 당신의 친척을 방문한다면, 통행증을 신청해야 했습니다. 그곳까지 걸어 가는데 시간이 많이 걸리기 때문에 하루나 이틀 밤을 그곳에서 보낼 수 있죠. 그러기 위해서는 통행증을 받아야 합니다. 통행증 제도는 호적제도와 함께 작동했어요. 만약 검문을 받는다면, 등록된 내용과 자신이 일치한다는 것을 보여야 했고, 그렇지 않다면 통행증을 가지고 있어야 했죠."[28]

---

26 어떤 가구에서 이 물품을 갖게 되거나 잃어버리게 되면, 동사무소에 가서 자신이 이미 신고한 물에 뜰 수 있는 물품 목록에서 변화된 것을 보고하도록 요구받았다. 소진면에 남아 있는 등록 명부를 보면 매우 엄격하게 시행되었다는 사실을 확인할 수 있다. Lieyu(Little Jimmen) township archives(LYA), Xikou, "Xikou cun piaofu dengji liguan ce,"October 1969 to July 1981.

27 Xue Liujin 인터뷰.

28 Chen Changqing 인터뷰.

다섯 가구가 서로를 감시하는 상호 책임 시스템 속에서 각 가구들이 연결되어 있었기 때문에 통제체제는 더욱 강한 힘을 발휘할 수 있었다.[29] "만약 가구 검문에서 군수물품과 같은 금지물품을 찾았다면, 당신은 끌려가서 억류될 것입니다. 당시에는 다섯 가정이 상호 책임을 지는 시스템이 있었어요. 따라서 당신이 붙잡히면 다른 사람들 역시 붙잡히게 될 것입니다."[30] 촌락의 이웃은 친척일 가능성이 컸기 때문에 누구도 친척이 구금되거나 벌금을 내는 데 책임을 지고 싶어 하지 않았다.[31] 따라서 상호 책임 시스템은 규정에 대한 준수를 확실히 하는 효과적인 수단이 될 수 있었다. 반면, 상호 감시 시스템의 단위가 친척들로 이루어져 있는 것은 시스템의 원활한 작동을 방해할 수도 있었다. 츠창후이의 정보제공자 중 한 명은, 결혼한 자기 여동생이 친정을 방문했을 때 그녀를 등록하지 않은 일이 있었다고 알려주었다. 불시검문이 있었지만 여동생은 자기 집을 벗어나 이웃집으로 숨어듦으로써 발각되지 않았다. 검문팀이 자기집에서 일을 끝내고 이웃집으로 갔을 때 여동생은 다시 친정집으로 돌아갔다.[32]

촌장이나 간부들이 남자여야 한다는 자격조건은 없었지만, 1990년대까지 실제로 여성이 이 일에 임명되거나 선출되는 일은 없었다. 지도원과 부촌장은 대부분 전역한 군인이었기 때문에 이 직위가 여성들로 채워질 가능성은 당

---

29 문서상 현재 남아있는 가장 오래된 상호 책임제 협정은 1967년 것이다. 거기에는 "상호 책임제 집단에 소속된 구성원과 그들의 가족은 만약 호적등록 행정이나 공산주의 간첩과의 접촉을 감시하고 없애기 위해 제정된 상호 책임과 처벌에 관한 규정 5항을 어기게 되면, 그 집단의 개인들은 엄격한 처벌을 받게 될 것이다"라고 쓰여 있다. LYA, Xikou, "Huji," 1967, "Xilou/Huji/Gezhong huji dengji shenqing shu."

30 Yang Luyin, "Shequ zuzhi yu dongyuan zhi tantao – yi Guan'ao wei li," 226-7.

31 Xu Rongxiang은 통행증 제도의 초기 시절을 회고하면서 위반자는 3개월 동안 수감되어 있었다고 말했다.

32 Chi Chang-hui, "The Politics of Deification and Nationalist Ideology: A Case Study of Quemoy," 117.

연히 없었다. 여성이 맡았던 하나의 직책은 구역장이었다. 5~20가구로 이루어진 구역(ward)을 책임지는 구역장은 마을 사람들에게 명령을 전달하기 위해 마을 공무원에 의해 지명되었다. 구역장들이 종종 여성이었던 것은 의도된 것이 아니었고, 단지 많은 가정에서 여성이 유일하게 읽고 쓸 줄 아는 구성원이었기 때문이다. 여성적 이슈가 아닌 통치 영역에서, 구역장은 여성이 정상적으로 지닐 수 있는 정치 권력의 최고 단계였다.

지도원, 호적제도, 다섯 가구 상호 책임제, 구역 제도는 함께 작동하여, 민간인의 이동을 밀접하게 관찰하는 새롭고 철두철미한 감시제도를 만들어냈다. 그러나 개인보다 가구를 대상으로 하고 상호 책임에 의존하는 제도는 전통적인 마을 정치의 양상에서 완전히 탈피하지는 못했다. 오히려 기존의 국가-사회 관계에 대한 접근과 이해를 차용한 것이다. 이는 중국의 전통적 사회 통제 양식과 비교하도록 할 뿐만 아니라 정당과 국가가 서로 맞물려 통제하는 중국본토의 시스템과 비교하도록 한다.

구닝터우 이후의 시스템은 지도원에게 노동과 물품 조달에 대한 책임을 부여함으로써 민간징발을 공식화하고 체계화하기 시작했다. 장치차이는 민간징발이 촌락민의 분노가 집중되는 타겟 또한 만들어냈다고 이야기한다.

마을 지도원들은 감정과 표정을 드러내지 않는 냉정한 사람들이었습니다. 명령이 하달되면 이들은 한계치까지 수행했죠. 성격과 행동에 문제가 있는 지도원도 있었어요. … 사람들은 사적으로 그들을 "죽지 않는 사람(the undead)"이라고 불렀다(지도원이라는 용어는 "죽일 수 없는 사람"이라는 방언과 동음이의어에 가까웠다). 이러한 다른 모든 징발들을 제외하고, 지도원들은 마을의 위생 조사에 책임이 있었습니다. 마을 사람들은 이것이 매우 과하다고 생각했어요. … 훈련, 연습, 모임, 공공사업 등을 해야 하는데 마을 위생에 대해 신경 쓸 시간을 가진 사람이 어디 있었겠습니까? 마을 위생은 두말할 것도 없이 엉망이었습니다. 따라서 지도원은 가는 곳마다 악담을 퍼부었고, 그가 악담을 퍼부은 곳 어디든 의무팀이 따라왔어요(즉, 민간인들이 강제로 노동을 하게 되었다는 말입니다). 사람들과 그의 관계는 극도로 날카로워졌고 그는 많은 미움을 받았어요.[33]

마을에서 권력의 원천인 강제, 허가, 그리고 자기 규율의 함양 사이의 상호작용을 관리하는 마을 부촌장의 역할은 1970년대 초반 마을의 부촌장을 지냈던 어떤 사람의 회상 속에 잘 드러난다. "명령에 복종하지 않은 사람들에 대해 부촌장이 문제의 심각성을 평가해서 적절한 수준의 처벌을 가합니다. … 만약 마을 사람이 명령에 따르지 않으면, 부촌장은 마을 일을 하게 하거나 노역을 부가하는 방식으로 처벌할 수 있었어요. 만약 그들이 나타나지 않으면 부촌장은 그들을 통제할 수 있는 수많은 다른 수단을 갖고 있었습니다." 예를 들어, 부촌장은 마을 사람이 일, 공부, 또는 의학적 치료를 받기 위해 타이완으로 가는 것을 허가하지 않을 수 있었다. 극단적인 경우에 그는 마을 사람을 구금할 수도 있었다. "자기에게 문제가 생기지 않기를 원했기 때문에, 모든 사람들은 법을 따르는 습관을 기르게 되었지요."[34]

반면, 사람들은 지도원이 국가의 영향을 중재하는데 중심 역할을 한다는 점을 잘 알고 있었고, 따라서 마을 사람을 보호하지 않는 지도원에게 비판적이었다. "예더후이가 촌락의 지도원이었을 때, 작업과 관련한 그의 요구는 지나치게 엄격해서 어떤 사람들은 그에게 불만이 많았어요. 몇몇 사람들은 그가 집에 없는 기회를 틈타 그의 방 안으로 들어가 침대에 오줌을 누기도 했죠." 호적 제도와 통행증 제도는 간부들이 그가 복무하는 지역사회와 가깝게 되거나 심지어 친밀한 관계가 되도록 만들어 주기도 했다. 1960~1970년대에 소진먼인 례위향의 향장이었던 홍푸톈은 1950년대에 향사무소의 등록 업무를 담당했다.

---

33   Zhang Qicai, JMMFFT, 1:218-19.

34   Xu Minghong, JMMFFT, 1:288-9.

"호적조사 때문에 나는 많은 사람들을 알게 되었습니다. … 어느 날 남편과 부인이 싸웠어요. 부인은 고향으로 돌아가 버렸죠. 남편이 나에게 도움을 청했습니다. 나는 그녀의 고향으로 가서 당신은 허가가 없으니까 여기 머무를 수 없다고 말했어요." 홍은 이런 일이 몇 번 일어났으며, 이 커플들이 수십 년 동안 계속 그의 직무상 중매에 고마워했다고 말했다.35

촌장은 권한이 거의 없었고, 부촌장은 마을 사람들의 "생사여탈권"을 쥐고 있었다. 계엄령 기간 동안 두 인물 사이의 관계는 마을의 정치적 삶에서 핵심적인 것이었다. 오랫 동안 촌장을 지낸 쉐청주 같은 인물은 자신과 같이 일을 했던 지도원과 부촌장 이름을 순서대로 읊을 수 있었다. 촌장은 지도원과 마을 사람 사이를 중재하는 역할을 하리라 기대를 받았다. 마을 사람이 구금당했을 때 두 공무원 사이의 역학은 석방에 매우 중요했다. 마을 사람들은 사실상 지도원의 변덕 때문에 며칠을 더 기다려야 했다(더 긴 구금은 상관의 승인과 서류작업이 필요했다). "부촌장은 임의대로 당신을 가둘 권리가 있었으며, 심지어 당신을 기지를 수리하는 곳으로 보낼 수도 있었습니다. 민방자위대 훈련에 참가하지 않거나, 위생과 관련된 업무를 완수하지 못했거나, 경고에 반응하지 않은 사람, 자신의 무기를 제대로 관리하지 않은 사람, 심지어 술을 자주 마신 사람까지도 모두 부촌장이 보고서를 작성하여 판사가 승인하면 최대 2주까지 감금될 수 있었습니다." 마을 사람들은 사무소(초기에는 주로 징발한 가정집이었다), 돼지우리나 변소, 가까운 경찰서의 구치소에 억류될 수 있었다. "그는 가끔 땅의 어디 한 지점을 가리키며 '움직이지 마. 거기 있어'라고 말하기도 했어요. 그러면 당신은 그곳에 서 있어야 하고 움직일 수 없습니다."36 통상적으로 마을 사람들이 부촌장에 의해서 구금되었을 때, 그의 가족 구성원들은 구금된 사람을 풀어달라고

---

35 Li Jinlian, JMMFFT, Ⅱ:252, Hong Futian, JMMFFT, Ⅰ:392.

36 Xue Chengzu 인터뷰와 Dong Guangxin, JMMFFT, Ⅲ: 17, Xu Minghong, JMMFFT, Ⅰ: 288-8, Xue Qijin 인터뷰 등을 참조할 것.

부촌장에게 탄원할 수 있는 촌장을 찾아가곤 했다. 따라서 촌장과 부촌장이 잘 어울리지 못한다면 모든 마을 사람들이 고통받아야 했다.

    마을 사람들과 유대가 형성되어 규율 유지라는 그들의 업무가 방기되는 것을 막기 위해 부촌장들은 자주 순환근무를 하게 되었다. 중국본토로 되돌아갈 수 없다는 것을 깨닫는 사람들이 많아짐에 따라 이 순환근무는 특별한 관심 사항이 되었는데, 그것은 결혼 걱정과 관계가 있다. 쉐청주는, 다른 마을의 많은 촌장들처럼, 마치 같이 근무하던 지도원과 부촌장을 위한 중매업에 종사하는 것 같았다. 원스종이 그 시작이었다. 중매와 결혼 이야기가 말해주듯, 지도원과 마을 사람들의 관계가 순전히 적대적인 것만은 아니었다. 반대로, 마을 사람들은 지도원의 국가와의 연결고리 덕분에 때때로 이득을 보기도 하였다. 주산에서 1년 정도를 보낸 후, 푸원민은 진먼의 동남쪽 해안 마을인 랴오뤄(料羅)로 옮겼다(촌장이 그의 부인이 될 사람을 소개해 준 곳이다). 제대한 지 얼마 되지 않았기 때문에 진먼방위사령부에 많은 인맥이 있었던 푸는, 얕은 물에 그물을 놓기 위해 어두워진 뒤에도 어부들이 해변으로 내려가는 것을 허락해 달라고 군대에 탄원했다. 마을 사람들은 그에게 감사의 표시로 물고기를 가져 왔다. "사실 진먼 사람들은 모두 순진했습니다. 나는 그들 하나하나의 배경을 모두 알고 있었죠. 나는 문제가 있을지 없을지 확실히 알고 있었습니다. 어부를 관리한다는 것은 그들이 얼마나 충성스럽고 믿을만한 지를 계속해서 확인하는 일이었습니다."[37]

    진먼 맞은편 중국본토의 마을에서는 전통적인 농촌 생활의 구조를 파괴하기 위한 더욱 철저한 노력이 진행 중이었다. 진먼을 통치했던 군 장교들이 의도적으로 사회 변화를 위한 동일한 캠페인을 시행한 것은 아니었지만, 그럼에도 불구하고 군사 동원은 촌락사회에 굉장히 파괴적인 영향을 가져왔다. 그러나 중국본토의 오래된 구조들 중 상당 부분이 살아남은 것과 마찬가지로, 진먼

---

37   Xue Chengzu 인터뷰. Fu Wenmin, JMMFFT, I:364-5.

의 계엄령이 기존의 권위와 관계맺기의 양상을 단순히 녹아 없어지게 하는 용액은 전혀 아니었다. 비록 새로운 형태로 바뀌고 새로운 정치적 역할을 수행하기는 했지만 말이다.[38] 가장 명확한 예는 상호 책임의 양상이 지속된 것이다. 물론 이것은 국가 정책에 의해 의도적으로 강화된 것이다. 근대적 정치 통제 시스템을 만들고자 하는 노력이 자율적인 개인들 사이의 관계에만 초점을 둘 필요는 없다. 대신에 지방의 사회적 삶에서 자연스럽게 탄생한 가구(household) 같은 전통적인 단위에 의존할 수 있다. 진먼의 두드러진 특징은 새로운 통치 양식의 출현에 깊이 각인되어 있다. 예를 들어, 인구에 대한 감시와 통제 시스템은 중화인민공화국 요원의 침입과 간첩 행위를 막는 것이 목적이었다. 그러나 실제로 이 시스템은 훨씬 더 광범위한 규율형성 기능을 수행했다. 따라서, 계엄령 초기 진먼 정치의 특징이었던 감시, 규율, 폭력의 특별한 접합은 전근대적이기도 하고 근대적이기도 한 독특한 통치성의 양식이라는 맥락에서 파악되어야 하며, 무엇보다 국제적인 지정학적 상황에서 검토되어야 한다.

감시와 억압

오늘날 대부분의 진먼 주민들은 중국본토 정권과 비교했을 때 전지정무 시절이 상대적으로 온화했다고 즉각 지적하지만, 억압과 공포에 대한 기억 역시 언급한다. 모두가 공산주의자와 연결되었다고 의심받아서 잡혀가거나 구타를 당한 친척, 구금되어서 한 번의 기회밖에 없는 대학 입학시험을 놓친 학생, "사라진" 남편의 소식을 수십 년간 찾아다닌 미망인에 관한 일화를 가지고 있다. 민주화 이후 유권자들의 요구에 대한 지방 정치인들의 대응 차원에서 이런 사건들에 대한 일체의 문서고 서류들이 정리되기 시작했고, 이는 구술에 실체를 부

---

38   중국본토에서 살아남은 전통적 사회형태에 관해서는 Sulamith Heins Potter and Jack Potter, *China's Peasants: The Anthropology of a Revolution*을 참조할 것.

여하고 있다.³⁹

앞에서 살펴 보았듯이, 전지정무는 상호 책임제에 의존하였다. 첩보 활동은 상호 의심과 공포에 기반을 두었다. 전지정무와 군대 모두 섬에 정보부서를 두고 있었다. "1954-55년 위기 즈음 정치적 분위기는 굉장히 긴장되었어요. 정보부서는 모든 것에 대한 정보를 얻기 위해 정보원을 활용했죠. 승진하고 싶은 사람은 정보원이 되었습니다. 그들은 모든 것에 대해 보고했어요. 만약 여섯 사람이 모여 이야기를 했다면, 그들은 조사를 받아야만 했습니다. 무엇에 대해 이야기했나? 누가 주도했는가? 누가 가담했는가? 무엇을 했는가? 등을요."⁴⁰ 국가 지원에 의해 백색 테러가 발생한 다른 지역과 마찬가지로, 공포와 보수주의적 분위기가 형성되었다. "튀는 것을 좋아하고, 말하는 것을 좋아하며, 스스로를 자랑거리로 만드는 것을 좋아하는 사람이 있다면, 그는 사상이 극단적이라는 의미에서 '이데올로기적 문제'가 있다고 판단되었을 것입니다. 잡혀가서 결코 돌아오지 못했을 것이에요." 사람들은 이 시기를 자의적인 의심과 구금의 시대로 기억한다. 아주 미미한 범법 행위조차 재앙적인 결과를 초래할 수 있었다. 말을 잘못 해석하거나 공산주의 노래로 판정된 곡을 흥얼거리는 것 등 사람들은 무엇이 위법인지조차 확신할 수 없었다. 1949년 이전에 중국본토와 어떤 식으로든 연결된 이야기가 있던 몇몇 사람들은 의심의 대상이 되었다. 어떤 사람이 샤먼에 친척이 있던 그의 아버지에 관해 이야기해 주었다. 중국본토와의 왕래가 끊기기 전 그 친척이 보낸 편지가 정보원에 의해 쓰레기 더미에서 발견되었다. 그의 아버지는 4개월 동안 감옥에 갇혀 있었고 자기 무덤을 파라고 강요당했다.⁴¹

---

39 Chen Cangjiang(ed.), "Jinmen baise kongbu ge'an dang'an ziliao buibian."
40 Xu Mingliang, JMMFFT, II:131.
41 Zhang Zhangyuan, JMMFTDFL, 177과 Han Zhenpin 인터뷰, Yang Luyin, "Guan'ao," 226 참조.

1954년 7월, 35세의 리주리는 구닝터우의 집에서 군인들에게 체포되었다. 1년 조금 더 지나서 그의 시신이 돌아왔고, 그의 부인에게는 그가 공산주의 요원으로서 처형당했다고 통보되었다. 1954-55년 해협 위기 발발 일주일 후에 이 일이 일어났고 포격 때문에 적절한 장례식을 치를 수는 없었지만, 1990년대 말에 마을 밖 작은 언덕의 무덤에 매장되었다. 리주리의 미망인이 1990년대 말 기자와 인터뷰를 했을 때, 그녀는 자기 남편이 무엇을 잘못했는지 여전히 알지 못했다. 그러나 그녀는 남편이 이웃에게 배신을 당했다고 오랫동안 의심을 품어왔다. 이 이웃은 본토로 돌아가기 위한 뗏목을 만들다가 체포된 군인에게 타이어를 팔았다. 이웃은 자신이 살기 위해 리주리를 고발했다. 최근에 가족들에게 공개된 군 문서를 통해 타이어에 관한 이야기가 확인되었고, 그 이웃의 고발 내용이 상세하게 알려졌다. 그는 리가 간첩행위를 했으며 사보타주에 관여한 공산주의 요원이라고 주장했다. 이러한 고발 내용이 사실인지 아닌지는 확인할 방법이 없다. 1950년대 초기 진먼에는 사형집행영장이 존재했던 것이다.[42]

때때로 마을 전체가 공산주의자들과 접촉했다는 의심을 받은 적도 있었다. 이 책의 도입부에 나온 농부 황펑성의 마을인 시위안은 그런 마을 중 하나였다. 중국본토에 소속되어 있는 다덩다오(大嶝島)와 가까이 있는 시위안 주민들은 본토에 친척들이 많았다. 어떤 정보원이 분명히 마을 사람들이 친척들과 여전히 연락을 취하고 있다고 보고했고, 이후 마을 전체가 의심을 받게 되었다. 다른 정보원은 이와 다르게 설명한다. 1949년 직후 시위안의 소녀가 군인에 의해 강간을 당했고, 마을 사람들은 그 일에서 손을 떼라고 압박을 받았지만 마을 지도자들이 추적하여 보상을 요구했다. 이로 인해 그들은 마을의 주둔군에게 원한을 사게 되었고, 주둔군 장교가 그 마을을 "간첩 마을"로 불렀다는 것이

---

42   Pan Shuqi 인터뷰. Li 사건은 Chen Rongchang, *Wutu Wumin*: *Wudao Jinmen ren de zhenqing qushi*, 124-6과 Yang Shuqing, *Jimmen daoyu*, 159-62에서도 다루고 있다. 문서는 Chen Cangjiang, "Jinmen baise kongbu"에 수록되어 있다.

다.[43]

타이완에서 지식인 집단은 공산주의적 성향을 가지고 있다고 의심받았다 (물론 지식인들은 중국본토에서 역시 그들의 정치적 경향과 낮은 출신 성분으로 인해 종종 표적이 되었다). 진먼에서 유일한 지식인은 교사들이었다. 1940년대 말 중국본토의 집에 있던 왕팡밍은 진먼초등학교에서 가르치라는 옛 학우의 설득에 응했다. 1949년 10월 샤먼의 함락과 함께 왕은 해협을 사이에 두고 가족들과 헤어진 사람들 중 한 명이 되었다. 왕은 그럼에도 불구하고 진먼에서 성공했다. 1950년대 중반 그는 진청(金城)초등학교 교장이 되었다. 1958년 그는 그 지역 선생님과 결혼을 했다. 그러나 1968년 9월의 어느 날 왕은 섬 전체를 관할하는 진먼정보부의 장교에 의해 체포되었다. 1949년 국민당을 따라 타이완으로 온

그림 3.2 **진먼주민을 통제하기 위한 제도들**(역자 촬영)
왼쪽부터 어선선원등록증, 진먼과 마주 전용 여권, 대만 방문시 반드시 귀환하겠다는 동의서이다.

---

43 Chi Chang-hui, "Politics of Deification," 112와 Jiang Bowei와의 개인적인 대화에서 확인함.

중국본토 출신의 그의 친구 한 명이 공산주의 지지 혐의로 조사를 받고 있었던 것이다. 자신이 살기 위해서 그 친구는 전시에 함께 공부할 때 왕이 사실상 공산주의 전위조직이었던 학생 독서 모임에 가담했었다고 주장했다. 왕은 혐의를 부인했지만, 그 모임의 다른 멤버들은 여전히 중국본토에 있었기 때문의 그의 이야기를 입증할 방법이 없었다. 고문을 받아서 왕은 본토에서 공산주의 조직에 가입했었다고 "자백"을 했고 19년형 선고를 받았다. 일반사면(general amnesty) 덕분에 왕은 1973년에 풀려날 수 있었다. 그는 나머지 계엄령 기간 동안 경찰로부터 철저한 감시를 받았다. 1990년 타이완해협의 양안 모두에서 정치적 자유화가 진전되었고, 왕은 중국본토에 있는 집을 방문할 수 있었다. 그리고 1968년 그가 체포되던 해, 그의 나이든 아버지는 아들이 국민당 정권의 공무원이라는 이유로 문화혁명 때 체포되어 죽임을 당했다는 사실을 알게 되었다.[44]

결론

1956년까지 중화민국의 전체 전략 속에서 진먼의 위상은 몇 단계를 거쳐 변화했다. 무슨 대가를 치르더라도 지켜내야 할 놀라운 승리의 장소에서, 중국본토 수복을 위해 즉각적으로 반격을 감행할 군사 기지가 된 것이다. 진먼은 정보수집과 게릴라 활동을 위한 장소로서 군사적 기능을 지속적으로 수행했지만, 실제로는 국토 수복과 반공에 헌신한 국가의 정치적 상징으로서 그 중요성이 증가되고 있었다. 전지정무실험구 체제는 이러한 목표 달성을 위해 발달시킨 정치구조였다. 민간정부는 중화민국과 본토의 정치 시스템 사이의 대조를 보여주기 위해 존재했다. 그러나 그 힘은 명목적이었고 모든 중요한 사안들은 섬의 주둔군에게 종속되어 있었다. 군사적 우선권과 관심이 공적 영역을 점령했고 점차 사생활까지 관여했다. 이로써 점차 공사의 구분까지 없애게 되었다. 전

---

44   Wang Fangming 이야기의 주된 출처는 Chen Rongchang, *Wutu*, 118-23이다. Wang에 관한 이야기는 Pan Shuqi와의 인터뷰에서도 논의되었다.

지정무 체제는 지정학적 목표를 달성하기 위해 순응적인 민간인을 기르려고 하였는데, 이를 위해 인구와 인구 이동을 감시하고 이데올로기적 단일성을 유지하기 위한 새로운 형태의 규율 형식을 발전시키고 활용하였다. 이러한 정책들이 진먼에서 개발되던 바로 그 시기에, 유사한 정책들이 중국본토의 중화인민공화국에서도 개발되고 있었다. 예를 들어, 중화인민공화국에서 내부 통행증 제도는, 진먼 전지정무의 통행증 제도가 강화되던 그 몇 달 사이에 도입되었다. 이러한 사실은 진먼에서 발생한 일들이 단지 섬 권력 차원에서 이루어진 관심만으로 즉시 설명될 수 없고, 더 광범위한 이슈들과 연관이 있음을 시사한다. 지역에 드리워진 그러나 더 광범위한 냉전적 갈등과도 연계된 군사적 위협의 그림자 속에서 국가 발전이 이루어졌지만, 진먼에서의 근대화는 침투, 전복, 파괴 공작의 위험을 특권화하는 방식으로 정의되었다고 할 수 있다. 인구를 감시하고 신체를 훈련하고 마음을 순치시킬 필요성이 핵심 관심사였다. 섬의 주민들에게는 전쟁을 준비할 필요성이 있었는데, 이 필요성이 근대성을 형성하고 경험하는 데 있어 모두 깊은 흔적을 남겼다.

제4장 1954-55년 포격전

1954년 정칭리는 14살이었다. 어느 오후, 그는 무너진 옛 명나라 성에 자리 잡은 진먼성(金門城)의 자기집 부근에서 농구를 하고 있었다.

나는 '펑펑'하는 갑작스런 포격 소리를 들었어요. 처음에 대부분의 포탄은 수이터우(水頭)와 소진먼 사이의 바다에 떨어졌습니다. 우리 모두는 그 장면을 보기 위해 서둘러 오래된 마을의 벽 위로 몰려갔어요. 샤먼 해안가의 공산주의 진영의 대포에서 발사되는 포탄들을 볼 수 있었죠. 포탄 하나가 발사될 때마다, 대포가 번쩍거렸습니다. 그것은 정말이지 볼만한 광경이었어요. 포탄이 바다에 떨어질 때마다 물보라가 휘날렸어요. 멋진 장면이었죠! 우리 해군함정들은 피격되지 않기 위해 뒤로 물러섰어요. 그 장면은 마치 우리(아이들)가 숨바꼭질을 하는 모습 같았습니다. 멋졌어요. … 5시나 6시쯤 되었을 때, '슈우우'하는 굉음이 들려왔어요. 한 포탄이 우리 머리 바로 위를 가로질러 진먼성 북문에 떨어졌어요. 그 포탄은 내 이모의 머리 위로 떨어졌고, 이모와 이모가 데리고 가던 아이들을 모두 죽였습니다. 갑작스런 굉음은 신이 나서 전투장면을 보기 위해 벽 위로 기어 올라왔던 우리 모두를 겁먹게 하기에 충분했고, 우리는 흩어져 달아났어요. 이것이 포격에 대한 내 첫 번째 경험입니다. 그때 나는 그저 멍청한 아이였을 뿐이었습니다. 내가 집으로 달려왔을 때 그곳에는 이미 숨을 곳이 남아있지 않았고, 내가 할 수 있었던 것은 나를 지켜줄 것이라고 믿었던 담요를 겹겹이 덮은 채 침대 밑에 숨는 것뿐이었죠.[1]

이렇게 1954년과 1955년에 걸친 타이완 위기, 혹은 진먼의 주민들이 부르듯이, 9·3 포격전이 시작되었다. 해협 간 긴장은 1954년의 여름부터 형성되었지만, 진먼은 이를 전혀 알아차리지 못했던 것으로 보인다. 9월 3일 오후 3시, 중국본토는 맹렬하게 일제사격을 개시하였다. 군사자문단 소속 미국 장교 두 명도 첫날의 사망자 명단에 이름을 올렸다. 강력한 포격이 지속되었다. 합참의장이었던 아서 래드포드(Arthur Radford) 제독은 진먼을 초기 도미노 이론과 바로 연관지었다. "우리가 만약 이 공격에 제대로 대응하지 않는다면, (공산세력과의) 전면적 충돌 이전에 이미 자유세계 전력의 점진적 상실로 이어질 지방적 갈등에 미국이 개입할 수 없도록 하는 부정적 효과를 자초하게 될 것이다." 래드포드는 아이젠하워 대통령에게 임박한 침략을 방지하기 위해 중국을 상대로 핵무기 사용을 고려해달라고 요청했다.[2] 반면 타이베이 주재 미국대사였던 칼 랜킨(Karl Rankin)은 좀 더 낙관적이었으며 침략이 임박해 있다고 생각하지 않았다. "내 생각엔 저들이 단지 우리를 시험하는 것 같다. … 만약 저들이 미국이 이 연안의 섬에 대해 어떠한 행동도 취할 수 없거나 취할 의지가 없다고 만방에 드러낼 수 있다면, 공산주의자들은 또 다른 승리를 거두게 되는 것이다."[3]

중화민국은 이미 중화인민공화국의 침략으로부터 타이완의 안전을 보장받기 위해 상호방위조약을 체결하자고 미국을 압박하고 있었다. 타이완 해협 위기는 협상의 불씨를 당겼다. 미 국무장관 덜레스는 9월 9일에 장제스를 만

---

1 Zheng Qingli, JMMFFT, I:409-10.

2 *Foreign Relations of the United States*(이후로는 FRUS로 표기), 1952-4, XIV: 600.

3 Karl Rankin, *China Assignment*, 205.

나기 위해 타이완을 방문했고, 타이완 외무부 장관은 워싱턴을 방문했다. 12월 2일에 조약이 체결되었다. 이 조약은 미국이 타이완 본섬과 펑후(澎湖) 열도의 방어만을 지원하게끔 되어 있었다. 1955년 1월, 중국인민해방군은 진먼 북쪽 저장성(浙江省) 해안의 섬 이장산다오(一江山島)의 타이완 군사기지를 파괴했다. 그러자 장제스는 치욕적인 패배를 피하기 위해, '다천 군도(Dachen group)'로 알려진 중화민국이 통치하던 저장성의 나머지 섬들을 포기하기로 결정했다. 이에 아이젠하워는 의회에 소위 '타이완 결의안(Formosa Resolution)'의 통과를 요청한다. 그것은 타이완 본섬과 펑후 뿐만 아니라, 방어가 필요하다고 여겨지는 다른 지역을 위해서도 미군 병력을 동원할 수 있게 하는 결의안이었다. 타이완 결의안은 1월 하순에 통과되었다. 비록 미국이 명시적으로 인정하기를 꺼린다고 해도, 이제 진먼은 미국 안보 우산에 의해 보호받는 것처럼 보였다.

장제스는 다천 군도를 포기하는 대가로 아이젠하워가 진먼 수호를 공식적으로 공표하기를 기대하고 있었다. 그래서 그는, 1949년에 그랬던 것처럼, 동맹이 공격받는 것을 지켜보기만 했던 미국의 결정에 실망했다. 더 이상 공산주의자들에게 땅을 빼앗기기 싫다는 마음과 언젠가는 군대를 지휘해 중국본토를 수복할 수 있을 것이라는 여전한 기대감을 갖고 있던 장제스는, 불균형적으로 많은 군사를 배치함으로써 진먼을 타이완 방어에 '필수적인' 곳으로 만들 수 있다는 사실을 깨달았다. 즉, 만약 진먼에 대한 중국의 공격이 성공하여 그곳에 배치된 타이완 군대가 치명적인 손실을 입고 타이완의 사기가 급격하게 떨어질 가능성이 있다면, 미군은 어쩔 수 없이 장제스가 진먼을 방어하는 것을 도울 수밖에 없으리라는 것이다. 거대한 병력을 진먼에 배치한 것은 미국을 자신의 국가 방위에 끌어들이려는 장제스의 전략이었다(부록 참조).[4]

---

4   외교적 협상 과정 또한 미국은 중화민국의 중국본토 수복 노력을 지지하지 않을 것이며, 그 프로젝트는 이제 연기되어야 한다는 점을 분명하게 보여주었다. 진먼 주민들은 이 전환을 명확하게 기억하고 있다. "처음에 슬로건은 '1년 준비, 2년 째 반격, 3년 째 전투, 4년 째 승리'였다. 그 후 슬로건은 '올해는 반격의 해다'로 변경되었다. 그러나 반격은 결코 행해지지 않았다. …

진먼에 대한 치열한 포격은 계속되었다. 3월 초, 미 정부는 위기를 확대하겠다는 위협을 통해 갈등을 종식시키고자 했다. 덜레스는 공공연하게 진먼에 대한 공격을 단념시키기 위해 미국이 핵을 사용할 준비를 하고 있다고 이야기했다.[5] 5월 1일, 인민해방군은 진먼에 대한 공격의 규모를 축소했다. 그럼에도 불구하고 산발적 포격은 다음 몇 년 동안 지속되었다. 1957년, 타이완은 이 사건이 시작하고부터 발생한 피해 규모를 보고했다. 59,923개의 포탄이 진먼에 발사되었고, 61명의 민간인이 죽고 128명이 다쳤으며, 2,000여 가구의 집이 파괴되었다.

오늘날 이 사건에 대해 가장 인정을 받는 학문적 해석은 다음과 같다. 미국이 타이완과의 상호방위조약을 체결할지, 아니면 동남아시아의 다자간 방어 체계 속에 타이완을 포함시킬지를 동시에 고민하고 있는 사이에 진먼을 공격함으로써, 중화인민공화국은 미국을 중국의 내부 문제에 간섭하는 주제넘은 국가로 간주하고 있으며, 만약 미국이 타이완과 공동방위조약을 체결하면 이는 미국을 전쟁으로 끌어들일 위험이 매우 높다고 경고했다는 것이다. 당시 이러한 도발에 대응할 필요성이 있었고, 따라서 마오는 그 역할을 수행할 대상으로 진먼을 선택하였다. 하지만 이러한 메시지 전달의 근본 목적은 제대로 달성되지 못했다. 진먼이 미국 방위전략의 큰 그림에서 중요한 지역이 아니라는 점에서는 중국 전략들이 옳았지만, 미국 방위전략이 얼마나 확고하고 견고했는지를 그들은 알지 못했던 것이다. 중화인민공화국의 경고는 오히려 역효과를 가지고 왔다는 평가를 받기도 했는데, 그것은 이후 미국이 아이젠하워가 기존에 의도했던 것보다 더욱 강력하게 타이완 안보에 직접 개입하게 되었기 때문

그래서 슬로건은 '최소 3년에서 최대 5년 준비 후 공격'으로 변경되었다." Wang Wende 인터뷰. 1949년에 집이 파괴되거나 피해를 입은 사람들에게 보상하기로 한 후렌의 결정은 이러한 변화를 다르게 표현한 것이라고 할 수 있다. Hu Lian, *Jinmen yijiu*, 44와 Han Zhenpin 인터뷰를 참조

5   Chang, "To the Brink," 106.

이다.[6]

전투의 기억

정치가들과 장군들의 추정은 그 전투가 어떻게 경험되었는지에 대해 거의 아무 것도 말해주지 않는다. 1954-55년에 걸친 전투는 정치적 가식(posturing)에 의한 싸움이었을 수도 있지만, 실제 진먼에 살았던 사람들에게 그것은 여전히 '전투'였다. 진먼 역사에 대한 구술채록은 1990년대 후반에 시작되었는데, 그 시점이면 이미 진먼 사람들이 위기 이후 군사화와 군사적 위협을 40년간 겪은 뒤였다. 포격전 이후의 경험이 이 사건에 대한 그들의 기억을 형성해 왔다. 1954-55년 위기에 대한 수많은 설명 아래에 존재하는 압도적인 감정은 스스로의 순진함에 대한 자기비하적 인식이다. 비록 그들이 이미 구닝터우 전투와 군사화의 시작 속에서 살고 있었지만, 9월 3일 진먼 사람들은 여전히 순진했다. 화려한 불꽃을 보며 자기 스스로를 위험에 빠뜨렸던 정칭리의 방식과 유사한 많은 설명이 존재한다.

그 이후 그들이 포격에 익숙해졌을 때와는 대조적으로, 1954년 진먼 사람들의 순진함과 공황은 이후에 많은 농담들을 만들어냈다. 진청에 이발을 하러 갔던 주산 사람에 관한 재미있는 일화가 있다. 포격이 시작됐을 때 그는 머리를 반 밖에 깎지 못했고, 그렇게 머리를 반만 깎은 채 의자를 뛰어넘어 집까지 달려갔다. 포격이 시작됐을 때 우물에서 물을 긷고 있던 마을 사람들에 관한 이

---

6   JMXZ, 1250. Christensen, *Useful Adversaries*, 194-5. 미국의 결의를 시험해본 것이라는 해석에 기반한 광범위한 부정적 평가로부터 마오의 계획을 구해내기 위해 애쓰는 중화인민공화국 학자들의 최근 몇몇 연구는, 마오가 타이완 해방에 대한 약속을 강화하기 위해 해협 위기를 활용했다고 주장한다. 또는 북쪽 해안 섬이라는 즉각적인 목표로부터 중화민국의 눈을 돌리기 위해서라거나, 타이베이와 워싱턴 사이의 긴장을 높이기 위해서라는 주장도 있다. 이 모든 것들을 고려하더라도, 위기는 1955년 봄까지 이어졌고, 미국과 중화민국 사이의 긴장은 사라졌다. Gong Li, "Tension across the Taiwan Strait in the 1950s: Chinese Strategy and Tactics." Chen Jian, *Mao's China*, 175-81에서도 대체로 이러한 분석을 지지하고 있다.

야기는 수없이 다양한 버전으로 전해진다. 공황에 빠져 우물에 물통을 떨어뜨린 뒤, 그들은 그 물통을 다시 건져 올리느라 힘든 시간을 보냈다고 한다.[7] 진먼 사람들에게는 자신이 1954-55년의 사건을 통해 겪은 변화에 대해 이야기하는 또 다른 방식이 있다. 그것은 사건 이후의 시기에는 완전히 무용해진, 포탄의 소리를 듣고 그것의 방향을 판단하는 능력을 그들이 어떻게 개발했는지에 관한 것이다. "포탄이 떨어질 때, 민방자위대에 있었던 우리는 포탄이 어디에서 발사되었는지, 그리고 그것이 어느 곳에 떨어질지 소리를 듣고 알아챌 수 있었어요. 만약 당신이 '퐁-퐁-퐁'하는 소리를 들었다면, 그 포탄이 다른 곳에 떨어질 것이며 당신은 괜찮을 것이라 짐작할 수 있습니다. 하지만 '프스-프스-프스'하는 소리를 들었다면, 포탄이 근처에, 아마도 오십 피트 이내의 땅에 떨어질 것임을 알 수 있어요."[8]

공황 상태의 감각 이외에, 나이든 마을 주민들의 공통 기억은 즉각적으로 이루어진 민방자위대 동원에 관한 것이다. 해군 기지가 위치한 수이터우에서 군대는 대규모의 탄약창고를 보유하고 있었다. 이곳은 중국본토와 매우 가깝고 그곳의 대포들에 노출되어 있었기 때문에, 타이우산(太武山)에 의해 방어될 수 있는 진먼 서쪽의 확장되던 중앙 군사기지로 탄약을 옮기자는 결정이 내려졌다. 동우난은 섬을 가로질러 탄약을 옮기는 것을 돕던 민방사위내 중 하나였다. "9월 3일 밤, 우리는 한 명이 한 박스의 탄약을 들고 옮겨야 했어요. 한 박스는 무게가 40-50킬로그램이나 되었습니다. 우리는 구강(古崗: 수이터우에서 1마일 정도 떨어진 고향마을로, 진먼의 가장 남쪽 끝 지역)에서 9시쯤에 나와서 타이우산으로 탄약을 옮겼어요. 우리가 그곳에 도착했을 때는 이미 해가 중천에 떠 있었죠 그때 그곳에는 포격으로 팀원 중 다섯 명을 잃은 민방자위대 팀도 있었습

---

7   Li Jinsheng, *Jiyan shanding tan Zhushan lishi*, 117.

8   Li Yumin 인터뷰.

니다."⁹ 민간인들은 언제 어디서든 전쟁에 취약하지만, 진먼 사람들에게 부여된 민방자위대에 복무해야 한다는 의무는, 교전이 발발했을 때 그들이 전투를 피하게 하는 것이 아니라 싸움에 참가하도록 강제했던 것이다.

이전의 구닝터우 전투 때와 마찬가지로, 1954-55년의 포격전 경험은 그가 섬의 어느 위치에 있었느냐에 따라 상당히 많은 차이를 보인다. 이는 초기의 포격 대상이 수이터우의 해군기지였으며, 따라서 사거리가 짧았기 때문이다. 처음에는 수이터우 근처나 중국본토와 가장 가까운 소진먼이 포함된 진먼의 서쪽 부분에 일제 포격의 영향이 강하게 나타났다. 많은 사람들이 동쪽으로 도망갔다. 진먼성 출신의 천종룬 또한 몇 마일 정도 동쪽으로 가기로 결정했다. "처음에 나는 포탄이 주산까지는 오지 못할 것이라 생각하고, 거기에 사는 친척인 쉐칭궈에게 내 가족을 맡기고 머무르게 했어요. 그는 이미 간단한 대피소를 가지고 있었습니다. 우리는 그곳에 1주 정도 머물렀어요. 하지만 주산 또한 피격되기 시작했습니다. 우리는 어차피 섬 전체가 포격 사거리 안에 들어와 있다면, 차라리 집으로 가는 게 낫겠다고 생각했습니다. 우리는 집에 우리만의 대피소를 만들었어요. 며칠 뒤, 우리는 쉐칭궈의 대피소에 포탄이 떨어져서 그가 죽었다는 것을 알았습니다."¹⁰

9월 17일 수이터우 근처 구취(古區)의 탄약더미에 포탄이 직격하자, 마을 전체가 파괴되었다. 어떤 노인은 최근에 이 재앙에 대한 그의 기억을 지역신문에 투고했다.

> 우리는 모든 감각을 잃었다. 마을 전체가 연기로 차서 완전히 어두워졌다. 자기 손에 있는 손가락도 못 봤을 정도였다. 밑에서 기어 나왔을 때, 나는 왼쪽과 오른쪽을 구분할 수 없었고, 그저 달리기 시작했다. 둥사(東沙)로 가는

---

9   Dong Wunan, JMMFTDJL, 160.
10 Chen Zonglum, JMMFFT, Ⅲ:67-8와 Li Jinsheng, *Zhushan*, 119 참조.

길 위에서, 나는 마을을 돌아보았다. 하늘은 연기로 가득 차 있었다. 어떤 사람은 모든 집은 서까래에 영혼이 살고 있다고 말한다. 검게 변한 마을로부터 도망쳐 나왔을 때, 나는 타오르는 화염 속에서 슬프게 울부짖는 소리를 들었다. 나중에 노인에게 그 소리가 무엇이었는지 물어봤을 때, 그 집들이 무너질 때 서까래의 영혼들이 흩어졌다는 것을 알게 되었다. 심지어 오늘날에도 그 소리에 대해 생각할 때면, 머리가 곤두선다. 다음 날 아침에 돌아와서 보니 피해를 입지 않은 집이 단 하나도 없었다. 모든 것이 엉망진창이었다. 마을 전체에 부서진 타일과 기둥, 폭발했거나 불발된 포탄들이 흩어져 있었다. 두세 사람이 양팔로 감싸야 할 크기의 여러 바난 나무들은 완전히 뿌리가 뽑혀 있었다. 그 폭발의 힘은 상상 이상이었다. 마을 전체가 어둡고, 화약 냄새가 났다. 그곳은 마치 지옥 같았다.[11]

비록 구취가 가장 명백한 재앙의 현장이었지만, 1954년 진먼의 사회, 경제, 군사 역량의 중심은 상대적으로 더 잘 보호된 섬의 동쪽으로 이전되기 시작했다. 구취 이후 가장 드라마틱한 변화는 수이터우 마을의 몰락이었다. 1954년 이전, 그 마을에는 진먼 해군기지와 후롄의 본부가 위치해 있었다. 황시안은 어머니가 오페라 공연을 보러 온 엄청난 숫자의 군인들에게 과자를 파는 것을 돕곤 했다. 이제 그 숫자는 크게 줄어들었다.[12] 1954년 이후, 동부 진먼으로 해군기지와 본부가 이전되고, 수이터우는 다시는 회복될 수 없는 침체기에 접어들었다.

수이터우의 주민들이 1954년 이후 마을의 침체에 대해 이야기할 때, 그들

---

11 침대에 숨어 있었다고 회상했는데, 이것은 그가 Guqu 마을에 있었다기보다는 그 근처 마을 사람이었거나 여러 사건들을 혼동한 것으로 보인다. Yuping, "Shensi Guqu danyaoku jingbao yu cunmin shangtong."

12 Dong Qunlian, "Zhandi Jinmen"에서 인용된 Huang Xi'an 이야기.

은 그 원인으로 활기찬 밤문화와 오페라 공연, 그리고 야외 찻집을 끝장내버린 포격전을 탓한다. 하지만 몇 가지 더 주목할 만한 사실이 있다. 중국본토의 대포들이 섬을 조준하는 것을 어렵게 하기 위해, 1954년 후반 진먼에서는 등화관제(燈火管制)가 실시되었다. 등화관제의 실시는 이후에도 25년이 넘게 지속되었다. 이 섬의 민간에는 1954년까지도 전기가 공급되지 않았고, 주민들은 그들의 집을 양초나 기름 램프도 밝혔다. 지금도 모든 건물들에는 문과 창문을 모두 막을 수 있는 등화관제용 커튼이 설치되어야 한다. 민방자위대는 정기적으로 집들을 수색하고 거리를 순찰하면서 빛이 새어 나오는 집이 없는지 확인했다. 1960년대 진먼에 수돗물이 공급되었을 때, 새로운 방식의 통제가 가능해졌다. 주민들은 수돗물 공급이 끊기기 전에 자신의 집에 등화관제용 커튼이 구비되어 있다는 것을 증명해야만 했다.[13]

1954-5년 위기는 바깥세상으로부터 진먼의 지리적 고립 또한 심화시켰다. 1949년 이후, 이 섬과 근처 중국본토와의 촘촘한 연결고리는 완전히 끊어졌다. 하지만 아직 홍콩과 타이완의 지배 하에 놓여있던 해안가 섬들과는 선박을 통해 연결을 유지했다. 후롄의 허락 하에 게릴라들은 활동자금을 확보하기 위해 홍콩과의 무역을 활용했다. 그들은 향수나 스타킹과 같은 고급품들을 구입해서 그것들을 진먼에 되팔아 이익을 남겼다. 그 물품들은 다시 타이완으로 운송될 터였다. 수이터우는 게릴라들이 상품을 하적하는 곳이었으며, 황시안은 당나귀로 상품을 싣고 다시 마을로 돌아가는 진청의 상인들을 알고 있었다.[14] 1954년의 포격은 이 무역을 너무 위험하게 만들었다. 또 수이터우 부두가 파괴되었기 때문에, 하적을 위한 새로운 장소가 필요했다. 무역이 정기적인 군용 수송을 방해하는 상황을 방지하기 위해, 진먼방위사령관은 모든 홍콩 무

13　Wu Guihai, JMMFFT, I 510.

14　Dong Qunlian, "Zhandi Jinmen"에서 인용된 Huang Xi'an 이야기.

역을 금지하기로 결정했다.¹⁵ 북쪽 해안가 섬들의 지배권을 타이완이 포기함에 따라, 연안무역 또한 사라졌다. 한때 매우 복잡한 무역과 돈, 사람들의 네트워크에 얽혀 있던 진먼은 이제 바다와 항공을 통한 타이완과의 연결을 제외한 바깥 세상과의 모든 연결고리를 차단당했고, 타이완과의 루트마저 높은 수준으로 제한되었다.

비록 몇 달 뒤에 포격이 진정되었지만, 엄청난 규모의 민방자위대 동원은 풀리지 않았다. 침공이 임박했다는 소문이 도는 장소에서 적을 격퇴하는 데 도움이 되라는 새로운 임무가 부여되었다. 민방자위대 구성원들이 잘 기억하는 임무 중 하나는 섬 전체를 둘러싸는 상륙방지시설인 용치(龍齒)의 설치이다. 이 시설은 날카로운 쇠꼬챙이가 비스듬하게 콘크리트에 박혀 있는 것인데, 바닷물에 잠기도록 해변에 설치되었다. 이 시설은 상륙보트와 상륙병력들이 해안가에 접근하지 못하도록 하기 위해 설치되었다. 이 시설물 때문에 상륙병력들이 깊은 바다에 내리게 되어 수비대가 쉽게 조준할 수 있거나, 보트에 구멍이 뚫려 움직이지 못하게 되어서 충원병력과 보급품을 수송하러 중국본토로 돌아가지 못하도록 하는 것이 목적이었다. 모든 민방자위대 부대는 설치해야 할 용치 할당량을 부여받았다. 이 말뚝들은 항상 썰물이나 밤에만 설치해야 했는데, 낮에는 민방자위대 병력이 중국본토 대포의 쉬운 타겟이 되기 때문이었다. "그들은 우리가 밤에 작업한다는 걸 알아차리고, 밤에도 해변을 목표로 포격하기 시작했어요."¹⁶

1954-55년 포격전은 민간인 노동력의 또 다른 임무인 대피소 건설의 전환점으로도 기억된다. 땅을 파고 대피소를 강화하는 것은 새로운 일이 아니었

---

15 지금은 쉽게 잊혀졌지만, 당시 미국은 중국본토로부터의 공격에 대해서도 우려했지만, 중화민국이 중화인민공화국을 자극하여 미국이 전쟁으로 끌려 들어가는 상황도 걱정했다. 따라서 1950년대 게릴라들과 협력했던 미국은 이제 장제스에게 그들을 자제시킬 것을 요청했다. 게릴라 부대는 점차 해산되었고, 그 구성원들은 타이완 혹은 진먼에 재정착하였다.

16 Hong Zhidi, in Lin and Lu, *Dongkeng*, 140.

다. 많은 가족들은 구닝터우 전투 이후 허술한 대피소나 땅을 파서 동굴을 만들어 본 경험이 있었다. 진먼방위사령부는 민간인들에게 자신의 집 근처에 대피소를 만들 것을 독려했다. "하지만 사람들은 그에 대해 형식적인 태도로 대응했고, 땅을 파는 도구는 매우 원시적이었습니다. … 그들은 땅을 그리 깊게 파지 못했어요." "이때의 대피소들은 땅을 매우 얕게만 파서 만들어졌어요. 당신이 그 안에 들어가서 쪼그려 앉을 수 있다면, 그것은 충분히 잘 만들어진 것이었습니다." 정칭리와 같이, 포격이 시작되었을 때 침대 밑으로 들어가 담요를 겹겹이 덮는 것이 일반적인 반응이었다. 이제 군대는 두 달 안에 모든 마을이 주민 전체를 수용할 수 있는 더 깊고 더 튼튼한 대피소를 만들어야 한다고 명령했다. 이 명령은 주민들에게 상당한 불만을 야기했지만, 몇 년 후 전지정무에 대한 여론을 바꾸는 데에 중요한 역할을 하게 된다. "1954년 사건 이후, 민방자위대는 대피소를 만들어야 했어요. … 그때, 우리가 정부를 저주하곤 했던 것이 기억납니다. 우리 민간인들은 이미 죽고 싶을 정도의 강한 압박을 받고 있었어요. 갑자기 최우선이 된 이 의무가 그때는 정말로 너무한 것이었죠." 쉬룽샹은 민방자위대 대장으로서 정책을 집행할 의무가 있었다. "어떤 가족이 대피소를 만들고 있지 않다는 얘기를 들으면, 나는 그들을 구속해야 했어요. 당시에는 많은 사람들이 나를 증오했지만, 이후에는 모두 나에게 감사하게 되었죠."[17] 3년 뒤인 1958년 위기 시기에 이 대피소들은 셀 수 없이 많은 인명을 살렸다. 대피소 건설은 진먼 군사화의 강화가 민간인들이 삶을 조직하고 영위하는데 어떤 영향을 주었는지를 보여주는 중요한 사건이었다. 비록 그때는 몰랐겠지만, 대피소들은 이후 25년에 달하는 시간 동안 그들의 삶에서 많은 부분을 차지하게 된다.

 1954-55년 위기의 결과는, 예측되었던 방향과는 크게 다르게, 이 섬의 지

---

17 Chen Jinzhen, JMMFFT, Ⅲ:154와 Fu Wenmin, JMMFFT, Ⅰ:368, Li Qingquan, JMMFFT, Ⅱ:55, Dong Qunlian, "Zhandi Jinmen"에서 인용된 Huang Pingshen과 Xu Rongxiang 이야기 등을 참조할 것.

정학화 양상을 완전히 바꿔놓았다. 미국-타이완 간 조약들은 진먼을 미국의 안보 우산 아래 명확하게 포함하지는 않았지만, 타이완 방어에 필수적인 이 지역을 방어하는 것을 도울 수 있는 권한을 미국 대통령에게 부여하였다. 또 역설적으로 장제스에게는 이 섬에서 꾹 참고 기다리는 것에 대한 강력한 인센티브가 제공되었다. 이 섬에 그의 병력이 많아지면 많아질수록, 그들이 반드시 보호되어야 한다는 그의 주장은 설득력을 얻었다. 섬의 병력은 1954년 60,000명이었던 것이 100,000명에 달할 정도로 증가하였다. 1957년 덜레스는 "해안가 섬들에 대한 방어는 이제 너무 완벽해졌고, 타이완 방어에 완전히 통합되었기 때문에 3년 전의 유동적인 상황과 비교할 바가 못 된다. … 만약 진먼이나 마주에 대한 전면적 공격이 감행된다면, 미국은 절대 앉아서 이 섬들의 함락을 방관하지 않을 것이다. 왜냐하면 이 섬들의 함락은 확실히 타이완과 펑후의 상실로 이어질 것이기 때문"[18]이라고 인식하게 되었다. 진먼에 확실하게 투자한 장제스는, 미국을 이 섬의 방어와 엮이게 함으로써 이 섬의 운명이 전지구적 냉전과 결부되게 하였다. 병력 증가라는 협의의 군사화는 광의의 군사화로 이어졌다. 군인의 숫자가 민간인 총수를 초과하게 됨에 따라, 삶의 더 많은 요소들이 점점 더 군사적 관심에 의존하는 방향으로 나아가게 된 것이다.

    1954-55년 타이완 해협 위기는 오늘날 진먼의 민간인과 군인이 합심하여 이룩한 두 번째 위대한 승리로 기억된다. 결코 진먼에 대한 침략으로 이어지지 않았을 것이라는 우세한 증거가 있다고 해서, 그것이 그 시기 주민들의 기억의 틀 속으로 쉽게 들어갈 수는 없다. 민간인들의 기억 대부분은 처음 집중포격 상황에서의 공황, 도망가거나 대피처를 찾으려던 의지, 인명과 재산상의 피해들로 이루어져 있다. 이후의 사건에 영향을 받아 그들 기억의 많은 부분은 9월 3일 포탄이 떨어지기 시작했을 때 자신의 순진함에 집중되어 있다. 그들은 해군기지의 이전, 점진적으로 진행되었던 수이터우의 침체, 포격 대비용 대피소

---

18   FRUS, 1955-57, Ⅲ:617.

의 확산, 밤의 등화관제, 민방자위대에게 부여되었던 새로운 임무와 같은, 나중에 그 의미가 더욱 명확해질 사건의 전개를 명확하게 기억하고 있다. 장기적 관점으로 봤을 때 이 사건은 국제관계에서 그리고 진먼 주민들의 개인적 기억에서 매우 중요하다. 그러나 민간의 이해가 군사적 이해에 점진적으로 종속되고, 민간의 이해가 군사적 가치라는 관점에서 굴절되는 것에 비하면, 그것[포격전 자체]의 중요성은 지방 군사화의 역사에서 덜 중요한 것이라고 할 수 있다.

제5장 군사화와 진먼 민방자위대, 1949-1960

진먼의 모든 사람은 한 나이든 마을 노인에 대한 농담을 알고 있다. 그가 군복을 입고 길을 따라 걷고 있었을 때 검문소에 도착했다. 검문소의 헌병은 그가 입고 있던 민방자위대 군복이 너덜너덜했기 때문에, 그를 억류한 후 소속을 말하라고 요구하였다. 혼란스럽고 놀랐기도 했으며, 헌병의 중국 표준어를 잘못 알아들어 그 말이 농담인 줄 알고 "805부대 소속입니다"라고 더듬거리며 말했다. 나중에 그 헌병은 그 부대의 형편없는 규율 상태에 대한 보고를 준비하고 본부에 이를 제출하였다. 모두에게 놀랍게도, 진먼에는 805부대가 없었다. 그 마을 사람이 그들을 골렸다는 것이 밝혀졌다. 그는 정식 군인이 아니라 민방자위대 소속이었다. 그리고 805는 그의 부대 이름이 아니라, 단순히 그의 군복 가격(80.50달러)이었다.[1] 전지정무 기간을 살아간 진먼 주민들에게 이 이야기는,

---

1   정보를 제공하는 사람들의 나이에 따라 부대 번호에 대한 변종이 존재한다. 나이든 사람들은 805부대를 사용한다. 만약 말하는 사람이 중년층이면 부대는 108부대가 되고 (인플레이션 때문에) 108달러가 된다. 더 어린 몇몇 사람들은 805라는 수를 사용하는데, 그것은 아마 그 이야기를 부모나 조부모로부터 들었기 때문일 것이다. 대부분의 버전에서 노인은 익명이지만, 몇몇 버전에서는 이름이 전해진다. 여기에 관한 예로는 Xu Pimou, JMMFTDJL, 154를 참조. 다른 버전은 Ouyang Yangming, *Huaiyi Jimmen*, 144-5를 참조할 것.

그들이 항상 이해하지 못했던 군대 규율에 대한 복종과 그 복종에 대응하려 한 그들의 노력이라는, 강력하고 흥미로운 주제에 대해 알려준다.

805부대의 이야기는 또한 진먼 사람들이 무장 민방자위대로 통합된다는 의미에서 군사화의 경로에 대한 강한 비유라고 할 수 있다. 애런 프리드버그(Aaron Friedberg)가 관찰한 것처럼, "근대 국가의 모든 활동 중에서 인력 동원만큼 일반 시민들의 삶에 대한 영향력에서 즉각적이거나 극적인 것은 없다."[2]

이 장에서 나는 1949년에 실시된 임시조치가 점진적으로 공식화, 체계화, 제도화되는 것을 보여주면서, 1949년 이후 진먼 민방자위대의 초기 역사를 다루고자 한다. 내가 보여줄 것처럼, 이 공식화는 단순히 군사적인 목적을 위해 민간 노동력를 합리화하는 문제가 아니다. 민방자위대의 발전은, 심지어 군대와 민방자위대의 군사적 기능이 수렴했을 때도, 민방자위대와 정규 군인을 꾸준히 구별하고자 한 분류상의 충동을 반영한다. 시간이 흐르면서 민방자위대는 노동력 동원 및 인구 감시를 위한 동원의 매개체가 되었다. 즉, 민방자위대는 군사적 목적 이외에도, 진먼의 반공 정치체(polity)를 수립하는 프로젝트의 부분으로서 정치적 기능을 수행하였다. 이것의 가장 명확한 근거는 민방자위대 의무를 다른 방식으로 대체하여 수행하게 하는 것에서 찾아볼 수 있다. 한편으로, 초기에 개인 민방자위대원은 내체자를 스스로 고용하거나 그를 대신할 사람을 마을 관료들이 고용하도록 돈을 지불함으로써, 그들의 노역 의무를 대체할 수 있었다. 나중에 이런 옵션들은 단계적으로 폐지되었고, 개인에게 할당된 민방자위대의 의무를 스스로 수행하지 않는 것은 갈수록 어려워졌다. 다른 한편으로, 효율성을 위해서, 개별 민방자위대원이 공식적으로 수행해야 할 많은 업무들이 마을에 의해 고용된 특별 노역자들에게 전가되었다. 관병식 참여와 같은 다른 업무들은 주로 정치적 기능을 수행하였고, 이에 따라 그 누구

---

2   Aron Friedberg, *In the Shadow of the Garrison State:America's Anti-statism and its Cold War Grand Stratdgy*, 149.

도 면제될 수 없었다. 민방자위대 복무가 갈수록 정치적 의무가 되면서, 호적제도의 기능이 효과적으로 발전되었다. 우리가 3장에서 본 것처럼, 호적제도는 원래 중국본토에서 오는 스파이와 침입자들을 감시하고 진먼 사람이 스파이나 침입자가 아니라는 것을 보증하기 위해 도입되었다. 1950년대 후반으로 갈수록, 호적제도는 아무도 민방자위대 의무를 회피하지 않고 진먼에 있어야 할 사람은 아무도 벗어나지 않았다는 점을 보증하는 메커니즘이 되었다.

민방자위대 관련 내용은 뒤의 두 장에서 계속 이어진다. 계엄령 기간 중간에, 즉 1960년대 후반에서 1980년대까지 민방자위대의 기능은 점차 군사화되었다. 더 이상 정규병들에 대한 병참 지원을 제공하는 훈련만 받지 않았다. 이제 그들의 새로운 임무는 사실상 전투에서 싸우는 것이었다. 진먼 주민들은 민방자위대 의무를 통해 국가의 영웅적인 수호자 혹은 자유 그 자체로 구성되었다. 초기에 진먼 사람들은 이렇게 구성되는 것에 양가적이었다. 그들은 이것이 그들의 삶에 끼치는 영향을 제한하기 위해 동원할 수 있는 모든 수단을 사용하였다. 민방자위대 의무에 대한 그들의 초기 저항과 분노의 감정은 이 기간의 끝으로 가면 많이 가라앉게 된다. 그러나 우리가 4부에서 볼 것처럼, 민방자위대는 그들 집합기억의 일부분으로 남았으며, 1990년대 민방자위대가 해산됨에 따라 그것의 중요한 결과들이 다시 부각되었다.

중화민국과 중화인민공화국 양쪽의 민병대를 연구한 엘리자베스 페리(Elizabeth Perry)가 보여주듯이, 20세기 동안 중국의 정권들은 국가를 만들고 국가를 붕괴시키기 위한 목적으로 대중 민병대를 활용했으며, 그 과정에서 시민권 획득과 관련된 몇몇 중심적 긴장들이 명확해졌다.[3] 진먼의 민방자위대는 근대 중국 민병대 역사의 또 다른 차원을 보여준다. 민방자위대 의무는 단순히 민방자위대원 스스로를 시민으로 전환하는 것에만 연결되지 않는다. 인구 전

---

3   Elizabeth Perry, *Patrolling the Revolution: Worker Militias, Citizenship, and the Modern Chinese States*, ch. 1.

체를 대상으로 시민권의 정치적 모델이 되는 간접적인 역할도 수행하였다. 민방자위대원은 [타이완의] 모든 시민들에게 기대되는 자기희생의 상징이 되었다. 정부가 군대 복무를 시민권의 자연적인 부분으로 보이게 만들려고 할 때, 정부는 시민권과 군사화의 분리가능성을 계속해서 숨기기 위해 정치적 자원을 소모하고 있었다. 중화민국은 진먼에서 이 비용을 지역화하기 위해 노력했는데, 전체 대중에게 메시지를 전달하기 위해서 한 지역에서 이 비용을 소모한 것이었다.[4]

1949년 10월 구닝터우 전쟁이 발발했을 때, 군대 장교들은 탄약 운반이나 부상병 수송 등의 업무를 수행할 수 있는 모든 사람을 징집하였다. 이것은 그들의 중국본토에서의 경험과 완전히 일치했고, 따라서 당시에 거의 아무런 고민없이 실시되었다. 공화주의 중국(Republican China)에서 민족주의(국민당의) 국민군대는 노역이 필요할 때 그렇게 해 왔던 것이다. 상황이 안정되고 당분간 많은 수의 군대가 진먼에 머무르게 될 것이 확실해지자, 징집방식이 공식화되기 시작했다. 전투가 벌어질 동안에는, 우리가 이미 알고 있듯이, "당신이 여성이든 남성이든 중요하지 않고, 모두가 다친 사람들을 운반해야 했다." 그러나 곧 민간인 인구는 나이와 성별에 따라 몇몇 기능적인 집단으로 구분되었다. 전투시와 평시 모두 10대와 노인은 "노보보수팀"으로 편성되었으며, "여성팀"은 야전병원에서 도움을 제공했고, 성인 남성은 "의무팀(duty team)"을 만들어 광범위한 범위의 기능을 수행하게 되었다. 1950년에 이 구분 시스템은 더 정련되어 운반(mule)팀, 소방대, 수송팀 등등으로 세분화되었다.

많은 주민들은 민방자위대 임무에서 벗어나려 노력했다. 이는 게으름에 의한 것은 아니었다. 중화민국 세력이 곧 섬에서 철수할 것이며, 징병 연령의

---

4 타이완의 중국청년반공구국단(中國青年反共救國團, Chinese Youth Anti-Communist National Salvation League)을 진먼으로 보내 1년에 한 번 실시한 "여름 전투 캠프"는 이러한 메시지가 소통되는 중요한 방식이었다.

모든 남성을 데려갈 것이라는 소문이 돌았다. 게다가 광적인 방어 준비와 인민해방군이 구닝터우에서의 패배를 복수하러 돌아오면 진먼이 "피로 씻길 것"이라고 경고하는 정규적이고 잦은 중국본토의 라디오 방송 때문에, 비록 장제스가 그들을 버리려고 계획하지 않았더라도, 많은 주민들은 예상되는 큰 전투에서 자신들이 총알받이가 될 수 있다고 확신하게 됐다. 1949년에 12살이었던 천용차이가 의무팀에 끌려가지 않도록 하기 위해 부모님은 그를 나무 숲속에 숨겼다.[5]

군사들을 위해 노역을 제공하는 것이 재앙과 같은 결과로 이어질 수 있다는 이러한 공포는 1950년 초의 인구조사를 웃음거리로 만들었다. 60대와 70대의 남성들은 오늘날 나와의 인터뷰에서 수시로 "나는 언제 태어났는데 실제로 주민증에는 다른 연도로 기록되어 있다"고 말한다. 즉, 그들의 부모가 그들의 출생신고를 연기하거나 조사자들에게 위조하여 보고했다는 것이다. 의무팀의 나이 기준이 18세에 맞춰졌기 때문에, 19세나 20세의 아들을 둔 부모들은 자식이 12살이나 15살이라고 주장하였다. 두톈성은 마을 지도원이 청소년 남자아이들의 바지를 내리고 고환이 성장하였는지를 확인했던 사실을 기억하고 있다. 만약 고환이 성장했다면, 그는 소년의 나이에 간단하게 2살을 더해서 등록했을 것이다.[6]

상황이 진정된 후에도 민방자위대 의무를 피하기 위한 열망은 사라지지 않았고, 사람들은 이를 피하기 위한 방법을 찾으려 했다. 비록 설명하는 사람에 따라 차이가 크긴 하지만, 1950년대를 대상으로 하는 진먼의 구술사는 민방자위대 의무에 엄청난 시간이 할애되었다는 점을 보여준다. 나이가 많은 제보자들은 매년 3-4개월의 훈련을 받았다고 말한다.[7] 이는 자신들의 희생 정도를 강

---

5   Chen Yongcai, JMMFFT, I :432-3.
6   Du Tiansheng, in Lin and Lu, *Dongkeng*, 97.
7   전임 현장(縣長)인 Chen Shuizai는 이와 유사한 수치를 제시했다. Chen Shuizai 인터뷰.

조하려는 사람들의 과장일 수 있다(앞으로 보게 되겠지만, 민방자위대 임무에 대한 보상이 논의되기 시작하자, 그들은 그렇게 과장할 강한 물질적 근거를 갖게 되었다). 주샨 마을 지도원 윈스종의 후임자인 푸원민은 1950년대 초반에는 2년에 한 번, 한 달 정도의 기간으로 훈련했다고 기억한다. 이 시기에 일정 기간 민방자위대를 이끌었던 쉬롱샹은 매주 2번씩 4시간의 훈련과 매년 13주 정도의 훈련 기간도 있었다고 이야기한다. 그러나 그는 또한 매년 훈련은 총 100시간뿐이었다고 기억하고 있다. 그래서 아마도 나이든 주민들의 경우에 훈련 기간은 정확히 말했지만, 실제 그 기간을 완전히 채워 훈련받지는 않았다고 말하는 것을 잊었을 수도 있다. 이 시기 훈련의 의미는 꽤 유동적이었다. 어리거나 나이든 남성은 전투의 포격으로 망가진 길을 수리하는 도로보수 팀에 속했다. 진먼에는 포장된 도로가 없었다. 다져진 흙길은 자주 비에 의해 씻기거나 무거운 군수물자가 지나감에 따라 망가졌다. 도로보수 팀에게 훈련이란 단순히 망가진 길을 고치도록 하는 궁색한 변명일 뿐이었다.[8]

시간이 지남에 따라 민방자위대의 의무사항은 더 일상화되었다. 정교한 규정의 틀이 발전했다.[9] 현의 현장(縣長)이 수장이 되는 "민방자위대 총대"(Militia Command, 總隊)가 만들어졌다. 모든 수준에서 전지정무에 의해 임명된 "부(deputy)"자가 붙은 지위에 의해 현과 현 아래 급의 통치가 이루어진 것과 동일한 방식으로, 민방자위대 사령부의 부사령관은 부현장이 맡았다. 그는 동시에 현의 병무행정의 수장이었으며, 전지정무 위원회(WZA Commitee)에 의해 임명되었다. 민방자위대 사령부 아래에는 단순화된 버전의 군대식 계급이 있었다. 진(鎭)과 향(鄕)은 민방자위대 대대(大隊)를, 마을(village)은 민방자위대 중대(中隊)를 조직했다. 각 마을 중대는 소대로, 다시 각 소대는 10-12명으로 이

---

8 Du Tiansheng, in Lin and Lu, *Dongkeng*, 97
9 가장 중요한 규정은 전지정무 창설 1년 후인 1957년 국방부에 의해 발표된 "진먼과 마주현 민방위 조직 규정"이었다.

루어진 분대(班)로 나뉘었다. 마을 중대의 중대장은 마을의 부촌장이었다. 경제 단체 및 문화 단체, 학교 같은 조직의 민방자위대는 전지정무 위원회 산하에 각각의 편제로 편성되었다. 민방자위대 대대는 1949년 이후 기능과 나이와 성별에 따라 더 세부적으로 정련되어 분류되었다. 16-17세의 남녀 청소년들과 45-50세의 남성은 감시, 정보수집, 커뮤니케이션을 담당하는 예비군 소대를 구성하였다. 18-35세의 여성은 여성 여단(brigade)을 구성하여 선전 작업, 응급처치 및 부상자 간호, 노약자에 대한 지원, 군대를 지원하는 임무를 가진 젊은이들의 교육 등을 담당하였다. 18-45세의 남성은 민방자위대의 핵심 부분이었으며, 방어, 군수, 의료 여단으로 세분화되었다. 해안 마을에서 어부들은 선박여단으로 조직되었다.[10]

전직 민방자위대원들은 초기 몇 년 동안의 훈련과 작업에 대해서는 딱히 할 말이 없다. 그것은 단조롭고 가치가 없었다. "우리는 단순히 제식훈련(기껏해야 차렷, 쉬어, 앞으로가 등) 같은 것만 받았습니다." 이것이 전형적인 대답이다(그림 5.1과 5.2를 볼 것). 1950년대 초반 민방자위대를 이끌었던 쉬룽샹은 훈련을 정치 교육, 군사 훈련, 병참 훈련 등 세 가지로 나누었다. "정치 교육에는 사기(士氣), 방어에 대한 기본 지식, 군인의 기초 지식, 공산주의의 잔인함, 쑨원의 마지막 선서와 총통의 미덕 등에 대한 강의가 포함되었습니다. 군사 훈련에는 기초 군사훈련, 무기 훈련, 사격 연습, 전투 훈련이 실시되었구요. 병참 훈련에는 들것 훈련(stretcher training), 방첩 훈련, 그리고 전장 의료 등이 포함되었습니다. 남성을 위한 훈련에서는 전투 능력이 강조되었고, 여성을 위한 훈련에서는 응급치료 기술의 발전을 강조했지요. 전투에는 반드시 사상자가 생기게 되어 있습니다. 응급치료 훈련에서는 여성들에게 붕대와 응급약을 어떻게 사용

---

10 규정은 또한 민병대와 인근 군부대 사이의 관계를 특정했다. 평시에는 지방 군사령관이 "지방 전지정무위원회를 통해 감독 및 지원"했고, 전시에는 그가 직접 명령을 내렸다. Fu and Li, *Fagui yu shixian*, 285-7 참조.

그림 5.1 민방자위대 훈련(출처: Ming Qiushui(ed.), *Jimmen*. 진먼현 문화국 사용허가)

그림 5.2 1958년의 관병식(진먼현 문화국 사용허가)

하는지를 가르쳤어요."¹¹ 훈련에 대해 말하자면 "사실 우리는 그렇게 많이 안 했습니다. 우리는 단순히 부대 근처를 따라다녔어요. 우리에게 중요한 것은 전투시의 절차에 익숙해지는 것이었습니다."¹²

천둥 훈련(Thunder Exercise)

가장 기억할만한 유형의 훈련은 천둥 훈련(thunder exercise)이라고 알려진 통행금지 및 종합 수색 훈련이었다. 천둥 훈련은, 그 용어로 이해되는 바와 같은 군사 훈련이 아니라, 탈영한 것으로 생각되는 병사를 찾기 위해서 억압과 통제를 일시적으로 강화하는 조치라는 것이 공공연한 비밀이었다.¹³ 탈영의 빈도는 전지정무 초기에 가장 높았다. 왜냐하면, 중국본토 출신 군인들이 이후에 자신의 집으로 결코 돌아가지 못할 것이라는 점을 차츰 깨닫게 되었기 때문이다. "진먼은 탈영병으로 유명했습니다. 매년 한 12명 정도가 있었습니다. 그들은 진먼과 중국본토가 너무 가까워서 중국본토로 헤엄쳐서 건너갈 수 있다고 생각했습니다. 사실은 해류가 이를 불가능하게 했지요. 파도가 사람을 뒤로 밀어버릴 수 있을 정도였습니다. 그렇지만 만약 [해류를 핑계로] 시도도 하지 않은 채 체포된다면, 그것은 죽음으로 이어질 것입니다."¹⁴ 1960년대에서 1980년대까지의 많은 천둥 훈련들은 사라진 군인들이 자살해버렸다는 것이 밝혀졌을 때 종료되었다. 타이완 본섬으로 휴가를 가는 것이 더 자주 허가될 때까지 군인들의 자

---

11 Xu Rongxiang, JMMFFT, I:59-60과 Dong Qiming, JMMFTDJL, 149 및 Lin Jinshu, JMMFTDJL, 211을 참조할 것.

12 Xu Qingqi, JMMFTDJL, 167.

13 1984년 전지정무 문서에 따르면 천둥 훈련의 목적은 다음과 같다. 공산주의 침입자나 흔적 없이 사라진 탈영병을 잡는 것, 방어구역의 안전을 확보하기 위해 금지물품을 몰수하는 것. LYA, Xikou, "Fagui," "Leiting yanxi cunluo sousu jihua shishi guiding," December 1984.

14 Yang Luyin, "Guan'ao," 231.

살은 명백하게 심각한 문제였다.[15]

천둥 훈련은 민간인들에게 매우 위험할 수 있었다. 민방자위대원이 자신의 책임 구역에서 의무를 태만하게 하다가 발각될 경우 수감될 수 있었고, 이웃과 마을 관료도 처벌받을 수 있었다.[16] 탈영병들은 가끔씩 매우 처절할 정도로 필사적이었다. 1953년 8월, 어떤 군인이 상관과 다툰 후 자신의 진지를 탈영했다. 그는 우춰(吳厝) 마을의 민간인 집으로 대피했고, 19세 여성 민간인을 인질로 삼았다. 몇 분 이내에 수백 명의 군인들이 마을로 달려와 그 집을 에워쌌다. 여성 인질의 할머니가 대문으로 달려가 손녀를 놓아달라고 간청하다 총에 맞았다. 몇 발의 탄환이 더 발사되었고, 집 안에서도 탄환이 발사되었다. 문이 부수어졌을 때 탈영병과 민간인 인질 모두 죽은 후였다.[17]

민방자위대원들은 또한 경비 임무를 수행하였다. 순빙슈는 일주일에 두 번, 한 번에 두 시간씩 진(鎭)사무소 밖에서 경비를 섰던 것을 기억한다. 민방자위대의 순찰은 4명씩 조를 지어 마을을 지나다니는 것이었다. 등화관제 조치가 완전히 효과적인지 그리고 인민해방군의 총격을 끌 만한 불빛이 없는지 확인하기 위해서였다. 이러한 의무들을 마을 수준을 넘어서 조정하고자 하는 노력은 없었다. 민방자위대 임무는 그가 어디에 사느냐에 따라 영향을 더 많이 받았다. 어떤 고위 장교는 "해안 마을의 민방자위대는 조금 더 안 좋았다. 그들은 해안가로 침투하는 잠수 공작원들(해룡와병, 海龍蛙兵)[18]을 경비하는 군대를 돕

---

15 중화인민공화국으로의 실제 탈영은 더 드물었는데, 가장 잘 알려진 사례는 1979년 중화민국 군대의 떠오르는 스타 린이푸(林毅夫) 대위가 진먼의 그의 진지에서 중화인민공화국으로 탈영한 것이다. 린은 시카고 대학에서 경제학 박사학위를 받았고 베이징대 경제학과 교수가 되었다. 2008년에는 세계은행(World Bank)의 수석경제학자가 되었다.

16 LYA, Xikou, "Fagui," "Leiting yanxi," "Guan'ao," 231 참조.

17 Yang Shuqing, *Jinmen daoyu*, 203 ff.

18 옮긴이 주: 중국와 타이완은 진먼과 샤먼을 사이에 두고 서로 상대방의 해안으로 침투하는 부대를 양성하고 활용했다. 수륙양용정찰대 혹은 특수전부대에 해당하는 이 부대를 진먼에서는 와병(蛙兵, Frogmen)으로 불렸고, 공포의 대상이 되었다. 진먼에 배치되었던 제101수

기 위해서 때때로 야간 순찰도 해야 했다"고 회상하였다. 해안순찰과 경비 업무를 특히 짜증나게 한 것은, 정규군이 쉬고 있을 때 공격이 발생할 가능성이 더욱 커진다는 가정 하에, 휴일에 민방자위대의 해안순찰과 경비가 더 강화되었다는 사실이다. 휴일과 같은 때의 순찰은 사회적으로 매우 파괴적이었다.[19]

1950년대 민방자위대에게는 대원 수보다 총이 적었다. "각 마을은 아마 10-20개의 총을 갖고 있었을 겁니다. 분대장들과 간부단은 확실히 총을 가지고 있었습니다. 다른 민방자위대원들에 대해 말하자면, 소총 분대원들은 총을 가지고 있었습니다. 들것팀(stretcher)과 수송팀에게는 총이 할당되지 않았어요. 그들의 장비는 단순히 들것, 즉 옮기는 막대와 줄뿐이었습니다. 심지어 그들에게 총이 할당된다고 하더라도, 그들은 그것을 가지고 다닐 수 없었어요." 당시 민방자위대의 주요 기능은 병참 지원이었기 때문에, 이것이 터무니없는 일은 아니었다. 초창기에는 무기 훈련과 연습을 위해 인근 구역장(ward head)이 교외로 가서 나무줄기와 가지를 구한 뒤에 그것으로 모조품을 만들어 사용하였다.[20]

그러나 점차 더 많은 소총이 지급되었다. 비록 많은 경우에, 중국본토에서 가져온 오래된 소총이었지만 말이다. 1962년 전지정무 당국은 민방자위대 무기의 유지와 점검에 관한 규칙을 발표하였다. 남아 있는 마을 기록의 많은 부분은 이러한 점검 기록으로 구성되어 있다. 소진면 례위향의 향장이었던 홍푸텐이 무기 점검을 요청하면 전체 민방자위대 부대는 아침 일찍 집합했고, 무기가 깨끗해질 때까지는 점심 먹으러 집에 갈 수도 없었다. 실제로는, 심지어 무기가 적절하게 유지되고 있을 때도, 그 프로그램은 동원과 자기 규율에 거의 공헌하

　　　　류양용정찰대대는 해룡와병(海龍蛙兵, Sea Dragon Frogmen)으로 불린다. 주로 수중 침투 작전, 수륙양용 작전, 해안 정찰 작전을 전문적으로 수행한다.

19　Sun Bingshu, JMMFTDJL, 141-2와 Xu Rongxiang, JMMFFT, I :78 참조.

20　Xu Rongxiang, JMMFFT, I :62-3과 Zheng Chengda, JMMFTDJL, 180 및 Dong, "Zhandi Jinmen"을 참조할 것.

지 않았다. 민방자위대원들이 항상 무기를 스스로 관리한 것은 아니었다. 1949년에 태어난 리칭정은 아버지를 위해 때때로 아버지 소총을 관리했다고 설명했다. 그리고 규칙 준수에는 다른 문제들이 있었다. 2006년에 87세로 나와 인터뷰했던 사람 중 가장 나이가 많았던 셰구룽은 무기 유지와 관련된 문제들이 마을 사람들이 처벌받은 가장 흔한 이유였다고 이야기한다. 이것은 체계의 변덕스러움의 확실한 증거처럼 보인다. "당신은 아마 행진이나 달리기, 운동 등을 강제당할 수도 있습니다. 단순히 장교의 기분에 달려 있었지요." 과거 현의 관료였던 사람들은 무기를 제대로 관리하지 않은 것 때문에 사람들이 가장 자주 처벌받았다는 사실을 확인해 주었다. "그들은 총을 쏘아 본 적이 없었어요. 그래서 총기를 어떻게 관리해야 하는지 몰랐습니다." 총을 제대로 관리하는지 확인하기 위해 점차 금전적인 보상과 벌금 체계가 자리 잡게 되었다.[21]

민방자위대 노동

군사적 기능 이외에도 민방자위대는 광범위한 범위의 과업을 위해 민간 노동을 조정하는 조직적 구조로서 기능했다. 주샨의 첫 지도원이었던 원스종은 여전히 그것들을 빠르게 읊을 수 있었다.

> 과거에 민방자위대는 운송, … 건축작업, 구명·구조작업, 곡식 저장, 그리고 병참 지원 등 많은 임무를 수행했습니다. 그러나 민방자위대원들은 임금이나 배급품을 받지 않았죠. 그들은 식사도, 옷도 제공받지 못했습니다. … 마을 인근의 많은 도로들은 그들에 의해 건설되었어요. 또한 통상적으로 그들이 도로를 유지하고 정비하는 일도 담당했습니다. 거대한 건축 프로젝트들은 군대에 의해 수행되었지만 소규모 건축 프로젝트들은 민방자위대에 의해 수행되었습니다. 그들은 터널과 대피소를 정비했어요. 벌목도 했습니다. 높

---

21   Hong Futian, JMMFFT, I :396과 Xie Gulong 인터뷰 및 Wu Sanjin 인터뷰.

은 지역의 군사보호구역은 군대에 의해 만들어졌지만 마을 주변의 군사보호구역은 민방자위대 책임이었습니다. 도랑도 팠고 위생을 관리하기도 했어요.[22]

물자 운송은 평시나 진먼이 공격 받을 때나 민방자위대의 중요 임무였다. 대규모 부대를 유지하기 위해 엄청난 물류수송 선단이 타이완에서 진먼섬으로 정기적으로 파견되었다. 수송된 주된 물품은 식량, 석탄 그리고 무기와 탄약이었다. 대략 2,000톤의 쌀이 매년 수송되었다.[23] 처음에 해군 선박은 수이터우에서 하역하였고, 나중에는 랴오뤄(料羅)의 새 항구에서 짐을 풀었다. 군은 또한 랴오뤄 근처 남동 해안의 신터우(新頭)에서도 하역을 하였는데, 그곳이 인민해방군 대포로부터 안전하다고 생각했기 때문이다(이 가정은 나중에 살펴 보겠지만, 1958년 위기에서 틀린 것으로 판명되었다). 운송은 피곤하고 어색한 작업이었다. 랴오뤄 항구가 완성되기 전에는 화물을 일단 작은 어선들로 옮기고, 이 어선들이 다시 모래 해안으로 화물을 가져와야 했다. 쌀자루의 무게는 100파운드[45킬로그램]였다. 몇몇 마을사람들은 갓 대학을 졸업한 사람들과 부유한 마을 사람들이 그것을 들지도 못했다고 회상했다.[24] 각 노역자들은 하루에 옮겨야 할 일정량을 할당받았고, 이를 완수하기 전까지는 그만둘 수 없었다. 수송 업무 중 민방자위대원들은 동네의 민가나 해안가에 지어진 임시 거처에 머물렀다. 그들은 쌀만 배급받았기 때문에, 쌀과 함께 요리해 먹을 소금에 절인 조개와 절인 야채를 가져와야 한다는 것을 재빨리 배우게 되었다.[25]

---

22 Wen Shizhong, in Shi Maxiang, Zhuang Zhenzhong, and Chen Xiuzhu, (eds.), *Rongmin koushu lishi*, 83.
23 *Defense of Quemoy and the Free World*, 14.
24 Wang Farong, JMMFTDJL, 196.
25 Dong, "Zhandi Jinmen"에서 인용된 Li 이야기.

다른 건설 작업과 마찬가지로, 지도자들의 주요 관심거리는 누가 임무를 완수했냐가 아니라 임무가 끝났다는 사실 자체였다. 노역 책임은 민방자위대 등록을 기반으로 할당되었다. 초기에는 대체자를 찾는 것이 일반적이었는데, 전형적으로 친척과 이웃들이었다. 노역을 하러 가면 고기를 잡을 수 없었기 때문에 어부들은 자주 노역 대체자를 고용했다. 가끔씩 마을 간부가 대체자를 고용하고 이에 대해 민방자위대원들이 마을 간부에게 돈을 지불하는 간단한 방법이 쓰이기도 했다. 어떤 민방자위대원은 한 관료가 돈을 챙기고 돈을 준 대원의 이름을 리스트에서 지워버린 일을 생각해냈다. 이는 리스트에 있는 모두의 순위가 위로 올라갔다는 것을 의미했다. "그래서 가끔 자신의 일주일 업무를 수행한 후, 한 주 지나서 다시 차례가 돌아오는 일이 있었습니다. 이게 얼마나 불공평한 일인지 화가 나서 마을 간부에게 항의하면 그 간부는 '가고 안 가고는 네가 결정해라. 리스트에 이미 이름(노역을 제공할 의무가 있는 사람들의 이름)을 올려 위로 전달했다'고 간단히 이야기했을 뿐이었습니다."[26] 나중에 적어도 몇몇 마을에서는 이런 시스템이 공식화되었고, 전문 작업자들의 임금을 지불하기 위해 추가 세금이 약간 부가되었다.

총 노역의 양은 어마어마했다. 동취렌은 문서자료를 통해 1954년 말에서 선지성무가 수립된 1956년 중반 사이에 연인원 300,000명 이상의 민방자위대원의 노역이 군대의 건설 사업을 지원하기 위해 활용되었다고 보고하였다.[27] 그 당시 민방자위대원의 총수는 10,000명이었다. 따라서 이는 민방자위대원들이 훈련 및 연습 의무 수행 이외에 추가적으로 1년에 30일의 노역을 실시했다는 것을 보여준다.

모든 노역이 대체될 수 있는 것은 아니었다. 민방자위대원들에게 요구되고 기대된 몇몇 노역은 명백히 상징적인 것이었다. 1951년 후롄은 진청 마을

---

26 Dong, "Zhandi Jinmen"에서 인용된 Dong Guangxin 이야기.

27 Dong, "Zhandi Jinmen."

외곽에 장제스의 총통 복귀를 기리는 대회의홀의 건축을 명령했다(장제스는 중국본토에서의 패배를 책임지고 1949년 형식적으로 사임한 바 있다). 이 홀은 매우 높은 지대에 건축되어서 중국본토에서도 볼 수 있었지만, 그 때문에 바람에 꽤 노출되었다. 그래서 이 홀을 돌벽으로 둘러싸야 했다. 후렌은 자신과 그의 장교들, 그리고 지역 학생들이 아침 훈련 대신 벽을 건축하는 데 도움을 줄 수 있을 것이라고 결정하였다. 후렌의 개인적인 노력에 감동한, 적어도 후렌의 회고록 속에서는, 지방 사람들이 노역에 참여했고 벽은 한 달 안에 완성되었다.[28] 민방자위대의 노역은 다른 방식으로 상징적일 수 있었다. 과거 민방자위대원이었던 어떤 사람은 "극단이 타이완에서 오거나 농구팀이 친선경기를 하러 올 때 분위기가 약간 풀렸어요. 그래서 자리를 채우기 위해 고위장교들이 민방자위대원들에게 참석을 명령했습니다. 만약에 가지 않는다면, 그들은 출석 체크를 했겠죠. 만약 이름이 확인되지 않으면 경찰서로 끌려가서 3일 동안 구금되었을 것이에요."라고 회고하였다.[29] 정치 훈련은 민방자위대 활동의 큰 부분이었다. 구닝터우 전투 후 몇 달 안에, 군사령부는 정보수집과 선전활동을 하도록 아이들로 구성된 의무 여단을 조직하였다. 그것들은 명백히 훨씬 더 효과적으로 선전활동을 수행한 공산주의자들을 모방한 것이었다. 휴일에는 정훈장교들이 구호가 칠해진 색색의 현수막을 아이들에게 나누어 주었는데, 아이들은 그 구호를 외치면서 행진했다. 아이들은 스스로 구호를 쓰도록 교육받았다. "오늘날 몇몇 나이든 사람들은 글씨를 매우 잘 씁니다. 그 당시 군인들로부터 배웠기 때문이

---

28 이것은 후렌이 역사적 유비(historical analogy)를 활용하여 진먼의 정책을 합법화한 많은 예 중 하나이다. 그는 벽돌 건물을 Tao Kan의 유명한 이야기와 비교하였다. Tao Kan은 14세기의 장군이었는데, 유배 중에도 벽돌을 나르면서 전투준비 태세를 유지했다고 알려져 있다. "Tao Kan은 벽돌을 날랐다. 우리는 돌을 나르고 있다. 시간은 다르지만 중요성은 똑같다"고 후렌은 말했다. Dong, "Zhandi Jinmen." 몇 년 후 공산주의 지도자들 또한 공산주의 운동의 준비기에 대중건설프로젝트에 도움이 되기 위해 사진을 찍게 된다.

29 Dong, "Zhandi Jinmen"에서 인용된 Wu Fuma 이야기.

죠." 아이들은 또한 막사와 마을에서 공연하기 위해 반공 연극, 노래, 춤 등을 배웠다. 전쟁이 터졌을 때 감시활동을 할 수 있도록 인민해방군 무기와 비행기를 구분하는 교육도 받았다. "국가를 위해 스스로를 희생하는 애국주의와 자기희생에 대해 배웠어요. 아이들은 이를 영광스러운 것이라고 생각했습니다. 아이들은 모두 8살 때부터 학교에 다녔고, 이런 것을 배웠습니다." 타이완 본섬에서 그랬던 것과 마찬가지로, 마을의 초등학교 학생들은 수업 전에 선생님들에게 이끌려 매일 아침 구호를 외치면서 그들의 공동체를 행진하도록 동원되었다. 구호는 "본토를 수복하자, 공산주의에 반대하고 소비에트와 싸우자, 마오쩌둥을 타도하자" 등이었다.[30]

민방자위대 관련 기본 규정 이외에도, 1957년 국방부는 민방자위대에 대한 보상과 처벌을 다루는 일련의 규정들을 발효했다. 보상과 처벌이 이루어지는 상황을 정리한 목록과 그에 따른 보상과 처벌 내용 자체는 민방자위대원에게 국가가 무엇을 기대하는지를 보여준다. 부촌장에 의해 부과되는 처벌이 마을 사람들에게는 변함없이 자의적이고 변덕스럽게 느껴진 반면, 이런 규정들은 처벌의 법적 근거가 되었다. 민방자위대원과 평범한 민간인들은 "고향을 수호하는 정신을 보여주는 것, 높은 단계까지 영토를 수호하는 것, 나라를 수복하기 위한 반공산주의·반소비에트 역습 시 국군을 영웅적으로 보조하는 것"에 대해 보상을 받게 되어 있었다. 민간인들은 활동적 영웅주의(예를 들어, 파괴 공작에의 개입, 적 재산의 몰수, 적군 포획 등)를 통해 그것을 증명하거나, 수동적으로(죽임을 당하거나 다치거나 포로로 잡히는 것) 인정받을 수 있었다. 그들이 받을 수 있는 보상에는 공적인 표창, 공공 기념비의 설립, 금전적 보상, 그리고 교육비에 대한 보조 등이 포함되었다. 사령관의 명령을 지키는데 실패하거나 다른 사람이 명령을 지키지 못하게 방해하거나, 적 침투자를 포착하였음에도 조치를 취하는 데 실패했을 경우, 그에 상응하는 처벌 세트가 존재했다. 그 범위는 공무

---

30 Li Jinliang 인터뷰 및 Xu Minghong, JMMFFT, I :285 참조.

원을 대상으로 한 경고·정직·해고에서부터 벌금이나 30일 강제 노역의 부과까지였다. 계엄령 기간 동안 진먼의 민방자위대원들은 포격전을 제외하고 실제 전투를 본 적이 없었기 때문에, 가장 중요한 처벌 사유는 "민방자위대 의무를 수행해야 하는 법적 의무를 회피하거나 정해진 시기 내에 그 의무를 충족하지 못한 것"[31]이었다. 아마 이 규정의 존재를 알고 있었던 진먼 주민은 거의 없었을 것이다. 그러나 이 시기를 살아 간 모든 사람들은 그 규정의 적용에 대해서는 잘 알고 있었다.

민방자위대 규율은 엄격했다. 부촌장에서 진먼 사령관까지 모든 레벨의 민방자위대 장교들에 대해 가장 흔하게 표현된 불만은 그들이 민간인을 군인들과 같이 다루었고 그 차이에 무지했다는 것이다. 어떤 민방자위대원은 제복을 완전히 갖추어 입지 못한 상태로 집합했다가 그 자리에서 폭행당하고 구금되었던 것을 기억했다. 규율은 이데올로기적 용어로 틀이 만들어졌는데, 예컨대 집합에 늦은 사람에게는 구금되기 전에 공산주의 첩자 혹은 이데올로기적으로 문제가 있는 사람 등의 딱지가 붙여졌다.[32]

자의적인 처벌과 규율을 이야기하는 모든 구술사 속에 저항이라는 또 다른 일화가 공존한다는 사실이 놀랍지는 않다. 군인들이 벙커를 지을 수 있도록 민방자위대원들로부터 벽돌을 입수하라고 구역장이 명령을 받았을 때, 벽돌을 가진 사람이 아무도 없자, 민방자위대원은 군인이 다른 데 정신이 팔릴 때까지 기다렸다가 작업장에 이미 적재되어 있던 벽돌을 훔쳐서 그것을 군인에게 다시 가져다주었다. 물자를 운송하고 있을 때 좀도둑질을 한 민방자위대원에 대한 이야기가 많이 전해지고 있다. 케이크를 좀도둑질하다가 붙잡힌 사람의 친구는 "그에게는 선택권이 없었어요. 우리에게 어떠한 보급품도 주지 말라고 군

---

31 Fu and Li, *Fagui yu shiyan*, 293-4.
32 Sun Bingshu, JMMFTDJL, 141과 Xu Pimou, JMMFTDJL, 154 및 Lin Huocai, JMMFTDJL, 145 등을 참조할 것.

대에게 명령한 사람이 누구였겠습니까?"[33]라고 반문했다. 어떤 좀도둑질 사례는 내가 마주친 그 어떠한 증거보다 집단저항에 가장 가까운 것이었다. 신터우 부두에서 일하던 한 민방자위대원은 너무 배고파서 참지 못하고 하역하고 있던 파인애플 깡통에 구멍을 내고 말았다. 그가 걸렸을 때 장교는 단순히 구금하는 것이 아니라, 그를 군대 영창에 보내겠다고 협박하였다. 한 민방자위대원이 그 장교를 저지하고 있는 동안, 백여 명의 다른 민방자위대원들이 그를 풀어주었고 호위해서 현장을 빠져나갔다.[34]

민방자위대의 창립과 대중 동원은 진먼 사람들에게 심대한 영향을 끼쳤다. 이 책은 차근차근 이 과정을 탐구하고 있다. 대중의 기억 속에 특히 자주 나타나는 두 가지 결과는 지속적인 긴장감과 농민적 삶에 대한 방해였다. 긴장감은 본토로부터의 임박한 공격이나 다른 군사적인 대결에 대한 우려 속에서 분명히 드러나는 것이 아니라, 민방자위대 의무를 충족해야 한다는 압박으로 표현되었다. 진청 마을의 어떤 주민은 1958년에 시작된 몇 년 간의 포격을 다음과 같이 기억했다. "우리는 적의 포격 소리가 들리자마자 버스정류장에 삼십 분 안에 집합해야 했습니다. 만약 점호에 참석하지 못했다면, 군법에 따라 처벌받았을 것입니다. 정말 엄격했어요. 그래서 목숨을 지키기 위해 제복을 벗을 엄두를 내지 못했고, [손이 닿기 쉬운] 벽에 총을 걸어 두었습니다. 경보음이 울리자마자, 무엇을 하고 있든 그 일을 멈추고 집합장소로 뛰어가야 했어요." 어떤 어부의 아내는 마을에서도 다른 점이 없었다고 기억했다. "가끔씩 쉬고 있는데,

---

33 Xu Naiyu, JMMFTDJL, 165, Zheng Chengda, JMMFTDJL, 181, Wang Zhenchun, JMMFTDJL, 191-2 등을 참조할 것. 이 이야기의 그럴듯함은, 1958년 9월 25일 장제스가 친히 다가오는 추석을 기념하는데 쓰라고 초코케익과 담배를 진먼 전선의 군인들에게 공중투하하라고 명령했던 사실에 의해 지지된다. "Jiang zongtong guanhuai qianxian jiangshi," *Zhongyang ribao*, September 27, 1958, reprinted in *Zhonghua Minguo shishi jiyao*(SSJY), July-Semtember 1958, 989.

34 Wang Farong, JMMFTDJL, 196.

집합장소로 모이도록 요구할 때가 있었어요. 가야만 했습니다. 심지어 식사 도중이라도 그릇과 젓가락을 내려두고 가야 했죠. 만약 오라고 했는데도 가지 않으면 처벌을 받았을 것입니다. 처벌은 남편이 고기를 잡으러 가는 것을 금지하는 것이었죠. 내가 한 번 구금당한 적이 있는데, 아프고 나서야 풀려났어요."[35]

민방자위대 노역은 극단적으로 전통적 농업 양식에 방해가 되었다. 쉬피머우는 이를 다음과 같이 명확하게 설명한다. "나는 농부였습니다. 대부분의 시간을 씨 뿌리고 비료 주고 잡초 뽑고 추수하는 데 사용했어요. 훈련이나 노역이 있으면, 작물에 대해 신경 쓸 방도가 없었습니다. 그래서 큰 피해를 입었어요. 먹을거리가 있을지 없을지 정도의 문제가 된 것이죠. [훈련과 노역의] 결과는 너무 심각해서 계산하기도 어렵습니다." 이 상황에 대응할 수 있는 유일한 방법은 일을 더 열심히 하는 것이었다. "훈련이 시작될 때, 수수 새싹이 막 나오기 시작합니다. 그러니 여기에 신경 쓸 수밖에 없었습니다. 매일 아주 이른 아침에 물을 주러 나갔고, 훈련이 끝나면 다시 보러 가는 수밖에 없었던 것이죠."[36]

결론

진먼 민방자위대의 첫 10년 동안 많은 변화가 있었다. 가장 명확한 것은 처음에는 임시적인 시스템이었던 것이 점진적으로 공식화된 것이다. 그 결과는 극단적으로 고도화된 군사 사회였다. 완전히 체계적인 것은 아니었더라도, 노역의 상당한 부분이 인구 전체로부터, 즉 남성과 여성, 성인과 아이들로부터 추출되는 그런 사회 말이다. 인구의 군사화는 순수하게 군사 이슈로 표상되었지만, 그것은 명백히 잘못된 표상이었다. 민방자위대의 일상화와 공식화는 더 큰 사건들과 연결되어 있었으며, 그것들에 의해 가능해졌다고 할 수 있다. 한국전쟁은 일시적으로 타이완의 생존을 보증했다. 진먼은 소규모 군사작전을 통해 중

---

35   Chen Jinbu, JMMFTDJL, 143-4와 Ou Ganmu, JMMFTDJL, 161.
36   Xu Pimou, JMMFTDJL, 153과 Zhuang Huokan, JMMFTDJL, 186.

국본토를 괴롭히고 정보를 얻으려는 장제스의 단기 계획의 요체가 되었다. 앞 장에서 말했던 것처럼, 미국과 중화민국 사이의 '상호방위협정'과 '타이완 결의안'은 타이완 방어를 보장하기 위해 진먼의 수비대 규모를 늘리도록 장제스를 고무했다. 이와 같은 지정학적인 힘들의 결합은, 중화민국 군대가 진먼에 기약 없이 강력하게 주둔하게 되어, 군과 민간 사이의 관계를 통치하는 공식적인 구조가 탄생하도록 추동했다는 것을 의미한다. 민방자위대는 전쟁 동안 정규군에 대한 병참 지원을 제공하는 훈련을 받았다. 민방자위대는 평시에도 다양한 형태의 지원을 제공했다. 민방자위대는 또한 국가가 심고자 한 반공주의를 전달하는 수단이라는 정치적 기능을 얻었다. 군사화는 새로운 규율과 통제 양식을 만들어냈다는 점에서도 또한 정치적이었다. 전지정무 수뇌부의 관심이 단순히 임무 완수에서 정치적 동원을 위한 메커니즘으로 활용하는 것으로 이동했을 때, 주어진 임무를 수행하기 위해 대체자를 고용하는 개별 민방자위대원의 자유는 점점 제한될 수밖에 없었다.

  전지정무의 탄생과 사회의 군사화는 근대화와 관련된 많은 긴장들이 진먼에서는 고유한 방식으로 표출되었다는 사실을 보여준다. 예를 들어, 전통적 농업의 시간과 산업적 시간이라는 두 시간 양식 사이의 상호작용은 진먼에서 농사일과 공장일의 갈등으로 경험된 것이 아니라, 한쪽의 농사일과 다른 한쪽의 군사 훈련 및 강제 노역 사이의 갈등으로 경험되었다. 전지정무와 민방자위대 시스템이 암시했던 관료주의 및 인간관계의 합리성은 부분적으로만 실행되었다. 민간인들의 복종을 확보하기 위해 사용된 주된 방법, 즉 구금은 언제나 사적 인간관계에 의해 매개되었다. 구금은 궁극적으로 지도원 혹은 부촌장의 명령에 따라 이루어졌다. 또 구금은 규칙 위반뿐만 아니라 장교와 위반자 사이의 관계, 그리고 무엇보다 장교의 기분에 따라 결정되었다. 마을 사람들은 규정이 허용한 최대 기간까지 구금되지는 않는 것이 일반적이었다. 대신에 가족들이 촌장에게 부탁하고, 촌장이 다시 부촌장이나 경찰 간부에게 더 빨리 풀어달라고 탄원했다. 누군가를 구금하는 것과 마찬가지로, 석방 시기 역시 일련의 사적 관계들이 연쇄적으로 작동해서 결정되었다. 이 사적 관계의 일부는 마을 안에서 작동하는 것이었으나, 일부는 마을 대표와 국가 대리인 사이에서 작동하고 있었다. 비록 지정학적 안보 위협과 합리적인 근대화라는 말로 정당화했지만, 군사화는 일상의 경험과 뒤섞여 여전히 협상해야 할 것이 되었다.

제6장 1958년 포격전

1958년에 15세였던 커후이주는 다음과 같이 회상한다.

> 가끔 포격이 너무 심각해서 우리는 감히 머리를 내밀 생각도 못 했죠 … 하늘을 가득 채운 포격 소리를 들으면 너무 무서워서 소변을 누러 나가지도 못했을 정도예요 … 세 끼를 꼬박꼬박 먹지는 못하더라도, 밤이 되면 뭐라도 먹어야 했죠. 그래서 밤중에 포격이 잦아들면, 용감한 사람들이 야외로 나가 고구마를 캐오기도 했어요. 하지만 포격은 금새 다시 시작되었지요. 고구마 부대를 절반 정도만 채울 시간밖에 없었고, 그들은 뛰다시피 기다시피 하면서 대피소로 돌아올 수밖에 없었어요. 거의 숨이 나가서 말도 못했고, 다리에는 상처가 가득했지요(그림 6.1).[1]

이 책의 서두에 언급되었던, 1958년 8월 23일에 시작된 전례 없는 포격의 장면으로 되돌아 가보자. 1954-55년과 마찬가지로, 이번 전투는 진먼과 국제

---

1   Ke Huizhu, in Lin and Lu, *Dongkeng*, 190-1.

그림 6.1 1958년 진먼을 뒤덮는 포격

지정학의 긴밀한 관계를 간략하게, 하지만 잊을 수 없을 정도로 부각하였다. 많은 나라의 정치인과 대중들은 잘 알려져 있지도 않고 세계정세에 큰 영향을 끼칠 것 같지도 않던 진먼에 드리워진 갑작스런 긴장이 어쩌면 세계 핵전쟁과 같은 심각한 갈등으로 이어질 가능성에 대해 짐작하고 있었다. 6주간의 강도 높은 포격전 동안, 50만 개의 포탄이 60제곱마일의 진먼 땅에 떨어졌다. 1제곱마일 당 거의 10,000개의 포탄이 떨어진 것이다. 흔히 '8·23 포격전' 혹은 '8월 23일 포격전'이라 불리는 1958년의 분쟁은 진먼 사람들의 구술사에서 거의 항상 핵심을 이루는 에피소드이다. 이것은 많은 기억들이 형성된 전환점이기도 했으며, 다른 기억들이 기원한 기준점이기도 하였다. 대피소에서 태어났기 때문에 '대피소로 들어감'이라는 뜻의 리진동(李進洞)으로 이름이 붙여진 아기와 같이, 일부 주민들에게 포격은 하루에도 여러 차례 기억 속에서 되살아나고 있다. 또 많은 사람들에게는, 설령 전쟁 중에 직접 부상을 당하지 않았다고 하더라도, 분쟁의 상처가 영구적으로 남아 있다. 예를 들면, 마을의 수장이었던 홍푸톈의 맏아들은 소개되어 타이완 본섬으로 갔지만, 그곳에서 열이 심하게 올라 심각한 뇌 손상을 입었다.[2] 대중의 기억과 세계적 사건의 한가운데에 있었음에도 불구하고, 1958년의 전쟁은 진먼의 군사화 경험에 근본적인 변화를 일으키지 못하였다. 그보다는 오히려 현존하는 체제를 강화하고 향후 수십 년간 지속될 것을 확고하게 하였다. 그래도 추가적 군사화의 근본적 원인이었다는 점에서 중요한 전환이었다. 1958년 이후 군사화는 점차 군사적 위협과 분리되었다.

    1954년 중국의 동기에 대한 일반적인 합의와는 대조적으로, 무엇이 마오쩌둥으로 하여금 1958년의 위기를 촉발하게 했는지에 대해서는 여전히 논란이 있다. 일부 분석가들은 중국 내부의 이슈에, 그리고 다른 사람들은 국제적 원인에 초점을 맞춘다. 일부 학자들은 타이완으로부터의 공격을 실제 위협으로 여긴 마오쩌둥이 이를 제거하려 했다고 주장한다. 또 다른 학자들은 그가 공격을 '전략적인 탐색'의 차원에서, 그리고 가능하다면 중화민국에 대한 미국의 개입을 복잡하게 하기 위한 차원에서 활용하였다고 주장한다. 마오의 입장에서는 핵탄두로 무장되어 있을 수도 있는 마타도르(Matador) 지대지 순항 미사일의 배치를 포함하여, 미국-중화민국 군사 협력의 심화에 대해 반대한다는 입장을 표명하고 싶었을 수도 있다. 또 일부는 그가 점점 수정주의 경향을 보이는 소비에트 연방으로부터 중국의 독자노선을 행동으로 보여주려 했다고 주장한다. 혹은 그 공격이 마오의 국제주의와 제3세계 연대를 표현한 것이라는 주장도 있다. 예전에 이라크와 레바논에 무력으로 개입했던 경험이 있는 미국이 중동을 공격할 낌새를 보이자, 여기에 대한 반응으로 마오가 메시지를 보내려 했다는 것이다.[3] 최근에 토마스 크리스턴슨(Thomas Christensen)과 천젠(Chen Jian), 그

---

2   Hong Futian, JMMFFT, I :391.

3   이러한 분석들은 크게 크리스턴슨(Christensen)에 빚지고 있다. 비록 그의 분류와는 약간 다

리고 중국사가 쉬옌(Xu Yan)과 같은 학자들은 그 위기가 국내·외 요소들의 상호작용 차원에서 이해되어야 한다고 주장하고 있다. 1958년에 마오는 전례 없는 사회 개혁인 대약진운동을 전개하였다. 잠재적인 힘과 재능을 발휘하도록 중국 인민들을 동원함으로써 중국의 경제발전을 가속화하려는 의도가 있었지만, 대약진운동은 인민들에게 심대한 물리적·경제적 부담을 주었다. 크리스텐슨은 이 운동에 대한 지지를 이끌어내는 과제에 대한 마오의 부분적인 해법이 '갈등을 조장하고 사회를 군사화하는 것'이었다고 주장하였다.[4] 이 주장에 의하면, 진먼에 대한 공격을 감행한 마오의 동기는, 외적인 긴장과 위협을 조장하여 국내적인 의제에 대한 대중의 열성을 유도하는 데에 있었다. 공격 감행에 대한 그의 동기와 상관없이, 적어도 마오가 그의 국내 아젠다를 뒷받침하기 위해서 진먼 포격을 활용하고자 했던 것은 분명하다. 이 설명은 최근에 기밀에서 해제된 여러 문건에서도 확인된다. 예를 들어, 마오는 위기가 진행 중이던 9월 5일 최고국무원 회의에서 "긴장 상황은 군을 동원할 수 있으며, 후방의 사람들을 동원할 수 있고, 중앙에 있는 사람들이 일어나 투쟁하도록 동원할 수 있다"고 말했다.[5] 대약진운동은 1958년 후반 '모두가 병사'라는 캠페인에 드러나 있듯이,

---

르지만 말이다. 각각의 설명에 대한 문헌의 예들은 *Useful Adversaries*, 201-4를 참조하라. 흥미롭게도, 당시 서구의 분석가들은 이란과 레바논에 대한 미국의 개입이 중요한 요인이었다고 생각했다. 최근 기밀 해제된 중국 자료는 이런 관점을 강화한다. Wu Lengxi, "Wuzhang yu wenzhang." 그러나, 크리스턴슨에 따르면, 만약 진먼에 대한 공격이 한 달 일찍 시작되었더라면 이 주장이 더욱 그럴 듯 했을 것이라고 한다. 즉, 8월 말에는 중동의 긴장이 이미 줄어들고 있다는 것이다. Useful Adversaries, 237-40.

4   Christensen, Useful Adversaries, 217과 Chen Jian, Mao's China, 179-80, 그리고 Xu Yan, Jinmen zhi zhan, 1949-1959, 189를 참조할 것.
5   Mao Zedong, *Mao Zedong waijiao wenxuan*, 344. 이 말들은 소비에트 연방이나 미국에 대한 긍정적인 교육 효과를 달성하지 못한 상황에서 전쟁 직전까지 중국을 몰고 가는 것을 정당화하기 위한 마오의 사후적 노력이었다고 Roderick MacFarquhar이 내게 사적으로 말했다. 최근의 번역본은 "따라서 경제적인 건설에서 대약진운동을 고무할 수 있다"는 구절로 문장을 맺고 있으나, 나는 이 문장이 원래 텍스트와 그렇게 명백하게 연결되어 있다는 사실을 발견하

확실히 중화인민공화국 내부의 군사화를 촉진하였다.[6] 크리스턴슨이 지적하듯이 대중적 열성의 동원은 처참했던 대약진운동이 가지는 어쩌면 단 하나의 긍정적인 측면이었다. 하지만 이러한 동원은 진먼 사람들에게 심각한 대가를 안겨주었다.

1954년과 마찬가지로, 타이완 해협의 긴장은 1958년 여름 동안 점점 심각해졌다. 샤먼을 중국본토 전체의 철도 체계와 연결하는 철도 노선이 완성을 앞두고 있었는데, 만약 이것이 완성되면 해안으로 더 빨리 병력과 물자를 이동할 수 있었다. 6월에 인민해방군은 진먼 남쪽을 향해 대규모 군사훈련을 실시하였다. 섬에 주둔하던 당시 약 100,000명에 달하는 중화민국 병력은 초비상 사태에 놓였다. 민간인 여행도 금지되었다. 8월 20일에 장제스는 사기 증진을 위해 진먼으로 날아갔다. 진먼에 떠도는 이야기에 따르면, 민사 장교들이 장제스에게 무릎을 꿇고 비교적 안전한 타이베이로 돌아갈 것을 간청했다고 한다. 그가 진먼에 남아 있는 것은 매우 위험했다. 한편, 마오는 국제적으로 긴장을 고조시키는 것이 대약진운동을 확고하게 하는 주목적에 유용할 것이라고 중앙정치국에 말했다. 그는 그러한 긴장이 "우리로 하여금 철강과 곡물 [생산]을 증가시키도록 할 것이며 … 만약에 당장 우리 앞에 적이 있다면, 긴장은 우리 쪽에 이득이다"라고 말했다.[7]

우리는 이제 중화인민공화국 학자들의 최근 연구와 아카이브 공개 덕분에 마오가 진먼 상황에 대해 스스로 결정을 내렸다는 것을 알 수 있다. 여러 차례 마음을 바꿔 온 그는 8월 18일에 펑더화이(彭德懷) 국방부장에게 서한을 보내 "진먼을 포격할 준비를 하여 장[제쓰]를 직접적으로, 미국을 간접적으로 상

지 못했다. Li Xiaobing, Chen Jian, and David Wilson, trans., "Mao Zedong's Handling of the Taiwan Strait Crisis of 1958: Chinese Recollections and Documents," 216.

6 Perry, *Patrolling the Revolution*, 185-8.

7 Chen Zonglun, JMMFFT, Ⅲ:75와 Mao Zedong, Xuexi wenxuan, 297-8 참조.

대하라"고 지시하였다.⁸ 마오는 며칠을 더 심사숙고한 다음, 8월 23일 오후에 발포를 명령했다.

　　인민해방군의 샤먼 포대로부터 발사된 첫 번째 포탄이 목표 지점인 타이우산의 깊은 협곡에 위치한 진먼주둔군 장교 식당을 공격하여 후롄의 부사령관 3명을 살상했다는 사실을 진먼 주민들은 나중에야 알게 되었다. 하지만 포격의 정확성에도 불구하고 타이밍은 빗겨 갔다. 타이베이 방문을 마치고 돌아온 후롄과 국방부장관 위다웨이(俞大維)는 여전히 잠적해 있어서 부상을 피했다. 첫 포격 직후 어떤 대령이 혼잣말로 "제기랄, 고작 몇 분 빨랐군"이라고 이야기하는 것을 누가 들었다는 소문도 있었다. 그는 체포되었고 공산당 스파이였던 것이 밝혀졌다.⁹ 첫 공격에 대한 군 관련 세부 내용이 여전히 비밀로 남아 있지만, 처음 몇 시간 동안의 군 사상자는 아마도 200명에서 600명 사이일 것이다. 공격이 타이우산 본부에 가해졌기 때문에 첫날 민간인 사상자는 많지 않았다. 약 20명이 사망하고 약 20명이 부상을 당했다. 다음 6주 동안의 기간에는 140명 정도의 민간인이 사망하고 수백 명이 부상을 당했다. 수천 채의 집이 파손되거나 파괴되었다(그림 6.2).¹⁰

8　Mao Zedong, *Jianguo yilai Mao Zedong wengao*, Ⅶ:348.
9　Chen Zonglun, JMMFFT, Ⅲ:76. 중국본토의 대중 역사에 따르면, 전투 발발 몇 일 전에 지역 인민해방군 사령관이 체포한 3명의 중화민국 병사를 아주 세세하게 심문했고, 이것이 첫 포탄이 그렇게 정확했던 이유라고 한다. Shen Weiping, *823 paoji Jinmen*, 132.
10　군대 사상자 관련 낮은 수치는 당시 미디어에서 발표하였고 최근에 진먼현이 공식적으로 사용하고 있다. 높은 수치는 중화인민공화국의 학자들이 활용하고 있다. "Quemoy Casualties at 229," *New York Times*, August 24, 1958와 Yang Xiaoxian, *Jinmen jindaishi*, 115 및 Xu Yan, Jinmen zhi zhan, 222를 참조할 것. 민간인 사상자 수치 역시 자료에 따라 다양하다. JMXZ, 252-3을 참조할 것.

그림 6.2 "전투사의 새로운 페이지": 1958년 인민해방군의 포격으로 인한 피해(출처: Ming Qius hui(ed.), *Jimmen*. 진먼현 문화국 사용허가)

전투의 기억

진먼 주민들은 1954-55년에 대해서는 그들 자신의 소박한 이야기를 하는 반면, 유머러스한 부분이 거의 없는 1958년에 대한 이야기는 스스로가 아닌 군인들을 조롱하는 경향이 있다. 1958년 5월 초, 한 마을에서는 군인 무리가 거의 10년간 임시로 머물던 거처로부터 나와 새로 지어진 방어시설로 이동했다(일부 주민들은 이 때문에 공격의 경고를 미리 들은 군대가 민간인들을 어둠 속에 버리고 이동했던 것은 아닌지 의혹의 시선을 보내기도 한다). 하지만 그들은 때때로 목욕을 위해 언덕 꼭대기의 막사에서 나와 마을로 내려가기도 하였다. 8월 23일 오후 포격이 시작되었을 때 여러 군인들이 목욕을 하고 있었고, 마을 주민들은 군인들이 몇몇은 반쯤 벗은 채로, 몇몇은 비누칠한 채로 막사로 뛰어 돌아가는 모습을 보고 웃었다. 민간인들의 회상에서 당시 사건의 공포가 축소되지는 않지만, 자신들의 침착함에 특별한 자부심을 드러내기도 한다. 군인이 아니었음에도 불구하고, 진먼 주민들은 경험이 적은 군인들보다도 압박 상황에서 침착함을 잘 유지할 수 있었다. 그들은 보호를 위해 스스로가 만든 방어시설을 활용할 줄 알았다. "포격이 닥치면 몸을 숙이라고 후롄이 예전에 알려주었어요. 사령관으로서 첫 임기 동안, 그는 필요시에 대비하여 땅의 모든 지점에 피난 참호를 만들어야 한다고 명령했어요. 또 우리는 이것을 민방자위대 훈련을 통해서도 알게 되었지요."[11]

민간인 사상자 수가 그리 많지는 않았지만, 이 죽음은 8월 23일에 대한 사람들의 기억에서 핵심적인 부분을 차지한다. 친척이 부상을 당한 사람들은 그들의 개인적인 이야기를 한다. 가까운 지인들이 부상을 입지 않은 사람들은 분노 때문인지 아니면 피해를 효과적으로 알리기 위해서인지 알 수 없으나, 부상당한 여성과 아동에 대해 이야기를 한다. 따라서 대피소로 뛰어 돌아오던 중에 죽임을 당한 종바오(中堡) 마을 출신의 여성에 대한 이야기를 종종 들을 수 있다. 자신의 보물을 챙기기 위해 어리석게도 대피소를 벗어났다가 죽임을 당한 늙은 여성에 대해서도 모두가 알고 있다.[12] 죽은 자와 산 자 이외에 또 다른 기억의 초점은 대피소에서의 생활이다. 82세의 리진춘은 아직도 젊은 날에 겪었던 8.23 전투의 세부적인 내용을 기억하고 있다. "대피소에서는 모든 가족이 자신들의 자리를 가지고 있었어요. 우리가 할 수 있는 건 아무 것도 없었지요. 늙은 여성들이 가장 두려워했어요. 그들은 그저 앉아서 하루 종일 떨고만 있었어요. 늙은 사람들은 신과 조상에게 기도했지만 아무 소용이 없었지요. 조상이 몇 명이든 간에 포탄은 동쪽과 서쪽으로부터 계속 떨어지기만 했어요. … 모든 가족은 바깥에 구덩이를 파고 요강을 가져와서 버렸어요. 장소가 너무 좁았어요. 앉아 있을 장소가 거의 없었지요. 우리는 판자를 몇 개 바닥에 깔고 그 위에 누

---

11   Lao Fandian, "Paoda Meiren shan"과 Dong, "Zhandi Jinmen"에서 인용된 Wang Qitao 이야기.

12   Hong Fujian, JMMFFT, I :389-90.

그림 6.3 현재까지 민가에 남아있는 대피소(역자 촬영)

있어요. 모두가 공포에 떨었지요."[13]

포격 중 생활에 대한 기억은 많은 경우 식량(키우기, 수확하기, 그리고 요리하기)에 초점이 맞추어져 있다(그림 6.3). 커후이주의 이야기 중에 나오는, 포격이

---

13 Pan Shuba 인터뷰. 이 시기 사람들의 개인적 이야기에서 공통적인 요소는 광범위하게 공유되고 있다. 모든 사람들이 거의 유사한 경험을 했다는 의미에서 뿐만 아니라, 이런 경험들을 그 이후, 심지어 지금도 일상적인 사회적 삶 속에서 자주 이야기하고 있다는 의미에서 그렇다. 당시 어린아이였던 많은 진먼 사람들의 초기 기억은 포격과 결부되어 있다. 비록 때때로 이런 기억들은 이들에 의해 내면화된 집합기억일 가능성이 있지만 말이다. 지방 학교 교사인 Hong Chunqing은 1990년대 초에 개인적인 체험을 다룬 그의 첫 에세이를 발표했다. 그녀의 언어는 개인기억과 집단기억 사이의 복잡한 관계를 의식하고 있음을 보여준다. "나는 전투가 발발했을 때 두 살 어린이였다. 나는 개인적으로 이 폭탄세례를 받았다. 그러나 전투의 열기에 관해서는 아무런 기억이 없다. 내가 마지못해 기억할 수 있는 것은 저 멀리서 들리던 포탄 소리와 엄마가 나를 데리고 간 것, 나를 데리고 좁은 길을 오랫동안 내려간 것과 대피소에 사람들이 북적북적 했던 것이다." Hong Chunqing, "Zhandi 35."

소강상태일 때 고구마를 몰래 챙겨왔던 경험은 거의 모두가 가지고 있다. 그녀는 대피소 옆의 부서진 집에 스토브를 설치했던 한 중년 이웃을 기억한다. 하루는 그녀가 요리하던 중 엄청난 포격이 있었다. 그녀가 냄비를 대피소로 다시 들고 왔을 때, 모두가 놀랍게도, 그것은 비어 있었다. 포격이 잦아든 다음에 그들은 두 개의 포탄 파편이 수프 위에 떨어져서 순식간에 액체를 증발시켰다는 것을 알게 되었다. "끓는 고구마 수프가 어떻게 끓는 포탄 파편 수프가 되었는지, 나중에야 모두가 이야기하곤 했지요." 오늘날 사람들은 포격에 대해 고기를 먹은 흔치 않은 시간으로 기억한다. 당시 고기는 가능한 한 아주 특별한 경우에만 먹었다. 1958년에 고기를 먹은 것은, 많은 수의 동물들이 죽임을 당한 데에 따른 실용적인 반응이었다.[14]

비좁고 불편한 대피소의 어둠 속에서 외부와의 모든 소통은 차단되었고 시민들은 쉽게 공포에 빠져들었다. "포격이 절정에 이르렀을 때는 공산군이 이미 상륙했다고, 언제든지 건너올 수 있는 상륙선이 샤먼에 모여있다고, 또 진먼 방어가 불가능하다는 소문이 종종 있었어요." 스파이들과 화학 무기 사용에 대한 소문도 있었다. 잠수 공작원들(海龍蛙兵, frogmen)이 해안가의 초소를 공격해서 단 한 사람의 생존자도 남기지 않고 사라졌다는 소문도 있었다. 또 군사 벙커에 대한 직접적인 타격이 사람들을 너무나도 지하 깊게 파묻어서 민방자위대가 시신을 파내지 못했다는 이야기도 있었다. "소문은 다른 소문을 만들어냈지요. … 소문이 너무 많았고 확실한 정보는 하나도 없었어요. 심적 부담은 점점 커져만 갔고, 사람들은 하루 종일 그저 공포에 질릴 뿐이었어요."[15]

---

14 Ke Huizhu, in Lin and Lu, *Dongkeng*, 190-1과 Dong, "Zhandi Jinmen" 참조. 진먼에서의 삶과 중국본토에서의 삶에서 보여지는 아주 예외적으로 유사한 것 중 하나는, 중국본토의 농민들도 고기를 먹는 것으로 회상하는 시기가 있다는 점이다. 배경은 매우 달랐다. 대약진 운동의 초기 몇 일 동안 자기가 키우던 가축을 공산주의적 소유로 내놓기 전에 도축하여 먹었던 것이다.

15 이와 같은 소문 중 일부는 오늘날 진먼에서 유포되는 유령 이야기 속에 남아 있다. 1958년

1949년 및 1954-55년 때와 마찬가지로, 오랜 인맥은 위기에 대처하는 데 중요했다. 가족들은 이웃과 더 넓은 친족 집단으로부터 보금자리를 구했다. 자신의 대피소를 가지지 못했던 한 가족의 경우는 다음과 같았다. "우리 아버지는 부상을 당했고, 어머니는 막 출산한 상황이었어요. 그래서 우리는 대피소를 같이 쓰도록 허락받기 위해 이웃들에게 의존할 수밖에 없었어요." 위기가 심각해지면서 이웃들 간의 연대도 경직되었다. "어머니는 우리가 대피소를 만드는 데 돕지 않았다는 이유로 쫓겨났던 이야기를 최근에 저에게 해주셨어요." 긴장 상황에서 종종 있는 일이지만, 인척 관계는 재활성화되었다. 구성원이 많은 가족은 세대별로 각각 다른 친척으로 향하기도 했다. 예를 들어, 마을이 첫날밤에 큰 타격을 입었던 황용투안은 할머니와 아버지와 함께 할머니의 고향으로 갔다. 반면에 그의 남동생, 세 여동생, 그리고 어머니는 어머니의 고향인 천컹(陳坑)으로 갔다. 그리고 가족 구성원들이 친척들에게 너무 큰 부담이 되면, 그들은 때때로 그의 고모와 며칠간 함께 지내기도 했다. 따라서 총 세 개의 친척 관계가 황씨 가족에게 도움을 제공하였다.

1954-55년 때와 마찬가지로 진먼 주민들은 자신의 생활과 재산을 보호해야 했을 뿐만 아니라 민간자위대 노역에 동원되기까지 하였다. 위기 초기에 침략이 임박했던 것으로 여겨지던 때, 군인들은 해안가 요새에서 더 안전한 내륙의 제2선 벙커로 후퇴했다. 이는 사전의 방어계획에 따라 진행된 것으로 추측된다. "우리 민방자위대는 해안가를 지켜야 했어요. 사람들을 보호하고 국가를 방어하기 위한 것이었지요. 정규군은 후퇴했지만, 그들은 우리를 정말로 최전선에 보냈어요 … 우리는 밤에도 항구에서 내내 교대로 보초를 서야 했어요. 귀신과 잠수공작원들 생각에 겁에 질렸지요." 몇몇 마을 주민들은 정규군의 후

포탄에 의해 신터우의 지하 터널에서 죽은 병사들의 영혼이 지금은 폐쇄된 바로 그곳에서 떠돈다는 이야기가 있다. Wang Kui, *Jinmen junqu naogui dang'an* 및 Hong Tianyuan, in Lin and Lu, *Dongkeng*, 200 참조.

퇴로 벙커와 사격 진지에 대피소를 마련하는 이득을 보았다. 이것은 민간 대피소보다 훨씬 잘 요새화되어 있었다. 하지만 공산군이 침략을 의도한 것이 아니라는 점이 밝혀지자 군인들은 해안 시설로 돌아왔다. 그들은 벙커에 숨어 있던 민간인들을 끌어냈고, 민간인들은 새로운 대피소를 찾기 위해 자신들의 마을로 복귀하였다.[16]

민방자위대는 1954-5년에도 주어진 임무를 수행했지만, 진먼 민방자위대의 전설이 실제로 생겨나고 저항, 희생, 애국의 상징으로 굳어져서 선전에 활용된 것은 1958년 위기부터였다. 국방회의 부비서 장징궈는 1958년 말에 진먼을 자주 방문하였다. 그는 "만약에 모든 민간인들이 진먼 민방자위대 같이 용감하다면, 우리는 본토를 빨리 수복할 수 있을 것이다"라고 말한 것으로 전해진다.[17]

만약에 진먼 침공이 실제로 이루어졌다고 가정한다면, 민방자위대는 기대되었던 만큼 공헌함으로써 정규군의 병참 지원에 대한 걱정과 전투 참여의 부담을 덜게 하였을 것이다. 하지만 마오쩌둥이 실제로 침략을 계획한 적은 한 번도 없었다는 사실을 우리는 이제 알고 있다. 공격의 배경이 미국에 대한 경고였든, 소련에 대한 유익한 가르침이었든, 아니면 국내적인 동원이었든지 간에, 9월까지 마오는 진먼을 인민해방군이 점령하는 것이 역효과를 낳을 것이라는 결론을 내리고 있었다. 중화민국이 진먼을 통치하는 것은, 두 정부가 언젠가는 통합될 "하나의 중국"만이 있다고 합의했던 바를 상기시키는 효과가 있었다. 만약 진먼이 함락된다면, 두 정부의 영원한 분리와 "두 개의 중국"을 향한 첫걸음이 될 수도 있었다. 9월 22일 마오는 "포격하되 상륙하지는 않는", 그리고 "[물자를] 단절하지만 죽음의 충격을 주지는 않는" 정책을 지속하자는 저우언라이

---

16 Weng Shuishe, JMMFTDJL, 147과 Yang Luyin, "Guan'ao," 219 및 Li Yanjie, JMMFFT, II:13을 참조할 것.

17 Yang Shiying, JMMFFT, I:236.

(周恩來)의 제안을 승인하였다.[18]

운반

중화민국 선박에 대한 인민해방군의 공격과 섬의 항구에 대한 집중적인 폭격은 중화민국 지도층으로 하여금 중국본토에서 섬을 침략할 계획이든 아니든 일단 봉쇄 정책을 펴고 있다는 결론을 내리게 하였다. 선박과 항공기의 안전을 보장할 수 없다는 점을 인정하면서 중화민국은 물자 공급을 중단하기로 결정했다. 물자는 원래 선적되던 장소인 펑후의 항구에 쌓여갔다. 일주일 이내에 물자 더미는 반 마일 정도의 길이와 수 야드의 높이로 늘어났다. 한편 워싱턴에서 아이젠하워 대통령은 미국이 중국의 행동에 약하게 보여서는 안 된다는 결정을 내렸다. 그리고 증가된 지원병력(핵무기 발사가 가능한 대포를 포함하여)을 중화민국으로 파견하고, 인근 수역에 있던 제7함대의 힘을 보강할 것을 이미 명령한 상태였다. 크리스텐슨은 이 미국 함대의 존재를, 역사상 구성되었던 '가장 큰 핵전력 보유 해군'으로 부른다.[19] 9월 3일에 덜레스는 제7함대가 중화민국 물자 수송대를 지원해야 한다고 아이젠하워에게 주장했다. 아이젠하워는 이에 동의하였고, 바로 다음 날 덜레스는 로드아일랜드(Rhode Island)의 뉴포트(Newport)에 공식적인 명령을 내렸다. 마오쩌둥은 나중에, 이것이 미국을 올가미로 끌어들인 중화인민공화국의 장대한 승리였다고 선언했다.[20]

9월 첫째 주에 중화민국 물품 수송대는 미국 선박의 호송 하에 펑후에서

18　Chen Jian, *Mao's China*, 197-8과 Mao Zedong, *Wengao*, Ⅶ:424-5를 참조할 것.
19　Xu Yan, Jinmen zhi zhan, 198과 Christensen, Useful Adversaries, 196을 참조할 것.
20　그는 국무원에 다음과 같이 말했다. "이제 미국이 이 지역에 대한 전체적인 책임시스템 속으로 들어오게 되었다. … 그들은 우리 올가미에 걸린 것이다. 미국의 목덜미는 이제 중국의 강철 올가미 속에 들어 왔다. … 언제가 우리는 그들을 걷어찰 것이고 그들은 벗어날 수 없을 것이다. 왜냐하면 우리 올가미에 걸려 있기 때문이다." Mao Zedong, *Waijiao wenxuan*, 341.

출발했다. 어선이 곡물과 석탄을 날랐고, 해군 선박은 포탄, 탄약, 그리고 다른 군수품을 수송했다. 수송선들은 진먼으로 가는 국제 수역에서 공격을 받지 않았다. 그들이 진먼에 가까워지자 미국 선박은 중화인민공화국의 지배를 받는 해역에서 벗어나고자 떨어져 나왔다. 미국 선박을 포격해서 위기를 심화시키지 않기 위해, 인민해방군은 수송대와 호송대가 분리될 때까지 계속 포탄을 날렸다. 따라서 포격은 고통스럽게도 진먼 부근 해역, 특히 민방자위대가 선박에서 사람 손으로 짐을 내리던 해변에 연속해서 집중되었다.

민방자위대의 업무 중 가장 위험한 것은 물자 수송선에서 짐을 내리는 일이었다(그림 6.4). 9월 26일에 어떤 마을 촌장은 그 마을 민방자위대가 다음 날 운반 업무를 맡아야 한다는 통지를 받았다. 이튿날 아침, 지프차들이 민방자위대를 랴오뤄(料羅) 해변에 데려가기 위해 도착했다. 이른 오후에 한 마을 주민이 뛰어와서 그들 팀이 심각한 포격을 맞았다고 보고하였다. 촌장은 다음과 같이 회상한다.

그림 6.4 **민방자위대 운반꾼**(진먼현 문화국 사용허가)

당시 모든 민방자위대의 가족들은 집에서 대기하고 있었어요. 그들은 벌써 아주 긴장한 상태였죠. 그들이 소식을 듣자마자 모두 마을 사무소로 달려가서 친척의 안부를 물었어요. 어떤 사람은 "누군가 죽기라도 했나요?"라고 물었지요. 그자는 "뚱보"라고 답했어요. 마을에는 뚱보라는 별명을 가진 두 사나이가 있었는데, 한 명의 성은 쉬(Xu)였고 다른 한 명은 왕(Wang)이었죠. 뚱보 쉬의 모친이 '뚱보'가 죽었다는 이야기를 듣자 흐느끼기 시작했어요. 나는 "아직 어느 뚱보인지 모르잖아요. 진정하세요. 당신의 뚱보가 아닐 거예요."라고 그녀를 안심시키려 했어요. 잠시 후 우리는 그자가 뚱보 왕이라는 것을 알게 되었어요. 그의 이름은 왕톈성이었죠. 그는 배에 포탄을 맞아서 내장이 밖으로 흘러나왔어요. 아직 산 채로 이송되었지만, 우리는 아무런 의료 지식을 가지지 못해서 응급조치를 취해주지 못했죠. 그래서 그는 결국 죽었어요.[21]

그날 다른 두 명의 운반꾼도 죽었다. 전지정무의 통계에 의하면 총 7명의 민방자위대원이 1958년의 포격 중 임무를 수행하다 사망했고, 다른 14명은 심각한 부상을 입었다. 거의 모든 부상은 민방자위대원들이 해변에서 수송선의 물자를 내리는 도중에 발생했다.[22]

포격이 시작되고 44일이 지난 1958년 10월 6일, 중국 국방부장 펑더화이

---

21 Xu Jiazhuang, JMMFFT, Ⅱ:280-1.
22 Yang Shuqing, *Jinmen daoyu*, 295. 미군 기밀 문서를 활용하여 핼퍼린(Halperin)은 미군이 호위한 수송선이 처음 도착한 9월 7일에서 10월 6일의 사격 중지 기간 동안 총 2,455톤의 물자가 해변에 내려졌다고 계산하였다. 민방자위대가 내려야하는 무게를 정규군에게 덜어주는 것은 불가능했다. 게다가, 같은 기간 2,132.5톤의 물품이 공중에서 투하되었다. Halperin, *1958 Crisis*, 298 ff, 305. 공중 투하된 물품의 운반과 관련된 내용이 구술사에서 언급되지만, 아직 드물다. 나는 이것이 민방자위대가 이 작업을 덜 수행해서인지 아니면 덜 위험해서 정규군이 이 작업을 수행했기 때문인 것인지, 혹은 덜 위험했기 때문에 사람들의 기억속에 덜 남아서인지 알 수 없다.

는 7일간의 사격중지를 일방적으로 공표했다. 그가 발표한 '타이완 동포에게 보내는 메시지'는 마오가 개인적으로 작성했다는 사실을 이제 우리는 알고 있다. 마오는 이것이 미국을 성공적으로 옭아맸다며 승리라고 선언하였다. "필요하면 언제든 우리는 [진먼과 마조를] 포격할 수 있다. 긴장 국면이 필요하다면 언제든지 우리는 올가미를 조일 수 있다. 우리는 그들을 죽지도 살지도 못한 채 올가미에 매달려있게 해서 미국과의 교섭 용도로 활용할 수도 있다."[23] 긴장을 한층 고조하는 것은 국내적 동원이라는 목적에 도움이 될 수 있었지만, 만약 미국이 장제스에게 섬으로부터 후퇴할 것을 설득하였더라면 이것은 다른 국가적 이해관계에 역효과를 가져올 수도 있었다. 타이완과 중국본토가 이 섬에서 상징적으로 연결되어 있었기 때문에, 섬의 포기는 타이완 해협을 사이에 둔 두 정부의 영원한 분리를 방지한다는 목표에 방해 요소가 되었을 것이다. 만약 진먼이 인민해방군에게 함락되었다면 "두 개의 중국"이 현실에 한 발짝 가까워졌을 것이다. 따라서 미국과 타이완 양자를 마오의 "올가미"에 두기 위해서는 진먼에 대한 압력의 활용을 신중하게 조절해야 했다. 하지만 마오가 "진먼과 마조에서의 전투는 그저 약간의 포격에 불과했다. 나는 세계가 그렇게 불안해지고 동요할 것이라고는 결코 예측하지 못했다"라고 말한 것을 보면, 그도 미국의 강력한 반응에 놀랐던 것으로 보인다.[24]

소개(疏開)

다른 모든 측면은 제쳐두더라도, 중화민국 정부는 영웅적으로 공산군의 공격에 저항하는 민간인들을 진먼에 머무르게 하는 것이 상당한 선전 효과가 있다는 점을 오래전부터 깨달아 왔다. 만약에 섬이 군의 진지로만 축소되었다면, 공산군의 공격은 단순한 군사 행동에 불과했을 것이다. 하지만 진먼은 민간 공동

---

23 Chen Jian, *Mao's China*, 199와 Gong Li, "Tension," 164.

24 Mao Zedong, *Waijiao wenxuan*, 344.

체의 공간이기도 하기 때문에 공산군의 공격이 훨씬 부정적으로 그려질 수 있었다. 위기 중에 섬에서 발신된 소식들은 전쟁에 대한 민간인들의 공포 그리고 위험에 대한 방어자들의 무심함 등의 측면을 과장했다. 9월 27일에 『뉴욕타임즈(New York Times)』에는 "포격에도 굴하지 않은 진먼"이라는 기사가 연재되었다. 며칠 뒤 헤드라인은 "어린이들이 동굴에서 지낸다"였고, 그 이야기는 겨울이 가까워짐에 따른 질병의 위협과 체온 저하를 다룬 것이었다. 소진먼에 사는 1,500명의 어린이들은 지하에서 부족한 식량으로 의약품 없이 살아가고 있었다.[25] 이 이중적 수사는 진먼 군사화의 특징 및 민간과 군대의 유동적인 경계를 잘 포착하고 있다. 한편으로 사회는 군의 이해에 복무하는 다양한 방법으로 군사화될 수 있다. 다른 한편으로 민간인들이 군사적·정치적으로 바람직하다고 여겨지는 역할을 수행하기 위해서는 경계가 유지되어야 한다. 포격이 수그러들 기미 없이 계속되는 동안, 섬을 안전하게 비우는 일은 불가능했을 것이다. 하지만 휴전이 딜레마를 낳았다. 장제스는 이 섬을 포기하는 것을 고려하지 않겠다고 했지만, 민간인들의 안전을 위하여 그리고 정부가 불필요하게 그들을 위험에 노출했다는 부정적인 인상이 만들어지는 것을 방지하기 위하여, 민간인들이 소개(疏開)될 수 있는지에 대한 논의가 진행되어야 했다. 이것이 소개 결정이 지체된 것에 대한 가장 그럴듯한 설명이다. 휴전 며칠 후, 전지정무는 학생, 교사, 그리고 진먼 중등학교의 교직원이 타이완 본섬으로 소개되어야 한다고 주장했다. 하지만 하루 이틀 뒤에는 소개 범위가 확장되었고, 섬의 모든 주민들이 자발적인 피난을 신청할 수 있도록 허용되었다.

  오늘날 주민들이 기억하듯이, 불균형하게 많은 수가 떠난 것은 부유층이었다. "포격 이후 우리는 돈이 없었어요. 우리는 농부였어요. 염소, 돼지, 닭으로 무엇을 할 수 있었겠어요? 우리는 땅콩을 키웠어요. 모두가 떠나는 마당이

---

25 "Quemoy Unbowed Despite Shelling," New York Times, September 27, 1958과 "Children Lives in Caves," New York Times, October 1, 1958을 참조할 것.

니 땅콩을 사줄 사람도 없었죠. 그래서 우리는 머물러야 했어요."²⁶ 진먼이 타이완과 긴밀히 연결되어, 진먼 사람들이 쇼핑하러 타이베이로 날아가고 타이완에서 일하는 진먼 주민이 주말에 집으로 돌아가는 세상에서 진먼 아이들이 자라온 지 이제 두 세대 이상 지났다. 그래서 타이완이 쏟아지는 포탄의 위협보다 심각해 보이는 상상의 위험으로 가득 찬 완전히 낯선 장소였던 시절을 떠올리는 것은 힘든 일이다. 하지만 아주 많은 사람들이 소개(疏開)에 대해 자신들이 가졌던 태도를 다음과 같이 기억하고 있다. "많은 사람들이 타이완으로 피난을 갔어요. 우리도 가고 싶었지만, 아버지는 어떻게 생계를 꾸릴지 걱정하셨어요. 아버지는 '우리가 만약 진먼에 남으면 상황이 악화되더라도 여전히 고구마를 먹으며 살아갈 수는 있을 거다'라고 말씀하셨죠." "당시 사람들의 걱정은, 만약 떠나지 않으면 포격으로 죽을 수밖에 없고, 떠나면 굶어 죽을 것을 걱정할 수밖에 없다는 것이었어요."²⁷

전체 인구의 15퍼센트에 해당하는 6,500명의 사람들은 결국 피난에 동참했다. 10월 9일에 900명의 중등학교 학생들과 교사들이 대형 수송선에 탑승했다. 나머지 민간인들은 10월 11일과 12일에 3척의 선박으로 수송되었다. 소개민 중 큰 부분은 주샨 마을 출신이었고 약 서른 가구 정도 되었다. 그들 중 한 사람에 따르면, 마을 주민들은 중화민국이 진먼을 버릴 것이라고 믿었고, 그래서 최후의 순간까지 기다리기보다 하루빨리 떠나는 것이 낫다고 판단하였다.²⁸ 타이완의 가오슝(高雄) 항구에 도착한 피난민들에게는 3,000 타이완달러(NTD)의 재정착 지원금이 지급되었다. 평범한 진먼 가족의 수년간 수입과 맞먹는 금액이었다. 1958년 타이완으로 피난 가지 못하고 남은 사람들의 기억이 계급과 긴밀히 연관되어 있기 때문에, 재정착 지원금 이슈는 오늘날 상당히 쓸쓸하

---

26   Lin Meilan 인터뷰.
27   Huang Xi'an, JMMFFT, I :269 및 Dong Wenju, JMMFFT, III:28 참조.
28   Xue Liujin 인터뷰.

게 회자되고 있다. 떠난 자들은 부자들이었고, 정부의 지원이 그들만 더 부유하게 하였다고 사람들은 이야기한다. 하지만 대부분의 피난민들은 거의 성공하지 못했다. 동웬쥐는 타이베이 교외에 살던 친척을 찾았는데, 그가 과일 판매원 직업을 구하는데 도움을 주었다. 진먼 민방자위대를 떠났지만, 그는 이제 징병 대상자가 되었고 군대에서 2년을 보냈다. 제대 후에 그는 건설 노동자가 되었다. 다른 피난민들은 수공업 노동자로서 직장을 얻었다. 많은 사람들은 그들의 재정착 지원금이 바닥날 때까지만 남아 있었다. "아무런 소득 없이 3,000 타이완달러를 소진하였을 때, 그들은 위험을 감수하고 원래 고향으로 되돌아갔지요."[29] 인구 통계는 귀환 행렬의 규모를 계산하는데 참고가 된다. 1959년 말에 진먼 인구는 최저 41,000명까지 떨어졌다. 2년 후 이는 47,500명으로 회복되었다. 인구 증가의 절반 정도는 귀환으로 인한 것이었다.[30]

소개 자체는 다양한 사회적 영향을 가져왔다. 가게 주인들이 자산을 팔고 가족을 타이완으로 보내기로 결심하자 마을의 부동산 가격이 폭락했다. 오늘날 부유한 많은 진먼 가족들은 이 시기에 가게를 구입한 덕에 번영을 누리고 있다. 1958년 시장의 최저점에서, 샨와이(山外)의 점포는 재고품을 포함해서 수천 타이완달러로 구입할 수 있었다. 낮은 가격의 이득을 챙긴 자들은, 9장에서 다룰 주제이지만, 군인들을 상대로 한 비즈니스를 통해 얻은 이득과는 별개로도 어마어마한 보상을 챙길 수 있었다. "용기 있는 사람들이 결국 나중에 부유해졌어요."[31] 신선한 고기의 공급을 보장하고 사재기를 방지하기 위해 전지

---

29 Dong Wenju, JMMFFT, Ⅲ:28-9 및 Xue Chongwu, "823 dashuqian," in *Jimmen Xueshi zupu* 참조.

30 통계가 존재한 초창기인 1960년대 후반에 진먼에서 태어난 사람에서 사망한 사람을 뺀 수치는 1년에 평균 1,650명이었다. 이 수치는 상대적으로 안정된 것이었는데, 아마 증가분의 절반은 자연 증가일 것이다. 나머지의 대부분은 아마 귀환한 소개민들일 것이다. 인구 수치에 JMTJ(1961), 13을 보라. 출생자수와 사망자수는 JMXZ, 370을 보라.

31 Chen Changqing 인터뷰.

정무는 도축된 돼지를 매입하여 고정된 가격에 팔았다. 중국본토의 대약진운동 중에 발생한 사건과 놀랍도록 유사한 또 다른 일이 발생했다. 사람들은 돼지를 도축하도록 강요받을 것이라는 사실을 깨닫자 먹이를 주는 일을 그만두었고, 이에 따라 도축된 돼지들이 모두 야위고 체중 미달인 상황이 되었다.[32]

10월 13일 중화인민공화국은 휴전을 2주 연장했다. 비록 덜레스의 타이완 방문에 항의하는 차원에서, 10월 20일의 한 시간 동안 약속을 지키지 않았지만 말이다. 2주가 지났을 때, 마오는 다시 펑더화이 명의로 담화를 발표했다. 이 "담화"는 타이완 문제는 중국의 국내 문제이며 미국이 관여할 바가 아니라는 점을 다시 강조하였다. 위기가 미국의 간섭에 의해 촉발되었다고 비난했으며, 중화민국 지도자들이 이 사실을 잘 알게 될 때 끝날 것이라고 암시되어 있었다.[33] 10월 중순 이후, 몇몇 예외는 있었지만, 포격의 강도는 극적으로 줄어들었다. 살상용 포탄이 선전용 포탄으로 대체되었다. 선전용 포탄은 공중에서 폭발하여 그 속에 담겨 있던 선전용 삐라가 뿌려지는 포탄이다. 또한 포탄은 이틀에 한 번만 발사되게 되었다. 이런 결정들은 나중에 진먼의 상징이 된다. 최근에 출판된 자료에 따르면, 이것 역시 마오의 개인적 결정이었다.[34] 이 대중 "담화"는, 진먼과 타이완이 중국에 속한다고 타이완과 미국에 지속적으로 상기시키면서도, 진먼 주둔군이 물자를 공급받고 격일로 휴식할 수 있도록 이러한 결정이 내려졌다고 설명했다.

이렇게 진먼 생활의 가장 기묘한 측면 중 하나인 '격일포격(alternate day

---

32 Chen Zonglun, JMMFFT, Ⅲ 86.

33 Gong Li, "Tension," 170.

34 People's Daily의 편집장이자 마오의 정치적 비서였던 Wu Lengxi에 따르면, 10월 21일 정치국 상무위원회 회의에서 마오가 격일 포격을 제안하였다고 한다. "군사적 입장에서 이것은 아마 농담처럼 보일 것이다. 전쟁사에서 결코 그러한 것은 존재하지 않았다. 그러나 이것은 정치 전쟁이고, 그것은 이런 방식으로 수행되어야 한다." Wu Lengxi, *Yi Mao Zhuxi: Wo qinsheng jingli de ruogan zhongda lishi shijian pianduan*, 89.

shelling)'이 시작되었다. "홀숫날 포격, 짝숫날 포격 없음"이라는 구절은 저강도 갈등과 진먼 그 자체를 상징하게 되었다. 1958년 10월과 1979년 12월 사이에 공산군 포대는 이틀에 한 번씩 진먼을 포격했다. 포격은 보통 이른 저녁에 발사되는 수백 개의 전형적인 포탄으로 구성되었다. "사람들은 그저 각자의 생활을 계속했지요. 누가 운이 좋고 나쁜지는 단순한 문제에 불과했어요 … 하지만 당시 우리는 포격 소리를 듣는 데 일가견이 있었지요. 그냥 포격 소리를 들으면 그것이 우리 쪽으로 올 것인지 아닌지를 알 수 있었어요. 그것들은 매일 고정된 곳만 타격했지요. 첫 포탄이 어디에든지 떨어지면, 우리는 그날 모든 포탄이 그 주변에만 떨어질 것이라는 사실을 알 수 있었죠. 그 이후에 5~10개 정도의 포탄은 모두 그곳에만 집중되었어요. 매일 순서대로 장소를 옮겨갈 뿐이었죠."[35] 선전용 포탄도 위험할 수는 있었다. 때때로 공중에서 탄두가 폭발하지 않아 거대한 포탄 전체가 육지로 떨어지기도 했다. 또 다른 큰 위험은 탄체가 폭발한 다음에 생기는 포탄 파편이었다. "그것들은 땅 밑으로 수 야드까지 파고 들어갈 수 있었어요. 벽을 뚫을 수도 있었죠."[36] 따라서 대부분의 진먼 가족들은 포

그림 6.5 구닝터우 지역의 지하진지에 남아 있는 지하진지 및 포격전 개념도(역자 촬영)

---

35 Can Wenfan 인터뷰.

36 Chen Shunde, "Laojun dianying qiule wo yiming."

격에 대하여 덜 낙관적이었다. 가족들은 홀숫날마다 이른 저녁에 가까운 대피소로 가서, 밤중에 포격이 확실히 끝났다고 확신할 때까지 몇 시간 동안 그곳에 머물렀다(그림 6.5).

결론

중화민국 정부는 위기 사태를 통틀어 인민해방군이 50만 개 이상의 포탄을 발사했다고 주장한다. 민간인 중 138명의 사망자와 324명의 부상자가 발생했다. 7천 개 이상의 건물이 손상되거나 완전히 파괴되었다. 대부분이 집이었다.[37] 국제 지정학적인 문제로서의 위기는 금세 진정되었지만, 20년이 넘는 기간 동안 진먼 사람들의 삶에 영향을 주었다. 당시의 위기가 정말로 전환점이었을까? 이 위기는 진먼 생활의 군사화 양상에 주된 변화를 야기하지 못했고, 오히려 기존의 경향을 강화하기만 하였다. 기존 경향 강화의 예시가 바로 격일로 지하 피난소로 가야 할 필요에 의해 만들어진 이상한 삶의 리듬이다. 또 이 위기는 군대를 지원하기 위해 민간 노동력을 더욱 강하게 동원하게 했으며, 더 일반적으로는, 일정 관리부터 주택 건설에 이르는 사회적 삶의 새로운 차원에까지 군사적인 관심과 목적을 확장했다. 공격을 감행한 마오의 동기가 무엇이었든, 그는 어느 정도까지는 중화인민공화국의 인민을 동원하기 위해 외부의 적으로부터 오는 위협의 감정을 뽑아내고자 이것을 활용했다. 그는 의도하지 않게 적도 자신의 민간인들로부터 그와 똑같은 반응을 이끌어 내도록 자극한 셈이었다. 즉, 진먼의 중화민국 정부도 결과적으로 본토의 적으로부터의 위협을 강조하는 방향으로 정책을 형성하게 되었다는 것이다. 그것의 결과가 진먼의 고조된 동원과 군사화였다. 따라서 이 경우 중화인민공화국과 중화민국의 국내 정치라는 기어(gear)가, 마오의 대외 정책이라는 제3의 기어에 연결됨으로써 정확하게 발맞추어 움직였던 것이다. 다른 한편으로, 1958년은 군사화와 군사적 위협 사

---

37 JMXZ, 252.

이의 관계에 전환점이 되었다. 위기 동안에 중화인민공화국이 진먼을 정복할 의도가 없다는 것이 분명해졌다. 또 그렇게 하는 것은 기본적으로 중화인민공화국과 중화민국 정부가 "두 개의 중국"으로 실질적으로 분리되는 것을 막으려는 마오의 의도에 역효과를 줄 수 있다는 점도 분명해졌다. 1958년 이후 진먼의 추가적인 군사화는 군사적인 우려 때문이 아니라 더 넓은 정치적 맥락에서 추동되었다. 우리는 다음 장들에서 이러한 움직임에 대해 더욱 자세히 알아볼 것이다.

PART II

군사화와 지정학화의 변화 과정

1960년대 말이 되면 전 지구적 냉전은 새로운 단계로 진입하게 된다. 특히 1962년의 쿠바 미사일 위기가 벼랑 끝 전술의 위험을 보여준 이후, 두 개의 초강대국은 쉽지 않은 데망트(détente)를 향해 움직였다. 중소 분열은 이전의 양극 질서를 복잡하게 만들었다. 비록 이 분열의 중요성을 서방이 인지하는 데까지는 시간이 약간 걸렸더라도 말이다(1958년 해협 위기와 대약진운동 모두는, 부분적으로 공산주의 블록을 대상으로 발휘되던 소비에트의 지도력에 중화인민공화국이 도전하고 있다는 징표였다. 두 명의 러시아 역사가들은 1958년 위기를 전 지구적 변화의 초기적 조짐, 즉 "초기 냉전의 절대적 양극체제가 붕괴하고 있음을 선언한 가장 중요한" 조짐으로 간주하였다[*]). 베를린 장벽은 1961년 8월에 건립되기 시작했다. 이것은 1949년 샤먼 함락 때와 똑같은 트라우마적 혼돈 상황을 낳았다.

    타이완에서는 성공적인 토지 개혁, 미국의 재정적·기술적 원조의 투여, 수입대체 산업 투자를 목적으로 하는 경제정책 등을 통해 극적인 경제성장이 성취되었다. GNP는 1953년부터 1982년까지 매년 평균 9퍼센트 성장하였다. 경제발전은 향상된 생활 수준을 지원했고, 건강이나 교육 및 다른 사회적 서비스의 성장을 가능하게 했다.[**] 제조업이 주도적인 경제 섹터가 되었으며 산업의 중심은 섬유에서 전자, 기계, 석유화학으로 전환되었다. 진먼의 경험은 이와 달랐다. 비록 사회 발전의 많은 부분이 공유되었지만, 진먼에서는 산업화라

---

[*] Vladislav Zubok and Constantine Pleshakov, *Inside the Kremlin's Cold War*, 210.

[**] Thomas Gold, State and Society in the Taiwan Miracle, 4-5.

고 말할 만한 것이 없었다. 진먼의 1인당 GNP는, 비록 증가하긴 했지만, 타이완에 비해 현저하게 뒤처지기 시작했다. 국민당의 타이완 통치가 안정됨에 따라 보편적 남성 징병제도가 도입되었다. 진먼의 남성들은 징병에서 제외되었다. 왜냐하면 그들은 민방자위대원으로서 그 의무를 수행했기 때문이다. 이것은 두 가지 중요한 효과를 낳았다. 첫째, 군 복무가 타이완 청년의 통과의례가 됨에 따라 진먼 남성의 삶의 경로가 타이완 본섬 남성의 삶의 경로와 달라지기 시작했다. 둘째, 중국본토 출신의 노병들이 점차 제대하게 되자, 진먼에 오게 되는 병사들은 점차 타이완 출신의 일시적인 징집병으로 바뀌게 되었다. 타이완 출신 징집병들의 경험과 기대는 매우 달랐다.

1950년대 말에 이미 진먼은 좁은 의미의 군사적 중요성을 상당 부분 상실했다. 타이완 해협에 대한 미국의 중립화는, 비록 중화민국 군대가 그럴 만큼의 필요 능력을 갖춘다고 하더라도(실제 그들은 갖추지 못했다), 진먼이 더 이상 중국 본토에 대한 반격의 승리를 위한 도약대가 아니라는 것을 의미했다. 비록 공격 감행을 통해 미국의 개입 위험을 중화인민공화국이 감수하고자 하더라도(실제로 그들은 그러지 않았다), 진먼에 대한 중화민국의 통제는 타이완 방어 차원에서도 핵심적 문제가 아니었다. 타이완 자체의 방어능력이 강화됨에 따라, 침략군에게 경고하고 그들을 지연시키고 방해하는 진먼 주둔군의 능력은 쇠퇴했다. 무엇보다도 중화인민공화국의 지도자들은 진먼만 점령하는 것에는 아무런 흥미도 없었다. 진먼만 점령하는 것은 타이완을 중국으로부터 영구히 분리하는 계기가 될 것이라고 인지하고 있었기 때문이다(국민당 내 그들의 적수도 이것을 원하지 않았다). 게다가 중국, 타이완, 미국의 정치인과 장군들은 일반적으로 이러한 다양한 요인들을 알고 있었고 따라서 순수하게 군사적인 의미에서는 진먼이 중요하지 않다는 사실을 대략적으로 알고 있었다.* 진먼의 중요성은 대체로

---

* 타이완에 관해서는 Steve Tsang의 책에 인용된 Wellington Koo의 논문 "Chiang Kai-shek and the Kuomintang's Policy to Reconquer the Chinese Mainland, 1949-1958," 57-8을,

정치적인 것이었다. 섬에 대규모 군대가 주둔하게 된 것은 미군을 진먼 방어로 끌어들이기 위한 장제스의 노력의 결과였다. 따라서 진먼은 중화인민공화국과 중화민국 사이에 전개된 상위 정치 투쟁의 한 부분이 되었으며, 미국과 중화민국의 동맹 때문에 전 지구적 냉전의 한 부분이 되었다. 2부에서는 이러한 갈등 속에서 진먼의 정치적 중요성이 어떻게 변화해 갔는가를 계속 추적할 것이며, 이것이 지방 사회에 어떤 결과를 낳았는지 검토할 것이다.

진먼에 대한 군사적 위협은 1958년 위기에 정점을 찍었고, 사소한 예외는 있지만, 이 섬은 다시는 중국본토의 대규모적이고 파괴적인 포격의 희생물이 되지 않았다. 그러나 넓은 의미의 군사화는 그 이후 몇십 년 동안 계속되었고, 새로운 방향으로 전개되었다. 다음 두 장에서 나는 이러한 새로운 방향에 대한 개요를 제시할 것이다. 첫 번째 장에서는 1960년대 초기의 사회경제적 발전에 관심을 집중할 것이며, 두 번째 장에서는 1960년대 후반과 1970년대의 군사적 방비태세 구축에 다시 초점을 맞출 것이다. 진먼 역사에서 이 시기는 군사화의 복잡한 궤적뿐만 아니라 지정학적 전환이 군사화와 근대화로의 접근 모두에 어떤 영향을 미쳤는지를 보여준다.

미국에 대해서는 Robert Accinelli, "A Thorn in the Side of Peace," 112-13을, 중화인민공화국에 대해서는 6장에서 소개된 마오의 발언을 각각 참조할 것.

. . .

제7장 1960년대: 삼민주의모범현(三民主義模範縣) 만들기

진먼 출신의 전직 푸젠성(福建城) 비서장인 웡밍즈(翁明志)는 그가 10살 때였던 1977년의 참새 쫓기 캠페인에 대해 다음과 같이 회상하였다.

당시 진먼에는 새가 아주 많았어요. 수수를 먹이로 삼았죠. 그래서 진과 향(township) 정부는 사냥총을 몇 자루 사서 마을 사람들에게 빌려줬죠. 참새를 죽이라고 총을 빌려와서 참새를 쏠 수 있었어요. 우리 아이들은 새총을 사용했죠. 일정한 수의 참새 발톱이나 참새알을 제출해야만 했어요. 둥지로부터 참새알을 훔칠 수 있었거든요. 밤에는 손전등으로 둥지를 비추었어요. 만약 참새가 둥지에 있으면 움직이지 못했어요. 낮 동안에는 참새가 멀리 날아갈 수 있었겠지만, 밤에는 얼어붙어 버려서 퐁퐁퐁 하고 쉽게 쏠 수 있었고 참새는 아래로 떨어졌죠. 만약 아이들이 참새 발톱이나 쥐꼬리, 파리(당시 우리는 성냥박스 한 상자 정도의 파리를 제출해야 했어요) 등을 제출하지 않으면 손바닥을 맞았어요. 이러한 일은 진먼 전역에서 일어난 일이고 따라서 죽은 새가 엄청 많았어요. 글쎄, 그 이후 몇 년 동안 진먼 전역에 왕개미 떼가 들끓었어요. 줄지어 길을 건너는 왕개미 떼를 볼 수 있었죠. 그 위로 운전을 하면, 온통 주변이 탁탁탁 치는 소리로 가득 찼을 겁니다. 부모님은 그 왕개미들이

구닝터우에서 죽은 병사들의 영혼이라고 말해 주었어요.[1]

참새와 같은 유해 동물을 박멸하기 위해 사람들을 동원하는 캠페인은 1960년대 초반 진먼에 도입된 많은 경제적·사회적 발전정책 중 하나였다. 이것은 정치의 강조점이 민간의 관심 사항으로 옮겨간 것이라고 보일 수 있다. 그러나 이러한 정책들은 궁극적으로 군사적 이슈와 지정학적 우선순위에 의해 추동되었고 거기에 종속되어 있었다. 그것들은 다른 이름의 군사화, 즉 일종의 군사화된 발전의 한 형태였던 것이다. 군사화와 발전이라는 두 용어를 병치하는 것은, 비록 군사 영역과 완전히 동떨어져 보이는 정책들(농촌지도, 학교 건축, 심지어 도박 금지규칙 등)도 여전히 군사 영역과 관련되어 있다는 생각을 이해하는 데 핵심적이다. 이 장과 9장에서 나는, 국가 정책(state policy)의 근본적 두 목표, 즉 근대화와 경제발전이 어떻게 지방적으로 정의되고 군사적 관점 및 지정학적 이해와 관심에 의해 추구되었는지를 논할 것이다. 물론, 이 두 목표는 상호 연관되어 있거나 서로의 구성요소라고도 볼 수 있지만, 이 목표를 추구하기 위해 고안된 정책이 달랐고 또 주민들이 흥미로운 방식으로 이 정책들에 다르게 반응했기 때문에, 나는 이것들을 분리해서 고찰할 것이다. 반복해서 말하지만, 나는 근대화를 20세기에 전 세계적으로 바람직하다고 여겨졌던 일련의 사회 변화라고 생각하지만, 근대화에 대한 정확한 정의는 여전히 논쟁 중이다. 국가 정책과 그것들에 대한 사람들의 반응은 군사적 관심사와 근대성의 추구가 상호 얽혀 있음을 반영한다. 따라서 진먼의 군사화된 근대성을 독특한 이해와 집착을 가진 근대성의 어떤 형태로 정교화할 수 있다. 두 진영이 입장이 상

---

1 Wing Mingzhi 인터뷰. 왕의 진술은 1977년 캠페인에 대한 동사무소 문서에 의해 확인된다. 4개월 동안의 캠페인 동안 200,000개의 참새 발톱에 대한 할당량이 기록되어 있다. 이것은 대략 한 달에 민간인 한 명 당 한 개에 해당되는 양이다. LYA, Xikou, "Jianshe zajian," 1977, Leiyu township office to Xikou village office re "Hufa ge xiangzhen bunial wang," June 25, 1977과 LYA, Xikou, "Busha maque fangfa," March 30, 1979 참조.

대적으로 아주 달랐음에도 불구하고, 이 정책의 일부와 중국본토의 정책 사이에는 주목할만한 유사성이 존재한다. 이것은 지정학적 맥락만으로 이 정책들을 설명하기에는 충분치 않다는 사실을 암시한다. 두 진영이 공유하고 있는 정치 문화와 스스로가 선호하는 것들에 대한 거울-이미지화 과정(mirror-imaging process)이 또한 역할을 했을 것이다.

발전 계획

1960년 4월 장제스는 진먼과 마주가 "삼민주의모범현"이 될 것을 요청했다. 장제스는 나중에 "진먼이 전쟁의 최전선이고, 또한 빈곤하며 저개발 지역이었기 때문"이라고 설명했다.² 새로운 캠페인을 통해 섬의 경제와 사회가 근대화됨으로써 이러한 상황은 개선될 것이라고 하였다. 이것이 실제로 의미하는 것은 무엇이었는가? 전지정무는 장제스의 요청에 대해 "전지에 근대적 정치 발전"을 위한 일련의 다년 계획을 수립하는 것으로 응답했다. 이 계획의 궁극적 목표는 "승리를 얻기 위한 수단으로 건설을 하는 것"이었다. 이것이 의미하는 바는 "대중을 훈련시키고 그들의 삶을 향상시키며 [그들이] 군대에 [부과한] 짐을 줄이는 것"이었다. 진먼이 적과 매우 가까웠기 때문에 어떤 발전도 매우 어려웠지만, 그 프로젝트는 너무 중요해서 결코 무시할 수 없었다. 만약 성공한다면, "적을 공격하고 세계에 영향을 미치며 사람들의 의욕을 고취시키는 데" 기여하게 된다.³ 구체적으로 말하면, 이것은 도로, 학교, 저수지, 발전소 등 인프라를 구축하는 것이었다. 민간인들의 물질적 삶의 조건을 근대화하는 것이 이 프로젝트의 한 부분이었다. 그러면 민간인들은 근대적 시민으로 주조될 것이다.

---

2 민족, 민권, 민생의 삼민주의는 쑨원에 의해 발전된 이데올로기적 원칙이다. 중화민국과 중화인민공화국 모두 명목상으로 이 원칙에 충성을 맹세하였다. 장제스의 연설은 Guofangbu, Jieyan, I:191에 발췌되어 있다.

3 "Ruhe jianshe Jimmen wei sanmin zhyi moufan xian," 1963, in JMXZ, 559-60.

진먼을 삼민주의모범현으로 만들기 위한 캠페인은, 1958년 포격전에 대한 대응과 마찬가지로, 중국본토의 사건과 관련하여 이해해야 한다. 나라 전체에서 생산이 감소하고 결핍이 감지되는 등 1960년이 되자 대약진운동의 실패가 명확해졌다.[4] 중국본토의 문제는 중화민국에게 선전의 기회가 되었다. 진먼 정책의 초점을 사회경제적 발전으로 옮김으로써 모범현 프로그램은 중화인민공화국보다 중화민국이 근대화와 발전의 측면에서 우위에 있다는 점을 보여주려는 의도가 있었다. 1958년에 그랬던 것처럼, 중국본토의 정책은 진먼의 지방 정치를 압박했다. 그러나 이 시기의 반작용은 정반대 방향으로 작동되었다. 1958년 중국본토에서의 변화는 진먼을 중국본토 사회와 더욱 유사하게 변화시킬 정책을 탄생시켰다. 1960년 중화민국의 대응은 이제 진먼을 중국본토와는 구분되는 곳으로 만들고자 하는 것이었다. 발전 계획상의 공식 문구에 따르면, "우리가 자유롭고 민주적인 정치를 건설하면, 그것은 도적 인민공화국 패거리들에게 죽음의 한 방을 날리는 것"이었다. 마오와 다른 공산주의 지도자들은 종종 공산주의로의 이행의 지표가 물질적 번영과 사회 복지라고 언급하였다. 진먼에 부가된 모범현 프로그램은 중국본토의 인민들에게 사회주의적 길이 그들을 타락으로 이끌 것이라는 점을 보여주려는 의도가 있었다. 다른 한편, 진먼은, "집합적 투쟁의 후방에 있는 사람들, 전선에 있는 것처럼 시늉만 하는 사람들을 움직이도록" 타이완의 중화민국 시민들을 동원하는데 이용하는 상징이 된 것 같았다.[5] 따라서 수준 높은 진먼의 사회경제적 발전의 이면에는 절약, 자

---

4 프로그램에 의해 야기된 대중 기아는 조금 뒤에 밝혀지게 되었을 뿐이다.

5 비록 그 캠페인은 진먼을 중국본토와 구분하고자 했지만 그것과 연관된 수사(rhetoric)는 중국 대륙의 슬로건을 상기시키는 것 같다. 진먼 사람들은 "환경의 장애를 극복하자, 물질적 결핍을 극복하기 위해 정신력을 활용하자, 자금의 부족을 극복하기 위해 노동력을 활용하자, 복무 태도를 받아들이자, 대중이 대중을 지도하게 하자" 등을 요청받았다. "Ruhe jianshe Jinmen wei sanmin zhuyi moufan xian," 1963, in JMXZ, 559-60. 몇 년 내에, 진먼과 인과적으로 연결된 것은 아니지만, 중화인민공화국의 "관료제적 복귀"는 마찬가지로 중국본토의 탈군사회를 의미했다.

기 희생, 사람들의 규율 등이 존재했다. 모범현 캠페인은 일종의 정치 전쟁이었고, 지정학적 이슈와 관심에 의해 요청된 발전 프로그램이었다.

모범현 캠페인은 또한 대중 동원 운동이자 선전 활동이었고, 공적인 공약이자 마을 간 경쟁이었으며, 집단 토론이기도 했다.[6] 이 캠페인의 중요성을 완전히 이해하기 위해서는, 근대 사회를 만들기 위한 모든 노력의 근간이라고 할 수 있는, 근대 시민의 형성이라는 더 긴 역사적 과정 안에 이 캠페인을 위치시켜야 한다.[7] 이것들은 근대적인 생정치(biopolitics)의 일부로 볼 수 있다. 이것은 단순히 처벌과 억압만으로 작동하는 것이 아니라 관습과 실천, 즉 "육체의 예속과 인구 통제를 달성하기 위한 기술들", 달리 말해서 구성적 신체의 안과 밖에서 삶의 규율을 통해 작동하는 통제 시스템의 구성을 말한다.[8] 이 생정치는 중화민국이 중국본토를 지배했던 몇십 년간 발전시켰고 지정학적 필요에 의해 받아들인 근대화 담론에 의해 형성되었다. 따라서 진먼에서 근대적 시민을 형성한 것은 근대화를 목표로 규정하고 추구해 온 맥락과 분리될 수 없다. 그러나 이것은 진먼에만 고유한 것이 아니다. 모든 곳에서 전 지구적 냉전은 근대화를 군사적인 관심과 연결시켰다.[9]

모범현 캠페인이라는 이데올로기 프로그램은 1930년대 중국본토에서 시행된 신생활운동의 메아리였다. 아리프 딜릭(Arif Dirlik)은 신생활운동이 스스로를 근대적 시민으로 만들어내도록 고무함으로써 국가의 힘을 높이기 위해

6　JMXZ, 558.

7　Prasenjit Duara는 이러한 노력에 자연적인 것은 없다는 사실을 우리에게 일깨워 주었다. 심지어 국민 "내부"에서도, 시민이라는 정체성으로의 전환을 위한 노력은 "문화적 제국주의"와 밀접하게 연관되어 있다. 이것을 이해하는 데 실패한다면, 국민국가를 자연화하고 정상화하게 될 것이다. Prasenjit Duara, *Sovereignty and Authenticity: Manchukuo and the East Asian Modern*, 18-19.

8　Michel Foucault, *History of Sexuality*, 140.

9　Mark Berger, *The Battle for Asia: From Decolonization to Globalization*과 Westad, *The Global Cold War* 참조.

고안된 보수적인 혹은 반동적인 노력이자, 인민을 "관료제 시스템의 자발적 구성원"으로 동원하고자 한 시도라는 것을 보여주었다.[10] 이 운동은 1950년대에 타이완에서는 대체로 약화되었다. 그러나 임박한 위협이 인지되고 있었고, 통상적인 정치가 유예되고 있었으며, 규모가 작았던 진먼에서 이 캠페인은 살아 있었을 뿐만 아니라 확대되기까지 했다. 진먼에서의 신생활운동은 개인의 도덕을 변환시켜 대중 동원을 확대하는 것이 목적이었다. 경쟁, 대중 집회, 긍정적 모델과 부정적 모델을 구분하는 것 등이 이것의 주 메커니즘이었다. 다른 정책들이 민간인들의 재산과 노동력을 동원했다면, 신생활운동은 정신적 동원의 형태를 띠었다. 그 목적은 궁극적 승리의 필연성, 애국심 고취, 적의 선적 및 소문에 대한 대응 등 자신감을 키우는 것이었다. 모든 측면이 진먼 고유의 지정학적 위치와 연결되어 있었다. 군사 기밀의 유포, 적과의 내통, 의무 노동의 회피 등이 주 타겟이었다. 상호 원조는 이 운동의 다른 중요한 부분이었으나, 그것이 실제로 의미했던 것은 민간인이 군대와 적 포격의 피해자를 도와야 한다는 것이었다. 확실히 1960년대의 진먼을 호화롭고 화려한 삶의 장소로 상상하는 것은 불가능하지만, 이 운동은 의복, 식사, 그리고 특히 의례적 소비의 영역에서 근검절약을 호소했다. 특히 "신생활"적 행동으로 간주되는 일련의 행동들이 존재했다. 주민들은 친족들과의 조화와 단합을 강화하라고, 즉 어른들을 공경하고 아랫사람을 돌보라고 지도를 받았다.[11] 근대적 행동이란 전통적 중국 문화 속에 살아 있는 행동을 강화하고 재활성화하는 것으로 인식되었다.

위생은 중화민국이 근대 시민을 정의할 때 오랫동안 핵심적인 위치를 차지하고 있었다.[12] 1960년대에는 이러한 관심은 "시민적 삶을 위해 필수적인 기

---

10   Arif Dirlik, "The Ideological Foundations of the New Life Movement: A Study in Counterrevolutions," 945-80.

11   Fu and Li, *Fagui yu shiyan*, 347 ff.

12   Ruth Rogaski, *Hygienic Modernity: Meaning of Health and Disease in Treaty-Port China*.

본 지식"과 "시민을 위한 표준 에티켓"의 보급을 통해 정교화되었는데, 근대적 위생을 아주 세세한 부분까지 설명하고 있었다. 시민이라면, 식사할 때 깨끗한 식기를 사용해야 하며 식탁과 너무 붙지 않게 똑바로 앉아야 했다. 다른 사람이 식사를 시작할 때까지 기다려야 하고, 너무 시끄럽게 해서도 안 되며, 뼈를 발라낸 후에 바닥에 두면 안 되고, 주인이 식탁에서 일어설 때까지 기다려야만 했다.[13] 장제스는 위생 증진에 개인적인 관심이 있었다. 그는 진먼을 자주 방문했는데, 여기서 많은 훈시를 남겼다. 그 훈시는 동행했던 장교에 의해 기록되고 열렬하게 시행되어서 잘 알려져 있다. 예를 들면, 그는 1970년의 진먼 방문에서 유치원과 초등학교 학생들은 코를 풀 때 휴지를 사용하고 사용한 휴지는 쓰레기통에 버리도록 교육해야 한다고 훈시하였다.[14] 아마도 위생에 대한 이러한 주의깊은 관심은 공산세력의 침투를 방어하는 것과 연결될 수 있었을 것이다. 근대 시민이 다른 유해 동물을 박멸하는 것처럼, 공산주의는 방어해야만 하는 바이러스였다. 식탁에서 어떻게 행동해야 하는지에 관한 훈시는 단지 권고일 뿐이었지만, 위생과 감염에 관한 다른 측면의 관심은 좀 더 적극적인 사회정책으로 전환되었다. 비록 공식적인 모범현 건설 요청보다 앞서는 것이기는 해도, 쥐 통제에 관한 이슈는 우리에게 이런 정책과 정책 뒤의 담론들을 설명할 수 있게 해 준다.

쥐꼬리와 위생

후롄의 회고록에는 1949년 진먼의 쥐 문제를 그가 어떻게 알게 되었는지에 대해 출처가 불명확한 설명이 자세하게 실려 있다. 당시 군대 배급품의 상당수는 타이완에서 배로 수송된 정련 밀가루로 만든 빵이었다. 중국 남부 출신으로 구성된 진먼 방위군의 군대는 이 익숙하지 않은 음식에 불만이 많았다. 하지만 뱀

---

13   JMXZ, 403.
14   Ibid, 113.

을 잡아서 이 배급품을 보충할 수 있다는 점을 알게 되자 매우 즐거워하였다. 몇 달 후, 진먼에서 전염병이 발생하여 군인과 민간인이 죽었다. 의료 전문가가 타이완에서 파견되었고, 핵심적인 인과 관계를 밝혀냈다. "예전에는 뱀이 쥐를 사냥했다. 이 때문에 쥐가 번식하기가 어려웠다. 지금은 우리 군대가 뱀을 잡아 먹어서 쥐 문제를 일으키게 되었다."[15]

전염병은 진먼에서 반복되는 위협이었다. 1890년대의 마지막 대유행은 섬 전체 인구의 1/4인 8,000명 이상의 주민을 사망하게 했다고 전해진다. 1946년에는 300명이 죽었는데, 이 중에서 100명이 치웅린(瓊林) 마을 사람이었다. 그 다음해에는 60명이 죽었다고 보고되었다.[16] 1949년 이후 계엄령과 사령관의 예외적인 권력 때문에 신속하고 결정적인 대응이 가능해졌다. 전염병이 마을을 덮치면, 후롄은 그 마을을 비우게 해서 소독하고 농약을 뿌리라고 명령했다. 그리고 마을 주민들은 접종을 받아야 했다. 전염병 발발은 신속하게 진압되었다.[17]

진먼의 군사 행정이 시작된 첫해에 전염병에 대한 공식 회의가 열렸는데, 여기서 전염병 문제에는 접종, 격리, 매개체 근절 등 기술적 해결책이 필요하다고 보고되었다. 1950년 한 해 동안 진먼에서 120,000번의 접종이 실시되었는데, 아마 이것은 섬에 사는 모든 군인과 민간인을 대상으로 한 것으로 보인다.[18] 전염병은 군사적 이슈였다. 진먼 군대의 능력을 약화시키기 때문에, 전염

---

15 Hu Lian, *Jinmen yijiu*, 16

16 Guoshiguan(Academia Historica) 문서(앞으로 GSGA로 표기), 081-1083-14, "43 nian fanzhi Jinmen shuyi gongzuo baogaoshu," May 1955.

17 GSGA, 081-1083-2, "Fangzhi Jimmen shuyi gongzuo zong baogao shu," May 24, 1950과 Qiu Kongrong, "Jinmen shuyi fangzhi qianjian," *Zhengqi bao* c. 1952(GSGA 081-1083에 첨부되어 있었음)을 참조할 것.

18 GSGA, 081-1083-3, Taiwan Province Hygiene Office to Ministry of Internal Affairs, April 18, 1951.

병이 "극단적인 전략적 중요성"을 갖는 장소에 심각한 위협이 된다는 점을 검역팀은 예외 없이 언급하고 있다. 더 심각한 문제는 진먼의 전염병이 타이완으로 전파되어 재앙적인 결과를 가져올 위험이었다. 1951년 5월에 전염병이 발생했을 때 섬은 격리되었고, 타이완으로의 전파 위험을 억제하기 위해 육지와 바다를 통한 연결은 연기되었다.[19]

그러나 전염병을 예방하기 위해 쥐를 제거하는 프로그램은 곧 대중 동원의 문제가 되었고, 군과 민간인의 관계 문제가 되어버렸다. 후롄은 민간 가족들에게 쥐잡기 할당을 부과하는 정책을 고안해 냈는데, 점차 한 달에 한 사람당 쥐 한 마리가 할당되었다. 가족들에게 죽은 쥐의 꼬리를 제출하도록 요구함으로써 이 정책은 지켜지게 되었다. 1954년의 2/4분기에 민간인들은 24,000개의 쥐꼬리를 제출했다.[20] 전염병의 결과가 군대의 관점에서 파악되었다면, 전파의 원인, 즉 쥐의 만연은 이제 민간 인구의 낙후성 문제로 이해되었다. 검역팀이 표현한 것처럼, "진먼은 저 멀리 고립되어 있고, 사람들의 마음은 폐쇄적이다. 그들은 위생을 강조하지 않는다. 심지어 위생이 무엇인지도 모른다고 말할 수 있다. 그들은 아프면 무당을 부르고 신에게 치료해 달라고 기원한다. 이것은 그들의 지식 수준이 얼마나 낮은지 보여준다."[21]

후롄의 회고록이 쥐 개체수 증가와 그 천적의 감소를 연관시키고, 민간인들의 위생 관념의 부족이라는 관점에서 다른 식으로 설명하고 있지만, 상식은 세 번째 요인을 생각하게 한다. 구닝터우 전투 이후 몇 년 동안, 군대의 대규모 주둔은 엄청난 양의 식량이 배를 통해 정기적으로 수송되어 섬에 비축된다는

---

19   GSGA, 081-1084-2, Liu Yung-mao, "A Rapid Sanitary Survey of Kinmen Military Area," Feb 8-9, 1952와 GFBA, 00050794, "Junmin linshi lianhe fangyi weiyuan hui di'er ci huiyi jilu," May 11, 1951을 참조할 것.

20   GSGA, 081-1083-14, "43 nian fanzhi shuyi,"와 JMTJ, XXXII(1985)에서 제출된 쥐 꼬리의 연간 총수를 확인할 수 있다. 가장 많았던 수는 1973년에 제출된 226,000개 였다.

21   GSGA, 081-1083-9, "Fujian sheng Jinmen xian fangzhi shuyi jihua shu," April 1951.

것을 의미했다. 식량 창고는 쥐와 같은 설치류에게 효과적이고 무한한 식량 공급처가 되었다. 또한 엄청난 수의 참호와 사격 진지, 지하 벙커의 건설은 쥐들에게 무한한 은신처를 제공했다. 박멸 캠페인은 결코 철저하게 이 은신처에 도달하지 못했다. 따라서 진먼에서 쥐로 인해 군대가 고통을 받게 된 이유 중 적어도 일부는, 섬을 쥐에게 특별히 쾌적한 곳으로 만든 군대의 주둔 자체였다고 할 수 있다. 진먼의 군사화는 때때로 군사정권이 해결해야만 하는 것으로 인지한 바로 그 문제를 만들어 냈던 것이다.

1954년까지 쥐 문제는 부분적으로 동원의 문제로 전환되었다. 구역장은 가정으로부터 쥐꼬리를 모으는 책임이 있었다. 어떤 구역장은 "나는 쥐꼬리같은, 정부가 모으라고 명령한 것들은 무엇이든지 모아야만 했다"고 회고했다. 마을 관리를 평가하는데 명령의 수행 정도는 매우 중요한 기준이었다. 다른 구역장은 1958년 4월의 쥐잡기 캠페인에서 모범적으로 일을 수행해서 받았던 증명서를 자랑스럽게 기억해 냈다.[22] 마을 부촌장은 요구받은 수만큼 쥐꼬리를 제출하지 않은 사람과 협상하는데 다양한 옵션을 활용할 수 있었다. 1964년에는 만약 할당량을 채우지 못하면, 3일간의 강제 노역으로 처벌을 받을 것이라고 마을 주민들에게 경고하였다. 다른 부촌장은 할당량을 제출하지 못한 사람들은 "일이 아주 불편하게 될 것"이라는 점을 알고 있었다고 말해 주었다. 마을 관리는 할당량에 뒤처져 있던 소진면 주민에게 진먼으로 가는 배를 타지 못하게 되기 전에 꼬리를 만들어내라고 요구하였다.[23]

주민들은 또한 참새 박멸과 같은 위생과 관련된 다른 캠페인에도 동원되었다. 캠페인은 제한적으로 인지된, 공표된 목적의 달성에만 복무했다. 쥐, 참새, 파리 같은 많은 유해동물들이 진먼 주민들에게 잡혀 죽었다. 그러나 민간인

---

22 Xu Jiazhuang, JMMFFT, Ⅱ:278과 LYA, Shanglin, "Jinmen Lieyuxiang zhongyao zhengling xuandao gangyao," 1964를 참조할 것.

23 Li Zenghua, JMMFFT, Ⅰ:524와 Wu Mafu, JMMFFT, Ⅰ:493-4를 참조할 것.

동원이라는 측면에 초점을 맞추면, 그러한 캠페인의 결과는 아주 복잡했다. 주민들은 복종을 장려하기 위해 도입된 제제를 우회하는 방법을 찾아냈다. 할당량에 뒤처져 있던 소진면 주민은 항상 이웃으로부터 쥐꼬리를 빌릴 수 있었다. 훨씬 더 기만적인 전략도 존재했다. 천화진은 쥐꼬리를 짧게 끊은 다음 각각의 조각이 다른 쥐의 꼬리라고 주장했던 것을 기억해냈다. 1982년 위생국은 최근에 제출된 쥐의 꼬리가 사실 갈대의 일종이었다고 격분한 문서를 발표했다. 유사한 술수가 다른 캠페인에서도 사용되었다. 1977년 위생국은 제출된 죽은 파리 사이에서 다른 물체가 발견된다면 기록된 무게에서 50퍼센트만큼 뺄 것이라고 간부들에게 통지했다. 천화진은 찻잎을 이용해서 그것을 태운 다음, 그 재를 성냥 상자에 넣고 파리가 들어 있는 것처럼 제출했던 사실을 회고했다.[24] 쥐꼬리에 관한 이러한 이야기들을 저항이라는 용어로 그럴듯하게 만들면 너무 나간 것이다. 다른 한편, 이것들을 수동적인 희생자라는 측면에서 행위자의 순진한(naive) 주장일 뿐이라고 묵살하는 것도 또한 잘못이다. 오랫동안 진먼 주민들은 자신의 책략을 통해 바보같은 장교들보다 자신들이 한 수 위라는 사실을 즐겨 말해왔다. 민중의 현명함을 드러내는 이런 유머는, 최근의 진먼사를 관통하는 대항-기억(counter-memory)이라는 형식에서 아주 중요한 요소이다. 이러한 대항-기억은 공공연한 도전은 아니지만, 국가가 지도하고 사심없는 민간인들이 헌신했다는 공적 레토릭을 뒤흔들어 놓고 있다. 심지어 쥐 박멸에 관한 이야기 속에서도 말이다.

순종하지 않음을 보여주는 가장 단순한 방식은 쥐 할당량을 채우지 않는 것이다. 동사무소의 통계는 이 문제가 지속적인 것이었고 시간이 흐를수록 강화되는 경향이었으며, 새로운 형식의 자기 규율을 확립하려는 노력이 완전히 성공하지는 못했음을 보여주고 있다. 이것은 부분적으로 교육이나 꾸짖음, 자

---

24 LYA, Shanglin, "Dushu miecang," August 13, 1982와 LYA, Shanglin, "Miecang yundong jihua," June 16, 1977 및 Chen Huajin 인터뷰를 참조할 것.

신의 권한에 의한 처벌 등을 활용하는 것보다, 사적으로 유해동물 할당량을 채우는 것이 손쉽다는 사실을 알게 된 마을 지도자들에게 캠페인의 많은 부분을 의존했다는 점에서 설명될 수 있다. 과거 소진면의 치안 책임자였고 현재는 촌장인 리정화는 제출된 파리의 양이 부족했던 때를 생각해 냈다. 그와 동료들은 쓰레기 폐기장에 가서 생선 머리를 던져두고 그 주위에 살충제를 뿌렸다. "그런 후에 생선 머리를 먹기 위해 달려들었던 파리를 빗자루로 쓸어 담았죠. 저녁이 되기 전에 충분한 양을 확보했어요. 임무를 완수한 것이죠. 쥐꼬리 제출에 관해서 말씀드리면, 만약 각 가정이 요구된 수만큼 제출하지 않으면, 우리는 시장에 가서 쥐꼬리를 높은 가격으로 샀어요. 꼬리의 가격은 3~5달러 사이였어요. 할당량에 미치지 못하면, 우리 간부들이 벌점이나 처벌을 받았죠."[25]

　　9장에서 보게 되겠지만, 진먼의 민간인들은 전지정무 하에서 고도로 기업가적인 기질을 갖게 되었다. 이러한 기업가적 기질이 쥐꼬리 사업까지 확장되었고, 곧 시장이 발전하게 되었다. 초기에 시장이 형성된 이유는 군인들에게도 쥐꼬리 할당량이 부과되었기 때문이다. 군인들은 할당량을 채우지 못하는 것에 대해 주민들보다 더 불안해 했는데, 할당량 부족이 타이완으로의 휴가가 거부되는 것으로 이어질 수 있었기 때문이었다. 가격은 공급과 수요에 의해 오르락 내리락 했다. 1970년대에는 쥐꼬리 하나가 대략 담배 한 갑의 가격이었다. 타이완의 보다 빠른 발전으로 인해 진먼과 타이완 경제가 분기하게 되자 군인들이 진먼 주민들보다 더 부유해지는 경향이 있었고, 따라서 가격이 상승했다. 우구이하이의 기억에 따르면, 쥐꼬리 시장이 활성화되자 일부 사람들은 쥐잡기에 특화되었다. 군인들이 더 높은 가격을 지불했기 때문에, 이들은 리정화 같은 마을 간부보다는 군인들에게 쥐꼬리를 파는 것을 선호했다(9장에서 보게 되겠지만, 군인에게 판매하는 것의 장점은 진먼의 소규모 경제에서 널리 알려져 있었다). 점차 일종의 2차 쥐꼬리 시장이 부상하게 되었다. 부대의 구내식당을 위해 채소를

25　Li Zenghua, JMMFFT, I :526.

구입하던 군 취사장교는 구입처를 바꾸겠다고 협박하면서 판매자들에게 일정량의 쥐꼬리를 상납하라고 요구했다. 그래서 채소판매자 또한 쥐꼬리를 구입하기 위해 비싼 가격을 지불해야 했다.[26]

불량한 위생이 질병을 야기해서 군대에게 위협이 될 수 있다는 식으로 내면화하는 대신, 진먼 주민들은 이 캠페인과 관련하여 널뛰는 공식 수사를 독단적인 전지정무 정책의 또 다른 사례로 간주하였다. "전지정무 체제 아래에서 현장(縣長)은 항상 군대 출신이었고, 그들은 모두 스타일이 달랐어요. 당국이 무엇을 성취하고자 하든 그것은 그들의 명령으로 나타났습니다. 그리고 그것을 완수할 방법을 찾아야만 했지요. 새를 잡으라면 새를 잡아야만 했고, 파리를 잡으라고 하면 파리를 잡아야 했고, 쥐를 죽이라고 하면 쥐를 죽여야 했습니다. 마을 간부가 되는 것은 정말 측은한 일이었어요."[27] 병사들도 마찬가지지만, 주민들은 이 캠페인의 지속 여부가 확실하지 않은 상태에서 쥐잡기에 열성적으로 임하지 않는 것이 이익이 된다는 사실을 알게 되었다. 1991년에 『진먼보도(金門報道)』라는 반체제 신문은 병사들이 수컷 쥐만 죽였다는 우스꽝스러운 기사를 고의로 실었다. 만약 그들이 암컷 쥐를 잡았다면, 꼬리만 자르고 풀어주는 것이 최선이었다. 풀어준 암컷이 더 많이 번식해서 쥐의 공급이 부족해지지 않을 것이기 때문이었다. 그리고 이 이야기는 꼬리가 없이 돌아다니는 쥐가 많다는 것으로 마무리되고 있다.[28]

유해동물 문제는 어느 정도까지는 민간인들의 낙후성과 근대화의 필요성이라는 차원에서 제기되었지만, 그 자체에 실패의 뿌리가 포함되어 있었다. 근대화 캠페인은 태도와 행동을 주입하고자 시도된 것이었지만, 캠페인의 전개

---

26 Li Jinliang 인터뷰. 2차 시장은(비록 기사 자체는 유머를 의도하고 있지만) Wu Huanshen, "Jinmen de shan laoshu nei weiba"에서 확인할 수 있다. 또한 Xu Yucun, "Guogia liliang, renkou liudong yu jingji bianqian-yi Jinmen Guan'ao weili," 70을 볼 것.

27 Li Zenghua, JMMFFT, I:525.

28 Wu Huasheng, "Jinmen de laoshu mei weiba."

는 감시와 규제의 문제였던 것이다. 진행 중인 캠페인을 평가하는 1978년의 회의에서, 마을 사람들이 여전히 쥐를 잡고 있지만, 캠페인의 전개에 협력하는 것은 꺼리고 있다고 지적되었다. "사람들의 생활수준은 증가해왔다. 쥐를 잡은 후, 사람들은 꼬리를 자르고 그것을 모아 제출하는 것을 원하지 않는다. 이것이 쥐잡기 캠페인을 실행하는 데 문제가 된다."[29] 이것을 이제 농촌 주민들이 근대적인 것처럼 보인다고 반드시 해석할 필요는 없다. 위생 검역팀은 퇴행적으로 간주되는 행동들을 계속 비난했다. 주민들은 가축들이 돌아다니도록 풀어놓았고, 거름 구덩이를 덮지 않았으며, 집 앞을 청소하지 않았다.[30] 정책 실패는 정책 자체의 문제가 아니라 사람들의 문제라고 비난할 수 있었다.

1970년대 후반 목적과 수단의 혼란이 완성되었다. 목표를 달성하리라는 희망으로, 1970년대 중반 마을 사무소는 할당량을 초과하여 제출된 쥐꼬리에 대해 1타이완달러에 해당하는 증표를 지불하기 시작했다.[31] 그러나 1978년 8월 어떤 마을은 쥐꼬리를 하나도 제출하지 않았고, 다른 여러 마을들은 할당량을 채우지 못했다. 쥐잡기 캠페인을 책임지는 현(縣)위원회 특별회의가 소집되었다. 이 사태가 야기할 전염병이나 군사적 결과에 대해서는 논의되지 않았다. 또 할당량 미달 사태가 캠페인의 성공이나 쥐의 박멸을 의미할 수도 있다는 점 역시 고려되지 않았다. 오히려 정확하게 캠페인 자체가 문제가 되었다. 할당량 부족은 많은 구역의 처벌을 의미했고, 이것은 미래를 위한 계획 수립을 불가능하게 할 터였다. 의장은 마감 연장, 자금 조정, 인센티브와 제재 사이의 균형을 찾기 위한 추가 연구 등 평범한 기술적 해결책의 범위를 제안했다. 이 추가 연구는, 만약 쥐꼬리의 시장 가격이 캠페인의 보상보다 높을 경우에 해결책은 보

---

29 LYA, Xikou, "Jinmen 야뼈 mieshu jihua jiantao xietiao hui huiyi jilu," August 11, 1978.

30 LYA, Xikou, "Minjiao gu weisheng," June 30 to September 1, 1975.

31 "추가 제출"에 대한 지불을 기록한 문서를 보고 든 인상이다. LYA, Shanglin, Lieyu township office to Shanglin village office, June 22, 1977.

상을 높이는 것이라는 결론을 내렸다.[32] 대중 동원의 문제 중 하나가 이제는 단순히 경제 문제로 되었던 것이다.

쥐 문제의 구조는 진먼 정치에서 군사와 근대화 아젠다 사이의 상호작용을 보여준다. 기획자의 눈에는, 농촌의 불량한 위생 때문에 생긴 문제가 전략적인 측면에서 중요성을 갖고 있는 것으로 보였다. 캠페인 방식의 동원은 진먼의 전투 능력을 보존하고 민간인들을 근대화시킨다는 두 가지 관심을 표명하는 데 도움이 되었다. 그러나 행동 단위로서 가구에 초점을 두었고 마을 지도자들이 목표 달성을 위해 비공식적이고 사적인 마을 내 관계를 이용하는 것을 고수했기 때문에, 이 캠페인은 역사적으로 형성된 기존의 정치 수행 양식에 매우 잘 뿌리내리게 되었다. 개인과 가정은 다양한 방식으로 이 캠페인과 협상했다. 유해동물 할당량 제도는 때때로 저항을 받았고, 때때로 약화되었으며, 때때로 무시되었다. 두 가지 변화가 진먼의 동원된 근대성의 발전을 보여 준다. 첫째, 이 캠페인의 원래 목적은 간단히 사라져 버린 반면, 복종과 감시라는 이슈가 점점 가장 중요한 것이 됨에 따라 이 캠페인은 궁극적으로 끝나 버리게 되었다. 둘째, 마을 주민들의 의식을 근대화하는데 실패했거나 또는 실패했다고 인식되었기 때문에, 캠페인은 시장의 힘에 종속되었다. 목표 달성 문제는 단순히 재정적 인센티브를 높이는 것으로 충족될 수 있다고 믿게 되었다. 마지막으로, 민간인 동원에 대한 강조와 환경 문제에 대응하기 위해 캠페인을 활용한다는 측면에서, 중화인민공화국이 유사한 문제에 어떻게 접근했는지 비교해 볼 수 있다. 1960년대 중화인민공화국에서 실시된 네 종류의 유해동물 박멸 캠페인은 그 체제의 결점으로 자주 인용되었다. 진먼의 쥐 박멸 캠페인의 역사는 전지정무 시기에 발전되었던 접근법과 방법이 민간정부가 다시 수립된 이후에도 어떻게 여전히 활용되고 있는지 또한 보여준다. 현은 문제가 해결될 때까지 모든

---

32   LYA, Xikou, "Jinmen diqu mieshu jihua jiantao xietiao hui huiyi jilu," August 11, 1978.

공무원에게 한 달에 두 개의 쥐꼬리를 제출하라고 명령했던 것이다.[33]

군사화된 근대 시민을 대상으로 한 생정치(biopolitics)

유해동물 박멸 캠페인과 다른 위생 캠페인 이외에도, 전지정무와 현정부는 진먼 사람들을 근대적이고 문명화되고 동원된 시민으로 바꾸는 것을 목적으로 하는 여러 범위의 프로그램을 시행했다. 쥐 박멸 캠페인과 마찬가지로, 이러한 프로그램은 보편적이면서도 지방적인 것이었다. 즉, 이 프로그램들은 보편적으로 유효한 결과를 낳을 수 있는 전술로서 구성되었지만, 전 지구적인 공산주의와 중화인민공화국과의 전선이라는 특수한 지방적 맥락 때문에 특별한 중요성을 부여받았다. 진먼에 대한 극단적인 통치는 군사화된 유토피아적 근대성의 야심적인 아젠다를 가능하게 했지만, 그 아젠다의 내용은 기획자의 가정 및 근대화되어야 했던 사람들의 적극적이고 수동적인 저항에 의해 조절되었다.

그런 정책의 하나로서, 이름에 관한 정책은 진먼의 지리를 바꾸어 놓았다. 성공적인 정책 결과가 낳은 현상에 대해 적절한 이름을 부여하는, 오랜 전통의 중국적 사유 방식이 존재한다. 진먼에서 이러한 이름 변경은 다양하게 나타났다. 문명화된 진먼 사람을 만든다는 목표는, 민족주의 이데올로기를 고양하기 위해 여러 마을의 이름을 새로 짓는 노력으로 수립되었나. 촌스럽고 낙후한 것으로 보이는 이름을 가진 마을들은 정치적으로 아주 고양된 이름을 부여받았다. "굴언덕"이라는 뜻의 커커둔(蚵蚵墩)은 "국가회복언덕"이라는 뜻의 푸궈둔(復國墩)이 되었다. 어떤 마을의 표기는 정치적 메시지를 담은 동음이의어나 동음이의어에 가깝게 변경되었다. "천(Chen) 저지대"라는 뜻의 천컹(陳坑)은 "성공"을 뜻하는 청공(成功)이 되었다. 1950년대 중반 진먼 방위사령부의 사령관이었던 류안치는 이러한 변화가 적을 혼란시키고 사기를 진작하기 위한 의도였

---

33 Xu Yucun, "Guojia liliang," 70.

다고 설명하였다. 이름을 변경하려는 노력은 개인에게도 적용되었다.[34] 1973년 홍롱옌(洪龍眼: 용의 눈 홍)은 홍민이(洪敏義: 현명하고 예의바른 홍)로 개명했다. 홍다샹(洪大象: 코끼리 홍)은 홍다웨이(洪大偉: 위대하고 용감한 홍)가 되었다. 그들의 원래 이름은 "문명화되지 않아서" 부적절했다. 문명화되지 않은 이름의 범위는 광범위했다. 의인화된 이름, 농산물이나 농기구를 떠올리게 하는 이름, 성이나 신체 기능을 떠올리게 하는 천박한 의미를 가진 이름, 동음이의어와 쉽게 혼동되는 이름 등, 이 모든 이름이 변경되어야만 했다.[35]

    이름에 대한 정책은, 진먼 사람들을 자기 조절적이며 군사화된 근대 주체로 만들고자 하는 규제와 규율 시스템의 한 부분이다. 국가가 지원한 백색테러와 같은 자의적 처벌이나 민방자위대 규율을 제외하더라도, 이 시스템에는 구금과 교화에 관한 행정뿐만 아니라 중화민국 형법 등이 포함되어 있다. 구금과 교화 시스템은 행동의 관점에서 그리고 개인의 관점에서 받아들여질 만한 행동의 한계를 규정한다. 처벌받을 행동의 범위를 형법의 한계 너머로 확장하는 것이다. 소문 유포, 군 장교나 정부 관료에 대한 비방, 나쁜 의도로 성(姓)이 다른 3명 이상의 사람이 모이는 행위, 거짓 소송 제기, 도박, 극장이나 공연장에 돈을 지불하지 않고 입장하는 것, 여성을 성매매로 유인하는 것, 성매매 알선, 성매매 여성을 집에 머물게 하는 것, 술 마시기 위해 모이는 것, 군용품을 빼돌려서 파는 것을 묵인하거나 물자를 훔치기 위해 부대가 언제 이동하는지의 정보를 이용하는 등 다양한 방식으로 병사와 "부적절한 관계"를 맺는 것 등 정부 관리를 방해하거나 간섭하는 것도 처벌받을 행동에 포함된다. 규정은 행동뿐만 아니라 행동을 계속 자극하는 깡패, 부랑인, 실업자, 습관적인 치안 위반자 등의 "불량분자"도 또한 타겟으로 설정하고 있다. 또한 가능한 넓게 그물을 치기 위해 "감금되지 않으면 개선되지 않을 행동을 하는 사람"도 포함되어 있다.

---

34   Zhang Yufa *et al.*(eds.), *Liu Anqi xuansheng fangwenlu*, 169.

35   LYA, Shangqi, county government to Shangqi village office, June 6, 1973.

이런 많은 행동들은 민법상의 범죄이며, 이론상 구금 행정 시스템은 이런 행위를 한 사람들을 법률 체제에 의해 재판받고 선고가 내려지는 형법 위반자로 간주하지 않았다. 그러나 실제로 그 구분은 모호했고 자의적이었다. 전지정무의 어떤 고위 장교가 이것을 "계엄령 하에서는 모든 진먼 사람은 사령관 휘하에 있게 된다. 사령관이나 혹은 부촌장이 누가 범죄를 저질렀는지를 판단한다. 범죄라고 판단되면 경찰서 유치장에 감금되거나 구금된다"고 표현하였다. 범죄를 저질렀지만, 기소되지 않거나 재판에서 유죄판결을 받지 않은 "불량분자"는 지방 당국의 명령으로 계속 구금될 수 있었다.[36] 따라서 구금은 일종의 보완적 처벌 시스템으로 기능했다. 구역 간부들이 규율을 어겼다고 판단한 사람이 법률 절차를 통해 처벌받지 않는 것을 용납하지 않았던 것이다.

　마을 관리가 민간인에게 행정적으로 구금을 선고하면, 경찰은 그 사람을 타이우산에 주둔하는 군의 핵심지역에 있는 감금시설, 명덕훈련반(明德訓練班)으로 데리고 간다. 간단하게 말해서, 훈련반은 진먼의 군사 감옥이자 교화 캠프를 지칭하는 용어이다. 군에 의해서 운영되는 시설이었으며, 수용인의 대부분은 정규 군인이었다. 이 캠프는 군인과 민간인의 구분을 흐리게 하는 지점 중 하나였다. 왜냐하면 민간 당국이 불특정 조건으로 민간인을 군사 감옥에 수용할 수 있었기 때문이다(상대적으로 구분이 명확한 이슈 가운데 하나는 재성에 관한 것이었다. 현정부는 훈련반에 민간인을 수용하는 비용을 군대에 지불했다). 전직 진먼 관료들이 민간인들을 훈련반에 수용하는 몇 종류의 위반 사항에 대해 이야기한 적이 있다. 특히 습관적 도박, 경범죄, 부당 이득 취득과 같은 위반 사항은 군인들도 어기면 훈련반에 수용되는 중요한 범죄였다. 훈련반에 있는 동안 민간인들은 재교육을 받았고, 강제 노역을 해야 했다. 재교육은 이데올로기 훈련이었고, 강제 노역은 공공사업 프로젝트를 위해 부과된 끝없는 훈련과 육체노동을 의미했다.[37]

36　Pan Shuqi 인터뷰와 Chen Yangjin 인터뷰.

37　Dong Zhenhan과 Wang Xiaodong 인터뷰.

구금과 교화 시스템은 이 시기 근본 주제들의 상당 부분을 요약하고 있다. 여기에는 통치성(governmentality)에 접근하도록 하는 규율과 개인적인 수양의 결합, 가장 권위주의적인 환경에서도 일어날 수 있는 잠재적 저항, 그리고 지정학적 편의주의(expediency)를 위해, 다른 말로 하면 국가적 위급 상황 때문에 정상 정치를 중단하고 또 정교화하는 것을 예외상태라고 정당화하는 방식 등이 포함되어 있다.

경계 넘기

진먼의 군사화된 근대성, 특히 삼민주의모범현 건설 캠페인은 적어도 부분적으로는 경계 너머 중국본토의 발전에 대한 응답이거나 도전이었다. 나는 아직까지 그 경계에 대해서는 거의 이야기하지 않았다. 다른 경계와 마찬가지로, 그것은 단순히 진먼과 샤먼 사이에 그어진 선만을 의미하지 않는다. 경계는 다차원적인 의미들 속에 부과된 어떤 현상(phenomenon)을 지칭하는 말이기도 하다. 그것은 맥락화된 공간이며, 경계의 어느 한 쪽 사람들뿐만 아니라 경계와 멀리 떨어져 있는 많은 지역의 사람들이 주요 이슈를 해석하는 틀(frame)이기도 하다. 경계의 구성은 항상 문제적인 일이다. 그러나 냉전으로 분단된 국가보다 이 문제가 더 심각한 곳은 아마 존재하지 않을 것이다. 경계는 결코 불침투의 것이 아니며, 물리적으로나 수사적으로 그리고 개념적으로도 항상 구멍투성이(porous)이다. 이것은, 경계 양측의 사람들이 어느 한쪽 국가의 시민이면서 동시에 코리안, 독일, 중국 사람들처럼 분단을 초월하는 하나의 민족 구성원일 때, 특히 진실이다.

모범현 캠페인이 어느 정도까지는 중국본토를 겨냥한 정치전 혹은 선전의 한 형태인 한, 소통(communication)은 선전의 효율성에 있어 핵심적인 것이었다. 따라서 중화민국과 중화인민공화국 사이의 경계는 항상 개념적으로 모호했던 반면, 진먼에서 두 사회의 경계는 아주 구체적인 방식으로만 통과가 가능해야 했다. 경계를 가로질러 진행되는 소통을 관리하는 일은 진먼의 군사화 프로젝트에서 중요한 부분이었다. 이 소통이 매개되는 주요 메커니즘은 망명자(가 되고자 하는 자)의 귀환, 지방 어부들, 그리고 공식 선전 등 세 가지였다.

가까운 중국본토 마을에서 건너온 최초의 망명자 혹은 도피자가 진먼에 도착하기 시작한 때가 1950년이었다. 가장 마지막은 1980년대 중반이라고 알려져 있다. 진먼에 온 "의로운 동포(義胞)"의 전체 통계는 불완전하다. 어떤 공식 자료에 따르면, 전체 계엄령 시기 동안 10,000명이 넘는다고 한다. 반면 1954년에서 1985년까지 진먼의 연간 통계에 따르면 3,199명이다. 범주 자체에 문제가 있다. 여기에는 순수 망명자, 해안 청소를 하던 중국본토 어부, 바다에서 사로잡힌 중국본토의 민간인과 병사 등이 포함되어 있다. 그들의 의도와는 상관없이, 진먼 당국은 그들을 어떻게 정치적으로 활용할지에 민감했다. 1950년대 망명자들은 자유를 찾아온 용기를 칭송받았으며, 중화인민공화국 정권의 야만성을 묘사하도록 요청받았다. 망명자 보고서에 따르면, 그들은 유창한 정치적 대변인이었다. 1953년 14명의 사람들이 배를 타고 진먼에 도착했을 때, 그들은 "장총통께서 중국본토에 계셨을 때는 모든 사람들이 자유로웠고 사업은 아주 좋았습니다. 공산주의 강도들이 중국본토를 탈취한 이래, 사람들은 끔찍한 고통을 받고 있습니다. 그래서 우리는 자유를 찾아 모국으로 가기로 결심했습니다. 장총통께서 가능한 빨리 중국본토를 수복하는데 도움이 되고 싶습니다"라고 말했다.[38]

1960년대까지 "의로운 동포"는 중국본토를 대상으로 선전을 전파하는 매개체가 되었다. 대부분의 망명자(가 되고자 하는 자)와 도피자들은 결국 송환되었다. 1955년에서 1964년 사이에 "의로운 동포"라고 보고된 1,100명 중 90% 이상이 중국본토로 돌아갔다.[39] 1967년 "중국본토 동포 수용소"가 임시로 망명자

---

38   JMXZ, 1261.

39   Ibid, 659. 통계상의 3,199명 중 554명만이 타이완으로 보내졌다고 명단에 나와 있다. 진먼에 재정착한 사람의 수는 제시되어 있지 않지만, 그렇게 많지 않을 것이다. JMXZ, 1261과

(가 되고자 하는 자)를 수용하기 위해 지어졌다. 옛 장교는 그 수용소에 대해 다음과 같이 말했다. "그곳은 군부대였어요. … 수용소라고 불렀지만, 사실상 유치장이었죠. 그들을 심문하고 조사하는 팀이 있어서 그들의 정당성을 판단했습니다. 만약 그들이 정당하지 않았으면, 작은 배에 태워 [해협의] 중간 지점까지 직접 배를 젓게 해서 간 다음, 중국본토로 돌아가라고 말했죠. 떠나기 전에 그들은 공산주의 통치지역의 동포들에게 전하는 장제스 메시지를 돌아가서 전파해야 한다고 교육을 받았습니다. … [중국본토] 어부들에게 선전하는 이런 방법을 사용하는 것은 중국본토 인민들의 마음을 얻는데 아주 효과적이었습니다."[40]

다른 유형의 사람에게 경계는 훨씬 통과하기 어려웠다. 계엄령 치하의 진먼에서 가장 비극적인 이야기는, 1949년 이후 갑작스럽게 경계가 그어지고 왕래가 불가능해져서 헤어지게 된 이산가족들의 이야기다. 이 상황은 1990년대까지도 변함이 없었다. 물론, 이러한 이산(離散)은 중화민국의 후퇴 이후 타이완에서는 매우 일반적이었다. 오랫동안 해외 화교로서 체류한 경험이 있던 진먼의 가족들에게 가족 간의 헤어짐은 매우 익숙했다. 그러나 진먼과 중국본토 사이에 그어진 경계의 인접성은 이러한 이산을 특별히 가슴 아프게 했다. 2장에서 나는 우카이산의 사례를 언급한 바 있다. 그는 1949년 10월 17일 땅콩 기름을 사오라는 어머니의 부탁으로 샤먼에 갔다. 그리고 그 도시의 함락으로 인해 40년 넘게 그곳에서 발이 묶였다. 이와 유사한 사례가 수백, 아니 아마 수천 개가 존재할 것이다.[41]

JMTJ, XXXII(1985), 523을 참조할 것.

40 Chen Shuizai 인터뷰와 JMXZ, 1263 참조.

41 Yang Shuqing에 따르면, 대륙에 사는 진먼 출신 사람들의 단체가 1996년 이와 유사한 사례 7,000건을 보고했다. 그러나 이 숫자는 믿을 수 없다. 2장의 각주 15를 참조할 것. 이 모든 사례가 1949년 샤먼의 함락 이후 발생한 것은 아니다. 1965년 인도네시아에서 공산주의 쿠데타와 연결되었다고 알려진, 대규모 반중국인 시위가 발생했다. 화교들이 대중 폭력의 타겟

중국본토와 소통하는 다른 유형은 경계선 양쪽의 한계 지역에서 조업하던 진먼의 어부였다. 그들은 다른 평범한 주민들보다 훨씬 정교한 감시체제의 적용을 받는 특별 관리대상이 되었다. 진먼에서 한때 어업이 완전히 금지된 몇 년 후, 1950년 중반 동안 아주 많은 규제를 동반하면서 어업이 점차 재도입되었다. 늙은 어부 홍룽비는 초기 시절의 어려움을 다음과 같이 회상하였다.

> 우리는 조류에 맞춰 작업했어요. 그러나 1949년 이후 군의 스케쥴을 따라야 했죠. 해안은 새벽 4시에 개방되었고 오후 5시에 폐쇄되었어요. 만약 시간에 맞춰 돌아오지 못하면 심문을 받아야 했어요. … 우리 배들을 매일 밤 해안가 위로 끌어올려야 했죠. 노들은 검문소에 묶어 두어야 했구요. … [미끼로 쓰기 위해] 조개나 갯지렁이를 모으려면 해 뜨기 전에 일어나야 했죠. 얕은 물에 그물을 쳐서 잡기 위해 너무 일찍 가게되면, 검문소로부터 나오는 탐조등(searchlight)을 피해야만 했어요. 정말 힘든 시기였습니다.[42]

아이러니하게도, 배나 노와 같은 추진력을 얻는 도구에 대한 중국본토의 엄격한 통제는 중화민국의 선전에서도 상대 체제의 억압성을 전달하기 위

이 되었을 때, 중화인민공화국은 해외 화교를 송환하기 위해 배를 파견했다. 그들 중 일부는 진먼 출신이었다. 그들은 고향으로 돌아갈 수 있을 것이라고 확신했다. 그들은 진먼 대신 샤먼 인근의 농장에 재정착하였다. 그들은 수 십 년 간 채 몇 마일도 떨어져 있지 않은 고향으로 가는 것이 금지되었다. *Jinmen daoyu*, 32.

42 기후 말고도 다른 위험이 있었다. "아주 오랫동안 고기잡이를 한 적이 있어요. 그때 그물을 쳤지요. 그물이 다 차기를 기다리는 동안 우리는 낚시대를 사용했죠. 병사들이 항상 주의를 기울이고 있었던 건 아니니까요. 병사들은 가끔 배 주위에 총을 쏘았어요. [총알이 물에 들어갈 때 생기는 물보라 때문에] 흠뻑 젖었어요. 돌아가서 항의를 했죠. 그들은 '오, 그건 우리가 아냐, [진먼에] 갓 도착한 다른 부대가 틀림없어'라고 말했어요. 나이든 대륙출신자[즉, 1949년 중국본토에서 후퇴한 나이든 병사]는 확실한 목적이 있었죠. 1960년대 등 뒤에 총알을 맞은 사람이 있었어요." Li Diaoyu 인터뷰.

해 사용되었다. 1961년 미국 언론인과 인터뷰한 어부 망명자는 공산정권의 마을책임자가 어떻게 매일 밤 모든 노들을 묶어두는지에 대해 말한 적 있다. 마을 사람들이 "전쟁도발자 미국인"에 관한 대중 집회에 참석한 동안 노를 훔쳐 숨긴 것이 자유를 향한 탈출의 출발점이었다는 것이다.[43] 사실상 동일한 정책에 대해서 모순적으로, 즉 중국본토에서 공산주의의 억압성을 고발하는 것으로 재현하고, 진먼에서는 안보를 위해 필요한 수단이라고 해석하는 것은, 진먼 당국의 경계에 대한 정책을 고려할 때 핵심을 지적하는 것이다. 이론상으로 경계는 통과할 수 없는 것이다. 실제로는, 진먼이 수행하는 정치전을 위해 통과할 필요가 있었다. 그러나 통과의 방향과 내용은 엄격하게 관리되었다.

늙은 어부는 지금도 바다에서 중국본토 사람들과 접촉했다는 사실을 인정하기 싫어한다. 홍룽비는 "때때로 우리는 공산 측 배를 봤어요. 그러나 그들에게 가까이 다가가지는 않았지요. 우리 둘 다 감시당하고 있었거든요. 어쨌든 나는 해안가에서 고기를 잡았고, 그래서 그들을 거의 못 봤어요"라고 말했다. 그러나 다른 때 그는 "1970년대에 우리는 가끔 대륙 배로부터 고기를 구입했어요. 그러나 우리 생선이 더 신선해서 더 높은 값으로 팔 수 있었습니다. 그들의 물고기는 신선하게 보이지 않았어요. 우린 그들이 어떤 방법으로 보존하는지 몰랐죠. 그래서 그걸 오랫동안 하지는 않았죠"라고 말했다.

어부들 사이에서는 여전히 금지된 주제이지만, 군과 전지정무는 어부들을 중국 대륙의 어부들에게 선전을 전파할 수단일 뿐만 아니라 적으로부터 정보를 수집하는 표적이 될 수 있다고 판단하였다. 1970년대 초에 배포된 안내서에는, 만약 어부들이 중국 대륙의 해군 함정과 맞닥뜨리게 되면 "진먼의 번영에 대한 정보를 유포하기 위해 대화할 기회로 활용하고, 또 중국 대륙의 상황에 대해 질문해야 한다"고 지침을 내리고 있다. 만약 체포되어서 진먼의 상황에 대해 심문을 받게 되면, 그들은 "번영, 자유, 사람들의 안전에 대해 알려야만 한

---

43 DeWitt Copp and Marshall Peck, *The Odd Day*, 11.

다. 또한 군대가 얼마나 주민들을 사랑하고 그들을 보호하는지, 과거보다 현재가 얼마나 좋은지에 대해서도 논의할 수 있다." 대륙의 어부와 만나면, 그 안내서에는, "친절하게 그들과 인사하고 우리의 행복, 안전, 자유로운 상황 등을 설명해야 한다. 적의 상황을 배우는 기회로 삼아야 하며, 그들이 항복하도록 [즉 탈출하도록] 용기를 북돋아 주어야 한다"고 되어 있다.[44]

세 번째 소통 수단은 직접적인 선전의 전파였다. 여기서 중심적인 이슈는 정보의 흐름을 관리하고 통제하는 것이다. 양측 모두 똑같은 방법을 사용하였다. 확성기, 라디오 방송, 풍선과 바다 부유물, 선전용 포탄 등이 그것이었다. 라디오 방송국과 스피커 방송국은 밤낮으로 방송하기 위해 1950년대 초반에 진먼에 세워지기 시작하였는데, 세계에서 가장 큰 확성기로 알려진 것도 있었다.[45] 선전 물품으로 채워진 엄청난 수의 헬륨 풍선과 바다 부유물이 진먼에서 보내졌다(그림 7.1). 진먼을 방문한 외국인들은 반공 투쟁의 일환으로 자주 이 풍선이 날려지는 순간을 촬영했다. 조류를 통해 중국본토에 닿을 수 있도록, 수만 개의 바다 부유물이 여름마다 뿌려졌다. 여기에는 선전 물품뿐만 아니라 음식, 옷, 담배, 비누, 장난감, 시계, 라디오 등 중국 대륙에서 부족할 것이라고 여겨지는 모든 물품들이 들어 있었다(진먼 건너편의 중국 대륙 사람에게 이러한 바다 부유물은 부비트랩이라고 알려져 있으며, 음식에는 독이 들어 있어 있었다고 어느 중국 대륙 주민이 내게 말했다).[46] 선전 삐라에는 "타이완, 펑후, 진먼 및 마조의 번영과 진보,

---

44 *Jinmen diqu yumin shouce*. 계엄령 시기 가장 비극적 이야기 중 일부는 CIA의 지원을 받아 중국 대륙에서 활동한 중화민국의 게릴라를 지원하다 체포되고 죽임을 당한 진먼 어부들이다. Yang Shuqing, *Jinmen daoyu*, 43ff.

45 과거 병사였던 타이완 소설가 Zhu Xining의 1958년에 관한 소설 속에서 많은 진먼 주둔 병사들은 끊임없는 중국 대륙의 확성기 방송 때문에 계속 깨어 있었다. 방송 내용에는 진먼방위사령부 사령관의 어머니가 그의 아들에게 고향으로 돌아오라고 간청하는 것도 포함되어 있다. *Ba er san zhu*, I:95-8. Zhu의 소설은 이 책을 몇몇 방식으로 보완하고 있다. 왜냐하면 이 책에서 민간인의 관점으로 논의되는 많은 주제에 대해 이 소설은 허구화된 군인의 관점을 제시하고 있기 때문이다.

46 Wang Aimei 인터뷰.

그림 7.1 선전 풍선의 발사(진먼현 문화국 사용허가)

자유 세계의 활동, [조국으로] 돌아온 이후 '의로운 동포'의 삶" 등의 내용이 들어 있었다. 지금까지 남아 있는 것 중에는 인권, 민주주의, 자유를 공격하는 중국 공산주의에 관한 만화, 타이완의 경제적 발전에 대한 설명, 타이완 여성 대중가수의 화려한 사진 등이 포함되어 있다. 비슷한 내용물들이 선전용 포탄 속에 들어 있었는데, 이 포탄들은 공중에서 폭발하도록 설계되어 있어서 폭발하면 그 내용물들이 땅으로 쏟아졌다.[47]

진먼에서 물자가 심각하게 부족했던 군사화의 초기 몇 년 동안, 선전용 바다 부유물은 길을 잃었다. 홍롱비에 따르면, "우리는 때때로 바다 부유물을 집어 올린 다음에 수건이나 치약, 속옷, 과자 등을 빼냈지요. 그런 다음 물품이 들어있던 용기와 선전용 삐라를 던져 버렸어요." 과거 행위를 완전히 진실하게 말하는 것을 오랫동안 망설인 후에야, 홍은 헛간에 놓여있던 용기 중 하나를 내게 보여줄 수 있었다. "이렇게 생겼어요. 왁스로 봉해져 있어서 물이 안으로 샐

---

47 JMXZ, 1258-9와 진먼의 8·23전사관에 전시된 선전 물품 참조.

수 없어요."⁴⁸ 오늘날 나이든 많은 농부의 집에서 이런 용기를 찾아볼 수 있는데, 종종 구멍이 나 있고 노끈 한 가닥으로 묶여 있다. 어부들은 그것들을 그물용 찌나 덫으로 사용했다. 이것은 진먼 주민들이 그들을 둘러싼 지정학에 의해 추동된 정책을 어떻게 활용했는지 보여주는 물질적인 예라고 할 수 있다.

진먼 또한 선전 포탄, 풍선, 바다 부유물을 통해 중화인민공화국의 선전 물품을 받았다. 삐라를 제외하고, 1980년대 초기에 이 물품에는 비디오 테이프, 연, 공, 작은 조각상, 중국 서부의 유명한 계절과일인 하미과(哈密瓜) 등이 포함되었다.⁴⁹ 중국 대륙의 간부들이 진먼으로부터 날아오는 선전 물품들은 부비트랩일 수 있다고 민간인들에게 말한 것과 똑같이, 진먼의 민간인들도 중국 대륙의 선전 물품 속에는 독이 들었다고 경고를 받았다. 선전 물품의 위험은 "병사와 민간인들의 사상에 독극물을 주입하여, 반공·반소비에트 약속을 둔감하게" 할 수도 있다는 점이었다. 적의 기만에는 한계가 없는 것 같았다. 1977년 마을 관리는 중국 대륙의 선전 물품과 함께 건너온 식품 통조림을 먹은 네 명의 병사가 미쳤다는 이야기를 들었다.⁵⁰ 위생에 대한 관심이 공산주의라는 감염병에 대한 두려움과 연결된 것처럼, 통조림 음식에 대한 관심은, 문자 그대로, 공산주의라는 독극물에 대한 공포를 물질적으로 표현한 것이었다.

삐라에 대한 기본 정책은 1962년에 반포된 일련의 규정에 정의되어 있다. "병사와 민간인은 읽지도 낭독해서도 안 되며, [선전 물품을] 숨겨서도 안 된다. 사진을 보아서도 안 되며, 한 글자도 읽어서는 안 된다. 즉시 [이 물품들을] 고위 당국자에게 제출해서 처리해야 한다."⁵¹ 진먼 민간인들은 엄청난 양의 삐라

---

48 Li Diaoyu 인터뷰.

49 LYA, Shanglin, "Jian'ao feiwei xuanchuan pin," c. 1984.

50 LYA, Shangqi, "Jingwei zonghe," county government to Shangqi village office, May 2, 1977.

51 LYA, Shangqi, "Jinmen xian zhengfu ling" re "Wei lingchuan chajin sicang feiwei xuanchuanpin you," October 19, 1964.

를 제출하였다. 1975년부터 1978년까지 100만 장 이상의 삐라가 매년 수집되었는데, 민간인 1명당 약 25장 정도였다. 선전 물품을 제출하는 것은 모든 사람의 의무였지만, 모든 사람이 그것을 심각하게 받아들이지 않은 것은 명확하다. 현정부의 관료들은 형식적으로 노력하는 시늉만 냈다. 진먼을 가로질러 약 200만 장이 건너온 반면, 1978년에 현정부 민사국 전체가 만들어 낼 수 있었던 삐라는 한 종류뿐이었다. 대조적으로, 학교에서는 이 캠페인이 매우 효율적이었다. 같은 해, 두 개의 초등학교에서 50만 개 이상의 개별 선전 물품들을 처리했다. 진먼의 청소년을 대상으로 하는 일반적인 이데올로기 교육의 차원에서, 선생님들은 가장 많은 삐라를 제출한 학생들을 칭찬하고 작은 선물을 주었다. 9장에서 살펴보겠지만, 아이들은 선생님들의 칭찬을 받기 위해서라기 보다는 용돈을 받기 위해서 삐라와 포탄 파편을 수집했다. 포탄 파편은 팔 수 있었다.[52]

 진먼에서 위험한 침투와 경계의 모호함을 상징하는 것은 물귀신(水鬼)이라고 불리는 잠수 공작원들의 유령이었다. 적의 잠수공작원은 단순히 환상만은 아니었다. 확실히 중화인민공화국은 섬에 침투하려고 노력하였다. 그러나 이런 노력의 역사를 쓰는 것은 거의 불가능하다. 오히려, 여기서 나의 관심은 '잠수공작원의 이미지가 어떤 정치적인 역할을 수행하는가' 하는 점이다. 즉, 진먼 사람들이 잠수공작원에 대해 이야기할 때, 무슨 일이 일어나는가? 잠수공작원이 진먼에 자주 찾아왔다고 사람들은 믿었다. 인민해방군 잠수공작원 훈련의 최종 단계는 진먼에 몰래 잠입해서 기념품을 갖고 돌아가는 것이었다. "만약 머리를 잘라서 돌아가면 [훈련 성적에서] 1위를 차지할 거예요. 만약 깡통이나 바다에서 부유하는 어떤 물품을 가지고 돌아가면 꼴찌가 될 겁니다." 군사

---

52 LYA, Shanglin, "Jian'ao feiwei xuanchuan pin," c. 1984와 Wu Dawei 인터뷰를 참조할 것. 학교와 정부 기구를 대상으로 한 정규 보안점검 보고서는 문제가 되는 단위를 비판하면서 공산주의 선전 삐라가 발견되었다고 자주 언급하고 있다. 예를 들어 LYA, Shanglin, "Baomi Jiancha," 1974-1985에 수록되어 있는 1974년 10월의 보고서를 참조할 것.

임무를 수행하는 잠수공작원들은 트로피, 즉 적의 귀를 가져 왔다. 적 잠수공작원들은 가끔 해안 감시초소의 혼란스러운 움직임을 설명하는데 동원되기도 한다. "한때 잠수공작원들이 건너와 벙커에 있던 분대원 전체를 죽인 적이 있어요. 군은 이것을 비밀로 했지만, 우리 모두는 그걸 알았지요. 만약 전 부대원이 잠수공작원에 의해 전멸했다면, 군은 콘크리트로 벙커를 메웠을 거예요."[53]

잠수공작원들의 이미지는 중화민국 군대에 관한 불유쾌한 다른 현실을 감출 수 있었다. 1949년 이전에 공산주의자들이 군대에 잠입했던 중대한 사건이 있었다. 몇몇 유명한 사건은 1949년 이후에도 간첩행위가 지속되었다는 점을 보여준다. 진먼에서 사보타주가 발발하거나 밤하늘에 신호탄이 타오르면, 다르게 설명하는 것보다도 잠수공작원의 소행이라고 생각하는 것이 훨씬 편했다. 따라서 잠수공작원의 위험은, 길을 잃은 병사가 사격한 것이나 밤에 해안가를 어슬렁거리다가 당하는 사고를 정당화하는 데 사용되었다. 잠수공작원의 이미지는 모호했다. 왜냐하면 중화민국도 잠수공작원(해룡와병)을 운용했으며, 공식 자료에 이들이 아주 대단한 영웅으로 묘사되었기 때문이다(그림 7.2). 인민해방군 잠수공작원이 훈련을 졸업하기 위해 진먼 해안에 침투했던 것처럼, 중화민국 잠수공작원들도 샤먼으로 침투하는 최종 시험을 치렀다. 이 두 진영 사이의 유사점은 진민의 잠수공작원 훈련반에 관한 인기있는 이야기, 즉 마지막 임무를 수행하고 돌아가는 이야기 속에 반영되어 있다. 해저를 통해 인민해방군 잠수공작원 졸업반 속으로 잠입한 후, 기념품을 챙겨 진먼으로 복귀하는 똑같은 임무를 중화민국 잠수공작원 졸업반도 수행했다. 이 두 집단은 즉각 그 상황을 알아차렸고, 그러면 그들은 각각 후퇴하면서 자신의 임무를 계속했다.[54] 궁극적으로, 적 잠수공작원에 대한 정치 작업은 위험의 상징으로서, 또 침투가

---

53 Li Jinliang 인터뷰.

54 Sang Pinzai, *An yu an*, 102와 Zhu Xining, Ba er san zhu, I :107 및 Li Jinliang 인터뷰를 각각 참조할 것.

그림 7.2 잠수공작원 영웅들(출처:Ming Qiushui(ed.), *Jimmen*. 진먼현 문화국 사용허가)

능한 경계이기 때문에 경계태세를 유지할 필요가 있다는 상징으로서 기능하였다.[55]

결론

1960년대 초반에 정부 기획자는 진먼에 대한 포괄적인 경제·사회 발전계획을 수립하였다. 이 계획은 지정학적 관심과 군사적 관심에 의해 대대적으로 수행되었다. 특히, 대약진운동이 전례없는 참사로 끝난 중국 대륙의 정치·경제 시스템보다 중화민국의 정치·경제 시스템이 우월하다는 것을 보여주기 위한 욕

---

55 여기서 나의 분석은 Bonnie Honig, *Democracy and the Foreigner*을 따랐다.

망이 이 계획을 이끌었다. 따라서, 발전에 맞춰진 새로운 초점을 군사화의 중단이라고 해석해서는 안 된다. 오히려 군사화의 방향전환이라고 보아야 한다. 심지어 민간의 경제발전조차도 군사적 관심과 우선순위에 결부될 수 있다는 생각을 전달하기 위해, 나는 그것을 '군사화된 발전'이라고 명명했다. 군사화된 발전은 또한 중국본토의 변화가 진먼 사회에 영향을 미치는 방식이 어떻게 변화했는지를 보여준다. 나는 이전 장에서 1950년대 후반의 강화된 군사화는 마오의 모험주의적 외교정책과 결부되어 있으며, 다른 학자가 지적했듯이, 결국 중화인민공화국의 국내 아젠다와도 연결된다고 주장하였다. 이런 모험주의적 외교정책은 국가 정책을 형성하고 결국 진먼의 사회적 경험을 형성하는 파급효과가 있었다. 1958년 해협 위기에 의해 촉발된 군사화가 중화인민공화국의 국내 정치와 진먼의 사회적 삶을 외교정책이라는 기어(gear)를 통해 연결했다면, 군사화된 발전은 중화인민공화국의 국내 정책, 특히 대약진운동의 실패에 대한 직접적인 반응이었다. 이 두 시기를 함께 고려한다면, 진먼의 군사화는 군비 경쟁이나 안보 딜레마에 대한 국내 정치적 등가물로 보이기도 한다. 즉, 모든 시기 내부 동원은 다른 한 쪽에 의해 야기되고, 또 그에 대한 반응으로 다른 쪽에서도 증가되는 것이다. 반면, 내부 동원은 한쪽이 다른 쪽보다 약하다고 생각될 때 증가할 수도 있다.

　진먼에 부과된 사회 정책의 근본적인 목적은 동원된 반공 정치체(polity)를 형성하는 것이었다. 심지어 이 목적은 중화민국이 중화인민공화국과 마찬가지로 고도의 동원능력을 요구하고, 부분적으로는 이를 충족시킬 수 있음을 보여주기 위한 욕망에 의해 추동되었다. 이 동원 과정에서, 근대성과 결부된 많은 현상들이 진먼에서 발전되었다. 새로운 형태의 감시와 통제, 자기 규율 및 사람들에 대한 새로운 분류 및 등록 양식 등이 그것이다. 이것은 근대성 일반에 대해 이해하는 데도 도움이 된다. 매우 많은 문헌에서 근대성을 서구에서 처음 나타난 추상적으로 존재하는 일련의 지식의 총체로 간주한다. 이러한 해석에 근거하면, 서구 이외 다른 곳의 근대화는 이런 지식의 총체를 받아들이는 과정이었다. 경제적이고 국내 정치적인 요인, 산업자본주의 혹은 자유민주주의 등은 이러한 광범위한 과정을 추동하는 동인이나 지표로 기능한다. 그러나 진먼에서는 그리고 아시아의 다른 많은 지역에서는, 그것이 무엇을 의미하든, 근대화란 전쟁 동안 형성되었거나 전쟁을 위한 동원이었고, 안보 위협이 지각됨에 따라 추동된 것이다. 따라서 근대화는 군사화와 분리할 수 없을 정도가 긴밀히 엮여 있다. 진먼에서 군사화된 근대화 과정을 결정한 것은, 전 지구적 냉전의 지방적 굴절과 끝나지 않은 국공내전이었다. 시민되기라는 새로운 생정치의 측면에서, 근대화하는 다른 사회들과 비교하는 것은 생략하더라도, 위생 및 이데올로기 교육에 대한 특별한 집착이 중국본토 정책과 유사하다는 사실을 언급할 필요가 있다. 이러한 유사성은 두 정권이 충성한다고 주장하는 특별하고 적대적인 이데올로기의 관점에서는 설명될 수 없다. 오히려 20세기 초기의 근대화 담론과 실천 속에서 두 정권의 지도자 및 사상가들의 공통 경험과 냉전의 거울 이미지화(mirror-imaging) 과정 속에서 파악할 수 있다. 둘째, 군사화된 발전은 어느 정도까지는 선전 수단이었다. 선전의 성공은, 선전이 목표로 하는 대상과 어떻게 소통하느냐에 달려 있었다. 진먼과 중화인민공화국 사이에, 또 진먼과 중국본토의 주민들 사이에 그어진, 이론적으로 침투할 수 없는, 경계선에 대한 규정과 조정은 따라서 진먼의 발전주의적 근대화에 있어 핵심적인 요소가 되었다.

 진먼 사람들은 법 위에 권력이 편재해 있는 조건에서 근대화되었고 시민이 되었다. 국가의 비상사태 그 자체가 이러한 사람들을 주조하는데 중심적이었다. 물론 이것은 해협에서 몇 마일밖에 떨어져 있지 않은, 공산주의 적에 대해 가하는 중화민국의 정확한 비판 중 하나였다.

제8장 1970년대: 전투촌과 지하 진먼

1975년 아버지 장제스의 사망 이후, 중화민국 총통을 계승한 장징궈는 1980년에 진먼에 새로 지어진 호텔을 기념하는 글을 썼다. 진먼방위사령부 근처 샨와이(山外) 도심 외곽에 위치한 영빈관(迎賓館)은 약 90명의 방문객을 수용할 수 있는 호화 호텔이었다. 이 호텔은 타이우산의 화강암을 깎아 만든 동굴 안에 위치한다는 점에서 다른 호텔과 차별화되었다. 장징궈의 글은 호텔 사업의 목적에 대해 쉽고 간결하게 설명하고 있다. "우리는 가만히 앉아서 모욕을 당하고만 있지 않을 것이고, 공세적으로 이 모욕을 힘으로 전환시킬 것이다. 진먼은 이미 전 세계 사람들의 모범이 되었다. … 고국과 해외에 있는 동포들, 그리고 전 세계 반공주의자들 모두가 반공주의를 상징하는 바다 위의 만리장성을 직접 와서 보고 싶을 것이다. … 그래서 이 호텔을 지을 필요가 생겼다."[1]

영빈관은 1960년대 후반에서 1970년대까지 이어진 엄청난 건설 프로젝트들 중 하나였을 뿐이다. 이 시기에 소함대 전체를 수용할 수 있을 정도의 거대 터널이 뚫렸다. 타이우산 지하의 중앙 복합단지(complex)도 확장되었다. 진먼방위사령부는 세계 최초로 화강암을 깎아, 직접적인 핵공격을 버텨낼 수 있

---

[1] JMXZ, 276.

그림 8.1 **화강암 병원**(저자 촬영) 이 병원은 2006년에 문을 닫았다.

는 병원을 지었다(그림 8.1). 당시 진먼 주민들은 피난처를 더 많이 더 크게 지어야 했으며, 몇몇 마을에서는 그들의 집 밑으로 통과하는 터널 복합단지를 파야 했다. 민방자위대에게 적극적인 전투 책임을 부과한 개혁들과 함께 이러한 (물리적) 변화를 '전투촌(戰鬪村) 체제'라고 부른다.

    군사 상황은 이 시기 동안 전반적으로 어떻게 변했을까? 1958년 이후에 섬에 대한 심각한 침략 위협은 없었다(우리는 이미 1958년에도 침략이 일어날 가능성이 거의 없었다는 사실을 확인하였다. 비록 진먼 사람들은 그것을 인지하지 못했지만 말이다). 1960년대 중반 문화대혁명의 발발과 함께 중화인민공화국 사회는 새로운 동원으로 휩쓸려 갔지만, 몇 년 이내에 미국과의 화해가 진행되고 있었다. 마오쩌둥은 1976년에 사망했다. 불확실성의 시기에 덩샤오핑은 주석 지위를 승계했고, 개혁·개방의 길로 나아갔다. 덩의 타이완에 대한 계획이 뭐였든지 간에,

핵폭탄을 샤먼항 바로 옆에 떨어뜨릴 의도가 없었다고 생각하는 것이 타당했다. 그러니까 이렇게 직접적인 군사적 위협이 약해지고 있는 바로 그 상황에서, 진먼방위사령부와 전지정무는 섬을 요새화하고 방위를 강화하는 데 엄청난 돈과 에너지를 썼던 것이다. 이런 노력들은 지역사회의 군사화를 더욱 강화시켰다. 이 장은 이런 새로운 정책들과 그 효과에 대해 논의하고, 그런 다음 이 시기의 역설을 해결하기 위해 시도할 것이다.

전투촌의 이론과 실제

민간 인구의 군사화가 새롭게 강화된 전환점은 아주 엄밀하게는 1968년까지 거슬러 올라갈 수 있다. 장징궈는 진먼 정책의 대전환을 발표하면서, 그의 아버지가 8년 전 시작한 삼민주의모범현 건설 운동에 따라 추진되던 사회·경제 분야에 초점을 맞춘 개발노선을 실질적으로 단념했다. 1968년 3월 12일 당시 국방부장관이었던 장징궈는 "지금부터 진먼 지역의 개발은 군비에 초점이 맞춰져야 한다. 군사적 필요와 관련 없는 프로젝트에 돈이 들어가지 않는 것이 최선일 것이다. 이런 식으로, 국방을 강화하기 위해 훨씬 많은 자금이 전장에 투여되어야 한다"고 지시했다.[2]

민간 영역에서 장징궈의 명령을 수행하게 된 인물은, 국민당 소속의 정치전 명인인 왕성(王昇) 장군 휘하의 부관 샤오정즈(Xiao Zhengzhi)였다. 1968년 4월, 샤오는 진먼방위사령부 정치작전국 수장이 되었고, 전지정무위원회에서 직무상 비서장(祕書長)이 되었다. 곧 그는 민방자위대에 관한 다수 계획을 입안하기 시작했다. 그 계획들은 8월 12일에 공개되었다. 이 시점은 1958년 위기 10주년과 관련하여 선택되었을 것이다. 왜냐하면, 중국 인민해방군이 10년 전 패배를 복수할 것이라는 소문이 퍼져, 섬을 둘러싼 긴장이 극도로 고조되었

---

2   *Ibid*, 125.

기 때문이다.³ 위험이 고조된 것은 더 큰 지역적 차원의 냉전과 분명히 연계되어 있었다. 1968년 1월 베트남 공산주의자들에 의한 '구정 대공세' 및 남북한 사이의 비무장지대에서 발생한 사건은 공산주의자들의 큰 공세 계획의 일부로 여겨졌고, 이에 대한 대응으로 중화민국은 강력한 전쟁 준비가 필요했다.⁴

샤오가 제시한 프로그램의 핵심 원칙은 "모든 개인이 전투원이고, 모든 마을이 전투기지"라는 것이었다. 이전에 주로 단순히 병참 기능을 담당했었던 민방자위대가 이제 전투 병력이 되었다. 이렇게 정규군과 민방자위대의 기능에 따른 분리선이 모호해졌다.⁵ 더 많은 사람들이 군사적 의무 속으로 끌려들어 왔다. 정규 민방자위대의 편제 원칙들은 '전투촌 체제' 하에서도 변하지 않았지만, 이전에 제외됐던 많은 집단들이 보조 단위로 편입되었다. 기혼 여성들은 민방자위대에 의해서 수행되던 병참 업무와 심리전, 상처를 돌보는 업무를 맡은 보조 팀으로 편성되었다. 15세에서 20세 사이의 남자 아이들과 여자 아이들은 '영라이온스팀(Young Lions team)'을 구성해 교통을 통제하고 마을을 순찰하는 일을 맡았다. 11세 이하의 어린아이들과 56세 이상의 노인들은 지하 대피소로 대피하려는 사람을 돕는 훈련을 받았다. 어떤 점에서 이러한 변화는 모든 사람에게 주어진 역할에 따라 책임이 부과되던 1950년대의 자의적 노동 동원으로 회귀한 측면이 있었다. 그러나 이 시기 민간인들의 책임이 더 분명하게 분류되고 공식화되었다는 점에서 차이가 있다. 전투촌 체제는 모든 민간인들에

---

3   지방 당국은 "군의 사기를 떨어뜨리기 위해" 이러한 소문을 퍼뜨리기 시작한 사람을 "범죄 모의"로 체포하겠다고 명령했다. 그러나 소문 자체는 쉽게 사라지지 않았다. LYA, Shanglin, "minfangdui," 1968, Jinmen militia command Lieyu brigade HQ to Shanglin squadron, February 9, 1968.

4   LYA, Shanglin, "Minfangdui," 1968, county government to "squadron"(*zhongdui*), February 9, 1968.

5   Yang Shiying, JMMFFT, Ⅰ:248. 근거는, 프로그램의 공식 발표 몇 일 후인 1968년 9월 1일 전지정무위원회에서 배포한 "전투촌을 위한 전투 교범" 속에 제시되어 있다. *Zhandou cun zhandou shouce*, 1.

게 군사적인 역할을 부여한다. 이전에 병참을 담당했던 민방자위대의 본령은 이제 거기에서 벗어나 인민해방군과 직접 교전하는 것으로 새롭게 변화하였다. 적 침략 시에 16세에서 35세 사이의 남성으로 꾸려진 '기동반'은 네 단계에 따라 대응하도록 되어 있었다. "마을 밖의 적을 공격하라. … 적이 마을 안으로 들어가는 것을 막아라. … 마을 안의 적을 섬멸하라. … 도망가는 적을 추적하라." 낙하산 부대가 인근 지역에 상륙하면, 더 나이가 많은 남성과 미혼 여성으로 구성된 '방어반'이 이들을 사살 또는 포획하거나 정규군이 올 때까지 저지해야 했다.[6]

이전의 민방자위대 훈련은 실제로 간단한 연습이나 훈련 또는 훈련을 가장한 공공 건설을 의미했지만, 지금은 여러 시나리오에 어떻게 적절히 대처하는지, 적을 어떻게 포위하고 함정에 빠뜨리는지, 방위선을 어떻게 사수하는지, 수감자를 어떻게 감시하는지 등 다양한 전투 기능을 습득하는 것으로 바뀌었다. 가장 실감나게 보여줄 수 있는 사례는 1971년에 소진면에서 실시된 것으로, 덫을 어떻게 설치하고 제거하는지를 가르친 민방자위대 훈련과정이라고 할 수 있다. 민방자위대는 포탄을 나무에 매달아 놓고, 포탄이 떨어지도록 조작하기 위해 철선(tripwire)을 설치하는 훈련을 받았다. 부주의한 적들을 불구로 만들기 위해 농업 기구와 같은 일상적인 사물들을 용수철 위에 설치하거나 집에 이를 숨겨놓기도 했다(그림 8.2).[7]

전투하기 위해 민방자위대는 적당히 무장할 필요가 있었다. "무기를 소지할 수 있는 모든 사람에게는 무기가 지급될 것이다. 연례 훈련과 비정기 훈련을 통해 필요한 것들이 훈련될 것이다. 모든 사람들이 정확히 조준하고 쏠 수 있도록 해야 한다."[8] 5장에서 확인했듯이, 무기 정비와 훈련은 오랫동안 민방자위

---

6   *Ziwei zhandou shouce*, 11-13.
7   *Weiji zhi shezhi yu paichu shouce*, 2-31.
8   *Zhandou cun zhandou shouce*, 1.

그림 8.2 **덫을 설치하는 법**(저자 촬영)
민방자위대 훈련 매뉴얼에 포함되어 있었음.

대 훈련에서 중요한 부분이었지만, 군이 총기를 충분하게 지급하기를 원하지 않았거나 지급할 수 없었던 것으로 보인다. 하지만 이 시기에는 모든 민방자위 대원이 현대식 소총을 지급받았으며, "심지어 정규군이 가진 것보다 좋았다."[9]

또 다른 주요 변화는 방어 시설 구축에 대한 새로운 접근이었다. 이전에 민방자위대는 정규군을 수용할 방어 시설을 만들었으나, 지금은 마을 자체가 요새화되었다. 모든 마을은 마을을 둘러싼 토지와 함께 새롭게 개축되어야 했다. "마을의 지형은 적이 숨을 수 없도록 변형되어야 한다." 진먼의 지리는 오랫 동안 군대의 필요에 맞게 변형되었다. 이제 마을 자체의 물리적 환경이 군사화 되었고, 군사 작전 기획자들의 생각에 종속되어 변화되었다. 마을 내부에는 중 앙 요새와 하나 이상의 요새화된 대피소가 지어졌다. 방어 시설뿐만 아니라 민

---

9 Lin Jinwei 인터뷰.

간인들의 집도 포함하여 마을의 모든 건축물들은 배치상 조정이 필요했다. 민간인의 집에는 전투를 대비해 은밀하게 총안(銃眼, 사격용 구멍)을 만들어 두었다. 침략군에게 유용하게 사용될 수 있는 건물들을 부숴 버리거나 못쓰게 만들 계획도 수립되었다.[10] 오랫동안 진먼 사람들은 자신의 땅이 군사용으로 쓰이는 것에 적응해 갔다. 그들의 집은 포격전으로 피해를 입기도 했다. 이제 사적 재산과 마을 재산을 이용하고 심지어는 변경하도록 요구할 수 있는 국가 권력이 공식화되었다. 아이러니하게도, 진먼에서 중국본토로 보낸 선전물에는 사유재산의 존엄성이 열렬히 옹호되었지만, 정작 진먼 사람들의 사유재산상의 권리는 제약되었다. 오늘날 진먼 사람들은 이 점을 거의 잊지 않고 있다.

전투촌 건설 초기에 민방자위대원들은 마을 아래를 지나는 10마일 이상의 터널을 팠으며, 적을 겨냥하여 기관총 공격이 가능한 수백 개의 고도로 무장된 벙커를 건설했다.[11] 1976년, 이제 타이완 정치작전부의 부사령관이 된 샤오징즈가 진먼 전역을 순시하기 위해 진먼으로 돌아왔다. 그때 그는 전투촌 체제의 확장을 지시했다. 그는 터널을 통해 기존 요새들을 연결하고, 민방자위대원들이 지하로 들어가 적들의 공격을 방어하고 기습적으로 반격할 수 있는 "지하 진먼"을 만들 것을 요구했다. 치웅린(瓊林)은 첫 번째 시행 구역으로 선정되었다. 진먼섬의 한 가운데 잘록한 부분에 위치한 이 마을의 전략적 위치가 선정 이유였다. 그러나 이 마을이 선택된 이유를 다르게 설명하는 지역민들도 존재한다. 1990년대 초반 이 마을을 연구한 장보웨이(江柏煒)는 1950년대 초반 이 마을에서 군인 한 명이 살해된 채로 발견되었다는 이야기를 들었다. 이에 대한 처벌로 그 마을 전체가 "간첩마을(匪諜村)"이라는 낙인이 찍혔고, 진먼에서 통상적으로 이루어지고 있는 것보다 더 심한 감시에 놓이게 되었다. 마을 사람들과 근처 군사 기지 사이의 긴장 관계는 계속되었고, 마을 사람들은 군대가 치웅린

---

10 *Zhandou cun zhandou shouce*, 2.

11 Yang Shiying, JMMFFT, I :249-51.

을 첫 번째 전투촌으로 선정한 것이 결국 마을 사람들에게 복수하기 위한 것이라고 믿었다는 것이다.[12]

전투촌 건설이 진행되고 있었을 때 치웅린의 부촌장이었던 차이푸린은 당시를 다음과 같이 회고한다. "터널 시스템 속에는 마을 곳곳으로 이어진 출구가 있었어요. 몇 개는 벙커로 이어지고, 몇 개는 부엌으로 이어지고, 몇 개는 공공장소로 이어졌죠. 전투 지휘소는 동사무소 아래 위치했어요. 전투 지휘소가 먼저 지어지고, 그 위에 건물을 세웠죠. 동사무소는 그 건물로 옮겨갔어요." 마을 사람들을 가장 화나게 한 것은 조상을 모시는 사당 아래로 터널을 판 것이다. 심지어 출구가 사당 내부에 만들어졌다. 1978년에 완성된 치웅린 전투촌 모델은 지금까지 진먼 민방자위대의 최대 작업이었다. 이후 5년간 다른 17개의 전투촌이 만들어졌다.[13] "지상에서 생산하고 지하에서 생활한다"는 진먼 사회의 또 다른 슬로건이 출현한 것이다.

한편, 마을 경찰은 함정 건설과 집들 사이의 탈출로 건설을 감독했다. 1970년대 정도가 되면, 진먼 사람들은 새 집을 지을 만큼 부유해지게 된다. 당시 주택건설업자들은 지하에 대피소를 지어야 했다(그림 8.3). 수도와 전기를 연결하기 전에 경찰로부터 대피소에 대한 허가를 받아야 했다. 경찰은 새로운 건축물이 진투촌의 총체적인 방위력에 방해가 되지 않도록 확인해야 했다. 예를 들어, 새로운 건축물이 마을 벙커의 사선(射線, 총알이 지나가는 선)을 막는다면 건물에 대한 허가를 보류하거나 건물주에게 벙커를 새로 짓는 비용을 부과하기도 했다.

타이완 방문에 대한 규정도 좀 더 정교해졌다. 당시 진먼 주민들, 특히 젊은 사람들은 1958년의 집단 소개(疏開) 이후 지속적으로 타이완으로 이주해 갔

---

12 Jiang Bowei, "Zongzu yimin juluo kongjian bianqian de shehui lishi fenxi," 172.

13 Dong, "Zhandi Jinmen"에서 인용된 Cai Fulin 이야기와 Yang Xiaoxian, *Jinmen jindaishi*, 144를 참조할 것.

그림 8.3 1970년 집 안에 만들어진 가정용 대피소(저자 촬영)

다(부록 참고). 지금 진먼 사람 다수가 생각하는 것과는 달리, 1960년대에 타이완으로 영구 이주하는데 법적 제약은 거의 없었다. 타이완 이주 예정자들은 주민등록을 타이완의 새 거주지로 옮겨야만 했으며, 진먼에 빚을 남기지 않았고, 돌봐야 하는 나이든 친척을 버리지 않았다는 것을 증명해야 했다. 타이완을 잠시 방문하고자 하는 진먼 주민은 전지정무 당국으로부터 허가를 받아야 했다. 이제 민방자위대원들이 의무를 회피할 수 없도록 규정이 강화되었다. 1975년부터는, 심한 병을 앓는 경우를 제외하고, 민방자위대 훈련이 두 달 이내에 예정되어 있거나 민방자위대가 방위 시설 건설을 하고 있을 때, 또 기타 병참 지원 활동을 수행 중일 때는 허가증이 발급되지 않았다. 출도(出島) 허가제도는 호적등록 체계와 연동되어 작동되었으나, 이제 원래의 호적등록 체계의 본래 기능이 완전히 정반대로 바뀌게 되었다. 처음에 호적등록 제도는 중국공산당 요원들이 진먼에 침투하지 못하도록, 즉 사람들이 섬으로 들어오지 못하도록 고안된 것이었다. 이제는 진먼 주민들이 타이완으로 나가는 것을 통제하고, 민방자위대 임무를 회피하지 못하게 하는 제도로 기능하게 되었다. 다르게 표현하면, 호적등록 제도는 이제 사람들을 섬에 묶어놓기 위해 작동하게 된 것이다.[14] 많은 진먼 사람들이 말하는 것처럼, 복잡한 규정에 따른 절차는 "타이완에서 외국으로 가는 것보다 진먼에서 타이완으로 가는 것이 더 어렵게" 만들었다.[15]

전투촌 모델의 기원

전투촌은 곧 지역계획 담론에서 지배적인 모델이 되었다. 지역 발전을 위한 다른 요소들이 공식적으로 포기되지는 않았다. 대신 그것들은 전투촌 계획에 따라 조정되었고, 그것에 종속되었다. 삼민주의모범현 건설 운동의 다음 단계를 위한 계획이 1976년에 시작되었다. 이 계획은 다음을 지적하면서 시작되었다. "진먼 건설의 현 단계에서 기본 원칙은 군사 방어 임무에 맞게 조정되어야 한다는 것이다. 건설 업무는 전투촌 속에서 확대될 것이다. 건설 업무는 전투 시 필요한 것들이 충족되도록 수행될 것이다."[16]

---

14 상호감시체제는 복종을 강화하기 위해 계속 활용되었다. 타이완으로의 여행 허가증을 신청한 모든 민방자위대원은 보증인이 필요했다. 여행자가 제 시간에 돌아오지 않거나, 비상사태가 선포되었는데도 즉각 돌아오지 않으면, 보증인은 처벌로 강제 노역을 해야 했다. *Jinma diqu yinan yizhong guominbing houbei junren chujing guanzhi guiding*. 한 주민에 따르면, 결혼한 여성은 여행 허가증을 신청하기 위해 남편의 허가를 받아야 했다고 한다. Zhenhan, "Dakai tiantang de yaoshi," *JMRB*, April 19, 2004.

15 Weng Xiongfei, "Zhuiyi guonian Tai-Jin jiaotong," JMRB, January 22, 2004. 그 반대도 또한 사실이었다. 1970년에 교육대학을 졸업하고 방학 중에 진먼의 초등학교에 배정된 어떤 선생님은 다음과 같이 말했다. "입도 허가를 받기 위한 서류작업 중 쉬운 것이 없었어요. 그 당시, 진먼이라는 최전선으로 가기 위한 서류 작업은 외국으로 가기 위해 밟아야 하는 서류 작업과 똑같았어요." You Jianpeng, "Nanwang Jinmen suiyue."

16 LYA, Huangpu, "Jinmen zhandi zhengwu weiyuan hui – Jinmenxian sanminzhuyi shiyan xian 6 nian jianshe jihua dagang," July 1, 1976.

진먼으로 배속되기 전 샤오정즈는 남베트남 주재 중화민국 군사고문단 소속이었다. 중화민국은 1964년 10월부터 정치전 수행 자문, 의료팀 활동 그리고 농업 관련 자문 등의 형태로 남베트남에 원조를 제공하고 있었다.[17] 남베트남에 있는 동안 샤오는 압 도이 모이(Ap Doi Moi) 또는 압 탄 신(Ap Tan Sinh)으로 알려진, "신생마을(New Life Hamlets)"이라는 반공 프로그램에 관심이 있었다. 이것은 1960년대 중반에 신임을 잃은 "전략촌 프로그램(Strategic Hamlet program)"을 대체한 것으로, 농촌 평정(pacification) 프로그램이다. 1968년 중화민국 국방부는 『압 도이 모이(*Ap Doi Moi*)』라는 긴 보고서를 작성하여 널리 전파하였다. 보고서는 이 프로그램이 진먼에서 활용되기에 적합하다고 제안하고 있다.[18] 남아있는 문서 자료는, 샤오가 베트남에서 근무할 때 공산주의자들의 침투에 맞서 싸울 특정한 접근법에 대해 배웠다는 인상을 주고 있다. 똑같은 모델을 진먼에 적용하였는데, 진먼에서는 전투촌 모델이라는 새 이름이 붙여졌다는 것이다.

이런 설명의 문제점은 그것이 완전히 말이 안 된다는 것이다. 압 도이 모이 프로그램에는 공산주의 전사들의 활동 지역을 일소하기 위해 미국의 지원을 받는 정규군이 개입하고 있다. 이를 통해 정부 관료들이 마을로 들어가서 민병대를 훈련시키고, 행정력을 증가시키며, 복지 활동의 기반을 구축하고, 논밭에 대한 융자를 제공하는 것이다.[19] 이런 점은 전투촌 체제와 전혀 다르다. 사실, 압 도이 모이와의 비교는, 샤오가 베트남에 머무르는 동안 그의 생각에 실제로 영향을 미친 것을 숨기기 위한 위장에 불과하다. 그는 베트콩의 게릴라 활

---

17 Stanley Larson and James Collins, *Allied Participation in Vietnam*, 115.

18 Guojia anquan huiyi zhandi zhengwu weiyuan hui, *Yuenan xinshengyi zhi yanjiu*. 중화민국 출판물에서는 그 프로그램을 Ap Tan Sinh로 지칭하였다(이 용어는 중국어 新生邑에 해당한다).

19 Ap Tan Sinh과 Ap Doi Moi에 대해서는 John Donnell, "Pacification Reassessed," 567-76을 볼 것.

그림 8.4 치옹린 터널(저자 촬영)

동에 영향을 받았다. 전투촌 체제는 적이 마을에 들어왔을 때 지하에서 병력을 보존하기 위해 베트콩이 발전시킨 능력을 모방한 것이다. 이는 진먼의 관료들 사이에 널리 퍼져 있는 공공연한 비밀이었다. 차이푸린이 회고한 것처럼, "최초의 생각은 베트남에서 전개되던 터널 전쟁에서 착안되었어요. [이 아이디어는] 전투 시에 병력을 지하에서 보존하고 있다가 갑자기 지상으로 튀어나와 사격하게끔 하는 것이었습니다."[20] 오늘날 사람들에게 공개된 치옹린의 터널은 호치민 시 외곽에 있는 베트콩의 유명한 구찌(Cu Chi) 터널과 매우 흡사하다(두 곳이 유사한 이유 중 하나는 두 곳 모두 터널이 넓혀졌고 관광객의 안전을 위해 벽이 다듬어졌다는 점이다)(그림 8.4). 민방자위대 훈련은, 베트남에서 베트콩이 아주 효과적

---

20 Dong, "Zhandi Jinmen"에서 인용된 Cai Fulin 이야기.

으로 사용했던 게릴라전과 대중동원 기법을 훈련 시키는데 목적을 두고 있었다.[21] 물론 공산 진영의 적에게 배울 것이 있다는 점을 인정하는 것은 정치적으로 용납될 수 없었다. 그래서 남베트남과 그 동맹인 미국으로부터 영감을 얻었다는 이야기로 조작했던 것이다. 다른 맥락에서 효과적인 것처럼 보였던 군사화에 대한 접근방식을 뒤바꾸려는 시도는 군사화가 이데올로기적 입장을 지지하는 것 이상의 무엇이라는 점을 보여준다. 군사화는 궁극적으로 권력을 창출하고 사용하는 테크닉에 관한 것이었다. 부촌장을 역임했던 사람이 회고한 것처럼, 그 체제는 진먼의 필요를 충족시키는 데 아주 실용적이지는 않았다. "전투촌에 대한 발상은 베트남에서 탄생했습니다. 하지만 그 두 곳은 전적으로 다르죠. 지형과 지리가 정말 다릅니다. 우리가 할 수 있었던 유일한 일은 터널을 파는 것뿐이었어요. 그래서 샤오가 민방자위대에게 터널을 파게끔 하고, 경찰을 동원해 감시했던 것이죠."[22]

전투촌의 지정학

베트콩 전술은 남베트남 정부를 전복하고 정부와 동맹을 맺은 강대국을 몰아내는 것을 목적으로 하는 군사적 반란의 일부였다. 진먼에서 당국은 반란이나 반란 진압의 상황도 접하지 못했고, 강대국과의 관계가 끊기지 않을 것이라는 희망이 강해지고 있었다. 진먼의 군사화가 1970년대와 1980년대에 정점을 찍었다는 사실은, 비상사태의 핵심에 혼란(obfuscation)이 놓여있다는 아감벤의

---

21 새로 선출된 민방자위대 대장은 그의 군대 상관으로부터 "베트남전에서 베트남인들이 사용한 방법"을 배워야 한다는 이야기를 들은 적이 있다고 회상하였다. Qu Zhiping, JMMFFT, I :88.

22 Zhang Qicai, JMMFFT, I :220. 베트남에서 축출되어 진먼으로 이식된 전투촌 시스템은 아마 브루노 라투어(Bruno Latour)가 "immutable mobiles"이라고 부른 것의 예가 될 수 것이다. *Science in Action: How to Follow Scientists and Engineers through Society*, 227.

주장을 뒷받침하는 강력한 예로 해석될 수 있다. 정치적 문제일 때에도 비상사태가 안보의 문제라고 잘못 재현한다는 것이다. 진먼에서 모든 시민들이 잠재적인 전투원이 되고 모든 공동체가 잠재적인 전장이 되는, 군사화의 정점에 도달한 시점은 실제 군사 위협이 상당히 희미해졌을 때였다. 미-중이 화해하고, 중화인민공화국이 유엔 회원국이 된 것은 중화민국에 있어 엄청난 외교적 좌절이었다. 반면, 중화인민공화국은 중화민국에 대해서 좀 더 유화적인 태도로 전환하였다. 덩샤오핑의 부상과 개혁·개방의 시작은 중화인민공화국의 국가가 사회에서 대체로 철수하게 만들었으며, 대외적으로는 평화로운 환경에 대한 강한 의지를 이끌어냈다. 군사화의 약화와 사회적 동원의 이완이라는 요인 및 경제발전에 집중하기 위해 국가 간 충돌을 피하려는 노력의 증가는 진먼에 대한 군사 행동의 가능성을 상당히 감소시켰다. 진먼은 이미 타이완 안보에 있어 상대적으로 중요도가 떨어졌다. 이제 진먼 자체에 대한 안보 위협도 감소했다. 전투촌 체제가 진먼의 지형을 바꾸어 놓는 순간에도, 전투촌 체제가 전투를 통해 시험될 가능성은 점점 희박해졌다.

만약 군사적 위협이 그렇게 명백하게 줄어들고 있었다면, 이러한 군사화의 강화를 무엇으로 설명할 수 있을까? 그 답은 다음과 같다. 군사화의 이러한 국면을 이끈 것은 정치적인 고려이지 군사적인 고려가 아니라는 것이다. 이 정치적인 고려는 대내적인 동시에 대외적인 것이었다. 문화혁명과 1958년의 10주년을 기념해 공격할 것이라는 소문이 처음 전투촌 체제를 건설하기로 결정하는 데 역할을 했을 수는 있다. 하지만 그 후 10년 동안 진화해 가면서, 전투촌 체제는 두 가지 목표에 의해 추진력을 얻었다. 하나는 중화인민공화국의 위협을 과장함으로써 흔들리고 있는 국제적인 지지를 확보하는 것이고, 다른 하나는 국내적인 정당성을 강화하는 것이었다. 이것은 양안 분쟁을 양극 중심의 냉전이라는 관점에서 재현하는 것과 결부되어 있었다. 1970년 초반에는 이미 양극 중심의 냉전 자체가 더 이상 존재하지 않았지만 말이다. 따라서 진먼의 전투촌 체제는, 진먼을 그 이전이었다면 주목받았을 상징으로 만들려는, 즉 냉전

초기의 단일한 목적을 환기하려는 프로젝트의 한 부분이었다. 이 시기 전투촌 체제가 수행한 정치 작업은, 또 진먼이 수행한 통상적인 정치 작업은 양안의 긴장과 위협이 지속되고 있다는 인상을 유포하는 것이었다. 동시에, 진먼을 중국 내전으로부터 야기된 미해결된 상황과 연결하는 것이 아니라 전 지구적 냉전과 연결하려는, 이미 시대에 뒤떨어진 지정학적 관점을 뒷받침하기 위한 것이었다.[23]

이 선전 전략의 국제적인 요소는 대체로 효과적이지 못한 것으로 판명되었다. 타이완의 외교적, 국제적 입지는 되돌릴 수 없을 정도로 나빠졌다. 미국과 여타 중화민국의 동맹국들은 베이징을 인정하는 외교적 전환을 감행했다. 중화민국은 점점 국제무대에 참여하는 것이 제한되거나 배제되었다. 하지만 이렇게 되어갔다고 해서 중화민국이 선전의 상징으로서 진먼을 포기했던 것은 아니다. 단순히 방향만을 재조정했을 뿐이다. 이 과정은 매우 점진적으로 전개되었지만, 어느 하나를 전환점으로 특정해야 한다면 그것은 1979년 1월 1일 미국과 중화민국 간의 관계가 단절되고, 미국과 중화인민공화국이 수교한 순간일 것이다. 이것은 중국 전체에서 중화민국 정부가 유일한 합법 정부라는 중화민국의 주장에 대해, 미국이 지지를 최종적으로 포기했다는 것을 의미한다. 이러한 상황에서 중화민국이 진먼에 대한 선전을 끝내지 못한 것은 대내적인 상황과 더 큰 관련이 있다. 국민당 정부는 내부에서도 긴박한 도전에 직면해 있었다. 매우 복잡한 이야기를 간단하게 풀자면 다음과 같다. 경제발전은 상당한 중산층을 형성했고, 그들 중 다수는 중국본토 사람이라기보다 타이완 사람이었다. 이 계층의 일부는 정치적 자유화를 강력하게 요구하기 시작했다. 국민당

---

23 가능성이 있는 다른 설명은, 진먼에 대한 지방 차원의 자위(self-defense) 능력이 강화되면 중화민국이 병력을 다른 어떤 곳으로도 재배치할 수 있게 된다는 것이다. 그러나 증거는 이러한 해석을 지지하지 않는다. 정확한 부대 숫자는 여전히 비밀로 남아 있지만, 1961년 7월부터 1982년 10월까지 진먼 주둔군의 대략적인 규모는 5개 전투 사단과 보조 부대에 머물러 있었다. 핵심 변화는 1976년 미국 군사고문단의 철수였다.

지도층의 다수는 점차 정치개혁이라는 생각을 받아들이기 시작했다. 하지만 이것이 초기에 반대 세력의 요구 모두를 수용한다는 것을 의미하지는 않았다. 개혁은 사회적인 소란을 막기 위해 어느 정도 빠른 속도로 진행되어야 했지만, 안정을 유지하려면 그리고 국민당이 정치 전반에 대해 여전히 지배력을 행사하려면 점진적으로 이루어져야 했다. 이런 맥락에서, 1970년대 진먼에서 있었던 비정상적인 군사화는 대내 선전용으로 의미가 있었다. 권위주의의 지속과 정치개혁의 결핍을 정당화하기 위해 대외적인 군사적 위협을 지속적으로 강조할 의도가 있었다. 전투가 너무 없으면 개혁이 느리게 진행되는 것을 정당화할 수 없었기 때문이다. 1977년 진먼 자체적으로 전지정무는 위협을 상시적으로 강조하는 선전 작업을 수행할 것을 지시했다. 선전을 통해 "공산주의 통일전선이 우리의 군사기지 지역에서 음모를 꾸미고 있다는 사실을 알려야 한다. 이를 통해 모든 동포들이 잠입자들에 대해 경각심을 갖고, 분열 국면에서 결집하며, 악한의 도발에 넘어가지 않고, 사악한 말에 동요하지 않으며, 정부의 확고한 반공주의를 최대한 지지하도록 해야 한다."[24] 이 메시지를 의도하는 대상들에게 확실히 전달하기 위해 중화민국 교육부는 중단된 "여름 전투 캠프"를 부활하라고 국방부에 요구했다. 이 캠프를 통해 타이완의 10대들에게 진먼에서 군사화된 삶을 경험할 수 있는 기회를 제공하여 애국심을 배양하자는 것이었다.[25] 만

---

24 LYA, Shanglin, "Qingzhu liushiliu nian shuangri Guoqing jie Jincheong diqu xuangua biaoyu fenpei biao," October 1977.

25 GFBA, 00035750, "Jinmen zhandou ying." 이러한 선전 캠페인의 다른 측면은 진먼 군사화의 초기 국면을 기념하는 것과 결부되어 있었다. 1980년대 중반에 정부 소유 영화사는 *The Jinmen Bombs*(*Ba-er-san paozhan*)이라는 영화를 보급하였다. 이 영화의 주된 스토리 라인은 1958년의 일군의 병사들을 다루고 있으며, 하위 스토리에서는 지방 거주민들을 형상화하고 있다. 예를 들면, Granny Wang은 1958년 여름 마을 생활에서 병사들의 간섭 때문에 고통받고 있었다. 그러나 포격이 시작되자 그녀는 총과 포탄을 사는데 도움이 되었으면 좋겠다고 자신의 저축을 총사령관에게 전해달라고 마을 장교에게 요청한다. Granny Wang이 소개(疏開)당하게 되자, 그녀의 딸은 그녀에게 육군 여성부대에 자원하기 위해 남

약 그들이 진먼의 군사화된 모습을 보게 되면, 간과할 수 없는 실제 위협이 존재하고 있음을 깨닫게 될 것이다. 급격한 군사화가 진행되던 이전 단계와는 달리 중국본토 사회는 덜 군사화된 반면, 진먼은 계속해서 군사화되고 있었다. 이제 군사화 정도에 영향을 주는 핵심 독립변수는 더 이상 본토에 있지 않고 타이완에 있게 되었다.

중화인민공화국이라는 위험이 지속되고 있다는 선전의 상징으로서, 또 중화민국이 이 위협에 맞서 경계하고 있음을 보여주는 선전의 상징으로서 진먼이 점차 중요해지자, 민방자위대는 국내외 관찰자들에게 진열장(showcase)으로서 기능하게 되었다. 치옹린 터널이 1977년에 완공된 이후, 치옹린 마을은 자주 방문객들을 맞이하게 된다. 이것은 거주민들에게 많은 불편을 가져다주었다. 당시 부촌장이었던 차이푸린은 이를 다음과 같이 회고한다.

> 진먼을 방문한 중국인과 외국인들에게 치옹린 터널은 방문의 하이라이트가 되었습니다. 또 마을 민방자위대가 훈련하는 모습을 빼먹지 않고 반드시 보아야 했습니다. … 방문객들이 터널 구조물을 구경하는 동안 나는 마을의 확성기를 이용해 "비상 상황입니다! 비상 상황입니다! 모든 민방자위대원들은 하던 일들을 중단하고, 헬멧과 유니폼을 착용하고 동사무소로 보고하세요"라고 방송했었지요. 그렇게 하면 몇 분 이내에 민방자위대원들이 동사무소로 달려가서 무기와 탄약을 장착하고 집합하였죠. 이때 방문객들은 터널 투어 도중에 나와서 군사 훈련을 지켜봤습니다. 나는 "1중대는 사격 진지로, 2중대는 터널로, 3중대는 각자 자기 집으로" 등등의 명령을 내려야만 했습니다. … 민방자위대원들은 즉시 제 위치를 찾아갔습니다. 그런 다음 나는 확성기를 이용해 적의 상황을 알리죠 "적이 여기 있다. … 적의 총이 저기 있

겠다고 말한다. 이러한 메시지들을 받은 타이완 사람들이 어떻게 반응했는지에 대해서는 별도의 책에서 다루어져야 한다.

다. …" 그밖에도 다른 다양한 상황에 대해서 시연했습니다. 마을을 방어하고, 불을 끄고, 심리전을 수행하고 등등.

방문객들에게 끊임없이 시연을 해야 하는 일은 마을 사람들에게 실제로 부담이 되었고, 그들과 부촌장 사이에 새로운 긴장을 유발했다. 차이푸린은 더 이상 참기 힘들었고, 다른 곳으로의 전출을 요구했다.

민방자위대들은 아무 보상도 받지 않았습니다. 기껏해야 훈련에 교대로 참여하는 정도였지요. 하지만 VIP는 한 달 평균 한두 번 꼴로 방문할 정도로 그 빈도가 매우 높았죠. 그리고 평범한 방문객들도 끊임없이 왔습니다. 그것은 마을 사람들에게 부담이 되었고, 마을 사람들은 분개했죠 … 나는 꼼짝없이 그 중간에 끼어있을 수밖에 없었습니다.[26]

전시의 삶은 항상 불편을 야기하고 사람을 지치게 하며 공동체 내의 긴장을 유발한다. 하지만 차이푸린의 문제는 팽팽한 군사적 긴장 상황에서 기인한 것이 아니라, 그의 고향인 진먼이 중화인민공화국과 중화민국 사이의 분쟁 및 중화민국 정부가 직면하고 있는 국제적·국내적 이슈들에서 담당하고 있었던 독특한 역할에서 기인한 것이다.

이념 교육과 대중 캠페인

1960년대 중반부터 시작된 진먼 군사화의 새로운 노선은 또한 일련의 대중 캠페인을 만들어냈다. 이런 이데올로기 캠페인에는 세 가지 목적이 있었다. 첫째, 진먼 자체의 규율을 유지하려는 의도가 있었다. 둘째, 국제 여론에 영향을 끼치기 위해 중화민국과 중화인민공화국 사이의 차이점을 강조하고자 했다. 셋째,

---

26　Cai Fulin, JMMFFT, I :539-40.

타이완 사회의 규율을 강화하기 위한 모범으로서 진먼의 이데올로기적 결속을 강조하고자 했다. 이 캠페인들 중에서 가장 중요한 것은 "쥐광"(莒光, 莒의 영광)과 중화문화부흥운동(中華文化復興運動)이었다.

오늘날 중화민국에서는 마을 이름이나 도로 이름 같은 지리적인 것부터 다양한 상품의 브랜드까지 "쥐광"이라는 표현을 따서 이름을 지은 것들이 존재한다. 이 모든 이름들은 궁극적으로 어떤 결정적 순간까지 거슬러 올라간다. 물론 결국에 그것은 다시 고대사에 등장하는 이야기로 거슬러 올라가게 될 것이다. 1951년 후롄에 따르면, 진먼의 한 지방 엘리트가 장제스에게 진먼 방문 기념으로 서예 작품 한 점을 요청했다고 한다(이 요청은 후롄을 통해 전달된 것이기 때문에 사람들은 이 요청이 즉석에서 이루어진 것이 아니라고 의심하고 있다). 후롄이 놀란 것은 장제스가 이것을 잊지 않고 1952년 초에 화답했다는 것이다. 무망재거(無忘在莒)라는 네 글자였는데, 이는 거(莒)에서 보낸 시간을 잊지 말라는 뜻이다. 이것은 중국 고대의 일화를 참고한 것이었다. 적에게 대부분의 영토를 빼앗긴 군주가 거(莒) 지역으로 대피했었는데, 결국 여기서 점차 형세를 역전시켜 왕국을 회복했다는 이야기이다.[27] 후롄은 장제스의 서예를 확대해 우타이산의 비탈진 암석면에 새겼다. 그리고 이후에 두 번째 기념 건축물인 쥐광러우(莒光樓)의 건설을 명령했다(그림 8.5). 1920년대 난징에서 발달한 "민족 양식"으로 지어진 이 누각은 원래부터 동–서 축으로 자리 잡게 되었다. 그래서 정문은 중국본토를 향해 서쪽을 바라보고 있는데, 곧 이것은 진먼의 가장 유명한 상징물이 되었다.[28]

1964년, 젊은 징집병들은 진먼에서 약해지고 있던 "무망재거" 정신을 명

---

27 JMXZ, 106과 Hu Lian, *Jinmen yijiu*, 90-1 참조. 장제스를 폄하하는 사람은 그가 실제로는 아주 다른 두 가지 이야기를 뒤섞었고, 따라서 장제스가 스스로 중국 문화의 수호자라고 자임하지만 실제로는 전혀 박식하지 않고 천박하다고 주장하였다. Li Ao, *Choulou de Zhongguoren yanjiu*, 5-8.

28 Hu Lian, *Jinmen yijiu*, 89와 Jiang Bowei, *Jinmen Juguang lou*를 참조할 것.

그림 8.5 쥐광러우(莒光樓)(저자 촬영)

백하게 자발적으로 부활시키기로 결심했다. 그들의 노력은 국방부에 알려졌고, 장제스도 이를 지지했다. 장제스 자신은 같은 이름으로 전국적인 대중운동을 추진했다.[29] 중국청년반공구국단(中國靑年反共救國團)이 주도적인 역할을 맡았다. "우리가 수행했던 노력은 10년간의 평화와 번영을 가져왔다. 하지만 평화의 시기가 길어질수록, 어쩔 수 없이 일부 사람들은 전쟁 중에 있다는 걸 점점 잊게 되고 도시 사회는 무도회장을 닮게 되었다."[30] 무망재거 운동은 곧 사회

---

29 Zhongguo qingnian fangong jiuguo tuan zongtuan bu, *Luqi piaoyang sanshi nian*, 389–90.

30 이 운동은 고대 왕이 거(莒)에서 보낸 고난의 3가지 측면(부끄러움을 지우고 국토를 회복하기 위한 헌신, 많은 수(의 적)를 물리칠 수 있는 능력, 극심한 어려움을 견디려는 의지)을 본받도록 중화민국 전역에 요청되었다. Zhongguo qingnian fangong jiuguo tuan zongtu-

전반적으로 점차 사그라들었다. 하지만 여전히 민방자위대에서는 중요한 것으로 남게 되었다. "쥐광(莒光)"은 매주 수행되는 의무적 정치 교육의 이름이 되었다. 1976년 초에 공무원과 교직원뿐만 아니라 진먼에 있는 모든 민방자위대는 쥐광(莒光) 훈련에 참가해야 했다. "목표는 주민들의 애국심을 고양시키고 반공의식을 강화하는 것이다."[31] 하지만 이를 실제로 시행하면서 진먼의 대중 동원의 가능성은 이미 한계에 다다르고 있다는 것이 드러났다. 정부 부서와 학교는 강의와 토론을 위해서 소집되어야 했기 때문에 군대와 마찬가지로 매주 4시간을 확보해야 했다. 하지만 민방자위대원들은 정치 관련 텍스트와 보조 자료를 별도로 학습할 것을 요구받았다. 전투촌 터널을 건설하는 추가적인 노동 부담과 함께, 민방자위대원에게 정치교육을 받기 위해 매주 반나절을 요구하는 것은 너무 심한 처사였다. 오랫동안 목요일에 실시된 "쥐광"의 날은 오늘날에는 누구도 어떤 일도 수행하지 않는 조용한 시간에 대한 비유로 사용되곤 한다. "쥐광" 교육 자료는 당시의 주요 정치교육 문제에 대한 전지정무의 인식을 명확하게 보여주는 지표가 된다. 1970년대를 관통하는 주요 이슈는 중화민국의 국제적 지위가 악화되는 것을 설명하고 중화인민공화국의 화해 정책에 대해 지속적으로 경계하도록 하는 것이었다. 그래서 중화인민공화국과 미국의 관계가 좋아질 때마다, 이 변화가 공산주의자들의 야심과 공격성을 보여주는 증거라고 해석한 내용들이 텍스트에 추가되었다.

중국에서 문화혁명이 일어난 1968년에, 장제스는 중화문화부흥운동이라고 알려진 문화 캠페인을 선포했다. 중국적 전통에 대한 이러한 자기의식적 호소는 타이완에서 초기 수십 년 동안 중화민국 문화 담론의 특징을 형성했다. 문화 정치는 "현대 사회에 대한 자신의 비전을 정당화하기 위해 국민당 정부가 전통을 환기하고, 부활시키고, 재창조하고자 함"에 따라 민족주의와 얽히게 되

---

an bu, Bentuan zhongyao wenxuan, I 309-10.

31 JMXZ, 853.

었다.³² 장제스와 그의 문화 관료들은 국민당이 전통 중화 문화의 수호자이며 또한 중국민족의 수호자라고 주장했다. 중국본토의 중국공산당이 문화에 대한 급진적인 비전을 보여준 것에 대한 반작용으로, 국민당의 문화에 대한 정의는 매우 보수적이었다. 중화문화부흥운동은, "현재 세계의 상황을 타개하기 위해 문화를 최전선에서 활용함으로써 국제사회의 관심과 지지를 이끌어낸다"는 정치적 목적을 위해 선별적으로 파악된 전통을 정교화하고 공식화했다.³³ 전투촌 계획이 공개되었던 1968년 7월에 바로 진먼에 중화문화부흥운동 사무소가 설립되었다. 마을 교육을 촉진하고 시민성을 함양하며 중요한 역사적 기념물을 재건하기 위해서였다. 시민성 함양 훈련은 신생활운동뿐만 아니라 전통적 윤리 규범과 근대적 위생을 결합하여 시민성의 유형을 향상하려 했던 그 이후의 노력을 떠올리게 한다. "모든 시민이 알아야 할 것"을 짚어주는 가정집 벽보들을 아직도 곳곳에서 볼 수 있다. 그 텍스트는 가정을 위생적으로 유지할 필요성과 어른을 공경하고 검소하게 살아갈 필요성을 결합하는 내용이었다. 비슷한 결합은 교육 분야에서도 나타났다. 중화문화부흥운동 사무소는 표준 중국어, 영어, 수학뿐만 아니라 중국철학의 현자들에 대한 지식을 전파하고자 했다. 그리고 유교의 사서(四書)에 대한 강좌를 시작했다. 이 운동은 진먼이 갖는 새로운 상징적 역할을 구상했다. "모두는 신먼 방위의 강력함에 대해서 이미 알고 있다. … 진먼은 중국본토 공산주의자들의 치명적인 기관을 찌르는 날카로운 칼끝과 같다. … 또한 진먼에서는 정부가 평화롭고, 사람들은 조화롭게 지내며, 군대와 민간인들은 굳건히 결합되어 있고, 사회는 질서가 잘 잡혀있으며, 사람들은 부유하고 행복하다는 사실을 모두가 알고 있다. 진먼은 어둠 속의 밝은 빛과 같다. 고통받는 중국대륙의 동포들로부터 끝없는 감탄을 자아내며 이를 질

---

32 Allen Chun, "From Nationalism to Nationalizing: Cultural Imagination and State Formation in Postwar Taiwan," 128.

33 LYA, Shangqi, "Guoshe jaao," 1971, "Jinmen xian tuixing Zhonghua wenhua fuxing yundong zai tuijin jihua gangyao fenggong jindu biao," August 20, 1971.

투하게 한다. 하지만 사람들은 아직 진먼의 문화부흥사업에 완전히 익숙하지 않은 것 같다. 인간적이고 정의로운 정신, 번영하는 사회, 좋은 방식의 행동을 보여주는 증거는 어디에서든 확인할 수 있다." 이 글에서 지적된 진먼의 세 가지 미덕 모두는 중국본토를 겨냥한 것이다. 1970년대가 되면 그것들은 정반대 방향으로, 즉 타이완을 겨냥해 돌아오게 된다.[34]

군사화된 규율을 유지하기 위한 노력의 일환으로 1960년대 후반부터 1970년대를 거쳐 진행된 진먼에서의 이념 교육은 후기 권위주의의 전형적인 문제들을 반영하고 있으며, 타이완에서도 유사한 노력을 불러왔다. 그들이 진먼에 대해 표현한 것 중 가장 흥미로운 점은, 지정학적 관심과 국내적인 이슈, 그리고 진먼을 중화민국 전체 사회의 모범으로 삼고자 하는 시도 등이 뒤엉켜 있다는 점이다. 1960년대 중반에 이미 우리는 포르노를 불법으로 수입하는 것은 "전투 사기에 좋지 않다"는 경고를 발견할 수 있다.[35] 1978년에 현 당국은 남성 간부들과 병사들에게 "전시 상태"를 명분으로 장발머리를 자르도록 지시했다.[36] 이 시기 타이완과 다른 곳에서도 남자의 장발은 금지되었다. 진먼에서 장발과 국가안보 간의 연계성은 분명한 것으로 인식되었다. 1980년대에 진먼의 고등학교 고학년들은 여름방학 며칠 동안 민방자위대 훈련을 받으라는 명령을 받았다. "전투에 대비해 훈련하고, 반공에 대한 확신을 강화하며, 가족과 고향을 보호하는 임무를 뒷받침하는 민방자위대를 강화하기 위해서"였다. 이 목표를 다하기 위해 남학생들은 머리를 기르는 것이 허용되지 않았다.[37] 군사 정권

---

34 JMXZ, 1606.

35 LYA, Shanglin, "Anquan yewu," 1965, township head to Shanglin village office re "54 nian wuyuefen cunmin dahui richengbiao ji xuandao gangyao, May 17, 1965.

36 LYA, Shangqi, "Jingwei zonghe," 1978, county government to village offices, May 29, 1978.

37 LYA, Shanglin, commanding officer and member of WZA Committee to village offices re "Jinmen xian minzhong ziweidui 70 niandu xuesheng shuqi xunlian shishi

은 언제나 대내적, 대외적 적을 경계할 것을 강조해왔다. 군사화의 초기 단계에서 내부의 적은 침투한 공산주의자들이었다. 이제 외부의 적들은 내부의 적에 의해 고무되고 있었다. 1977년 "쥐광"일의 정치교육을 위한 교재에는 공산주의자들과 동맹인, 타이완 독립운동 세력을 경계할 것을 촉구하고 있다. 중국 민족에게 있어 이 둘은 모두 불구대천의 원수다.[38] 이 모든 캠페인이 시사하는 것은 정치 교육의 영역에서도 전투촌으로의 기본적인 전환이 일어났다는 것이다. 10년 전에 진먼은 중국본토 사회와의 차이를 부각하는 모델로 건설되었지만, 이제 그것은 점점 타이완 사회와 차이를 가진 모델로 건설되고 있었다.

하지만 이것은 소용없는 짓이었다. 1970년대 후반 즈음이 되면, 이 섬에서 민과 군의 관계에 대한 문제들을 솔직하게 인정하게 되면서, 절망감이 고조되었다. 한 공무원은 "모두가 군대와 민간인들은 하나의 가족이라고 인식하고 있다. 하지만 최근에 바보 같은 몇몇 지방 젊은이들이 문제를 만들어내고 있다. 우리는 그것들을 멈춰야만 하고, 군대에 대한 존경심으로 애국심을 고취해야 한다"고 썼다.[39] 우리가 4부에서 살펴보겠지만 이런 대의명분들은 곧 사라질 것이다.

결론

진먼 민방자위대의 전투 능력은 1968년 이후에 급격하게 상승했다. 그것은 진

---

guiding," August 1, 1979.

38 LYA, Shangqi, "Juguang ri," 1978, "Jinmenxian 66(sic) nian 12 yuefen 'Juangng ri' jiaoyu ziliao," January 5, 1978.

39 LYA, Xikou, "Zajian," 1979, county government to village offices. Jeremi Suri의 논의와 비교해 볼 것. 그는 서베를린에서 교육에 대한 투자가 비공산주의적 접근의 우월성을 보여주는 전시장으로 어떻게 기여했는지, 또 동시에 어떻게 정치적 반대의 자양분이 되었는지를 분석했다. Daniel Bell의 유명한 문구를 차용하여 Suri는 이런 특권자들의 특권을 "냉전의 문화적 모순"이라고 불렀다. "The Cultural Contradictions of Cold War Education: The Case of West Berlin," 2.

면을 둘러싸고 군사적 충돌의 가능성이 증가했기 때문이 아니었다. 실제로 군사적 충돌 가능성은 그 이후 10년 동안 상당히 감소했다. 오히려 그것은 민방자위대의 정치적 역할 변화를 반영한 것이었다. 1950년대 민방자위대는 진먼 자체의 사람들을 동원하는데 이용되었다. 이제 민방자위대는 중화민국의 반공주의를 국내외적으로 상징하는 존재로서 타자를 동원하는데 활용되었다.

진먼에 대한 직접적인 군사적 위협이 감소하기 시작했음에도 불구하고, 1960년대 후반에 지방 군사화의 본질에 있어서 근본적인 방향전환이 이루어졌다. 민방자위대의 주 기능은 정규군에 대한 병참 지원에서 적과 교전하는 것으로 바뀌었다. 진먼 마을들은 더 이상 군대에 의해 보호받는 민간인들의 터전이 아니었고, 스스로 군사 시설을 갖춰 나가야 했다. 새로운 군사화 노선에 따른 이념 캠페인이 추구한 것은, 공산주의와 맞선 진먼의 대중적 저항 정신을 확립하고 이를 전파함으로써 중화민국의 나머지 사람들과 국제사회를 동원하려는 것이었다. 다른 캠페인 또한 중화인민공화국과 중화민국의 차이에 사람들이 주목할 수 있도록 중국 전통이라고 선별된 요소를 확정하고자 했다. 실제적인 위협이 감소하고 있음에도, 이러한 캠페인 정책들이 도입되고 실행된 이유는 군사화를 추동하는 원인이 근본적으로 변했기 때문이다. 1960년대 중반 군사화 노선은 군사적 이슈에 의해서 결정되지 않고 정치적인 요인에 의해 결정되었다. 특히 타이완에 있는 중화민국의 국제적 지위가 점점 흔들리고 있었고, 중화민국에서 국민당 정부가 직면하고 있던 정통성 위기가 그것의 핵심 원인이었다. 전투촌 체제와 쥐광 캠페인 및 다른 캠페인들은 이러한 도전들에 대한 반응이었다. 한편으로 공산주의 위협에 대한 감각을 고조시키고, 다른 한편으로 진먼과 진먼 사람들을 위협에 저항하는 영웅으로 만들어내고자 했던 것이다. 전투촌 체제는 베트남이라는 또 다른 냉전 분쟁지에 의해 대략적으로 형성되었다. 하지만 중화민국의 동맹인 베트남 공화국(남베트남)이 아니라 그들의 적인 남베트남민족해방전선(베트콩)에 의해 영감을 받았다. 이념적 적으로부터 기술을 빌어온 이 일화는, 군사화가 이념에 의해 고양된 책무와 관련 있는 것만큼이나 효율적인 권력 기술과도 관련 있음을 보여준다. 그것의 기원과 상관없이, 이 단계의 군사화는 진먼 주민들의 삶에 지속적인 지장을 주었다. 이 단계로의 전개는, 군사화가 다양한 목적을 가지고 있으며 항상 기대하는 결과를 가져다주지 못하는 복합적인 현상이라는 것을 보여준다.

전투촌 체제의 고도화된 동원 방식은 냉전 군사화의 중심 모순으로 우리의 주의를 이끌어준다. 군사화에 대한 미사여구에는, 특히 전투촌 단계에서는, 진먼 사람들이 독립적으로 행동할 수 있는 자발적인 영웅들로 구성되어 있다는 점이 요청되었다. 하지만 이런 영웅을 만들기 위해서는 감시와 규율을 담당하는 예외적인 기구가 필요했다. 적에 대한 이데올로기적 캠페인은 지도자의 정치적 변덕에 사람들이 종속될 것을 지속적으로 강조했다. 진먼 민방자위대가 중국대륙으로 방송한 슬로건들은 다음과 같다. "중국공산당은 당신들을 사방에서 싸우는 '인간 표적'처럼 취급하고 있다. 하지만 싸움이 끝난 뒤에 희생되는 것은 중국공산당의 지도자들이 아니라 바로 당신이다."[40] 하지만 이런 비난은 국민당이 진먼 사람들을 이용하는 것에도 동일하게 적용될 수 있었다. 이런 모순적 상황은, 지역사회에서 잊혀지지 않았지만 명백하게 표명된 적도 드물었다. 만약 모순적 상황이 지적되면, 그 상황들은 정상적인 질서가 중단되는 통상적이지 않은 상황이라고, 즉 비상상태라는 용어로 정당화될 것이다. 비상이라고 할 만한 것의 심각성은 줄어들고 있었지만, 비상상태에서 살아가는 사람들의 부담은 커지고 있었다. 이는 냉전 하 진먼에서는 비상사태의 핵심이 근원적으로 잘못 재현되고 있다는 점을 지적하는 것이다. 진먼 뿐만 아니라 아시아 및 그 외 지역의 다른 맥락 속에서도 마찬가지이다. 실제로는 모든 정치적 결정과 마찬가지로 그것도 정치적 결정이라고 분석될 수 있을 때조차도, 비상조치들은 환경에 대한 순수하게 객관적인 대응으로 묘사된다.

---

40 *Jinmen zhanshi xinzhan gaojian*, 24.

PART III

냉전 시대의 일상

냉전 시기의 역사는 보통 1960년대부터 1980년대까지 30년의 시기를 3단계(냉전 긴장의 완화, 데탕트, 1979년 소련의 아프가니스탄 침공으로부터 시작된 긴장의 재고조)로 구분해서 해석하고 있다. 외교 영역과 강대국들의 상호작용에 특권을 부여하는 대가를 치를 경우에만, 이러한 시기 구분이 높은 수준의 일반화에 유용할 수 있을 것이다. 워싱턴과 모스크바에서 미국이나 소련 혹은 어디에서든 지역 사회로 한 발짝 더 들어갈수록, 냉전의 사회적 문화적 효과를 폭넓게 고려하게 되며, 이런 시기 구분도 더욱 문제가 된다. 3부는 이 시기 사회생활의 여러 측면들을 탐색하는 세 장으로 구성되며, 이 섬의 주민들이 전지정무(WZA) 체제를 어떻게 경험하고 교섭했는지에 초점을 맞추고 있다. 9장은 경제에 관한 것으로, 군사화의 물질적 차원을 다룬다. 나머지 두 장은 종교와 젠더에 관한 것으로, 담론적 측면들에 초점을 맞춘다. 이 장들의 목적이 단지 진먼 사람들이 그들에게 부과되었던 억압적이고 규율적인 시스템에 저항했던 모습을 보여주거나 그 시스템의 행위자들을 부각시키려는 것은 아니다. 그보다는 오히려 '군사화의 모세혈관들'이 전장과 거의 연결되지 않은 것처럼 보이는 다양한 사회 제도들에 어떻게 녹아드는지를 보여주려 한다.* 더불어 세 장은 군사화의 기획과 경험이 진먼에 관한 지정학화(geopoliticization)의 특정한 표출방식에 의해 어떻게 굴곡되는지를 보여주려 한다. 또한 각 장은 냉전의 더 거시적인 비교 문화사·사회사의 일부로서, 지정학에 의해 영향을 받은 다른 사회들과의 비교를 수행하고 있다.

---

* Lutz, "Militarization," 321.

제9장 전시 경제

그의 가게 홍보물에 '우 장인(Maestro Wu)'으로 알려진 우차오시(吳師傳)는 진먼의 가장 유명한 기업가이다. 우는 원래 떠돌이 대장장이였다. 1944년에 미국 비행기가 진먼의 일본 진영에 폭격을 가할 때, 우는 폭탄의 파편이 섬에서 찾을 수 있는 그 어떤 것보다 훨씬 나은 질의 금속으로 만들어져 있다는 것을 깨달았다. 그리고 대장간에서 사용하기 위해 그것들을 모으기 시작했다. 1954~5년과 1958년의 두 차례의 위기는 그에게 최고 품질의 재료를 지속적이며 효율적으로 제공해주었다. 10년 후 그의 기업은 호황을 누렸다. 그의 아들은 다음과 같이 기억한다. "우리는 사람들로부터 탄피를 사들이곤 했어요. 아이들은 탄피를 모아서 사탕과 교환했어요. 탄피는 마을 상점에서 달걀이나 다른 것을 사는 데 사용할 수 있었는데, 그러면 상점 주인은 그것들을 되팔았죠."[1] 지역의 대장장이가 만들고 고쳐야 할 물건 중에는 칼이 있었는데, 특히 무거운 직사각 모양의 식칼(caidao)은 중국식 요리에 필수적인 도구였다. 군 매점의 요리사들도 모

---

1 Wu Dawei 인터뷰. 포탄 파편을 수집하는 것은 이 시기 진먼에서 자란 많은 사람들의 어린 시절 기억의 일부분이다. 진먼의 행상들은 포탄 조각과 설탕 사탕을 교환해주면서 고철상이 되었다. Yang Shuqing, *Fanshu wang*, 33.

그림 9.1 **우 장인의 작업장** 그의 아들이 칼을 만들기 위해 탄피를 자르고 있다.

두 식칼이 필요했고, 우의 식칼이 최고였다. 그의 식칼은 점차 요리사뿐만 아니라 모든 병사의 출장 시에 필수적인 기념품이 되었다.[2] 1960년대에 매년 수만 명의 부대가 진먼을 오가면서 시장은 거대해졌다. 몇몇 사람들은 오늘날에는 우의 가게도 다른 금속 공장들처럼 도매상으로부터 평범한 철을 구입한다고 비난한다. 하지만 그의 가게 바닥에는 먼지 쌓인 탄피가 높이 쌓여있고, 우의 아들은 잠깐 사이에 포탄의 껍질로 번쩍이는 식칼을 만들어냈다. 그는 [비난하는 사람들을] 고소하지 않았다. "백 년, 천 년 동안 사업을 할 만큼 충분한 양의 포탄이 [진먼에] 떨어졌습니다. 왜 우리가 사람들에게 사기를 치겠습니까?"[3]

진먼의 다른 수많은 가족들처럼, 우 장인의 이야기도 지정학화와 군사화

---

2 공산당의 선전물은 또 다른 인기 기념품이었는데, 물론 이것은 불법이었다. LYA, Shanglin, "Anquan," 1984, "Jian'ao feiweixuanchuan pin."

3 Wu Dawei 인터뷰.

에 의해 만들어진 특정한 경제적 맥락에 적응한 결과물 가운데 하나이다. 진먼 경제의 변화 가운데, 젊은이들이 먼 도시의 산업에서 일자리를 구하기 위해 섬을 떠났다는 이야기는 우리에게 매우 친숙하다. 다른 변화들은 좀 더 특징적인데, 정부 계획이나 시장의 작동을 통해 병사들에게 제공하기 위한 지방 산업들이 생긴 이야기나 농산물에 대한 수요가 늘어나면서 주민들이 다시 소작인이 된 이야기가 그렇다. 하지만 여기서도 대규모 군사기지 근처나 그 안에 위치한 다른 공동체들의 이야기와 닮은 점이 있다. 진먼 경제의 전체 이야기에 대한 두 가지 주된 차원이 있다. 첫 번째는 경제에 대한 정부의 개입이다. 이것은 후에 '발전국가'라고 알려지게 되는, 국가-주도 발전이라는 전 지구적 담론의 지역적 변주곡이라고 이해할 수 있다.[4] 진먼에 관한 한, 지정학적 조건과 관심이 국가의 계획가들에게 이용할 수 있는 선택지를 제한했고 특별히 바람직한 결과를 만들어냈다. 진먼의 정책들은 종종 중국본토와의 대조를 강조하기 위해서 고안되었고, 이것은 더 큰 거울-이미지 만들기의 일부였다. 이러한 국가 정책들이 확실히 일정한 영향을 미쳤지만, 전체 경제적 변화에서 똑같이 중요한 요소는 지역민들의 결정과 행동에서 나왔다. 사회의 군사화는 지역민들을 위한 새로운 인센티브를 만들어냈다. 그들은 이러한 인센티브에 대해 국가 계획가들이 전혀 예측하지 못한 방향으로 대응하여, 비상한 규모의 소규모 사업을 설립했다.

  중화인민공화국의 계획경제에 대한 중화민국의 악마화에도 불구하고, 국유기업은 타이완 경제발전의 중요한 부분을 차지했다. 하지만 소 기업가정신 또한 타이완섬의 극적인 경제 변화에 중요한 역할을 수행했다. 이런 점에서 타이완 경제발전의 기본적인 패턴 가운데 일부는 진먼과 공유되고 있다. 하지만 국가의 경제계획과 마찬가지로, 기업가정신 또한 특유한 맥락 속에 놓여있다.

---

4 발전국가의 문헌에 대한 요약은 다음의 글에서 찾아볼 수 있다. Meredith Woo-Cumings, "Introduction: Chalmers Johnson and the Politics of Nationalism and Development."

경제적 결과가 그랬던 것처럼, 진먼의 지정학적 맥락이 충분히 달랐기 때문에 거기에서 일어난 기업가정신의 형태도 크게 갈라진다. 진먼에서 기업가주의는 지역사회를 통제하는 국가의 역량에 도전했고, 마을 주민과 지방정부 사이에 그리고 마을 주민과 군대 사이에 많은 긴장을 조성했다. 이처럼 고도로 특유하게 맥락화된 경제발전 패턴은 오늘날에도 전 세계 군사기지 주변에서 발견되는 것과 유사하며, 국가의 경제 계획가들과 지역 가족들 모두에게 계속 도전적 과제가 되고 있는, 독특한 형태의 의존성을 유산으로 남겨놓았다.

전통 경제

1949년 이전 진먼의 전통 경제에 대해 사람들이 가지고 있는 인상은 제한된 자원, 약탈적인 지역 엘리트, 계속되는 자연재해의 위협을 앞에 두고 힘들게 연명하고 있는 고립적인 농부들과 널리 퍼진 가난의 이미지다. 흔히 말하는 속담에서는 가난에 대해, "한 소녀가 자라서 결혼할 때까지 쌀 한 말을 맛보지 못한다"고 전하고 있다.[5] 하지만 이와 유사하게 빈곤과 고립감을 전달하기 위한 또 다른 민간의 지혜는 사실 상황이 좀 더 복잡하다는 것을 보여준다. 사람들은 종종 진먼이 4개월 동안 소비할 정도의 식량만 생산했다고 말한다. 일 년의 나머지 기간 동안에는 중국본토로부터의 수입에 의존해야 했다. 기근이 드물었기 때문에, 이 이야기가 진짜로 전달하고 있는 것은 진먼 사람들이 생산한 것들(땅콩, 고구마, 소금, 생선)을 팔 수 있고 그들 자신의 소비에 적당한 음식을 살 수 있는, 더 큰 상업적인 네트워크에 진먼이 깊이 연결되어 있었다는 것이다.

또한 진먼은 노동력 네트워크를 통해 더 큰 세계에 통합되어 있었다. 19세기 중반부터 점점 더 많은 진먼 남자들이 행운을 찾아서 해외로 나갔고, 동남아시아 전역에 진먼 출신자들의 공동체가 있었다. 엄청난 부의 꿈을 달성한 이 주민은 거의 없었지만, 그들의 송금액은 마을의 번성과 진먼 경제 전반에 매우

---

5 Hong Xiangming, *Xuedao: baqian zhuangshi zhansi Jinmen jishi*, 69.

중요했다. 1940년의 조사는 진먼의 8천 가구들 가운데 거의 3분의 1이 해외에 사는 가족이 있다는 것을 보여준다. 화교 마을들 외에도, 진먼의 번창했던 정착촌은 진청진(金城鎮)의 중심부가 되었다. 1952년에 진먼에 배치된 CIA의 젊은 요원에게 이 도시의 모습은 "좁은 길가에 나무로 된 구조물이 있는 완전히 중세적인 모습이었고, 그것들이 마치 셰익스피어 시대 영국의 어떤 마을처럼 도로에 살짝 걸쳐 있었다."[6] 귀향한 화교들의 지도자 모임이었던 상공회의소가 1924년에 지역경제의 근대화를 촉진하기 위해 만든 '모범가(model street)'로서 벽돌 가게 거리만이 예외였을 것이다. 1945년 일본의 항복 이후에 오랜 무역 네트워크는 새로운 활력을 얻었고 삶의 질은 높아졌다. 하지만 1949년이 모든 것을 변화시켰다.

군사화된 발전국가

2장에서 이야기한 것처럼, 구닝터우(古寧頭) 전투 몇 달 후 지역경제는 완전히 붕괴했다. 섬의 북서쪽 대부분을 뒤덮은 전장의 파괴 이외에도, 새로운 지정학적 상황이 생계를 꾸려나가던 친숙한 방법들을 없애버렸다. 나는 이미 진먼섬의 어선들이 어떻게 파괴되었는지 언급했는데, 표면적으로는 물자를 얻으려다가 그렇게 되었지만, 아마 대륙으로 돌아가려는 병사들을 막으려다 그런 것도 있을 것이다. 군부대에 의해 압수된 물자 중에는 굴을 양식하는데 사용하는 납작한 돌과 염전의 방벽 등 마을 경제에 필수적인 것들도 많았다. 주요 공급자 및 샤먼 시장과 단절되면서, 대부분의 섬 상인들은 1949년 말까지 그들의 전통적인 사업 라인을 유지하는 것이 불가능하다는 것을 알게 되었다. 또 다른 불안정 요소는 인구학적인 것이었다. 1949년 말까지, 군인을 포함한 진먼의 전체 인구는 10만 이상으로 급증했다. 심각한 물자 부족이 있었다. 물자 부족은 인

---

6 Michael Coe과의 개인적인 대화. 현지 문화에 대한 동남아시아의 영향을 교묘하게 보여주는 것으로, 상설시장을 의미하는 현지 용어로는 bazaar를 번역한 Basha가 있다.

플레이션으로 이어졌고, 일부 중화민국 병사들이 대륙으로부터 가지고 온 노획물 때문에 더 심각해졌다. 강도, 좀도둑질, 협박이 군인과 주민들 사이에 심각한 긴장을 초래했다. 농부들은 군인들이 아직 다 자라지 않은 작물을 도둑질하는 것을 막기 위해 그들의 밭을 지켜야 했다. "그들은 우리의 농작물을 모두 훔쳐 갔어요. 우린 공짜로 일하는 것 같았죠."[7]

후롄 장군 휘하의 진먼방위사령부(JDHQ)가 경제 상황을 안정화하기 위해 재빨리 나섰다. 환율과 물가의 통제가 실시되었고 타이완으로부터의 화물운송을 조정하기 위해 공급자 조합이 설립되었다.[8] 전체 상황이 더 안정됨에 따라, 구상은 장기적인 계획으로 바뀌었다. 경제에서 가장 정교한 개입은 토지개혁이었다. 1953년에 시작했지만, 1954년에 첫 번째 타이완해협 위기에 의해 방해받았고, 1955년에 가서야 완료되었다. 진먼의 작은 규모로 인해 '경자유전'의 목표를 추구하는 것에 상대적으로 단순한 접근이 가능했다. 대부분의 소작농들은 단순히 그들이 농사를 짓던 토지에 대해 소유권을 부여받았고, 기존 소유자는 표준 지가에 따라 보상받았다. 이것은 타이완과는 꽤 달랐는데, 타이완에서는 토지 소유자들에게 정부의 장기 채권이 주어졌다. "그래서 소작농들은 폭력에 의존하지 않고도 땅을 얻을 수 있어서 잠잠하게 있었고, 지주들은 오랜 기간에 걸친 지불이 아니라 낭상 보상을 받을 수 있어서 매우 기뻐했다."[9] 미국이 지원하는 중국농촌부흥연합위원회(JCRR)로부터의 차관은 지주들에게 보상하기 위한 자금을 제공했다.[10] 통계 자료는 왜 이 과정이 고통없이 이루어질

---

7 Lin Manqing 인터뷰.

8 Hu Lian, *Jinmen yijiu*, 21 ff.

9 *Jinmen tudi gaige*, 2.

10 중국농촌부흥연합위원회(JCRR)는 중화민국에 대한 미국의 경제원조를 집행하기 위해 1948년에 설립되었다. JCRR은 중화민국 정부와 함께 타이완으로 이동했고, 이것이 활동의 초점이 되었다. 1965년까지 JCRR은 미국 정부의 자금 지원을 받았고, 1979년 총 지출액은 거의 4억 달러였다. 중국원조법의 일부로서, 중화민국 정부는 매년 특별 기금에 전달되는 원조액

수 있었는지를 보여준다. 가족 보유 재산의 절대 다수는 소규모였다. 토지의 11 퍼센트만 임대되었고, 진먼 전체에서 오직 13가구만이 40무(2.7 헥타르) 이상의 토지 재산을 가진 대지주로 간주할 수 있었다. 토지개혁 직전 89퍼센트의 토지가 자작농들에 의해 경작되고 있었는데, 토지개혁 후에 이 수치는 92퍼센트로 증가했다.[11] 달리 말해, 토지개혁의 결과는 완전히 미미했다. 군사정권의 수뇌부는 이것을 알고 있었을 것이다. 일부는 군사 상황을 고려했을 때 토지개혁은 불필요한 오락거리였다고 주장한다.[12] 하지만 토지개혁을 실행하려는 결정은 결국에는 정치적인 것이었고, 주된 목표는 해협 건너의 토지개혁 실패를 강조하려는 것이었다. "진먼의 토지개혁은 경자유전의 목표를 달성하기 위해 사람들의 생계라는 원칙을 시행하는 것을 목적으로 하는 정책이었다. 그 방법은 평화적이었고 과학적이었으며, 비폭력적이었다. … 진먼이라는 최전선에서 시행된 이 정책은 철의 장막 뒤에서 수행된 해협 건너편의 피의 토지개혁과 극명한 대조를 이룬다."[13] 달리 말해서, 진먼의 토지개혁은 대륙에서 일어난 토지개혁의 폭력성에 이목을 집중시켜, 국가 재건이라는 중화민국의 명분에 대한 국제적인 공감을 얻어내려는 선동 수단이었다. 토지개혁은 주로 경제발전의 대의

에 상당하는 금액을 기부하도록 요구받았다. 1965년 미국의 자금 지원이 끊겼을 때, JCRR은 이 펀드를 사용하여 계속 운영되었다. 미국과의 외교 관계가 단절된 후, JCRR은 농업기획개발위원회(Council for Agricultural Planning and Development)로 개칭되었다. 조직의 활동은 이 시기에 발전경제에 관한 더 큰 세계적 담론의 맥락에서 보아야 한다. 실제로, 그 핵심 인물인 제임스 옌(James Yen) 박사는 필리핀, 콜롬비아, 과테말라, 인도, 태국에서 농촌 재건 기관을 설립하는 일을 계속했다. Joseph Yager, *Transforming Agriculture in Taiwan: The Experience of the Joint Commission on Rural Reconstruction*.

11　*Jinmen tudi gaige*, 27. 자가 재배농가의 수치가 100%가 아닌 이유는 해외 화교 가구나 군부대원이 있는 가구에는 초과된 토지를 모두 매각할 의무가 면제되었기 때문이다. 타이완의 경우 토지개혁 이전 61%, 이후 85% 수준이다. Lin Si-dang and Lin Li, *Land Reform on Kinmen*, 40.

12　Dai Zhongyu, "Preface," *in Jinmen tudi gaige*.

13　*Jinmen tudi gaige*, 33.

가 아니라 "공산당과의 정치경제 전쟁에서 가장 효과적인 무기"로서 기획되었다.[14]

구술사는 보통 사람들의 삶에서 토지개혁이 무의미했음을 보여준다. 거의 모든 사람들이 토지개혁에 대해서는 할 말이 없었다. 이 문제에 대해 다그치자, 정보원들은 무시하듯 진먼의 토지는 거의 무가치할 정도로 저질이었다고 지적한다. 확실히 그저 토지 한 구역의 증서를 얻는다고 해서 사람이 살아갈 수는 없었다. 하지만 대중의 기억에서 [토지개혁이] 주목을 받지 못하는 점에 대해서는 또 다른 설명이 가능하다. 토지개혁이 시행되고 있음에도 불구하고, 엄청난 규모의 토지가 군부에 의해 압류되어 있었다. 전체 규모에 대한 믿을만한 통계 자료가 없지만, 1990년대 초반에 토지 압류에 대해 주민들에게 보상하는 제도가 구축되었을 때, 8천 건이 넘는 개별적인 청구서가 접수되었다.[15] 한 전직 현장(縣長)은 지난 10년 동안 민간인에게 반환된 많은 토지에도 불구하고, 적어도 섬 전체 면적의 3분의 1이 아직도 군대의 수중에 남아있다고 추정한다.[16] 따라서 입 밖에 내지 않은 두 개의 진실(하나는 역사적인 것이며 나머지 하나는 1949년 후의 상황과 연관된)이 토지개혁의 전체적인 중요성을 평가절하하고 있다. 첫째로, 진먼의 생태가 토지에만 의존해서는 생계를 이어나갈 수 있는 사람이 기의 없을 정도였기 때문에, 심지어 가장 정교한 개혁도 가난으로부터 극적인 탈출로 이어지지 못했을 것이다. 둘째로, 그리고 가장 중요한 것은, 토지의 분

14　Hui-sun Tang, *Land Reform in Free China*.

15　토지개혁에 관한 통계는 의도치 않게 압류된 토지의 범위를 어느 정도 제시해 준다. 전체 조사대상 토지의 30%가 공공용지로 등재되었다. 이 땅은 소유주를 세울 수 없는 땅이었다. 인터뷰에서 전 전지정무 관료인 린진웨이는 많은 주민들이 토지조사가 새로운 세금을 부과하기 위한 구실이라고 생각해서 토지소유권을 부정했다고 설명했다. 이론적으로 이 땅은 모두 재분배되었어야 했다. 그러나 3분의 1 정도만 재분배되었다. 진먼 전체 토지의 약 20%에 해당하는, 나머지 토지의 처분에 대해서는 언급이 없다. 아마도 이 땅은 조사되지 않은 다른 토지와 함께 군의 통제하에 들어갔을 것이다. Lin and Lin, *Land Reform*, 16, 23, 53-4.

16　Chen Shuizai 인터뷰.

배 상황을 만든 압도적인 요인은 분명 주민 재산의 대부분에 대한 군대의 자의적인 압류였을 것이다. 토지개혁은 이 문제를 전혀 해결하려고 하지 않았다. 구전되는 역사에서 토지개혁에 대해 전하는 것이 거의 없지만, 많은 사람들은 가옥의 파괴와 특히 나무로 만든 문을 압류했던 일에 대해 잘 기억하고 있다. 문을 잃은 것에 대한 분노는 지난 반 세기 동안 금기시되는 주제였던 '자의적인 압류'라고 하는 더 큰 문제에 대해 그나마 수용할만한 비유가 된 것일 수 있다.

토지개혁의 영향을 평가하는 과정에서 진먼을 대륙이나 타이완과 비교해보면, 맥락이나 정치적인 의지의 중요성에 집중하게 한다. 대륙에서 토지개혁은 엄청난 정치적 영향을 미쳤다. 그것은 중국공산당의 기본적인 약속 중 하나를 이행한 것이었다. 그리고 그 폭력을 통해, 수억 명의 농민들을 새로운 체제에 헌신하게 하는 불의 세례가 이루어졌다. 이 과정은 사회 계급으로서 지주을 분해함으로써 사회를 평준화하는데 큰 영향을 주었다. 토지개혁이 너무 빨리 이루어졌고 집산화 되었기 때문에, 이것이 대륙에 미친 장기적인 경제적 결과를 측정하기 어렵다. 타이완의 경우, 토지개혁은 1960년대의 인상적인 경제 성장을 촉진할 노동력과 잉여투자자금을 제공함으로써 농업 생산성을 크게 향상시킨 것으로 평가받고 있다. 그 정치적 영향이 중국 본토에서만큼 극적이지는 않지만, 여전히 중요하다. 전통적인 농촌 엘리트의 권력 기반이 흔들리면서, 국민당으로 흡수될 수 있는 집단으로 메워질 공백이 생긴 것이다.[17] 진먼에서 토지개혁은 이러한 효과 중 어느 것도 거두지 못했다. 토지개혁은 경제적 생산성을 높이지도 사회적 변화를 야기하지도 못했다. 하지만 그럼에도 불구하고 토지개혁은 큰 성공으로 여겨졌다. 토지개혁은 진먼의 지정학화로 인한 예측하지 못한 또 다른 결과들을 보여준다. 즉, 때로는 좁은 의미에서 군사화되고 또 때로는 대규모의 군사적 충돌로 초래된 선동의 제스처나 정치적으로 활용된다는 점에서 보다 넓은 의미로 군사화되어, 경제발전과 근대화에 관

---

17 Dickson, *Democratization in China and Taiwan*, 45.

한 지배적인 담론은 인지된 지정학적 필요에 포함되거나 종속되었다는 것이다.

산업화, 국유기업과 농업의 확대

진먼의 토지개혁은 주로 정치적인 문제였는데, 지역 사람들의 삶을 증진시키기 보다는 중화민국과 중화인민공화국 사이의 통치를 대조하는 문제로 사람들의 이목을 끌기 위한 목적을 지니고 있었다. 그러나 경제적인 삶의 질 자체가 곧 정치적인 문제가 되었다. 오늘날 사람들이 1950년대 초반에 대해 말할 때, 그들의 기억은 가난과 물자의 부족에 주로 초점을 맞춘다. 마을 사람들은 종종 군인들에게 음식을 구걸했다. 한 전직 군인은 "밥을 먹을 때마다 마을 아이들이 그릇과 항아리를 들고 주위에 서서 기다렸어요. 우리가 식사를 끝내면, 그들은 남은 밥과 음식을 모아서 집으로 가져가곤 했지요"라고 말한다.[18] 초등학교 학생들은 미국 원조기구의 기부로 먹고 자랐다. "시리얼과 분유가 있었어요. 시리얼은 벌레로 가득했지요. 그걸 끓여서 떠오르는 벌레를 체로 걸러냈어요. 분유는 벽돌처럼 딱딱해졌지요. 벽에다가 그걸 쳐내야 했어요. 학교에서 찐빵을 얻었는데, 먹을 것이 전혀 없는 부모님께 드리기 위해서 우린 주머니에 음식을 숨겨서 집으로 가져갔어요." 구호 식량을 담았던 삼베 자루는 옷으로 재활용되었다. "가슴팍에 '미국인의 선물'이라고 새겨져 있곤 했죠."[19] 따라서 "진먼의 황폐한 토양을 비옥한 오아시스로 바꾸어 부유한 사회와 확고한 자유의 요새를 만드는 것"은 정치적으로 중요했다.[20] 물론 진먼의 작은 규모는 그저 타이완으로부터 원조를 늘리는 것만으로도 번영에 대한 환상이 만들어질 수 있다는 것을 의미했다. 하지만 이것은 섬을 통치하는 비용과 국방부가 떠안아야 할 부담을 증가시켰을 것이고, 또한 중화민국의 우월성을 입증하기에 정치적으로 덜

---

18 Zhang Mingzhai, JMMFFT, I:168.
19 Wu Santeng 인터뷰.
20 Shen Zonghan, *Taiwan nongye zhi fazhan*.

효과적이었을 것이다.

　공공과 민간을 아우르는 산업화를 촉진하기 위한 초기 노력은 군사적 상황에 의해 야기된 문제들, 즉 일반적인 정치적 불안 및 진먼에 특수한 공급의 불안으로 인해 좌절되었다.[21] 산업 발전의 부족은 1958년 소개(疏開) 이후 섬의 인구가 감소한 두 번째 주된 원인이었다. 1960년대 후반부터, 점점 더 많은 젊은이들이 일자리를 찾기 위해 섬을 떠났다. 그들의 전통적인 이주 목적지는 동남아시아 신생 독립국가들의 보다 제한적인 이민 정책에 의해 폐쇄되었다. 1960년대부터 1980년대까지 거의 2만 명의 진먼 주민들이 타이완으로 이주했고, 그곳에서 그들은 본섬 남부 농촌 지역의 취업연령 인구의 대탈출 대열에 합류[하여 도시로 이동]했다.[22] 일부는 1958년에 대피한 가족들을 따라왔는데, 대부분이 일자리나 고등교육을 받기 위해 이주한 젊은이들이었다. 그들은 주로 타이베이 주변의 산업적 근교 지역인 용허, 종허, 산충과 같은 도시에 정착했는데, 그곳에서 타이완의 경제 회복에 기여한 수출가공산업에서 일자리를 찾았다(사람들이 타이완으로 이주한 또 다른 이유는 군대에 합류하기 위해서였다. 가난한 진먼 집안의 아이들에게 군 입대는 종종 교육을 받을 수 있는 유일한 방법이었다. 1990년대 현장(縣長)이었던 천수이자이는 "1958년에 진먼중학교가 대피한 후에, 다시 돌아왔을 때 나는 중학교 1학년이었습니다. 우리 가족은 나를 대학에 보낼 돈이 없었지요. 그래서 나는 군대에서 10년을 복무하는 대가로 사관학교에 가기로 결심했습니다"라고 회상한다).[23]

　지방 산업 발전을 위한 노력이 완전히 실패한 것은 아니었다. 1950년대 후롄에 의한 수수(고량)의 도입도 성공 스토리에 들어가 있다. 수수는 군사화

21　Fu and Li, *Faguiyu shiyan*, 469-73.

22　*JMXZ*, 373 ff.

23　Chen Shuizai 인터뷰. 국방에 전념하는 최전방 섬 주민들의 상징적 가치는 진먼 출신의 군인들이 타이완에서 특별하고 눈에 잘 띄는 임무에 선발되는 경우가 많다는 것을 의미했다. 장제스의 개인 경호원의 백명 이상이 진먼 출신자들이었다. Lin Zhong, "Jinmen 108 tiao haohan zuoguo suiyue," *JMBD*, inaugural issue(*chuangkan bao*), August 6, 1990.

상태 하에서 진먼의 경제적 기반을 모색하는 상징이 되었다. 후롄 자신의 기록에 따르면, 그는 연료의 원천으로서, 토양 침식을 막기 위한 방풍으로서, 그리고 식량 공급원으로서 수수의 경작을 장려했다고 한다. 지역 사람들이 수수를 재배할 수 있었지만, 그들이 수수를 먹으려 하지 않는다는 것이 금방 분명해졌다. 찐빵을 먹지 않으려는 중국 남부 출신의 병사들처럼, 마을 사람들은 수수를 낯설어했고 맛있다고 여기지도 않았다. 그들은 전통적인 고구마 식단을 선호했다.[24] 후롄이 마주한 많은 문제들처럼 이것은 정치적인 문제, 즉 어떻게 보이는지의 문제를 만들었다. 고구마는 죽으로 끓이거나 얇게 잘라 말렸는데, 대부분의 주민들에게 친숙한 식단이었다. 하지만 이것은 섬의 전반적인 가난의 결과였다. 고구마는 중국 요리문화에서 무시당하곤 했는데, 가난한 사람들이 먹는 음식으로 여겨져서 상층 사람들은 가족이 아니라 그들의 가축에게 먹이는 작물이었다. 1949년 전에, 섬의 부유한 사람들은 샤먼을 통해 대륙에서 수입된 쌀을 먹곤 했다. 1949년의 첫 번째 위기가 지나간 후에, 진먼의 확장된 병영은 주로 타이완에서 온 쌀을 공급받았다. 이것은 민간인들이 고구마를 먹는 동안, 병사들은 쌀을 먹는다는 것을 의미했다. 두 집단의 주식에서 보이는 서로 다른 문화적 가치는 벽보나 외부적으로 나오는 선전물에 표현된 "병사와 주민은 하나의 가족"이라는 인식을 악화시켰다.

후롄은 문제를 해결하기 위해서 수수의 대안적인 사용방법을 고안했다. 수수는 또한 알코올을 증류시키는 데 쓰일 수 있었다. 군대와 마을 사람들이 유흥에 대한 요구에 대응하기 전인 초기부터 알코올은 부대의 주된 오락 형태 중 하나였다. 한 달에 10만 병 이상의 증류주가 부대로 유통되었다. 후롄은 이러한 증류주를 현지에서 생산하려고 시도했다. 수수로 만든 진먼의 첫 번째 주류가 1950년대 후반까지 지역 시장에 나왔고, 이것은 타이완에서 수입되는 주류보다 훨씬 더 저렴했다. 그리고 금방 시장을 장악했다. 후롄 계획의 천재성

---

24 Hu Lian, *Jinmen yijiu*, 17.

이 드러났다. 그의 보조관들은 주류 공장의 운영에서 나오는 수익을 타이완 쌀을 사들이는 데 사용했다. 이제 쌀이 진먼으로 유통되었는데, 농부들에게 수수와 꼭 같은 무게로 교환되었다. 공장 대표들이 매년 모든 마을을 방문하는 것이 농사 일정의 주요 행사 중 하나가 되었다. 그들은 쌀을 실은 트럭을 타고 다니면서 쌀을 수수와 교환했다. 타이완에서 수수의 시장 가격은 일반적으로 쌀 가격의 3분의 1과 2분의 1 사이였다. 진먼의 농부들은 수수를 키우는 것의 이익을 즉각적으로 알아차렸다. 동일 무게로 교환하는 것은 그들에게 크게 유리하게 작용했고, 진먼 농부들에 대한 국방부의 간접적인 지원금만큼이나 되었다. 하지만 이것은 부차적인 것이었다. 쌀 교환 프로그램은 진먼의 주민들이 이제 군대에 수송 부담을 가하지 않으면서도 병사들과 똑같이 높은 질의 음식을 먹는다는 것을 의미했다. 몇 년 안에 진먼의 농부들은 그들 토지의 많은 부분에서 수수를 경작했다(그들은 주로 그들 농지의 일부는 고구마 재배를 위해 남겨두었고 나머지 부분은 야채와 같은 환금작물의 재배를 위해 남겨두었다. 야채가 왜 그렇게 귀했는지는 아래에서 설명하겠다).

주류 프로그램은 결국 후롄이 바랐던 것보다 훨씬 더 성공적이었다. 1950년대 중반까지, 진먼의 수수 주류는 타이완에서 엄청난 인기를 끌게 되었다. 초기에 공장은 전지정무위원회(WZAC)의 통제 아래에 있었는데, 공장의 운영 수익은 전지정무의 기록된 수입 대부분을 차지했다. 1970년 이후, 운영 수익은 진먼현의 재원으로 바로 들어갔고, 현 수입의 거의 절반을 차지했다. 하지만 두 기관 모두에서 이것은 오직 전체 예산의 알려지지 않은 비율일 뿐이었는데, 국방부와 중앙정부로부터 이전된 재원 대부분이 통계 자료에 나타나지 않기 때문이다.[25]

---

25 다음을 보라. chapter 3, note 13. *JMTJ*, XXXII(1985), 314, 327. 이 통계는 또한 다른 국영기업들로부터의 이익도 포함하고 있다. 그 중에서 가장 중요한 것은 주류 사업의 필수적인 부분인 도자기 공장이었다. 주 생산품이 술병이었기 때문이다. 그 외의 다른 기업들은 소규모였다.

수수 프로그램은 진먼 경제발전의 더 큰 프로그램의 일부일 뿐이었다. 경제발전은 그 자체만으로 끝날 수도 있지만, 이것은 또한 대륙과 비교했을 때 진먼 정책의 우월성을 입증할 필요와 타이완으로부터 진먼에 물자를 공급하는 부담을 줄일 필요와 같은 다른 정치적·군사적 관심사들과 연결되어 있었다. 그리고 경제발전 그 자체가 군사화되었다. 진먼에서 경제발전이 개념화되는 방식은 섬의 지정학적 상황과 일반적인 발전 담론 사이의 상호작용을 잘 설명해준다. 한편으로 불안정한 정치적 상황은 투자와 심지어 물자의 공급도 불확실하게 만들었기 때문에 산업이 중심적인 역할을 할 기회가 거의 없었다. 진먼의 경제는 대부분 농업에 머물러 있어야 했다. 다른 한편으로 국가는 발전을 매개하는 데 중요한 역할을 했는데, 이것은 1950년대부터 1970년대까지 전 세계적으로 타이완의 발전에 관한 기록과 사고를 관통하던 가정이기도 했다.

경제발전의 문제는 근대화와 군사화가 그들이 해결하고자 했던 바로 그 문제를 어떻게 만들어내고 있는지를 보여주는 또 다른 예시이다. 진먼 경제의 주된 문제 중 하나는, 진먼 경제의 후진성과 빈곤함의 상징이기도 했지만, 하나의 주식(고구마)에 대한 지나친 의존과 그 결과로 일어나는 경제적 다양성의 부족이었다. 하지만 이러한 문제의 원인은 경제의 후진성에 있지 않다. 오히려 이전 시기에 뿌리내리고 있던 노동력과 상업의 네트워크로부터 섬을 단절시킨 정치적인 환경 때문이었다.

1950년대 초반의 기반시설에 대한 엄청난 투자는 정부 주도 경제발전의 한 부분으로 자주 제시되고 있다. 예를 들어, 도로의 촘촘한 네트워크가 건설되었고 관개시설, 특히 물을 저장할 수 있는 용량이 크게 개선되었다. 하지만 이러한 노력 뒤에 있었던 주된 관심사는 기본적으로 군사적인 것이었고, 경제발전에 대한 기여는 이러한 더 큰 목적에 부수적인 것이었다. 민간 경제에서 국가가 가장 초점을 맞춘 분야는 농업 정책이었다. 농촌부흥연합위원회(JCRR)는 이 부분에서 중요한 역할을 수행했다. 농촌부흥연합위원회는 초기 점검에서 세 가지 주된 문제를 찾아냈다. 그것은 전염병과 질병의 예방, 토양 침식을 막기 위한 조림, 그리고 생산성을 높이기 위한 농업의 확대였다. 질병 예방 노력에 대해서는 7장에서 다루었다. 후롄 또한 부대의 움직임과 군사시설을 숨기는 것을 걱정하고 있었기 때문에, 경제발전의 문제라고 설명되었던 조림사업은 최소한 부분적으로는 군사적 관심사였다. 조림은 또한 대중 동원의 문제와 연결되어 있었는데, 군인뿐만 아니라 민방자위대원들도 묘목을 심고 가꾸는 임무를 맡고 있었기 때문이다. 한 전직 현장(縣長)은 "1950년대에는 모든 나무에 그것을 심고 관리하는 책임자의 이름이 쓰인 작은 명패가 있었다"고 회상한다.[26]

농촌부흥연합회의 세 번째 집중 사업은 농업이었다. "농업 기술과 지식은 후진적이었다. 농업, 산림업, 어업 그리고 축산업은 근대적인 농업 방법을 지역의 농업 풍습에 맞게 사용해야 했다." 하지만 정치적 관심사는 항상 전자에 가까웠다. "진먼은 대륙에 가까웠고 전투는 언제나 발발할 수 있었다."[27] 농촌부흥연합회의 지원과 함께 농업실험기관들은 수 백개의 새로운 작물 변종을 도입했다. 농촌부흥연합회 또한 1953년에 만들어진 농업인조합을 지원했다. 초기에 조합은 대륙에서 설립된 기구들을 본따서 만드는 경향의 또 다른 사례로 보여지기도 했지만, 중요한 것은 진먼의 것이 대륙보다 덜 억압적이고 더 효과적이라는 것을 보여주는 것이었다. 1950년대 후반에, 농촌부흥연합회 원조는 조합을 농업 생산력을 향상시키는 주된 힘으로 변화시키고 있었다. 조합은 농촌부흥연합회의 자금을 활용해 비료, 살충제, 종자, 사료 등을 대량으로 지역 농민들에게 제공했다. 또한 조합이 농장에 제공하는 융자는 지역의 농민들이 그들의 생산을 확장하는데 핵심 요인이 되었다. 농촌부흥연합회는 지역 농민들 외에 병영의 확장 사업에도 관여했다. 1955년에 국방부는 농촌부흥연합회에 '승리 정원'에 대한 제안서를 제출하도록 요청했다. 이 생각은 군인들이 남는 시간

---

26   주샨의 지도원인 원 쉬종은 민방자위대 대원들이 1년에 5그루의 나무를 할당받았다고 기억한다. 다른 민방자위대원들은 그보다 더 많았다고 기억한다. Li Qingzheng, *JMMFFT*, 1:35; Wen Shizhong, JMMFFT, 1:201; Chen Yongcai, JMMFFT, 1:433.

27   *JMXZ*, 1008.

에 기지 주변의 땅을 경작하여, 필요한 수입품의 양을 줄이고 지역 시장에 대한 압력을 줄이면서 군인들의 삶의 질을 높일 수 있도록, 군인들에게 장비와 전문가를 제공하려는 것이었다.

　농업 발전 프로그램의 목적이 경제적이면서 정치적이었다는 것을 고려하면, 이 프로그램을 평가하기 위해 우리는 두 영역 모두의 결과를 고려할 필요가 있다. 농업 부문에서, 계엄령 시대에 주된 발전은 수수 생산의 엄청난 증가였다. 하지만 이것은 농업확장사업 자체와는 별 관계가 없었다. 이것은 주류 공장의 무제한적인 수수 수요에 효과적으로 대응하기 위한 것이었다. 보리, 밀, 대두, 땅콩 같은 다른 주식 작물들은 더 적게 증가했다. 예외는 고구마였다. 연 평균 생산량이 5,000~10,000톤이던 것이 35,000톤 이상으로 증가했다. 이것은

그림 9.2　**수수의 풍작**(출처: Ming Qiushui(ed.), *Jinmen*. 진먼현 문화국 사용허가)

그림 9.3 **거대한 채소**(출처: Ming Quishui(ed.), *Jinmen*. 진먼현 문화국 사용허가)

분명 농촌부흥연합회가 타이완으로부터 수익성이 더 좋은 고구마를 도입한 결과였다.[28]

정치적인 기록은 덜 복합적이다. 농촌부흥연합회 스스로 진먼의 업적을 기념하는 수많은 팜플렛을 발간했다. "오늘날 진먼은 나라의 모든 군인과 민간인들이 힘을 합쳐 만든 구조물이고, 국제협력의 가장 튼튼하고 훌륭한 사례이다. 진먼섬은 자유를 사랑하는 전 세계 사람들의 마음에 깊은 인상을 남겼다. 또한 자유세계의 모든 사람들이 자신의 역할을 다했다는 명예와 자부심을 느끼게 할 수 있을 것이다."[29] 1956년『뉴욕타임즈』의 기사는 "자연적이며 인공적인 역경을 용감한 인내로 개선한 많은 사람들의 이야기"를 소개했다. 자급자족을 개선한 농촌부흥연합회의 초기 성공 이후에, 위원회의 계획은 더욱 야심찬 것이 되었다. "붉은 군대가 겨냥하고 있는 이 가망 없는 모래와 돌무더기를

---

28 *The Invincible Island: Ten rears of Reconstruction on Kinmen*, 10.

29 Ibid., 57.

빨갱이들이 장악한 대륙에 주는 명확한 교훈으로 바꾸지 않겠는가?"[30] 농업 확대가 성공했다는 증거로서, 선전물에는 젊은 농부가 거대한 고구마와 멜론을 들고 있는 사진이 포함됐다. 이 사진들은 미국의 4-H 농업확대 프로그램의 출판물에 실린 사진과 비슷하지만, 본토에서 대약진운동의 승리를 담은 사진과도 이상할 정도로 유사하다. 해협을 가로지르는 냉전 적대의 거울-이미지 안에서는 어느 쪽도, 비록 현실과 동떨어져 보이는 것일지라도, 어떤 형태의 전투도 회피할 수 없었다. 적이 거대한 야채를 생산할 수 있다는 주장에 대한 적절한 대응은 그러한 주장을 일축하는 것이 아니라, 자신의 체제가 훨씬 더 놀라운 크기의 채소를 생산할 수 있다고 주장하는 것이었다.

이러한 선전 논리는 내부적인 역설과 모순을 드러낸다. 첫째, 진먼 사람들은 자유인이었으나, 이 경우에 그들은 또한 군대와 미국의 수혜자가 되어야 했다. 두 명의 미국인 관찰자는 진먼의 평화로운 외양을 칭찬하면서 "이 모든 것은 다 속임수인데, 평화의 가면 뒤에 있는 대륙이 추하고 위험하기 때문에, 그리고 진먼 사람들이 잘 알다시피 진먼 자체에도 군인이 있고 심지어 주민들보다 많은 군인이 있기 때문이다. 그들이 섬을 운영한다. 그들이 섬의 개선, 섬의 도로, 나무, 우물, 관개시설, 학교와 안전에 책임을 진다. 미국의 중국농촌부흥연합위원회의 기술직인 원조와 도움으로, 그들은 끼모이(Quemoy) 섬을 비옥한 정원과 엄청난 군사적 위치 사이의 교차점으로 만들었다."[31] 둘째, 인내하는 능력은 진먼 사람들의 영웅주의의 상징이자 독특한 성격의 필수 부분으로 표현되었다. 그렇게 거대한 경제발전을 향유하는 동시에, 어떻게 물질적인 궁핍으로 고통받을 수 있었는가? 표상에서의 이러한 역설에 대한 해결책은, 궁핍을 인내하는 능력과 고조되는 번영이 공산주의자들을 두들겨 패는 몽둥이였고 동

---

30 "Tight Little Island-Off China," *New York Times*, August 19, 1956.

31 Copp and Peck, *The Odd Day*, 5.

시에 체제의 정당성을 입증하는 일이었다는 점을 이해하는 데 있다.[32]

이것의 성취가 실질적이든 수사에 불과한 것이든, 진먼의 농업 발전은 몇 가지 간단한 사실에 직면했다. 농업의 그 어떤 확대도 섬의 고립성과 짝을 이루는 기본적인 생태학적 한계를 해결할 수 없었다. 국가-주도 발전의 잠재력은 제한되어 있었다. 고량주와 기타 국유기업들은 지역 노동자들에게 일정 부분 일자리를 제공해주었고 지방정부의 재정에 기여했다. 하지만 진먼이 산업화하거나 진먼에서 수출 지향적인 상업적 농업이 번성하는 것은 불가능했다. 섬 경제 성장의 진정한 열쇠는 지역의 가족들이 직면하고 있는 경제적 기회, 인센티브, 제약을 극적으로 바꾸는 것에 있었다. 군사화가 그것을 해냈지만, 그것은 완전히 우연적이었고 예상치 못한 일이었다. 타이완에서와 마찬가지로, 그것은 경제 변화를 주로 책임지고 있던 개인과 가구들의 시장-주도적인 선택이었다. 그러나 다음 절에서 살펴보겠지만, 진먼의 시장은 독특했다. 이 시장을 결정지은 것은 글로벌 자본주의로의 통합이 아니라 지정학이었다.

지·아이·조(G. I. Joe) 사업

1970년대 중반에 진먼에는 거의 4,000개의 등록된 사업체가 있었다. 당시 인구는 6만여 명, 가구 수는 1만 정도였다.[33] 따라서 약 40퍼센트의 가구가 사업을 운영하고 있었던 셈이다. 이것은 역사상 그 어느 사회보다도 높은 비율의 기업가 수일 것이다. 실제로는 소규모로 영업을 하거나 번거로워서 등록을 하지 않은 가구가 많아서, 사업의 비율은 이보다 더 높았다. 등록된 업체의 거의 절반이 냉차 가게, 찻집, 분식점, 이발소, 당구장 등의 '특수업체'로 허가를 받았는데, 이것은 병영의 군인들에 의해 전부 혹은 대부분이 유지되는 사업들이었

---

32 수잔 레이드(Susan Reid)의 "Cold War in the Kitchen: Gender and Consumption in the Khrushchev Thaw," 211-52를 보라.

33 *JMTJ*, LI(2004), 29.

제9장 전시 경제 231

다. 현지어로 이런 종류의 사업은 '아빙커(阿兵哥, A'bingge) 사업'이라고 불렸는데, 아빙커는 군인을 가리키는 흔한 은어였다. 전혀 다른 감성을 부여할 위험을 무릅쓰고, 나는 이 용어를 '지·아이·조 사업'이라고 번역한다. 군인들이 민간인보다 수적으로 많은 진먼의 특이한 인구학적 상황은 섬의 민간 인구를 비상식적인 규모의 소사업가로 바꿔 놓았다. 다양한 국가-주도의 개발계획에도 불구하고, 지역 경제의 버팀목이 된 것은 지·아이·조 사업이었고, 지역 생활에 다양한 결과를 가져왔다.

진먼 사람들이 지·아이·조 사업의 범주에 넣지는 않았지만, 주둔군과의 가장 광범위한 형태의 경제 교류는 농산물 거래였다. 이러한 종류의 상업적 농업에 대한 믿을만한 통계 자료는 없지만, 아마도 대부분의 농촌 가정들이 관련되었을 것이다. 이것은 군대의 주둔에 의해 추진된 비범한 기업가주의에 대한 추가적인 증거라고 할 수 있다. 거래는 본토가 무너지기 전부터, 그리고 1949년 군대의 건설 기간 동안 시작되었다. 인터뷰에 참여했던 많은 사람들은 수요가 폭발적으로 증가함에 따라 엄청난 가격 상승이 일어났고, 이로 인해 그들이 어떻게 군부대에 농산물을 팔도록 영감을 받았는지에 대해 이야기한다. 한 남자가 회상하듯이, "당시에는 군인들이 너무나 많았어요. 군인들이 얼마나 많이 먹고 많이 소비를 하는지, 사람들이 크게 놀랐지요. 어떤 채소를 내놔도 금방 동이 났어요. 야채 판매자를 예로 들면, 야채를 팔아서 하루에 3온스 또는 5온스의 은을 벌어들일 수 있었죠."[34] 시장에 내놓기 위해 채소밭을 가꾸는 것은 많은 가정에 매력적이었는데, 채소밭에는 자본이 필요 없고 빠른 수익을 약속했기 때문이다. "그때 이미 군인들이 많이 있었기 때문에, 나는 곧바로 사업을 시작하려고 계획했어요. 내가 어머니랑 얘기했는데 어머니는 동의하지 않으셨어요. 자본이 없으니까. 그래서 포기했죠. 당시 부대는 채소를 먹어야 했지만, 진먼에는 채소를 재배하는 사람이 거의 없었어요. 요리사들이 채소를 살 때, 은

---

34 Fu Zizhen, cited in Li Jinsheng, *Fenghuo honglou moufanjie*, 196.

화 1달러로 양배추 3진(약 2.3kg)밖에 살 수 없었죠. 나는 양배추를 재배하기 시작했어요." 농부들은 빨리 자라는 채소에 집중했고, 결국 씨앗에서 시장까지 몇 주 만에 농산물을 재배할 수 있었다. 농촌부흥연합회가 지원하는 농업 실험소는 새로운 채소 종자에 대한 정보를 수입하고 보급함으로써 이러한 노력을 도왔다. 1950년대 초, 10대 때 학교를 그만둔 홍홍청은 당시에 채소를 기르는 것이 매우 보람 있는 직업으로 여겨졌다고 회상한다. "당시 공무원이 월급으로 350타이완달러를 받았어요. 채소를 재배하면 하루에 400~500타이완달러를 벌었죠. 삼촌은 중학교를 졸업하고 현청에 취직하셨어요. 할머니는 그러지 않기를 바랐지요. 그녀는 '그렇게 하면 월급으로 아이들을 키울 수 없을 것'이라고 하셨죠." 홍씨가 결혼해서 1961년 분가할 때, 가계의 모든 재산은 채소에 투자되었다.[35]

진청에는 곧 일일 농산물 시장이 발달했다. 섬 전역에서 온 농부들이 매일 아침 그곳으로 모여들곤 했다. 왕잉촨은 다음과 같이 기억하고 있다.

> 1970년 즈음에 나는 채소를 많이 길렀어요. 대부분을 부대에 팔았죠. 매일 아침 정말 일찍 침대에서 일어났는데, 보통 새벽 3시나 4시쯤이었어요. 그곳에 일찍 가면 좋은 자리를 얻을 수 있었고, 주위를 둘러보거나 잠깐 잠을 잘 수도 있었죠. 시장이 열리기 전에, 채소 도매상들이 살펴보러 오곤 했죠. 그들은 물건 전체를 사서 부대에 팔았어요. 직접 팔 수도 있었지만, 시간이 더 걸리거나 다 팔지도 못할 수 있었죠. 초기에는 사업이 잘 되었어요. 내 농산물 전체를 하나의 도매회사에 다 팔 수 있어서 사업이 괜찮았죠. 보통 그렇게 일괄적으로 팔았죠. 만약 어떤 날에 그들이 중국 배추를 구입하면, 모두가 중국 배추를 먹었어요. 만약 다음날에 잎 많은 배추를 샀다면, 모두가 잎

---

35   Chen Yongguo, *JMMFFT*, III: 159; Hong Hongcheng, *JMMFFT*, III:136.

많은 배추를 먹었어요.³⁶

군대로서는 진먼에 있는 주둔군에게 물자를 공급하기 위해 탄약, 곡물, 연료, 가공된 상품을 선적할 필요가 없어졌다. 채소를 기르고 팔겠다는 진먼 농부들의 독립적인 결정은 군대의 걱정거리를 덜어주었다. 공급되어야 할 또 다른 식료품은 신선한 고기였다. 진먼에서는 돼지를 기르는 전통이 거의 없었다. 1952년에 섬에 있던 동물들은 채 800마리가 되지 않았다(1949년 구닝터우 전투 이후의 혼란기에 병사들에 의해 지역 가축들의 대부분이 약탈당했을 것이기 때문에 분명 급감했을 것이다).³⁷ 1950년대 초반에 진먼방위사령부는 매달 진먼의 지역 수요를 충족시키기 위해 2,000마리 정도의 돼지를 유통했다. 다시 한번, 지역 농부들은 군대에 의해 생긴 새로운 인센티브에 반응했고, 돼지 사육사업에 뛰어들어 국가의 부담을 줄였다. 후렌은 1958년쯤에 그가 사령관으로 복무하기 위해 두 번째로 진먼에 돌아왔을 때, "사람보다 돼지가 많았다"고 언급했다.³⁸ 이것은 약간은 과장된 것이다. 1950년대 중반에 진먼 농부들은 2만 마리 정도의 돼지를 키웠다.³⁹ "그 시절에 만약 여덟 마리의 돼지를 기르고 있다면 꽤 잘 사는 편이었어요. 우리는 열두 마리를 가지고 있었고, 그 중 네 마리는 포격으로 죽었죠."⁴⁰

고도로 군사화된 사회에서 흔히 볼 수 있는 경제 활동의 패턴으로서, 가장 성공적인 돼지 사육 농가와 가장 많은 수의 돼지들은 군사 기지 인근의 마을에 있었다. 수수나 고구마로 만든 사료는 돼지의 주된 먹이였지만, 돼지들은 음식

---

36 Wang Yingchuan, *JMMFFT*, II:211.
37 *JMXZ*, 946.
38 Hu Lian, *Jinmenyijiu*, 34.
39 *JMTJ*(1961), 13-14.
40 Fen Jinsan 인터뷰.

물 찌꺼기나, 썩은 음식, 남은 음식, 버리는 음식을 먹였을 때 더 빨리 자랐다. 가장 풍족한 음식물 찌꺼기는 군부대에서 나왔다. 그런 풍족한 먹이로, 돼지 새끼들은 200파운드(90kg)의 크기로 자랐고 6~8개월쯤엔 도축할 수 있었다.[41] 군인들의 화장실에서 모은 분뇨를 돼지에게 먹인 농부에 관한 농담이 있다. 부대들이 교체될 때마다, 그는 돼지들에게 줄 사료가 부족할 것 같아서 걱정이 되었다. 그래서 그는 어리석게도, 인근 기지로 이동할 부대의 규모에 대해 질문을 하기 시작했다. 물론, 이 때문에 그가 공산당원이라는 의혹이 제기되었고, 결국 그는 구금되었다.[42]

모범현 캠페인에 따라 농촌 위생을 개선한다는 명목으로 농가에는 집 근처에 있는 돼지나 임시 변기통에서 돼지를 떼어내 용도에 맞게 사육하라는 지시가 내려졌다. 돼지우리 자체는 더 큰 위생 사업과 검사 시스템의 일부가 되었다. 구역장이었던 양용허의 회상에 따르면, 위생 요구는 완전히 비현실적이었는데, 이것은 전지정무 시스템의 또 다른 자의성의 증거였다. "매주 위생 검사가 있었어요. 돼지우리에 파리조차 있어서는 안 될 정도로 엄격했죠. 만약 파리가 발견되면 위생을 해친다는 말을 듣게 될 것이고, 처벌을 받게 확실했지요."[43] 위생이 사회적으로 만들어진다고 생각하는 것과는 별개로, 돼지우리에 대한 규칙은 어떻게 군사화 체제가 해결하려고 했던 문제들을 스스로 만들고 있었는지를 보여준다. 진먼 주민들이 문명화되지 않았고 후진적이었기 때문에 집에서 돼지를 기른 것이 아니었다. 그들은 돼지를 누가 훔쳐 갈지도 모른다고 두려워했기 때문에, 충분한 정당성을 가지고 집에서 돼지를 키웠던 것이다. 진먼 주민들이 돼지우리를 제대로 지으라는 명령을 수용하게 된 것은 그들의 문명화 수준이 향상되었기 때문이 아니라, 부대에 적정량의 식량을 보장하고 군

---

41 *JMXZ*, 946.

42 Baitouweng, "Xiayanxia de jianwen yishi."

43 Yang Yonghe, *JMMFFT*, II:170.

사 규율을 개선했기 때문이었다.

두 기업가

지·아이·조 사업의 또 다른 부분은 소매업과 서비스업이었다. 이들 사업의 대부분은 섬의 여러 마을에 위치하고 있었다. 1950년대 초반, 주민들은 자신들의 집에 머무르고 있는 군인들에게 물품과 서비스를 제공했고, 부대가 새 기지로 이동하면 마을 상점은 군인들의 주 휴양지가 되었다. 보통 시내에 비해 상품과 서비스의 가격을 두 배로 불렀지만, 마을 상점들은 군인들이 시내로 가는 버스를 타지 않고도 여가시간에 방문할 수 있다는 최고의 장점을 지니고 있었다.

자이펀은 1953년에 태어났다. 그녀가 열네 살 때 초등학교 의무교육이 도입되었지만, "나는 고작 며칠 동안만 학교에 갔어요. 그리고 나서는 시간이 없었죠." 그녀의 어머니는 그녀가 여덟 살 때 돌아가셨기 때문에, 자이는 두 어린 동생들을 돌봐야 했다. 또한 청소년이 됐을 때는 가장이 되어 근처 군인들을 위해 빨래를 해주었다. 22살에 그녀는 인근 마을 사람과 결혼했다. "아버지가 그를 좋아해서 선택했어요. 그를 중매쟁이에게서 소개받았고, 그와 결혼해야 했죠. 나는 그와 결혼하고 싶지 않았어요. 수녀가 되고 싶었죠." 결혼을 하고 나서, 그녀는 군인들이 너 많았던 남편의 고향으로 이사를 갔다. "거기엔 막사가 더 많았죠. 어딜 가나 군인들이 있었죠." 그래서 그녀의 사업 규모는 더 커졌고, 하루 20벌의 제복에서 2~3백 벌로 늘어났다. 그녀는 금방 5천 타이완달러 이상을 벌었고, 아이스크림 가게를 열었다. 가게에서는 손님들을 위해 음악을 틀었는데, 그녀는 레코드의 해설을 읽기 위해 독학으로 공부를 했다. 나중에 그녀는 아이스크림 가게의 수익을 잡화점에, 뒤에는 분식점에 재투자했다. 10년 정도 후에 그녀의 남편은 건설 노동자로 일하기 위해 타이완으로 이주했다. 자이도 곧 뒤따라갔다. 그녀는 진먼에서의 사업을 접고, 타이완에서 진먼 스타일의 분식점을 차렸다. 가족의 저축으로 타이베이에서 집을 샀고, 현재 그녀의 네 자녀들이 살고 있다. 하지만 그녀는 도시에서의 삶을 좋아하지 않았고, 그래서 음식점을 포기하고 진먼으로 돌아와서 세탁업을 재개했다. 오늘날 그녀는 진먼의 유명한 박물관 밖에서 기념품 판매점을 운영하고 있다(그녀의 물품들 중 하나는 본토에서 밀반입된 밀수품인데, 이 문제는 마지막 장에서 다룰 것이다). "지금은 항상 왔다갔다 하죠. 만약 내가 여기 없다면, 가게는 닫는 거고. 내가 어디를 가장 좋아하냐구요? 어디든 내가 있는 곳이 최고죠."[44]

소진면 섬의 산청루 건물 이야기는 계엄령 말기에 지·아이·조 사업이 어떻게 변모했는지를 잘 보여준다. 소유주인 샤오성위는 1949년에 태어났다. 다른 주민들처럼 그의 부모님도 1949년 직후에 빨래를 하고 음료와 담배를 팔기 시작했다. 그는 겨우 초등학교만 다녔고, 1960년대 초반에 사업에 뛰어들었다. 1970년대와 80년대에 샤오의 아내가 상점을 운영하는 동안 그는 트럭을 이용해서 무면허 택시 영업을 했다. 이 사업은 상점에 물건을 사러 들어온 군인들을 기지까지 데려다주던 그의 습관에서 비롯되었다. 군인들이 휴가를 떠나면 샤오의 하루는 매우 일찍 시작되었다. "[군인들의 통행에 필요한 도장을 받기 위해] 그들 부대에서 대대 본부까지 차로 데려다준 다음, 연대 사령부, 사단 사령부, 그리고 부두까지 데려다줬어요. 그리고는 돌아와서 요리를 시작했죠." 이 시기에 대한 기억은 고생의 연속이었다. "심지어 설 연휴에도 문을 닫지 않았죠. 사실 평소보다 더 바빴어요. 부대는 모두 시합을 했고, 우리는 식사에 음식과 와인을 제공했죠. 유일한 휴가는 [부대 장병들이 감금되어 매주 정치교육을 듣던] 쥐광(莒光)의 날이었어요." 새로운 장병들이 도착할 때가 가장 바빴다. "장교들이 가게가 있는 곳을 보여주기 위해 장병들을 이곳으로 데리고 왔어요. 한 번에 칠팔십 명 정도 왔죠. 줄을 서야 했어요. 내가 모두를 따라다닐 수는 없었으니까요." 부대가 교체될 때, "이때가 우리에게도 정말 좋았죠. 새로 도착한 부대는 모든 것을 새로 사야 했으니까요. 떠나는 부대는 아무 것도 남기지 않았고, 전구도 부숴버렸어요."[45]

---

44   Zhai Fen 인터뷰.
45   Xiao Shengyi 인터뷰.

1987년 사업의 수익금을 가지고 샤오 부부는 3층 건물을 지었다. 1층에는 잡화점, 2층에는 음식점, 3층에는 생활공간을 두었다. 진먼에서는 어떤 은행도 부동산 담보 대출을 하지 않기 때문에, 건설 비용 2백만 타이완달러는 현금으로 지불되었다. 이 건물은 마을에서 가장 높은 건축물이었다. 한 장교가 건축물에 필요한 포격 대피소와 사격 구멍이 있는지 집을 검사하러 왔을 때, "그가 말했어요. '당신 정말 부자네. 그냥 타이완으로 이사가지 그래?' 정말 웃겼죠. 우리가 타이완으로 이사가면, 누가 부대에 물건을 팔겠어요?" 샤오의 기록에 따르면, 사업이 잘 될 때의 월수입이 대략 30만 타이완달러 정도였다. 그들은 마을에서 젊은 세 여성을 고용했고, 월급으로 2만 타이완달러를 주었다. "예전에는 돈 벌 방법이 많았죠. 할머니를 고용해서 정리를 맡기려고 해도 한 달에 1만 타이완달러를 지불해야 했는데, 그래도 여전히 안 하려고 했을 겁니다."[46]

1959년 기록에 따르면, 가장 흔한 업종은 이발소, 목욕탕, 다방, 분식점, 세탁소, 당구장, 도서 대여점, 생필품을 파는 잡화점이었다.[47] 아마도 세탁소가 가장 많았을 것이다. 이런 비공식적 사업체들은 등록이 안 되어 있었기 때문에, 얼마나 많은 가구가 병사들을 위해 빨래를 했는지는 알 방법이 없다. 인류학자 장밍춘은 인구가 약 천명 정도인 관아오 마을에서 세탁업에 종사한 열여덟 가구를 찾아냈다. 지·아이·조 사업 중에서 세탁업이 가장 쉽게 진입할 수 있는 사업이었다. 이것은 거의 어떤 자본도 필요로 하지 않았다. 세탁을 하겠다는 말을 퍼뜨리기만 하면 되었다. "난 정말로 가게가 없었어요. 그냥 열심히 일했을 뿐이죠. 몇 마디 적힌 표지판을 걸어놓자, 군인들이 옷을 놓고 갔어요. 하루에 20~30벌을 빨았어요."[48] 세탁소에 가벼운 수선도 기대하고 있어서, 재봉틀은

---

46 *Ibid*.

47 Zhang Mingchun, "You Jinmen junren xiaofei xingge kan Guan'ao shangdian de fazhan guocheng," 189-91.

48 Zhang Mingchun, "Junren xiaofei," 190-1; Zhai Fen 인터뷰.

마을 여성들에게 일반적인 지참금 중의 하나가 되었다. "아내는 옷을 빨았어요. 딸은 수선을 했죠. 하루에 얼마나 많은 세탁을 했는지 기억할 수도 없어요. 그저 오전 내내 세탁하고 오후 내내 다림질했다는 것만 기억할 뿐이죠."[49]

세탁소 외에 어디서나 볼 수 있는 사업은 잡화점이었다. 세탁소와 마찬가지로 많은 사업체가 등록되지 않았기 때문에, 얼마나 많은 가게가 있었는지는 판단하기 어렵다. 하지만 장밍춘은 관아오에서 열세 개를 찾았는데, 그 지역 지·아이·조 사업의 3분의 1에 해당한다. 이 역시 분명히 절제된 표현인데, 어떤 잡화점은 마당에 식탁을 차려둔 것이 다였다. 상품에는 쌀, 통조림 식품, 식용유, 비누, 담배, 화장지, 문구류 그리고 나중에는 전화 카드와 같은 일상용품들이 포함됐다. 마을 잡화점은 군인들의 수요를 충족시키기 위해 존재하면서도 지역 주민들의 후원을 받는다는 점에서 지·아이·조 사업 중에서도 독특했다. 잡화점을 운영하는 전형적인 분업은 남편이 진청 시내의 도매상으로부터 물건을 구입해서 지게를 지고 걸어서 마을로 돌아오면, 아내는 가게 운영을 맡는 것이었다. 많은 잡화점에는 분식점이 딸려 있었다. 대부분은 비공식적인 것이었고 정해진 메뉴도 없었다. 그 집의 여자들이 볶음밥, 국수, 만두를 간단히 요리했다. 구내식당이 문을 닫고 병사들이 휴대식량을 먹을 것으로 기대될 때 장사가 가장 잘 되었다. 분식점은 또한 더 정교한 식사를 제공할 수도 있었다. 진먼에 있는 동안 친구들을 위해서 제대 1년 전, 제대 100일 전(백일깨기라고 불렀다), 마지막 날 등에는 저녁 만찬을 즐기는 것이 군인들의 관행이었다.

시간이 지나면서 유흥을 제공하기 위해 더 많은 사업체가 설립되었다. 1980~90년대에 가라오케와 비디오게임이 등장할 때까지, 당구는 진먼에서 가장 인기 있는 오락거리였다. 많은 마을 사람들이 그들 집에 한두 개의 테이블을 두고 소규모 당구장을 차렸다. 당구 테이블과 장비의 비용 때문에(1960년대에 대략 3천5백 타이완달러 정도가 필요) 당구장을 여는 데는 더 많은 자본이 필요했

---

49   Xue Qijin 인터뷰; Chen Changqing 인터뷰.

다. 그래서 흔히 성공한 상점주들이 당구 사업으로 다각화했다. 세탁소나 잡화점과 달리, 당구장은 일반적으로 외부 노동력을 더 고용했다. 군인들이 젊은 여성들에게 대접받는 것을 좋아했기 때문에, 많은 당구장이 10대 종업원을 고용했다.[50]

대부분의 사업체들은 가족 사업체였고, 가정 내에 위치했으며, 가족 내의 인력을 채용했다. 여성이 대부분의 노동력을 제공하는 것이 보통이었고, 육아와 가사노동의 균형을 맞추었다. 가계 밖에서 고용된 남성은 일과시간이 끝난 후에 일을 했고, 한가할 때는 농부로 일하기도 했다. 아이들은 방과 후에 일을 도왔고, 가족 사업을 위해 일해야 할 필요성은 종종 누군가가 어린 나이에 학교를 중퇴하는 이유가 되었다. 지·아이·조 사업도 자본의 원천을 따지면 가족 사업이었다. 자본은 대개 농업에서의 소득이나 저축 또는 가족 구성원으로부터 대출을 받아서 마련했다. 군사화가 한창이던 시기에는 가족 구성원들이 다른 일에 종사하는 경우에도, 지·아이·조 사업 소득이 가구 소득의 대부분을 차지했다. 감시와 규율의 필요성, 민간 건설을 위한 다양한 캠페인, 프로파간다의 목적을 지닌 교육의 추진 등으로 인해 진먼의 공공부문은 경제 전반에 비해 급속도로 성장했다. 1954년까지 이미 4백 명이 넘는 공공부문 직원이 있었다. 그 수는 1960년대 후반에 1천 명 이상으로 증가했고, 이후 20년 동안 그 수준에 머물렀다. 1960년대부터 1980년대까지 총 가구수는 6천에서 1만 사이를 오갔는데, 진먼 가구의 대략 10~15%가 정부로부터 월급을 받고 있었던 셈이다.[51] 장밍춘은 가게를 열 가능성이 가장 높은 집단이 바로 이들 가족이라는 사

---

50 장밍춘의 정보원 중 한 명이 종업원을 고용하기보다 직접 홀을 관리함으로써 돈을 아끼려고 했다. 하지만 군인들이 가게로 오지 않아서, 장사를 곧 접어야 했다. Zhang Mingchun, "Junren xiaofei," 196.

51 *JMTJ*, XXXII(1985), 공무원 숫자가 116-17, 가구의 크기가 483이었다; 인구 통계에 대해서는 LI(2004), 29를 보라.

실을 밝혀냈다.[52]

지·아이·조의 소규모 상업은 군인에게 상품과 서비스를 제공하기 위해 조직되었다는 점에서 모든 가족 구성원의 노동력을 군사화시켰다. 여성과 어린이의 값싼 노동력이 가족 사업에 의해 활용되고, 일과 가정 사이에 분명한 경계선이 없으며, 전체적으로 생산의 도덕이 없다는 점에서, 지·아이·조 사업의 노동체계는 덜 군사화된 다른 아시아 사회의 그것과 닮았다. 지·아이·조 사업은 진먼 가족의 성별 배치와 기대에 복합적인 영향을 미쳤다. 가장 불안정한 영향을 미친 것은 중간 범위의 사업에서였던 것 같다. 아내가 단순히 빨래를 하거나 집안의 가판대에 잡다한 물건을 놓고 조금씩 파는 가정에서는, 여성의 사업 참여와 가정 수익에 대한 기여가 전통적인 가부장적 질서의 붕괴로 이어지지 않았다. 남성 가족 구성원이 풀-타임으로 일하고 여성이 종종 손님들의 눈에 띄지 않는 일을 하면서 가사일 보다 우위에 있는 사업일에 참여하는, 우 장인과 같은 대규모의 사업에서도 전통질서는 극적으로 약화하지 않았다. 이러한 상황은 타이완의 가족 기업들과도 닮았는데, 그곳에서는 새로운 경제적 관행들이 기존의 가정 질서를 약화하기보다 강화했다.[53] 지·아이·조 사업이 큰 영향을 미친 것으로 보이는 곳은 자이펀의 가족과 같은 경우였다. 그녀의 사업은 가족 수입의 주 원천이었다. 아버지의 지시로 중매인을 통해 결혼했지만, 그녀의 경제적 역할은 집안일에서 예상치 못한 권위를 주었다. "우리 집안의 대부분의 일은 내가 결정했어요. 남편은 별로 책임을 지지 않았죠. 그는 그냥 직원과 다를 바 없었어요." 그녀의 남편도 동의했는데, 그녀의 결정 권한은 사업 활동을 넘어서 더 넓은 가족사로까지 확대되었다. "그녀가 돈을 벌었기 때문에, 예를 들면 부동산을 사는 것에 대해서도 결정을 내릴 수 있었죠. 위치를 고르는 것부

---

52   Zhang Mingchun, "Junren xiaofei," 202.
53   다음을 보라. Ping-Chun Hsiung, *Living Rooms as Factories: Class, Gender, and the Satellite Factory System in Taiwan*.

터 마지막 결정을 내리는 것까지 그녀가 모든 결정을 내렸어요. 나는 그녀가 마음을 정하면 따라갈 뿐이었죠. 나는 그녀의 결정을 존중합니다."[54]

사업은 매우 단순하게 보이지만, 사실 그 소유주들은 끊임없이 혁신과 다양화를 추구했다. 아주 낮은 문턱을 넘어 성장하기 위해서 대부분의 가정은 여러 종류의 사업들을 결합해야 했다. 지·아이·조 사업은 세탁부터 시작되었고, 이후에는 분식점, 오락, 잡화점, 미용실 등 다른 분야로 확장되었다. 어떤 가족들은 동시에 5~6개의 다른 사업 분야에 관여했다. "우리는 음료수를 팔고, 옷을 빨고, 아이스크림을 팔고, 당구장을 운영했죠. 우리 집이 백화점 같았어요. 군인들이 필요로 하는 것이 뭐든지 간에 우리가 공급했죠."[55] 더 성공적인 소매 사업들 중 일부는 이후에 도매업으로 확대되었고, 1950년대에 인수한 자본과 인맥을 이용하여 1960년대에는 더 많은 사업들을 감당했다. 진입장벽이 낮아서 치열한 경쟁이 벌어졌고, 가족들은 우위를 유지하기 위해서 끊임없이 새로운 제품군, 심지어 새로운 사업군까지 진출하지 않을 수 없었다. 최근 분식점에 도입된 가장 새로운 제품 중 하나는 면튀김이었다. 면의 포장지에는 계란, 야채, 고기가 함께 튀겨져 있다. 한 분식점 주인이 적고 있는 것처럼, "만약 면튀김이 뭔지 모르고 맛본 적도 없다면, 당신은 진먼에 관해서는 시대에 뒤떨어져 있는 것이다."[56]

지·아이·조 사업 경제는 대부분 규제되지 않았기 때문에, 사업 전체 규모에 대한 믿을만한 통계 자료가 없다. 반체제 신문인 『진먼보도(金門報道)』는 1980년대 후반, 군사 소비가 매달 2억 타이완달러를 진먼 경제에 쏟아부었다고 측정했다. 1만 부대 규모의 사단이 철수했을 때, 지출은 한 달에 5천만 타이완달러로 떨어졌다.[57] 군대의 주둔에 대한 이러한 의존성은 진먼 사회의 군사

54　Zhai Fen 인터뷰.

55　Xue Liujin 인터뷰.

56　Chen Xiangxin, "Biying weilin, suijun er ju de tongnian."

57　Xingshibao, "Jinmen neng xiang junguan shuo zaijian?"

화 시기 동안의 가장 큰 역설 중 하나를 만들어냈고, 지역의 삶을 지정학화 했다. 긴장이 고조되면 더 많은 병력이 투입되었고, 더 많은 병력은 지역 경제에 혜택을 주었다. 상황이 안정될수록, 섬 주민들의 삶은 더 나빠졌다. 이러한 역설은 1990년대 초에 비군사화가 진먼 경제 전체를 위협하면서 중앙정부, 지방정부, 섬 주민들이 생계를 꾸려나갈 새로운 방법을 찾도록 강제하던 때에 절정에 달했다.

지·아이·조 사업의 문제들

전투촌 프로그램과 기뢰의 부설로 섬의 지형이 재편되었다. 지·아이·조 사업도 마찬가지였다. 샨와이 도심지의 발달은 군인들과의 교역의 산물이었다. 이곳은 1951년에 구닝터우전투로 고향을 잃은 실향민 가족들을 재정착시키기 위해 처음 계획되었다. 하지만 지·아이·조 사업은 점점 더 많은 주민들을 샨와이로 끌어들였다. 계엄령 초기에는 다른 5개 마을도 극적인 성장을 했다.[58] 이유는 간단했다. 마을들이 모두 사단 기지 근처에 위치하고 있었기 때문이다. 한 주민이 기억하는 것처럼, "딩바오는 한때 번성한 마을로 여겨졌어요. 진먼에 많은 부대들이 주둔하고 있을 때, 딩바오는 진시(Jinxi) 사단의 기지였죠. 당시 그 마을에는 영화관이 있었고 많은 군인 소비자들이 있었어요. 다른 마을에서 온 사람들도 가게를 열기 위해 딩바오로 몰려 왔어요. 마치 사람의 바다 같았죠."[59]

세계 많은 장소에서 주민들은 군사 기지 주변으로 모여드는데, 기지가 방어적 보호를 제공하거나 경제적 기회를 제공하기 때문이다. 하지만 군사 기지

---

58 이 마을들은 양자이, 샤주앙, 딩바오, 샤오징, 동린(東林) 등이다. 시장 발전을 위한 건설 통계가 사정을 말해준다. 양자이 시장은 1966년 59개 점포로 재건되었고, 샤오징 시장은 1968년에 42개 점포로, 동린 시장은 1964년에 145개 점포로 건설되었다. *JMXZ*, 252-3.

59 Weng Tianzhen, *JMMFFT*, II:231.

그림 9.4 1950년대의 샨와이(진먼현 문화국 사용허가)

는 위험한 이웃이다. 전시에는 적의 포화를 부른다. 평시에도 빈번한 사고를 일으키는 무기와 중장비를 보유하고 있다. 그리고 종종 군인 자체가 민간인에게 위험하다. 상업을 위해 진먼 사람들을 군사 기지 주변으로 재배치하고 재교육하는 것은 일상이 군사화되는 방식을 보여주는 주요한 지표 중 하나이다. 일단 부대가 사람들의 집에서 나와 그들의 막사로 이동하면, 지·아이·조 사업은 군인과 민간인이 상호작용하는 주요 매개체였다. 한 군인은 1980년대 진먼에 주둔하면서 군인과 민간인의 상호 의존에 어떻게 영향을 받았는지 이렇게 말한다. "사병들에게 상점은 일종의 [장교들로부터의] 피난처였어요."[60] 군인과 그들이 애지중지하는 가게들 사이의 따뜻한 관계에 대한 많은 이야기들이 있다. 나이든 주민들은 국경일에 병영에서 열리는 잔치에 초대받거나 계절 음식을 선물로 교환했던 일을 회상하곤 한다. 관계는 종종 매우 비공식적이었다. 단골

---

60 Gao Kangwen 인터뷰.

그림 9.5 오늘날의 샨와이(사진: 장보웨이)

손님들은 가게에서 직접 요리를 하기도 했고, 텔레비전이 널리 퍼졌을 때는 비디오나 텔레비전을 보기도 했다. 또한 군인과 가게 주인들은 공동의 적인 헌병에 대항하는 자연스런 동맹이 되었다. "통금 시간 후에 헌병들이 와서 병사들을 찾곤 했어요. 병사들은 가게 안에 숨어서 텔레비전을 보곤 했죠. 우리가 보초였어요. 마을 밖에서 헌병을 보면 병사들에게 말했죠. 어서 들어오라고. 한번은 누군가 창문 너머로 헌병들에게 물을 쏟았죠. 가끔은 트럭을 몰고 가서 병사들을 몰래 들여오곤 했죠. 혹시 잡히면 그냥 이렇게 말했죠. '우린 장사하는 중입니다. 만약 군인들이 들어오면, 그건 그들의 실수죠.'"[61]

하지만 지·아이·조 사업은 또한 주민과 군인들 사이에서 여러 가지 문제와 긴장을 만들었다. 긴장의 공통된 원인은 가게 빚이었다. 군인들은 종종 지역의 가게 주인들에게 빚을 졌고, 월급을 받거나 타이완의 가족들이 돈을 보내오면 빚을 갚았다. 모든 가게에는 고객의 이름과 외상값을 기록한 비밀장부가

---

61 Xiao Shengyi 인터뷰.

있었다. 샤오셩위는 보통 2백만 타이완달러의 외상을 가지고 있었다고 기억하는데, 인근의 천 명 정도의 군인들이 각자 수천 타이완달러의 빚을 지고 있었다. 장부는 비밀이었는데, 군인들에게 외상을 주는 것이 금지되어 있었기 때문이다. 경찰관들은 자주 마을 공무원과 가게 주인들에게 "군대의 평판을 유지하고 민간인과 군인 사이의 분쟁을 방지하기 위해서" 외상이 금지되어 있다는 점을 상기시켰다. 가게 주인들은 주기적으로 외상을 제공하지 않을 것이라는 자발적인 서약서에 서명을 해야 했다.[62] 모든 가게가 외상을 주거나 손실을 감수해야 한다는 것은 공공연한 비밀이었다. 그러나 군인들이 인근 상점에서 위안을 찾을 수 없다면 진먼에서의 생활을 견디기 힘들었을 것이기 때문에, 채무 불이행은 드물었다. 샤오셩위는 3개의 스토리를 회상했는데, 각각의 경우에 군인들은 10만 타이완달러 이상의 엄청난 빚을 지고 있었다. 그럼에도 불구하고 신용과 부채의 회복은 지·아이·조 사업에 관련된 모든 사람들에게 끊임없는 마찰의 원천이었다.

지역 관료들에게 또 다른 우려의 원천은 군수품을 민간 경제로 빼돌리는 일이었다. 천빙렌은 군사 물자의 불법 판매가 재임 중 가장 주요한 두 가지 규율 문제 가운데 하나였다고 말한다. 처음에는 범죄의 규모가 작았다. 낡고 폐기하는 제복이 사회로 팔려나가 군인과 민간인을 명확히 구분할 수 없게 되었다. 군에 채소를 파는 행상인이 재고 과잉이나 유통기한이 지난 물품을 사서 되팔기도 했다. 모두들 군수품 거래 금지를 농담으로 여겼다. 그러나 그 후에 행상인은 불법적인 석유 거래로 옮겨갔고, 이것은 더욱 심각했다. 1963년에는 농업 기계와 어선의 연료가 필요했던 민간인들에게 군사용 연료의 불법 구입으로 엄중한 처벌을 받을 것이라는 경고가 내려졌으나, 문제는 끊이지 않았다. 10년

---

62 LYA, Shanglin, "Zonghe," 1970, Jinmen county police bureau to village offices re "Yanjin guanbing xiang minjian shangdian sheqian," June 21, 1970; LYA, Shangqi, "Zonghe," 1980, Lieyu township office to village offices re "Jiansong fangqu dui minjian ge shangdian banli qiejie shu moshi," June 23, 1980.

후의 마을 집회에서도 여전히 주민들에게 군사용 연료를 구입하지 말 것을 권하고 있었다.[63]

더 큰 우려는 군 당국에 대한 존중과 군 기강에 대한 잠재적인 위협이었다. 민간인 상점주들이 통행 금지를 어기는 군인들을 묵인하는 문제에 관해, 경찰 보고서는 그것을 강제하는 헌병들에게 "군 기강과 공공질서를 해치지 말라"는 민간인 교육을 강화할 것을 요구하고 있다. 정확하게 상점들이 군으로부터의 피난처였기 때문에, 쉽게 노름과 같은 금지 활동을 위한 장소가 될 수 있었다. '자발적' 서약서에는 신용을 제공하지 않겠다는 조항뿐만 아니라 도박을 허용하지 않는다는 조항도 포함되어 있었다. 진면에 관한 귀신 이야기 중의 하나는 도박 문제가 어떻게 군 기강과 민군관계에 대한 여러 가지 우려와 얽혀있는지 보여준다. 이야기는 잡화점 매장 2층에 위치한 마작굴을 배경으로 한다. 등장인물 중의 하나가 말하듯이 "마작은 진면의 모든 곳에 퍼져 있었다." 주인공들은 낯선 사람과 놀면서 밤을 지새우는 군인 3명이다. 그들이 낯선 사람을 거덜낸 뒤에, 그가 떠나자 그들이 딴 돈이 갑자기 죽은 사람의 영혼을 위해 태우는 종이돈으로 변한다. 그들이 가게 주인에게 물어보는데, 그는 낯선 사람이 출입하는 것을 보지 못했다. 그러나 군인들이 낯선 사람의 이름을 말했을 때, 가게 주인은 그가 군인들과 지역의 악당들에게 엄청난 도박 빚을 떠안은 손님이었다는 것을 알게 되었다. 비탄에 잠겼던 그는 진면에서의 복무가 끝나자마자 자살을 하고 말았다.[64]

도박 외에도 지·아이·조 사업체들은 술을 마시는 장소였고, 그래서 종종

---

[63] LYA, Shanglin, township head to Shanglin village office re "Yanjin fei junren chuanzhe junfu junmao," May 14, 1965; Zhenhan, "Datou de chuanqi"; LYA, Shanglin, county government to village offices re "Yanjin zhuanmai junyong youliao," October 1, 1964, 1-398; LYA, Shanglin, "Cunmin dahui," 1965, "Cunmin dahui tuizun yaodian," April 13, 1965.

[64] Wang Kui, *Naogui dang' an,* 106-22.

싸움으로 이어졌다. 자이펀은 가끔 그녀의 분식점에서 싸움이 일어나 말려야 했다고 한다. "한 번은 한 무리의 군인들이 식사를 하고 있었어요. 한 사람이 진먼을 떠나야 해서, 환송식을 하러 모인 것이었죠. 이유는 모르겠지만 그들은 싸우기 시작했어요. 우리는 그들을 떼어놓고 사태를 진정시키려고 했죠. 조사를 받았다면, 처벌을 받았을 겁니다. 그리고 막사에 갇혀 있었을 터인데, 그것은 장사에도 좋을 게 없죠. 그래서 우리는 그들을 진정시켰어요."[65] 만약 민간인들이 연루되었다면, 싸움은 재활 캠프로 보내질 만큼 심각한 위반이 되었다. 이것은 계엄령 말기에 더까 문제가 된 것으로 보인다. 그리고 진먼의 정치적 기능의 핵심이었던 통합의 이미지와 공동의 목적을 위협하는 군인과 민간인 사이의 긴장의 저류를 부각시켰기 때문에 매우 곤혹스러운 일이었다.

지·아이·조 사업에 대한 민간 대중의 큰 의존은 그 대중을 통제하기 위한 추가적인 자원을 만들어냈다. 이런 통제는 군이 직접 행사했기 때문에 민간 정부의 기록물에는 나타나지 않는다. 하지만 자세한 내용이 구술사와 반체제 언론에서 드러난다. 『진먼보도』는 이 통제를 보여주는 1990년대 초반의 몇 가지 이야기를 싣고 있다. 예를 들어, 1991년 5월 술 취한 군인 5명과 민간인 2명 사이에 싸움이 벌어졌다. 다음날 마을 사람들은 한 달 동안 군인들이 마을에 들어오지 못하도록 출입통제(off-limit) 조치가 내려졌다는 소식을 들었다. 군인들이 들어오지 못하도록 마을 입구마다 헌병들이 배치되었다. 2년 뒤에, 소진먼 부두에서 벌어진 싸움으로 인해 군인들이 지역 상점에 오지 못하도록 금지했을 때도 비슷한 일이 있었다.

지·아이·조 사업을 규제할 수 있는 능력은 주민들에 의한 자정노력을 보장하는 데도 이용되었고, 군인과 민간인 사이의 긴장을 완화하기 위해서도 사용되었다. 진먼으로의 자동차 수입은 엄격히 통제되었는데, 민간 자동차가 너무 많으면 군용 차량의 이동을 방해할 수 있기 때문이었다. 1980년대에 현청은

---

65 Zhai Fen 인터뷰.

택시용 차량 80대의 수입을 허가했다. 기록물에는 면허 할당에 사용된 복권에 대한 세부 정보가 담겨 있다. 1984년까지 진먼에는 공식적으로 200대의 택시가 있었다. 그러나 『진먼보도』는 사실 201대의 택시가 운행되고 있었다고 언급한다. 여분의 택시에 대한 이야기는 한 마을 여자가 병영 밖에서 빈병을 수집하다가 군인들에게 강간을 당하고 살해를 당했다는 것에서 비롯된다. 이 문제에 대한 해결책의 하나로, 그녀의 남편에게 택시 면허가 발급되었다는 것이다.[66]

지·아이·조 사업에 대한 의존은 지역민들을 군대에 대한 서비스 제공의 변화에 매우 취약하게 만들었고 또한 전체 병력 수의 변화에도 취약하게 했다. 첫 번째 이슈는 1979년에 일어났는데, 타이완에 비해 상대적으로 비싼 진먼의 물품 가격에 대한 군인들의 불만에 대응하기 위해, 저렴한 가격으로 개인 용도의 물품을 구입할 수 있는 군 매점의 네트워크를 확대하기로 결정한 것이다. 이는 마을 사람들 사이에서 큰 우려를 불러일으켰는데, 주민들은 관료들에게 이런 식으로 생계를 위협하지 말라고 호소했다.[67] 그러나 훨씬 더 심각한 문제는 특정 기지에서 군대가 철수하고, 나중에는 섬 전체에서 군대가 철수한 것이었다. 샤오성위는 소진먼에서 부대가 철수한 것이 가족 사업의 돌이킬 수 없는 쇠퇴의 시작이었다고 회상한다. "1997년에 대대 전체가 철수했죠. 여기가 소진먼에서 군대가 철수한 첫 번째 장소였죠. 경고도 없었어요. 명령이 내려졌고, 한 달 뒤에 부대가 가버렸어요. 그래서 우리는 재고를 처분하기 시작했죠." 부대는

---

66 Jin Mengren, "Jieyanxia Qiangsheng dazuo"; Hong Dahai, "Lieyu junmin jinru lengzhan shiqi"; Lin Genben, "Jinmen baiwan jichengche". 보도에 따르면 전지정무는 지·아이·조 사업에 대한 금수조치 위협을 이용해(단일 후보가 전지정무에 의해 지명된) 지방선거에서 진먼 주민들이 투표하도록 했다고 한다. 이것이 특이하게 높은 투표율을 설명해준다. Luo Deshui, "Liang'an guanxi fazhan yu Jinmen dingwei bianqian zhi yanjiu," 168; "Wugu renku shenmi kongbu," *Shidai zhoukan*, February 1988, reprinted in Liu Jiaguo, *Wo de jiaxiang shi zhandi*: *Jin-Ma wenti mianmianguan*, 17.

67 LYA, Shangqi, "Cunmin dahui," 1979, "Lieyu xiang 67 nian(sic) di'er ci cunmin dahui jianyi shixiang fenban biao."

한 번도 보충되지 않았다.[68] 오늘날 기지 주변에 생겨났던 정착촌은 버려져서 유령도시가 되었다.

결론

타이완으로의 노동력 이주를 제외한다면, 군사화된 근대성은 진먼이 세계 자본주의 시스템으로 통합되는 것을 의미하지 않았다. 오히려 1949년 이후 진먼은 세계의 나머지로부터 거의 고립되었다. 하지만 진먼이 이념의 세계적인 유통으로부터 단절된 것은 아니었다. 1949년 이후 진먼 당국의 경제정책은 세계적 발전 담론의 국지적인 변주곡이었다. 공산권과 비공산권 국가를 가리지 않고, 이 지역 전체에서 국가들은 토지소유권을 개혁하고 산업 발전을 이끌었다. 그러나 진먼에서는 타이완으로부터의 수입에 대한 의존을 줄이는 것이 군사적 이익에 도움이 된다는 것을 제외하고, 이 정책들은 주로 경제적 성과를 목표로 한 것이 아니었다. 또한 그 목표들은 체제의 내부 지지세력을 육성하고 혁명단체들의 침투를 막는다는 좁은 의미에서의 정치적인 것도 아니었다. 오히려 이 정책들은 진먼의 주권정부가 그들의 적과 대안보다 우월하다는 점을 과시하기 위한 것이었다. 전지정무는 지정학적 프로파간다로서의 발전국가였다. 전반적으로 이 정책들은 그다지 효과적이지 못했다. 여러 면에서 타이완의 경제 기적은 진먼을 비켜갔다. 지역 경제의 상당 부분이 비공식적이었기 때문에 의미있는 비교를 하기는 어렵지만, 진먼의 소득 수준은 타이완보다 훨씬 뒤떨어졌다. 그 기본적인 이유는 명백하다. 지정학적 이유 때문에 진먼에는 산업투자가 거의 없었다. 대규모의 인프라 투자가 있었지만, 그것은 주로 군사적인 우려에 의해 추진되었다. 타이완에서 그리고 더 최근에는 중국본토에서 발전에 핵심적인 역할을 담당했던 국가 경제자산의 점진적인 분할과 그에 따른 기업가 정신의 증가가 진먼에서는 일어나지 않았다. 섬에 있던 몇 안 되는 대규모 사업체들

---

68   Xiao Shengyi 인터뷰.

은 여전히 국유로 남아있다. 많은 젊은이들이 섬을 떠났고, 대부분은 타이완으로 이주했다. 이런 인구유출에도 불구하고 많은 주민들이 농민으로 계속 살아가고 있었다. 한 사람이 공무원이나 교사 혹은 군인이고, 다른 사람들이 농사를 계속 짓는 특정한 가사분담 노동은 매우 흔해졌다. 농사일과 가족 지·아이·조사업을 돕기 위해 많은 수의 아이들이 학업을 포기한 것은 진먼이 단순히 근대화의 대안적인 길을 추구하고 있다는 생각을 더욱 복잡하게 만들었다. 국가 주도의 발전이 진먼 경제를 타이완과 같은 수준으로 근대화시키지는 못했지만, 그럼에도 불구하고 민생은 획기적으로 개선되었다. 그러나 이러한 개선이 개인과 가계의 기업가정신만큼 국가 정책에서 기인한 것은 아니었다. 소-자본주의는 억누를 수 없었다. 그것은 민간의 소득을 증가시키는 일련의 새로운 인센티브에 대응하여 수천의 민간 가정이 결정한 것이었다.[69] 그들의 행동은 조달 예산과 군인들의 봉급을 통해 국방부로부터 민간 경제로 대규모의 자금 이전을 만들어냈다(그림 9.6).

이런 식으로 프레임이 만들어진 진먼의 이야기는 또한 세계화가 지역에 미치는 효과를 예시해주는 듯하다. 마크 버거(Mark Berger)는 세계화 프로젝트가, 이윤을 극대화하고 소비 지향적인 개인을 보편적인 개발 주체로 삼는 신자유주의적 접근에 의해, 국가의 역할에 초점을 맞추는 발전 담론의 쇠퇴로서 이해될 수 있다고 주장한다. 버거는 이것이 일부의 예상대로 민족국가의 종말을 암시하는 것이 아니라 그 역할의 변화를 의미한다고 덧붙인다.[70] 진먼에서 지정학화와 군사화는 이 과정을 매우 특유하게 만들었다.

진먼의 특유한 경제 상황에 대한 정치적 결과가 있다. 1970년대와 1980

---

69 이 과정은 주(Kate Xiao Zhou)가 중화인민공화국에서의 농촌경제 성장을 체계적이지 않고, 리더가 없으며, 비이데올로기적이고, 비정치적인 운동으로 설명했던 것과 유용하게 비교될 수 있다(SULNAM). *How the Farmers Changed China: Power of the People.*

70 Zhonghua Minguo Taiwan diqu guomin suode, 2001, 115; http://www.stat.gov.tw/public/data/dgbas03/bs4/94yb/indexl/indexl-2.xls(accessed November 22, 2007).

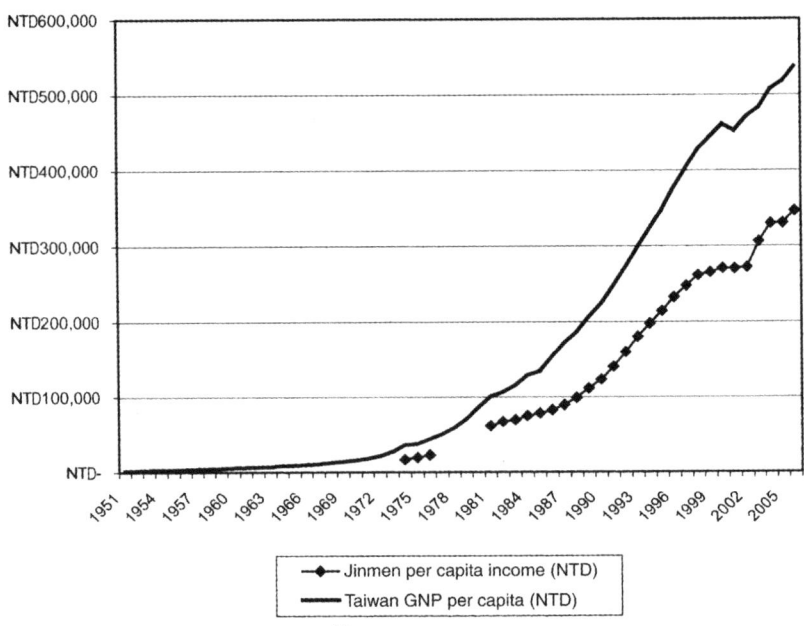

그림 9.6 타이완과 진먼의 일인당 소득[71] (실선은 타이완, 점선은 진먼의 일인당 소득)

년대에 전반적인 소득 수준이 상승하고 있었지만, 초창기 중산층은 전적으로 군대 주둔에 의존하고 있었다. 민간과 군사 조직들 사이에는 상대적으로 많은 수의 관료들이 있었는데, 그들 중 다수는 타이완에 집을 유지하고 있거나 이주할 계획을 세웠다. 그래서 진먼의 중산층은 타이완을 비롯한 다른 곳에서처럼 정치개혁과 민주화, 비무장화를 추진하는 데 있어서 유사한 역할을 하지 못했다. 마지막으로, 그 자체가 지정학화의 기능인, 군사 지출에 대한 높은 의존도는 진먼이 1990년대에 섬 사회를 심오하게 재편한 지정학적 맥락의 변화에 극도로 취약하게 만들었다. 이런 점에서 진먼의 경험은 초강대국을 포함하여 전 세계의 다른 군사 기지 경제들과 매우 흡사하다.[72] 국가 안보에 대한 위협과 경제발전 간의 상호연계는, 비록 구체적인 결과는 다를지라도, 서로 다른 장

---

71 Berger, *Battle for Asia*, 1-2.

72 Catherine Lutz, *Homefront:A Military City and the American Twentieth Century*.

소에서 유사한 불확실성과 도전을 만들어낸다. 여느 곳과 마찬가지로, 진먼에서도 민족국가들 사이의 지정학적 투쟁은 주민들이 움직이는 맥락에 크게 책임이 있었지만, 주민들의 경제적 운명을 크게 좌우한 것은 그들 자신의 결정이었다.

제10장 여성의 삶: 군영 내 공창, 행진, 동원된 근대의 상징들

뤼지앙(Lü Jiang)의 1984년작 단편소설 『두 아버지』에서 타이완 남부 마을의 한 교사는 그의 제자 중 한 명의 복잡한 가족 구성을 이해하려고 애쓴다. 그가 알기로, 그 아이는 유아기에 버려져서 두 명의 본토 출신 노병과 그들의 공동 부인으로 구성된 가정에 입양되었다. 아이의 어머니는 습관적으로 인사불성이 될 때까지 마셔대곤 하는데, 그녀는 열세 살에 부모에 의해 매춘가로 팔려왔다고 설명한다. 여러 해가 지나, 그녀는 진먼임에 틀림없는 연안의 한 섬에서 군이 운영하는 공창가에서 일하게 되었다. 그곳에서 그녀는 그의 남편이 된 두 고객을 만났다. 그들은 지금 타이완에서 새롭지만 관습에 얽매이지 않는 삶을 모색한다.[1] 뤼지앙이 자세히 들어가지는 않았지만, 아마도 이 여인은 아직 진먼에 있는 버려진 공창가 중 하나인 샤메이(Shamei)에서 일했을 것이다. 오늘날에는 쉽게 그 콘크리트 벽을 가늠해 볼 수 있다. 방문객은 두 개의 긴 건물 사이

---

1 Lu Jiang, "*Liangge baba,*" in *Lu Jiang ji,* 121-147. 이 여성이 타이완 원주민 부족의 일원이라는 힌트가 이야기에 담겨 있다. 젠더 정치 및 존경할 만한 여성과 매춘부 사이의 관계는 보통 종족성(ethnocity)과 아종족성(sub-ethnicity)에 대한 관념을 통해 연결된다. 진먼의 성매매 역사에서 한족이 아닌 원주민, 타이완 출신의 한족, 본토에서 온 한족 간의 구별이 어떻게 작용했는지는 알려지지 않았지만, 잠재적으로 매우 중요한 부분이다.

에 형성된 건물로 들어간다. 각 건물은 문 위에 번호가 붙은 12개의 동일한 방들로 나뉘어 있다. 작은 방 곳곳에 잔해가 널려 있는데, 더블 베드와 물대야, 옷장 등 원래의 가구가 보존되어 있는 곳들이 많다. 한 방에는 파일과 회계 장부의 내용물들이 흩어져 있다. 텍스트와 물질적인 것, 이 두 자료가 우리를 흔히 831로 불리는 진먼의 군영 내 공창 시설로 안내한다. 831의 역사는 계엄령 기간의 군사화, 성, 젠더의 관계로 우리를 이끈다.

진먼의 군사화는 여성과 남성에게 다르게 체험된 젠더화된 현상이었다. 여성은 남성과 마찬가지로 국가를 위해 종사하도록 동원되어야 했다. 하지만 동원은 여성과 남성에게 다른 양상을 띠었다. 이 차이들은 남성과 여성에게 적합한 서로 다른 정체성과 행동에 대한 이데올로기와 근본적인 문화적 논리에 의해 형성되었고, 군사화는 각 성별에 적합한 것에 대한 생각을 바꾸는데 기여했다. 공식 문서와 선전물은 일반적으로 여성을 두 가지 원형이나 상징, 즉 군인과 아내-어머니라는 시각에서 묘사한다. 구술사는 여성과 남성 모두를 매춘부와 지·아이·조 사업가라는 다른 범주로 구분한다. 이것들은 단순한 이념적 구성물에 머무르지 않는다. 이것들은 여성이 일반적으로는 사회와 그리고 특별히 군대와 관계를 맺는 실제적인 방식에 근접하게 일치한다.[2] 군사화된 것은 군인들뿐만 아니라 네 가지 범주의 여성들 모두였다(지·아이·조 사업가의 경우 이미 앞선 장에서 논의되었으므로 여기에서는 더 다루지 않는다). 하지만 신시아 인로(Synthia Enloe)가 지적하듯이, 다른 방식으로 군에 종사했던 여성들은 자신들을 공유된 여성성이나 공유된 군사화에 의해 함께 묶인 것으로 보지 않는 경향이 있다.[3] 각 범주의 구성원이 된다는 것은 국가에 봉사하는 자기희생적 여성의 이

---

2   이 접근법은 계엄령 하의 타이완이 남성은 전쟁으로 동원되고 여성은 "매춘부 아니면 어머니의 범주를 통해 사회적 비이동성"으로 축소되는 성별 분업에 기반을 두고 있었다는 존 솔로몬(John Solomon)의 주장에서 빌려온 것이다. "Taiwan Incorporated: A Survey of Biopolitics in the Sovereign Police's Pacific Theater of Operations," 237.

3   Enloe, *Maneuvers*, xii.

상적인 상에 대한 특별한 표현을 요구하였다. 이 장에서는 세 주제를 부각하기 위하여 여성에게 할당된 다양한 역할을 살펴볼 것이다. 첫째, 군사화는 특정한 형태의 여성성과 남성성으로 사회의 성별화에 의존하였다. 둘째, 다른 곳과 마찬가지로 진먼에서도 전통과 문화적 진정성이 근대성 속으로 구현됨으로써 여성에 대한 가부장적 관념이 구성되었다. 하지만 군사화는 이 관념을 복잡하게 만들었다.[4] 셋째, 군사화된 근대성의 성별화는 단순히 국가에 의해 부과된 것이 아니며, 또한 이러한 성별화가 자신의 주체성을 형성하는데 결정적인 역할을 담당했던 관련 여성들의 행위성에도 관여했다. 전쟁 지역에서 남성과 여성의 서로 다른 기대에 대한 질문들이 이 작업을 통해 풀리겠지만, 젠더와 젠더에 따른 역할의 문제를 구분하는 것은 여전히 유용하다. 왜냐하면 규제와 개혁을 위한 특별하고 중요한 영역으로서, 성(sex)과 젠더(gender)를 구별한 것이야말로 바로 군대와 민정 당국이 했던 일이기 때문이다. 이제 우리는 이러한 국가 노력의 결과들이 어떻게 다른 문제들과 얽혀있는지 좀 더 명확하게 알 수 있을 것이다.

1949년은 현지 생활의 다른 많은 측면과 마찬가지로 젠더 관계에 있어서도 전환점이었다. 하지만 계엄령 이전의 전통적 젠더 체계와 그 이후의 근대성 사이를 깔끔하게 대치시키는 것은 지나친 단순화일 것이다. 사람들은 종종 섬에서의 생활이 1949년 이전에는 아주 전통적이었다고들 말하지만, 진먼이 영속적이고 불변하는 양식에 갇혀 있었던 것은 아니다. 1930년대의 신문들은 진먼에 근대적 여성을 만들고자 노력하는 장황한 기사들로 가득하다. 그럼에도 불구하고 1949년에 군인들이 도착했을 때, 그곳은 중매결혼이 이루어지고 여성들은 외간 남자와 접촉을 피해야 하는 사회였다. 따라서 민가에서 군인들이 숙박하는 것은 공(公)과 사(私), 내(內)와 외(外) 사이의 익숙한 이분법을 깨뜨리

---

4 Partha Chatterjee, *The Nation and Its Fragments*; Duara, *Sovereignty and Authenticity*.

면서 현지의 예절 기준에 즉각적인 도전이 되었다.[5] 모든 군사화된 사회에 살고 있는 사람들이 공유하는 더 큰 문제는 성폭력의 위협이었다. 강간은 군대라는 동성사회적(homosocial) 세계와 민간 대중이 교차한 무언의 결과였다.

1950년 초반의 긴장된 분위기 속에서 민간인을 상대로 한 군인들의 성폭력 사건이 흔했던 것으로 보인다. "샨호우(山后), 샨와이(山外), 진청(金城)에서는 많은 여인들이 강간을 당했어요. 모두 그것에 대해 말했죠. 성폭행을 한 군인들은 매우 엄한 처벌을 받았지만, 어쨌든 그런 일이 벌어졌죠. 강간당한 소녀들은 항상 타이완 본섬으로 떠났어요. 무슨 일이 일어났는지 모두가 알고 있었기 때문에, 이곳에 머물 수가 없었죠." 정보제공자들은 결혼식날 밤에 거절당한 군인이 신부를 쏜 이야기, 군인의 접근을 거부한 한 화교 부인이 두 아이들과 함께 살해당한 이야기, 며느리를 강간하려는 군인을 막다가 살해당한 한 남자의 이야기 등 소름끼치는 이야기들을 떠올린다.[6] 후롄이 현지인들의 기억에 긍정적인 인상으로 남아 있는 이유 중의 하나는 그가 군인들에게 규율을 부과해서 다른 문제들과 함께 강간이라는 재앙으로부터 민간인들을 해방시킨 공로를 인정받았기 때문이다. 많은 진먼인들의 눈에 강간 문제를 다루는 후롄의 주요 방법은 군 공창이라는 틀을 만드는 것이었다.

매춘부로서의 여성

군 공창 시스템에 관한 이야기는 군인과 여성의 성적 관계에 대한 규제의 역사를 추적할 수 있게 해준다. 내가 확인할 수 있는 한, 진먼 출신 여성들이 직접적으로 성 노동자로 관여한 적은 없다(몇몇 현지 남성들은 매춘 사무에 관여했다). 그럼

---

5   젠더를 불안정하게 만든 것은 남성 병사의 존재뿐만이 아니다. 여성 병사는 그 존재만으로도 젠더를 불안정하게 만들었다. 이런 시각에 대해서는 다음을 보라. *Nu qingnian dadui fangwen jilu*.

6   Lin Manqing 인터뷰; Lin Meilan 인터뷰; Wang Zhupan, *JMMFFT*, II:182.

그림 10.1 **1950년대의 군 공창** 양쪽 기둥에는 복무삼군(服務三軍), 고무사기(鼓舞士氣)라고 적혀있다. 정면에는 금문군낙원(金門軍樂園)이라는 명패가 보인다.(진먼현 문화국 허가)

에도 불구하고 두 요인으로 인해 이 부분을 책에 포함시킬 필요가 있다. 첫째, 그리고 가장 중요한 것으로, 군 공창제도는 군사화의 전 체제와 민군관계 관리의 중요한 일부였다. 둘째, 진먼 여성들이 비록 직접 관여되지는 않았더라도 이 시스템은 그녀들에게 중대한 결과를 가져왔다. 나는 전직 성 노동자들을 인터뷰하지 않기로 결정하였다. 그들의 증언이 없어도, 다양한 출처의 문서들과 함께 현지 남성 및 여성의 회고록과 구술사를 통하여 진먼의 군사 매춘의 역사를 재구성할 수 있다. 이 접근의 주된 단점은 가장 중심적이고 가장 취약한 참여자들의 목소리를 배제함으로써, 이 시스템의 더욱 잔인하고 비인간적인 요소를 최소화하거나 흐릿하게 할 위험이 있다는 점이다.

오늘날 샨와이 마을에서 서점을 운영하는 천창칭은 1965년 19세의 나이로 진먼방위사령부의 정무국 직원이 되었다. 그곳에서 그는 군의 매점, 극장, 이발소, 세탁소를 포함하여 부대를 위한 다양한 사회복지의 공급을 책임졌다. 그의 가장 중요한 일은 군영 내 공창 시스템을 관리하는 것으로, 이 공창은 공식적으로는 "군중낙원(軍中樂園)" 또는 "특약다실(特約茶室)"로 알려져 있지만 항상 "831"이라고 불렸다. 대부분의 사람들은 831이 공창에 할당된 전화 교환번호라고 했지만, 천씨는 이것이 틀렸다고 했다(그리고 그는 증거로 옛 공창의 전화번호를 기억해 낼 수 있었다). 그는 831이 여성 음부의 속된 표현에 해당하는 중국 전신 코드인 83111에서 왔다고 했다. 그에 따르면 군대에서는 831이 여성을 가리키는 속어가 되었다고 한다.[7]

  공창의 설립은 강간의 극적인 감소를 가져왔다고 일상적으로는 인정받고 있다. "특약다실은 진먼의 공공질서에 큰 향상을 가져왔습니다." "진먼에 군대가 처음 왔을 때는 규율이 없었어요. 싸움, 절도, 강간 등이 많이 일어났지요. 1951년에 처음으로 군중낙원이 진청에 생겼고, 그제야 강간의 횟수가 크게 줄고 공공 안전이 확보되었지요."[8] 군사 수가 늘어남에 따라 새로운 공창들이 설치되었고, 천씨가 일을 맡았을 즈음에는 각각 10~40명 정도의 성노동자가 일하는 공창이 모두 10개에 달했다. 초창기 831시스템의 수장은 상하이에서 온 늙은 포주이자 공창 소유자였다. 직원의 대부분은 제대 군인들이었지만, 몇몇 현지인들이 문지기, 경리, 경비원으로 일했다. 그들은 전지정무의 고용인이었고, 전지정무의 제5국이 831의 관리를 담당했다. 군대와 국가가 직접적으로 성매매에 관여하고 있지 않다는 인상을 주기 위해 전형적으로 주의 깊은 노력을 기울였던 20세기의 다른 사회들과는 달리, 공창들은 명백하게 군의 일부였다. 이 점은 전략, 행정적 틀, 이윤과의 연관성을 밝혀내기 위해 군사화라는

---

7 Chen Changqing 인터뷰.

8 Wu Wuquan, *JMMFFT*, II:96; Zhang Qicai, *JMMFFT*, I:214-15. 후롄이 시스템을 구축할 때 영감을 얻은 근원에 대해 아는 사람은 아무도 없다. 그는 회고록에서 이 문제를 다루지 않았다. 제2차 세계대전 당시 일본군 위안소의 영향을 받았는지, 미 군사고문단(MAG)이 해결방안을 제시했는지, 민간인에 대한 성폭행 문제를 다루기 위해 장교들에 의해 평후에 만든 모델을 본떠 만든 것인지 등의 설명이 가능하다. Xie Huihuang, "Jun leyuan de chuangyi ren."

더 큰 프로젝트에 831을 배치하는 것을 상대적으로 쉽게 만들어준다. 1954년도 진먼방위사령부 예산에는 군영 내 공창에 대한 항목이 있어서, 새 공창을 짓고 새로운 성노동자를 모집하며 그들의 위생과 정치의식을 감독하는데 필요한 비용을 포괄하고 있었다. 그렇지만 천씨에 따르면, 831의 실제 운영에 있어서는 나이든 포주에 의해 사실상 개인사업으로 효율적으로 운영되었다. "주요 부대의 지휘관, 조달 담당 장교들과 좋은 관계를 유지하고, 매달 수익금을 납부하는 한, 기본적으로 그가 좌지우지했지요."[9]

진먼의 많은 사람들은 831의 성노동자들이 타이완의 허가된 매춘 제도 밖에서 성매매를 한 혐의로 유지판결을 받은 매춘부라고 믿었다. 1960년의 한 잡지 기사는 타이완에서 길을 걷다가 체포되어 감옥과 진먼 831에서의 종사 가운데 선택하도록 강요받은 한 젊은 여성과의 인터뷰가 실려 있다. 하지만 성노동자들이 자발적으로 왔다는 근거들이 더 있으며, 모집 과정에 대해서는 많은 정보가 있다.[10] 물론, 다른 시공간의 매춘의 역사는 매춘이 자유롭게 선택된 직업이었던 적이 매우 드물며, 전형적으로 폭력, 빈곤, 선택지 부재의 조합 결과라는 사실을 말해준다. 아버지가 공창에서 스낵 바를 운영했던 천아이링은 그녀가 알던 대부분의 성노동자들이 비슷한 비극적 과거를 공유하고 있었

---

9 GFBA, 00002716, "Jinmen fangwei siling bu 43 niandu shizheng jihua," 1955; Chen Changqing, *Zouguofenghuo suiyue de Jinmen teyue chashi*, 16.

10 Gu Yan, "Junzhong leyuan tanmi," 16-17; Chen Changqing, *Jinmen teyue chashi*, 36 ff. 전지정무 관료 및 공창에서 일했던 남성 등 양쪽의 정보제공자들은 매춘부들이 자발적으로 진먼에 왔다는 입장을 고집한다. 이것이 정확하든 그렇지 않든, 이러한 주장은 과거의 기억이 어떻게 현재적 관심사에 의해 형성될 수 있는지를 보여주는 또 다른 예일 것이다. 12장에서 보게 되겠지만, 1980년대 후반 타이완의 야당 정치인들은 국민당 정부가 군 위안소를 운영한다고 비난하기 시작했다. 그들은 당시에 국제적인 캠페인이 커지고 있던 제2차 세계대전 시기의 일본군 성노예, '위안부'와의 유사성을 지적했다. 그래서 정보제공자들이 831의 매춘부 모집이 자발적이었다고 강조할 때, 그들이 실제로 하고 있는 것은 이 비교의 타당성을 부정하는 것이다.

다고 회상한다. 몇몇은 청소년 때 매춘부로 팔려갔으며, 다른 사람들의 경우 빈곤, 문맹, 대안의 부재가 성매매로의 진입을 설명해준다. 그들은 각각 다른 이유로 연안의 섬들로 왔다. 몇몇은 타이완에서 손님을 끌기에는 너무 늙었고, 몇몇은 진먼의 긴축정책이 돈을 더 쉽게 저축할 수 있게 하여 성매매를 더 일찍 그만두기를 바랐다. 제도의 만행에도 불구하고 많은 이들이 진먼의 익명성을 환영했다. "여기서는 아무도 그들을 몰라요. 그게 그들이 여기 온 이유죠." 일과 후에 천씨는 성노동자들이 그들의 가족에게 편지 답장을 쓰는 것을 돕곤 했다. "그들은 그냥 말하고 싶었던 거죠. '나는 잘 지내요. 가족들이 잘 지내길 바라요. 전 좋은 직업이 있어요. 돈을 좀 보내드려요.'"[11]

매춘부들의 비극적인 과거 외에도, 이 제도는 아시아의 다른 곳에 있었던 군사화된 매춘과 많은 공통점을 가지고 있으며, 제도의 운영은 한국이나 다른 곳의 미군에게는 익숙했을 것이다.[12] 새 매춘부가 진먼에 오면, 티켓 부스 옆의 게시판에 그녀의 사진이 방 번호와 함께 걸렸다. 고객은 특정 번호의 티켓을 구매한 후에 차례를 기다렸다. 군인들은 자리를 지키기 위해 번호가 붙은 방 바깥에 자신의 헬멧을 세워두었다. 문 밖에 늘어선 헬멧 줄의 길이를 통해 누가 인기가 있는지 알 수 있었다. 큰 규모의 831에서는 당구대나 간이식당이 설치되어 기다리는 군인들에게 유흥거리를 제공해 주었다. 1950년대와 1960대에 공창은 언제나 분주했다. 전체 부대가 외출하던 날에는 831의 안뜰이 "영화관보다 더 붐비었다." 공창은 일주일 내내 열었고, 오전 8시에서 11시 30분, 오후 1시에서 오후 5시, 오후 6시에서 통금이 있는 오후 9시까지 3교대로 운영되었다. 유일한 휴식은 군인들이 정치 교육을 받느라 바쁜 목요일이었다. 831의 목요일 아침은 위생에, 오후는 군의관에 의한 의무적인 의료 검진에 할당되었고, 저

---

11 Chen Ailing 인터뷰.

12 예를 들어, 캐러린 문의 아메리카 타운에 대한 묘사와 비교해 보라. Katharine Moon, *Sex Among Allies: Military Prostitution in US-Korean Relations*, ch. 1.

녁 시간에는 영업이 평상시처럼 재개되었다.[13]

성 노동자들을 인터뷰하지 않고서는 그들이 어느 정도로 손님을 받았는지 정확하게 알 수 없다. 고의적으로 센세이셔널한 글을 쓰는 리아오는 전형적인 고객 수가 하루에 30에서 40명이었고, 50명보다 많은 손님을 받은 여성은 공창으로부터 상을 받았으며, 새 기록이 세워졌을 때는 폭죽을 터트렸다고 쓰고 있다. 1950년대 후반에 마주의 공창에서 일한 전직 소년병인 샹핀자이는 하루 고객 수가 60명 정도였다고 말한다. 리아오는 성노동자들이 할당량을 채우지 못하면 처벌을 받았고 때로는 맞기까지 했다고 한다. 천창칭은 하루에 10에서 20명조차도 과장이며, 충분한 고객을 받지 않는 여성은 그냥 타이완으로 돌려 보냈다고 지적하면서 이에 반박한다. 공창이 완전히 민영화된 1980년대 중반의 규제는 하루에 10명의 고객을 최저기준으로 삼았다. 석 달 동안 매달 300장의 티켓을 팔지 못한 여성은 해고 대상이었다.[14]

1950년대에 병사들의 월급이 7~12타이완달러였고 장교들의 경우 18타이완달러 이상이었는데, 성매매 비용은 징집병의 경우에 10타이완달러, 장교의 경우 15타이완달러였다. 천씨는 일부 노병들이 월급 전부를 831을 방문하는데 썼다고 자랑했던 것을 떠올린다. 믿을 만한 정보가 있는 다음 시기는 1986년으로, 진먼방위사령부의 보고에 따르면, 장교는 250타이완달러, 하사관은 200타이완달러, 징집병은 150타이완달러였다. 이 시기에 징집병의 월급이 수천 타이완달러로 오르긴 했지만, 그렇다고 반드시 성매매 가격이 떨어졌다는 것을 의미하진 않는다. 이제 티켓 한 장으로는 오직 7분짜리의 한 "세션"만 구입할 수 있었으므로, 고객들은 보통 여러 장의 티켓을 구입했다. 시기를

---

13 Chen Changqing 인터뷰.

14 Li Ao, *Zhongguo xing yanjiu*, 229; Sang Pinzai, *An yu An*, 100; Jinmen jingchaju(police bureau) archives(hereafter JMJCJA), Item 75 caigan 1191, November 2, 1986; Chen Changqing 인터뷰.

통틀어 일반적인 규칙으로서, 성매매 여성은 소득의 60%를 가져갔고 40%는 831이 차지했다.[15] 이것은 성매매 여성들에게 티켓 시스템을 우회할 강한 동기가 있었음을 의미하며, 그들이 정규 시간 이외에 고객들을 할인된 가격으로 만났다는 것은 공공연한 비밀이었다.

전성기에 금문도의 831시스템에는 250명 가량의 성노동자가 있었다. 고객 수에 대한 믿을만한 숫자 없이 시스템이 창출한 자금의 액수를 결정하는 것은 불가능하다. 하지만 낮은 수치를 가정하여 하루에 10명의 손님이 오고 손님들이 모두 징집병이었다고 하더라도, 대충 계산하면 매달 75만 타이완달러라는 금액이 나온다. "공창 관리자들은 엄청난 돈을 벌 수 있었죠. 다들 진먼에 큰돈이 있다는 걸 알았어요. 왜냐하면 그건 섬에 갇혀 있는 시장이었으니까요. 타이완에서 전성기를 보내버린 여자들도 여전히 돈을 벌 수 있었죠." 천씨에 의하면, 진먼방위사령부에 보내진 자금은 세탁, 목욕, 도서관, 이발, 극장 유희, 다양한 대회를 위한 상품 등 병영의 군인들을 위한 복지 활동에 사용되었다.[16]

831의 최고 전성기는 1950년대 후반으로, 병력 수가 가장 많았고 다수의 병사들이 본토에서 온 노병이었다. 이들에게는 공산당에 대한 국민당의(이미 지체된) 승리와 본토로의 복귀 이전에는 결혼과 가정생활의 희망이 거의 없었다. 이 문제에 대한 역설적인 표현으로서, 831에는 "결혼 스타일"이라는 특별한 범주의 서비스가 있었다고 한다. 더 높은 가격에, 군인은 매춘부와 식사를 하고 그녀의 방에서 하룻밤을 묵을 수 있었다.[17] 공창의 규칙은 매춘부들이 고객들과 관계를 형성하는 것을 금지했지만, 매춘부와 군인이 관계를 발전시키고 심지어 결혼까지 하는 경우가 종종 있었다. 이 커플들의 다수는 타이완으로 이주

---

15   Chen Changqing 인터뷰; JMJCJA, no item number, "Guofangbu Jinmen teyue chashi guanli yuanze."

16   Li Ao, *Zhongguo xing yanjiu*, 268; Chen Changqing, *Zouguo fenghuo suiyue*, 46.

17   Li Ao, *Zhongguo xingyanjiu*, 287n13.

했지만, 결국 진먼으로 돌아왔다. "노인들은 다 알고 있었지만, 아무 말도 하지 않았어요."[18] 노병들은 시도했다가 좌절하는 일이 더 흔했다. 결혼하겠다고 약속한 후에 장교로부터 큰 돈을 빌리고 결혼을 거절해서, 결국 장교가 그녀를 죽인 유명한 사례가 있다.[19] 1958년 위기 도중에는 진먼의 다른 모든 생활처럼 공창들도 문을 닫았다. 하지만 중화인민공화국이 포격 중단을 선언하자마자 다시 문을 열었고, 공산주의자들이 "홀숫날에 쏘고 짝숫날에 쉰다"면 831은 "짝숫날에 쏘고 홀숫날에 쉰다"는 농담이 생겼다. 하지만 이 시스템은 곧 오랜 쇠퇴기를 겪는다. 1960년대 초반까지 점점 더 많은 수의 병사들이 타이완에서 징집되었다. 그들은 본토인들보다 어렸고, 군에서 제한된 기간 동안 복무했으며, 많은 수가 타이완에 여자친구를 두고 있었다. 대부분 타이완으로 돌아가 결혼하기를 기대했다. 그래서 831이 군 복무 기간 동안 이성적 욕망의 유일한 합법적 배출구로 남아 있었지만, 그것은 본토 출신 군인들처럼 남은 인생 동안 기대할 수 있는 유일한 배출구는 아니었다. 매춘에 수입 전부를 썼다고 자랑하는 군인들은 더 이상 없었다.[20] 성매매가 침체하면서 모집이 줄었고 매춘부들은 나이가 들었다.

성노동자와 현지 주민들 사이의 관계는 시간이 지남에 따라 그리고 민간인들의 연령대에 따라 달랐던 것 같다. 어쩌면 831 이전의 개인적 기억이 있어서인지, 나이 많은 민간인들은 대개 온정적인 관계를 이야기했다. "그들은 그들의 일을 하고 있었을 뿐인데, 어째서 그들을 비난하나요?" "우리는 그들로부터

---

18 Chen Changqing 인터뷰.

19 Chen Changqing, *Zouguo fenghuo suiyue*, 49-50.

20 이러한 전환은 호우샤오샨의 1986년 영화 *Dust in the Wind*(*Lianlian fengchen*)의 한 장면에 포착되어 있다. 병영의 레크리에이션 센터에서 나이든 두 명의 군인이 가장 좋아하는 831 매춘 여성에 대해 이야기하면서 여성들을 숫자로 언급한다. 타이완 남부의 시골 출신인 젊은 징병 군인인 주인공은 농담에 참여하지 않고 마을의 여자친구를 그리워한다.

돈을 벌었는데 어떻게 무례해질 수 있겠어요?"[21] 하지만 시간이 지남에 따라 차별이 커졌던 것 같다. 젊은 정보제공자는 다음과 같이 말한다. "우리 민간인들은 매춘부에 대해 나쁜 인상을 가지고 있었죠. 향수 냄새를 풍겼고 너무 드러내는 옷을 입었어요. 하지만 씀씀이가 커서 아무도 그들 면전에 대고 무례하게 굴지 못했죠. 시장 이외에는 매춘부와 민간인 사이에 접촉이 거의 없었어요." "우리는 그들을 차별했죠. 만약 당신이 그들 옆자리에 앉으면, 사람들이 수군거릴 거에요."[22] 심지어 오늘날에도 현지인들이 타이완에서 온 관광객에 대해 말할 때, 그들은 종종 너무 튀거나 성적으로 보여서 부적절하게 차려입은 것으로 보이는 여자들에 대해, "831 계집애 같네"라고 말한다.

진먼의 평범한 남성 거주자들에게 831은 신비의 장소였다. 민간인이 831을 이용하는 것은 엄격하게 금지되었다. 831에서 일했던 현지인들은 친구들을 데려오라고 끊임없이 압박을 받았다.[23] 하지만 이것은 아주 심각한 범죄였다. 만약 발각되면 고객이 되려던 사람과 연락책 모두 교화소에 가야 할 수도 있었다. 공무원들에게는 민간인들과 성노동자들 사이에 엄격한 분리가 유지될 수 있도록 하라는 지시가 종종 내려졌다. 1965년에 한 지휘관이 작성한 메모는 공창을 지키는 헌병들에게 군인이 아닌 사람들이 공창에 숨어들지 못하도록 경계하라고 지시하고 있다. 경찰은 성노동자들을 유인해서 공장 밖의 민간인들과 거래하지 못하도록 지역의 "불순분자"들을 주의 깊게 감시했다. 이러한 분리는 지속적인 관심사였다. 10년 뒤에도 현장(縣長)은 민간인과 종사자들이 "부적절한 성행위에 관여"하지 말라는 명령을 반복했다. 명령의 나머지 부분은 매춘부와 군인들 사이의 더 많은 유사점을 시사한다. 지·아이·조 상점이 군인들에게 외상을 주지 못하게 되어 있었던 것처럼, 민간인들은 매춘부에게 돈을 빌려

---

21 Zheng Mingxin 인터뷰.
22 Chen Changqing 인터뷰; Chen Ailing 인터뷰.
23 Many informants report a black market in 831 tickets.

주거나 그들과 도박을 하지 말라는 명령을 받았다.[24]

성산업은 특정한 부류의 남성이 오직 특정한 부류의 여성과만 성관계를 하도록 분류되고 범주화되고 구조화되어 있다. 장교와 징집병 사이의, 군인과 민간인 사이의, 국가로부터 봉급을 받는 이들과 그렇지 않은 이들 사이의 구분은 유지되어야 했다. 군의 성(military sex)은 규율된 성이었다. 공창 밖에 붙어 있는 규제 사항들은 고객들이 술에 취하지 말고 정돈된 옷차림을 하도록 요구하였다. 군의 성은 또한 "과학적인" 성으로서, 건강과 위생을 보장하기 위한 다양한 조치들이 있었다. 이를테면, 성관계 전에 고객들이 물을 마시고 이후에는 소변을 보도록 한 요구사항과 같이, 몇몇 조치들은 성병 예방이라는 좁은 의미의 목적을 달성하기 힘든 것들도 있었다. 그러나 이 조치들은 보다 큰 공익을 위한 성의 규제와 관리를 향한 충동을 반영하고 있다. 타이완의 군영 내 공창에서 리아오는 "쾌락"에 대한 부분을 가진 규칙들을 발견했다. 성적 즐거움을 보장하기 위한 규제 중에는 다음과 같은 것들이 있다.

서비스 노동자의 건강 검진서를 조사할 것.
부상을 예방하기 위해 질에 천천히 삽입할 것.
즐거움을 누리는 동안, 자신의 지식과 책임을 망각하지 말 것.[25]

---

24 LYA, Shanglin, "Cunmin dahui," 1965, "Cunmin dahui tuizun yaodian," April 13, 1965; LYA, Shangqi, "Anquan yewu," 1980, county government instruction re "Minzhong bude yu fangqu teyue chashi shiyingsheng sheji dubo…,"March 21, 1980; Chen Changqing 인터뷰. 군 공창을 이용하는 민간인에 대한 규정의 예외는 1980년대에 타이완 출신의 사관들과 교사들에게 만들어졌다. 진먼에 대한 민간 서비스가 확대됨에 따라, 민간 당국은 군인들처럼 남성 공무원들도 사회적 조화를 유지하기 위해 성적 배출구가 필요하다고 판단했음에 틀림없다. 그래서 미혼 사관들과 교사들을 위한 "사회 항목"이 개설되었다. 그러나 사관들과 군인들이 겹치지 않도록, 특정한 교대 제도를 두었다.

25 Li Ao, *Zhongguo xing yanjiu*, 252 ff.

지식, 규제와 자기규율로서의 성적 즐거움. 이보다 명백하게 푸코의 생정치(biopolitics), 즉 "생명의 역사로의 진입"을 드러내는 것이 있을까?[26]

성적 관계의 구조화된 배치가 본질적으로 정치적인 것이었다면, 진먼의 군영 내 공창 시스템은 더 좁은 의미에서 정치화되어 있었다. 적에 대한 경계와 궁극적인 국가의 회복이라는 군사화의 지배적인 목적은, 각자 수행할 역할을 가지고 있는, 군인과 매춘부 사이의 성적 만남에 겹쳐져 있었다. 공창 벽에 붙여진 슬로건은 군인에게 쾌락의 추구가 그의 진정한 목표를 방해해서는 안 된다는 사실을 상기시켰다. "자제하라. 시간과 에너지를 절약하라. 즐기되 의무를 기억하라." 이는 육체적 쾌락이 군인을 약하게 하거나 산만하게 하는 것을 허용하지 않도록 경고하는 구호였다. 리아오는 한 공창에서 군인들에게 본토 수복이라는 미완의 임무를 상기시키기 위한 시적 슬로건을 보았다고 한다.

> 머리맡에 있는 이 화장한 여인들에게 동정심을 가지시오
> 본토의 훌륭한 여인들을 기억하시오
> 황홀경의 끝자락을 잡으시오
> 그러나 평생 후회하지 않도록 조심하시오.[27]

성노동자 본인들에게 성매매는 국가적 목적을 위한 그들의 특별한 희생으로 표상되었다. 한 831 밖에 붙은 2행짜리 구절에 따르면, "영웅은 국경에서 목숨을 걸고 싸운다. 여걸은 나라를 위하여 몸을 바친다."[28] 군 공창에서의 성

---

26 Foucault, *History of Sexuality*, 140.

27 Li Ao, *Zhongguo xing yanjiu*, 265.

28 *Ibid.*, 278. 또 다른 공창의 문구는 더 생생하다. "영웅은 총을 휘두르며 도덕들을 소통하고, 처녀는 승리의 열매를 얻기 위해 문을 연다." Chen Changqing, *Zuoguo fenghuo suiyue*, 40.

을 시민적 기여로 구성하는 것은 규제를 존중하고 모범적인 성과를 거둔 소수의 성노동자를 선별하여 여성의 날에 상을 주는 실천을 통해 더욱 강화되었다. 이는 마치 뛰어난 민간인 여성들이 아내나 어머니로서 성과를 보여 선발되는 것과 유사했다.[29]

군영 내 공창은 군사화된 형태의 남성성을 확인하기 위해 군대가 매춘을 필요로 한다는 가정 하에 만들어진 산물이다.[30] 군인들에게는 전투태세를 갖추기 위해 충족되어야 할 성적 욕구가 있었고, 매춘부들은 민간인 여성을 보호하기 위해 이 욕구를 충족시켜주어야 했다. 천창칭의 표현에 따르면, "831은 진먼 역사의 중요한 부분입니다. 왜냐하면 그것이 진먼에 큰 도움을 주었기 때문입니다. 1949년 이후 남성이 그들의 성적 에너지를 발산하지 못했더라면, 그건 폭력으로 이어졌을 것입니다. 다른 사람이나 서로를 죽이는 온갖 종류의 군인들이 있었을 겁니다. 만약 831이 아니었더라면, 훨씬 더 많은 폭력이 일어났을 겁니다."[31] 당구장이 여성 종업원 채용을 금지한 짧은 기간도 있었다. 이것은 강간의 위험에 대한 새로운 우려를 불러일으켰다. 한 관계자는 "우리는 타이완에서 더 아름다운 여자들을 데려와 831을 개선했다"고 말한다. 그러므로 군에서의 성적 욕구는 순수하게 기술적인 문제로서, 이를 해결하기 위해 창의적인 관리를 필요로 했다. 이 발언은 또한 진먼의 정치당국 또한 성별화 되어 있었음을 상기시킨다. 신시아 인로의 작업이 보여주듯이, 정치 엘리트들은 단순한 엘리트가 아니었다. 그들은 전형적으로 남성 엘리트였다. 역사가들은 권력이 별로 없는 사람들 사이의 성적 차이를 보려고 하는 경향이 있다. 결정권을 가진 사람들이 성에 대한 자신의 관념에 기반을 두고 어떻게 결정하는지를 고려하

---

29   JMJCJA, Item 75 caigan 1191, November 2, 1986.

30   다음을 보라. Yuki Tanaka, *Japan's Comfort Women: Sexual Slavery and Prostitution during World War II and the US Occupation*, ch. 6; Enloe, *Maneuvers*.

31   Chen Changqing 인터뷰.

는 것이 마찬가지로 중요하다.[32]

　　군 매춘에 대한 공식적인 수사(rhetoric)는 어쩌면 전지정무 체제가 군의 약탈적 성격과 민간인의 취약성에 대해 가장 솔직했던 지점이었을지도 모른다. 831은 보호가 필요한 민간인들을 보호했다. 이 보호는 민간인들 자신을 위해서도 필요했고, 성적 약탈이 민간의 사기를 해치고 군과의 긴장을 야기할 수 있기 때문이기도 했다. 따라서 군영 내 공창은 민군관계의 보다 큰 비전의 일부였다. 군사화의 기본적인 기술 중 하나는 엄격한 분할의 경계를 부과하는 것이다. 이를테면 군인들에게 성적 서비스를 제공하는 여성과 그렇지 않은 여성 사이의 경계나, 매춘부의 서비스를 이용하도록 허락받은 사람들과 그렇지 않은 사람들 사이의 경계 말이다. 이 경계들이 모호하거나 확정적이지 않을 때 문제가 발생하기 마련이다. 하지만 831을 사회로부터 봉쇄하려던 시도는 실패할 운명이었다. 현지 민간인들이 831에 서비스를 제공해야 했고, 동시에 831은 지역 주민들에게는 영원한 매혹의 원천이었다. 호기심과 경멸이 뒤섞인, 831 성노동자에 대한 민간인들의 시각은 일반적으로 성노동자들을 자신들의 민방자위대 복무와 연결시키지 않는다. 하지만 여기에는 실제로 아주 강한 유사성이 있다. 둘 다 국가적인 대의를 위해 특정한 방식으로 수행하는 여성의 자기희생을 포함하고 있다. 달리 말해서, 둘 다 군사화에 의한 성별화의 일부였다.

군인의 아내

신시아 인로는 군사화된 여성들의 여러 조직들이 서로 분리되었다고 느끼도록 하는 국가의 노력을 "술책(maneuvers)"이라고 부른다. 전지정무의 술책은 대부분 성공적이었다. 현지인들은 831 노동자들과 현지 여성을 극명하게 구별한다. 하지만 계엄령 기간 동안 진먼에서의 결혼은 831과 불가분하게 연결되어 있었는데, 왜냐하면 결혼과 831은 군인과 민간인 사이의 성적 관계의 두 가지 주요

32　Lin Jinwei 인터뷰; personal communication from Cynthia Enloe.

한 합법적 양식이었기 때문이다. 특히 초기에는 상당한 유사성이 있었다. 둘 다 성적 서비스의 상품화에 연결되어 있었다. 다른 곳처럼 진먼에서도 결혼은 단순히 친밀성의 제도화된 형태였을 뿐만 아니라 다른 형태의 교환들이 이루어지는 현장이었고, 이 교환들은 군사화에 의해 크게 영향받았다. 진먼의 선전물은 마오쩌둥과 그의 지지자들에 의한 가족의 파괴를 자주 언급했다. 기회가 주어진다면 그들은 분명히 진먼에서도 똑같은 짓을 할 것이었다. 하지만 진먼에서 전통적 가족에 대한 진정한 도전은 중국본토가 아니라 내부에서 왔고, 지역사회와 계엄령의 조건들 사이의 상호작용에서 왔다.

본토에서 온 군인들은 1949년 직후부터 지역의 소녀들과 결혼하기 시작했다. 이 현상은 통계 작성에서 뚜렷한 범주로 구분된 적이 없어서 정확한 수치를 알 수는 없다. 그러나 구술 증언을 통해 이 문제에 대해 어느 정도 길게 설명했고 내가 아래에서 반복적으로 인용하고 있는 천종룬에 따르면, 그 숫자는 유의미했다. "1949년 중화민국군이 진먼을 근거지로 삼은 이후, 군대와 민간인은 모두 한 지붕 아래 살았다. 그래서 감정이 자극되는 것을 피하기 어려웠다. 많은 여자들이 군인과 결혼했다. 모두 천 명이 넘었다. 나 자신의 추산은 여성 인구 5명 중 1명꼴로서 상당한 수치이다." 진먼에서 삶의 지정학화의 명확한 예로서, 국제 정세가 안정화될수록 혼인 건수는 증가했다. 많은 나이든 군인들은 이미 본토에서 결혼했다. 결혼을 했든 안 했든, 진먼이 단순히 일시적인 주둔지였을 때 결혼에 관심을 가지는 군인은 거의 없었다. "농담하는 거요?" 진먼에 처음 도착한 노병은 결혼을 생각하고 있냐는 질문에 이렇게 대답했다. "결혼을 어떻게 한다는 말이오? 우리는 본토를 수복할 예정인데, 어떻게 아내를 얻거나 아이들을 키우는 걱정을 할 수 있겠소?"[33] 그러나 본토로 돌아가지 않을 것이 분명해짐에 따라, 점점 더 많은 본토 병사들이 지역에서 아내를 찾으려 했다.[34]

---

33 Chen Zonglun, *JMMFFT*, III: 61; Lin Jiongfu 인터뷰.

34 Weng Xiongfei, "Guzao de san-ba xinniang."

따라서 군사화가 뿌리내리고 있던 지정학적 맥락이 변화함에 따라, 진먼에서 여성의 결혼 패턴도 변화했다.

전직 군인들과 그들의 현지 아내인 정보제공자들은 일반적으로 결혼에 대한 그들의 감정에 대해 말하기를 꺼린다. 그러나 우리는 어떤 종류의 군인들이 진먼에서 아내를 발견했는지 살펴봄으로써 민간인과 군인의 결혼 동기와 그 결과에 대해 더 많은 것을 알 수 있다. 많은 군인들이 지역 여성들과 관계를 맺기 위해 노력했다. 세탁소를 운영했던 자이펀은 "내가 옷을 세탁할 때, 그들은 주머니에 러브레터를 넣어 놓곤 했어요. 아무 얘기도 하지 않고 주머니에 쪽지만 넣어서 영화 보러 오라고 초대했죠. 옷을 빨다 보면 쪽지를 발견하게 됐죠."라고 회상한다. 그러나 지·아이·조 사업에 종사하는 대부분의 여성들처럼, 그녀도 쪽지를 못 본 척하고 이런 접근에 일절 응하지 않았다.[35] 젊은 지역 여성들과 관계를 형성하고 결혼하는 데 가장 성공적이었던 것은 고위 장교와 간부들이었다. 1960년대 한 마을 소녀가 고위 장교와 결혼했을 때 "가족의 운명은 180도 달라졌다."[36] 이 범주에 속하는 부부들 대부분은 나중에 타이완의 다른 기지로 옮겨갔고, 오늘날 진먼에는 거의 살지 않는다. 둘째 범주는 장지추와 같은 하위 장교나 나이 많은 사병들이었다. 마을의 정치 지도원이나 지도자들도 여기에 속한다. 그들은 종종 나이든 여자, 과부, 그리고 해외 화교들의 버려진 아내들과 결혼했는데, 그들의 충성심이 마을에 더 가깝게 묶이길 바라는 마을 지도자들이 보통 중매를 섰다(3장 참조). 이 남성들 중 다수는 이미 본토에 아내가 있었다. 그래서 은퇴한 군인들의 본토 귀환이 허용되기 시작하면서 수십 년의 분규로 이어졌다. 셋째 범주는 정보제공자들이 가장 이야기하기 좋아하는 것으로, 군 매점의 종업원과 요리사였다. 그들은 중매쟁이가 필요 없었다. 1950년대에 그들은 매력적인 결혼 상대자였다. 왜냐하면 그들은 공급이 부족

35　Zhai Fen 인터뷰.

36　Kuishan, "Zhuan yun ei xiao dai jinzai."

할 때는 매점에서 남은 것이라도 음식을 제공할 수 있었기 때문이다. 천화진은 같은 여자에게 구애하던 대위와 요리사에 관한 농담을 한다. 여자는 요리사를 선택했다. 왜? "우리(민간인)는 고구마를 먹고, 그들은 밥을 먹었지. 아침이 되면 그들은 빵을 쪄서 먹는다네." 많은 정보제공자들은 1950년대에 장교들조차 아내를 찾는데 어려움을 겪었지만, 군 매점의 요리사는 그렇지 않았다고 말한다. 젊은 여성들에게는 반갑지 않은 구혼자들의 구애를 거절하는 속담이 있었다. "나는 요리사나 분대장과도 결혼하지 않을 건데, 왜 내가 당신처럼 가난한 꼬마랑 결혼하겠어요?"[37]

지역 여성들과 병사들의 결혼은 진먼 사회에 크나큰 영향을 미쳤다. 그러나 이러한 결혼 이면의 동기는 전근대적인 중국 가족을 연구하는 학자들에게 매우 친숙할 것이다. 합법적인 것으로 간주되려면 신부의 부모를 통하거나, 과부의 경우에는 시부모를 통해 주선받지 않았을 경우에는 허가를 받아야 했다. 자신과 자녀들을 부양하려는 과부든 아니면 군 매점의 요리사와 결혼하는 젊은 여성이든, 이러한 결혼은 현재와 미래의 가족 전략을 위해서 남녀 자식을 이용한다는 오래된 논리에 깔끔하게 들어맞는다. "당신의 딸을 군인과 결혼시킨다면, 당신은 충분히 먹게 될 겁니다. 딸 하나를 희생해서 그 애의 형제자매들을 먹이는 거죠."[38]

지역 여성과의 로맨스는 군인들에게 진먼에서의 복무와 연결된 고정관념으로 남아있지만, 결혼 건수는 1950년대의 고점에서부터 하락했다.[39] 진먼의 경제 상황이 개선됨에 따라, 지역 가정들은 딸의 결혼을 더 이상 합리적인 생

---

[37] Chen Huajin 인터뷰; Lin Jiongfu 인터뷰; Leshan, "Yinshui si yuantou – Junmin qingshen pian."

[38] Zheng Mingxin 인터뷰.

[39] The stereotype appears in many Taiwanese movies, for example *Jinmen nubing* (1983); *Ba-er-san paozhan* (1986).

존전략으로 보지 않았다.⁴⁰ 그러나 변화의 주된 이유는, 점점 더 진먼 여자들을 유일한 결혼 상대자로 보지 않는 타이완 출신의 징병들로 병영이 채워졌다는 것이다. 당국 쪽에서는 군인과 지역 여성 간의 관계가 사기를 해치고 군과 지역 사회의 전반적인 관계를 악화시킨다는 인식이 점차 높아지고 있었다. 이는 831 체제를 만든 이면에 있던 같은 논리의 연장이었다. 성행위를 규제하고 강간을 막기 위해 공창이 필요했던 것처럼, 합의적 성관계도 긴장의 원천이 되었고 대응을 요구했다. 그 해결책은 고의적인 가짜뉴스였다. 현지 여성과 결혼한 타이완 군인은 누구든지 귀국하기 전에 10년 동안 진먼에 남아있어야 한다는 소문이 돌기 시작했다. "그건 사실이 아니었어요. 단지 군인들이 여기서 결혼하는 것을 단념시키려는 것이었죠."⁴¹

결혼 건수는 줄었지만, 현지 여성이 군인과 관계를 맺을 가능성으로 인해 조성된 긴장은 결코 완전히 사라지지 않았다. 1978년까지만 해도 소진먼으로의 여행을 [남편이] 허락하지 않아서 불만을 가진 아내와 진먼 남자의 사례를 기록보관소에서 찾아볼 수 있다. 아내가 사라진 후, 남편은 그녀가 최근에 소진먼으로 전근을 간 육군 중위와 바람을 피웠다고 의심하기 시작했다. 이 에피소드는 충격을 받고 좌절한 남편이 관계당국에 자신의 아내가 적절한 출도 허가도 받지 않고 진먼을 떠났다는 의혹을 제기하면서 기록으로 남게 되었다.⁴²

---

40 결혼을 약속하고 현지 여성을 타이완으로 유인한 뒤에 강제로 매춘을 시킨 군인들의 공포스러운 이야기도 있다. 덜 소름끼치지만 여전히 실망의 원인이 되는 것은 지역 여성들을 속여 결혼에 동의하도록 하기 위해서 재산을 부풀린 군인들이었다. "그 중에 한 사람은 정말 자신이 부자라고 공언했었지요. 그 후에 그의 아내가 진먼을 방문하러 타이완에서 돌아왔는데, 그곳에서의 생활이 진먼보다 훨씬 더 가난하다고 하더군요." Chen Huajin 인터뷰.

41 Chen Huajin 인터뷰. 전직 중화민국 군인들의 인터넷 토론 모임에 올라온 글들은 군인들이 이 소문을 사실이라고 믿었다는 것을 보여준다. 예컨대, www.rocmp.org/archiver/tid-9025.html(accessed February 20, 2006).

42 LYA, Xikou, "Huji zonghe," 1978, County government to village offices re "Zhumin X, yin fufu bulu," February 19, 1978.

많은 지역 여성들이 군인과 결혼한 것은, 결혼이 남성성의 근본적인 표식이고 사회적 성인으로 가는 통로의 결정적인 표식인 문화 속에서 살고 있던, 진먼 남성의 남성성에 대한 도전이었다. 천종룬의 표현대로, 새로운 상황은 남성 노동자의 해외 이민에 의해 초래된 오래된 여초 패턴을 변화시켰다. "1950년대 후반과 60년대 초반에는 인구 불균형이 역전되었다. 결혼 시장에 여성보다 남성이 더 많았다. 인구가 워낙 불균형했기 때문에, 배우자를 찾지 못한 많은 남자들이 독거생활을 해야 했다." 군인과의 결혼으로 인한 인구 불균형은 결혼 시장에 즉각적인 반응을 일으켰다. 지역 가정들이 아직 결혼 시장에 진입하지 않은 소녀들과 자기 아들들의 결혼을 주선하려고 애쓰면서, 여성의 결혼 연령이 낮아지기 시작했다. 1959년 국민당의 최전방 조직인 아시아반공연맹(APACL)이 발간한 책자에는 마주에서 여성의 부족이 절실한 관심사가 되었다고 전하면서, "대부분의 어부들은 성비 불균형으로 인해 항상 평생 독신의 위협에 직면하고 있다. 거의 모든 십대 소녀들이 누군가와 약혼한 상태였다. 어린 소녀들이 완전한 여성성을 갖출 수 있는 시간은 결코 충분하지 않았다."[43]

오늘날 진먼에 사는 많은 중년 부부들에게는 10년 이상의 나이 차이가 있다. 많은 중년 여성들이 10대 초반에 결혼했다. 이것은 표 10.1의 통계에 반영되어 있다. 미혼에서 여성보다 남성의 수가 더 많은 것은 지역 여성이 군인과 결혼하고 여성의 결혼 연령이 감소했기 때문일 가능성이 높다. 이용 가능한 통계에서 두 요인은 구분되지 않는다. 마찬가지로 기혼에서 여성이 남성보다 많은 것은 1949년 이전에는 화교와의 결혼, 그 이후에는 군인과의 결혼이 대부분일 가능성이 높지만, 상대적 비중을 가늠할 수는 없다. 근대화는 흔히 여성의 결혼 연령이 높아지는 것과 관련이 있지만, 진먼에서 군사화된 근대성은 정확하게 정반대의 영향을 미쳐 조혼의 패턴을 강화하고 더욱 심화시켰다. 선전가들은 이처럼 진먼 여성들이 '완전한 여성성'을 얻기도 전에 결혼하라는 압박감

---

43 *The Defense of Quemoy and the Free World*, 16.

표 10.1 성인 인구의 결혼 상태[44]

년	15세 이상 총인구	미 결혼 인구		최근 결혼한 인구	
		남	여	남	여
1956	27,089	4,182	2,056	7,922	8,889
1961	25,192	3,758	1,242	7,874	8,487
1966	27,109	3,728	1,688	8,651	9,353
1971	31,481	4,495	3,138	9,860	10,410
1976	32,871	6,298	3,557	9,592	9,782
1981	30,255	5,705	3,076	9,132	9,377
1986	31,100	5,769	3,322	9,436	9,579
1991	29,760	4,925	2,855	9,709	9,396

에 유년기를 상실하는 것을 전쟁 지역에서 여성에게 기대되는 자기-희생의 일부로 삼았다.

결혼 시장에 미친 두 번째 영향은 지역화된 것이었다. 군인과의 결혼은 결혼과 연결된 관계망에서 중국본토가 사라지면서 야기된 혼란의 일부를 해소시켰다. 1949년 이전에, 구닝터우 출신의 많은 여성들은 본토에 있는 마을로 시집갔다. 천종룬은 "군인과 결혼하는 여학생이 구닝터우에 가장 많았다고 들었는데, 결혼 연령대의 여학생이 가장 많았기 때문"이라고 말했다. 여기에는 특별한 사정이 있었다. 진먼은 작은 성씨들이 많고, 혈통이 약하다. 그들은 감히 구닝터우의 소녀들을 아내로 맞아들이지 못했다. 아내의 집안이 그렇게 크고 힘이 세면, 만약에 집안에 문제가 생겼을 때 아내의 출신지 가족이 개입할 수도 있기 때문이다. 그래서 구닝터우에는 이미 결혼 연령이 지났는데도 여전히 남편을 찾지 못한 소녀들이 많았다. 다행히도 군대가 도착했고, 그들은 가정을 꾸릴 수 있었다.[45]

---

44 JMTJ, LI(2004), 46-7. 진먼 사람들은 자신의 나이를 수이(岁)로 계산하는데, 실제 나이를 1년 과장한다. 전체 인구에는 소수의 이혼자 및 미망인이 포함되어 있다.

45 Chen Zonglun, JMMFFT, III:62.

결혼 시장에 미친 세 번째 영향은 여성의 상대적 가치를 높였다는 점이다. 이것은 외모에서도 구체적으로 드러났고, 이후에는 신부 가격의 극적인 상승이 일어났다. 가격 상승은 1949년 이전의 진먼에는 존재하지 않았던 것으로 보이지만, 그 이후에 보편화 되었다.[46] 신부 가격에 대한 지역 용어는 '산빠'(3개의 8)이다. 이것은 8,000 타이완달러, 800(혹은 8,000)진(약 1파운드)의 돼지고기, 그리고 8온스의 금(또는 800온스의 은). 사실 고정된 신부 가격은 없었다. '산빠'는 높은 신부 가격에 대한 완곡한 표현일 뿐이다.

부풀려진 신부 가격의 부담과 사회적 스트레스는 전지정무의 주목을 끌게 되었고, 전지정무는 '산빠'와 같이 폐지하거나 개혁할 필요가 있는 전통 풍습에 대한 조사를 지시했다. 이것들은 전통적인 마을 생활의 후진성이라는 시각에서 다루어졌고, 근대화하는 국가가 해결해야 할 문제로 여겨졌다. 권력과 지식 사이의 친밀한 연결고리는 식민지의 맥락을 포함한 많은 환경에서 사회 조사의 대상이 되었다. 탈식민 사회에서 권위주의 정치가 자연화되는 방식 중 하나는 식민지적 지식 생산과 국민적 지식 생산 사이에 명확한 선을 긋는 것이다. 식민지적 지식 생산에서 지식-권력 관계는 더욱 폭력적인 것으로 여겨지며, 생산된 지식은 지배와 통제 프로젝트와 더 긴밀하게 연결된다. 그러나 이러한 구별은 사건을 과장한다. 중화민국 간부들이 진먼의 결혼 관행에 관한 인터뷰를 수행하고 보고서를 작성하며 권고안을 만들 때, 그들은 다른 곳의 식민지 미션과 유사한 문명화 미션에 참여하고 있었다. 그들은 감시, 규제, 처벌의 가능성을 열어주는 방식으로 문제를 구성했다. 비록 그 보고서들이 때때로 군대

---

46 다음의 글들에는 신부 가격에 대한 언급이 없다. Yang Tianhou and Lin Likuan, *Jinmen hunyin lisu*; Xie Yuping, "Jinmen chuantong shengyu lisu zhi tantao"; Xu Minhua, "Ming-Qing shiqi Jinmen chuantong funü jiating shenghuo yanjiu". 19세기 후반의 한 공보 작성자는 이전에는 괜찮았던 결혼 비용이 최근에 증가했다고 언급하는데, 이것이 신부 가격인지 지참금인지는 확실하지 않다. Lin Kunhuang and Lin Zhuoren, *Jinmen zhi*, 350; Weng Xiongfei, "San-ba xinniang."

가 문제를 일으키고 있다는 점을 확인했지만, 더 큰 이슈는 마을 사람들의 의식을 변화시킬 필요성이었다. 이것은 규율과 처벌의 조합, 법적 금지, 사람들에게 지시하고 교육하기 위해 마을로 간부를 파견하는 것, 그리고 지시에 주의하지 않고 신부 가격을 요구하거나 지불하는 사람들에게 강제 노역을 부과하는 것 등을 통해 이루어져야 했다.[47] '산빠' 제도가 표상하는 것은 근대성이 어떻게 자신의 조사대상을 만들어 내는지, 근대 국가가 자신이 만들었을 지도 모르는 대안에 반대하면서 근대성을 규정하는지를 보여주는 또 하나의 예다. 진먼에서 높은 신부 가격을 지불하는 것은 사실 근대화하는 국가가 작동하기 위해 잔존하는 후진적 관행이 아니라, 국가의 존재 자체의 산물이었다.

'산빠'를 금지하는 이외에도 진먼현 정부는 전통적이며 낭비적으로 보이는 다른 결혼 관행들을 없애기 위한 정책을 수립했다. 후롄은 결혼을 지역 사람들의 사생활에 개입하는 중요한 지점, 아니 오히려 공적인 것과 사적인 것, 개인적인 것과 정치적인 것의 연관성을 상기시키는 기회의 순간으로 보았다. 그는 결혼하는 부부들에 대한 제스처로서, 새집으로 가는 신부의 의례적인 여정에 지프를 이용할 수 있도록 허락했다. 이것은 전통적으로 부유한 사람들만 감당할 수 있었던 "가마로 이동하는" 것을 진먼의 모든 신부들이 할 수 있다는 것을 의미했다. 그는 매달 새로운 혼인신고를 받고, 축하와 더불어 "나라를 건설

---

47 서식을 작성하도록 요구받은 마을 간부들은 윗사람들과는 달리 신부가격 상승의 원인이 무엇인지 완벽하게 알고 있었다. "이 지역의 젊은 여성들을 군인들에게 너무 많이 빼앗기고 있기 때문에, 공급 부족인 것이다." LYA, Shanglin, "Fengsu diaocha biao"; Chen Zonglun, *JMMFFT*, III:63. 진먼이 엄격하게 식민지를 말하고 있지는 않지만, 우리가 일반적으로 식민주의와 연관시킬 수 있는 많은 과정들, 즉 공과 사 양쪽 공간의 재구축, 노동력을 포함한 자원의 추출, 새로운 감시 방식, 계층화, 통제 등을 경험했다. 식민화 프로젝트와 근대화 프로젝트 사이의 유사성에 대해서는 다음을 보라. Timothy Mitchell, *Colonising Egypt*, ix, and Bruce Cumings, *Parallax Visions: Making Sense of American-East Asian Relations at the End of the Century*, 72-3.

그림 10.2 1970년대의 단체결혼식(출처: Ming Qiushiu(ed.), *Jinmen*, 진먼현 문화국 사용허가)

하고 가정을 꾸리는 방법에 관한 지침"의 메시지를 내려보냈다.[48]

　1953년 진먼현 정부는 단체결혼식을 추진함으로써 한 걸음 더 나아갔다 (그림 10.2). 중화민국에서 단체결혼식이 열린 것은 진먼이 최초가 아니었다. 수잔 글로서(Susan Glosser)는 1930년대 중반부터 1940년대 후반까지, 중화민국 정부가 검소함을 조장하기 위해 어떻게 단체결혼식을 개최했는지를 보여주었다.[49] 신생활운동(7장 참조)의 지속과 유사하게, 진먼에서 이런 관행이 반복된 것은 국가 비상사태의 결과들 중 하나가 이전에 포기된 사회공학적 정책들의 재생일 수 있음을 보여준다. 국가통제의 강화가 비상사태에 의해 정당화되면서, 그러한 정책들이 원래의 전형보다 더 크게 성공할 수 있는 기회가 주어졌다. 진먼의 첫 단체결혼식은 매년 설날마다 열리는 연례행사가 될 정도로 성공적이었다. 1970년대 중반에 이르자 발명된 의식들이 매우 정교해졌다. 신랑

48　*JMXZ*, 422.

49　Susan Glosser, *Chinese Visions of Family and State*, 1915-1953, 128 ff.

들은 검은색 정장과 흰색 각반을 착용하고 구두를 신었고, 신부들은 '흰색 정장'과 흰색 하이힐 신발을 신었다. 달리 말해서, 이것은 서구식의 따라서 근대적인 결혼식의 이상화된 오락이었다. 혼례식은 진먼의 정치적 위계를 의례적으로 표현한 것으로, 진먼방위사령부의 지휘관이 각 부부의 증인을 맡았으며 전지정무위원회의 비서와 현정부의 국장에게는 거의 역할이 주어지지 않았다. 수잔 글로서에 의해 논의된 이전의 결혼식처럼, 이 의례에서 부모나 다른 친척들의 역할을 없애 버렸기 때문에, 그 결과는 국가가 가족의 역할을 "암묵적으로 떠맡았다"는 것이었다.[50] 단체 결혼은 검소함과 현대적인 사고방식의 자발적인 시연으로 표상되었다. 그러나 실제로 부부들은 참여하라는 압력을 받았다. 기록보관소에 매년 등장하는 한 문서는 마을 간부들이 약혼한 것으로 알려진 부부의 이름을 열거하고, 읍면 관리들이 다음 단체결혼식에 참가하도록 설득하는 형식을 띠고 있다.[51] 단체결혼식이 항상 검소함의 목적을 달성하지는 못했는데, 일부 부부들은 결혼식 뒤에 전통적인 잔치를 열었고 따라서 단체결혼식을 더 정교한 전통 관습으로 변모시키면서 검소함이라는 목적 자체를 무너뜨려 버렸다.[52] 이에 진먼현에서는 참가자들에게 다른 의식을 치르지 않는다는 동의를 요구하고, 친구와 가족을 위한 잔치를 열고자 한다면 손님 수, 테이블당 음식, 총비용에 대한 제한에 따르도록 요구하기 시작했다.[53] 이 제한을 타개하기 위해, 결혼하는 부부들은 종종 피로연이 열리는 식당이나 공회당 근처의 개

---

50 LYA, Shanglin, "Jinmen diqu di shiwu jie jituan jiehun shishi yaodian," December 30, 1977; Glosser, *Chinese Visions,* 129.

51 LYA, Shanglin, Lieyu township to Shanglin village office re "Jiansong benxiang xianyi dinghun duixiang guli canjia di shiqi jie jituan jiehun," December 5, 1979.

52 "Xinwen xianfu juban jituan jiehun," *JMRB,* December 4, 1965.

53 LYA, Shanglin, "Jinmen diqu di shiwu jie jituan jiehun shishi yaodian," December 30, 1977.

인 주택에 테이블을 마련하기도 했다.[54] 1971년에 가장 큰 규모의 단체결혼식이 열렸는데, 부부 66쌍이 참여했다. 그러나 1978년에 이르러 의식이 중단되었는데, 표면적으로는 "사회가 점점 더 개방적으로 변모하면서, 결혼하는 부부가 검소함과 과도한 지출 제한의 중요성을 알게" 되었기 때문이었다.[55]

군인과 결혼하는 민간 여성의 수가 불균형을 보이는 것은 군사화된 사회에서 공통된 현상이다. 두 현상이 함께 고려되는 경우는 드물지만, 이것은 일반적으로 군 공창의 문제와 밀접하게 얽혀있는 문제이기도 하다. 왜냐하면 아내로서의 여성과 매춘부로서의 여성에게 접근하는 것은 군사화된 남성성의 비전이 확인되는 두 형태이기 때문이다. 진먼의 익숙한 규모는, 통계적으로가 아니라 일화적으로, 여성이 군인과 결혼을 하게 되면 지역 남성들의 결혼 상대자가 부족해진다는 인구학적 결과를 알 수 있게 해준다. 이로 인한 두 가지 결과는 전적으로 예측할 수 있는데, 여성들의 결혼 연령 하락과 결혼 시장에서 여성의 가치 상승이다. 진먼의 경우에 여성 가치의 상승은 명확한데, 결혼을 구성하는 교환의 관점에서 수량화도 가능하다. 여성의 결혼 연령이 높아지고 결혼과 관련된 경제적 교환 수준이 낮아지는 것은 일반적으로 근대화에 수반되는 사회적 변화로 간주된다. 진먼에서 반대의 과정이 나타난 것은 근대화가 전개될 수 있는 여러 가지 방법이 있을 뿐만 아니라, 군사화된 근대화가 매우 독특한 결과를 가져올 수 있다는 것을 보여준다. 전지정무와 그 관료제가 민간인의 결혼에 보여준 관심은 순종을 강화할 목적으로 규제하고 교육하는, 보다 큰 통치성 기획의 일부이다. 진먼의 사례를 이처럼 흥미롭게 만드는 것은 근대화와 군사화 의제의 개인적이고 정치적인 차원들이 얼마나 명백하게 연결되어 있는지에 있다. 단체결혼식은 나쁜 관습들을 없앨 것이었지만, 그 관습은 실제로 존재했던 것, 즉 군사화된 근대화 과정 자체의 산물이라기보다는 전통의 잔존 요소로 인

---

54 Wang Wensan 인터뷰.

55 *JMXZ*, 629.

식되는 관습이었다.

아내와 어머니로서의 여성

일단 결혼하면, 여성들은 아내와 어머니의 범주에 들어갔고 가족을 변화시키기 위한 국가 노력의 중심 도구가 되었다. 다른 근대화 정권과 마찬가지로 진먼에서도 가족은 통치성의 대상이자 도구였다. 개인을 형성하기 위해 가족을 합리화, 표준화, 제도화하려는 정책들이 추진되었다.[56] 이 프로젝트에서 여성들에게 특별한 역할이 할당되었다. 1976년 여성의 날 축제를 위해 마을 주변에 게시된 슬로건을 떠올려 보자. 첫째는 일반적인 호소다. "전국의 여성들이여, 들고 일어나자. 반공과 애국에 헌신하자." 다른 슬로건들은 이 투쟁에서 여성들을 위한 특별한 임무를 제시하고 있다.

> 가계를 관리하는 것은 국가에 봉사하는 것이고, 국가에 봉사하려면 먼저 가계를 관리해야 한다.
> 도덕을 장려하자. 효와 가족 지향, 선배에 대한 순종, 어른에 대한 존경, 후배를 양육하자.
> 정부의 요구에 응답하라. 검소함과 비축량을 철저히 실행하라.
> 사회의 활력을 위해 노력하라. 시민의 일상생활에 필요한 지식을 실행하라.[57]

이러한 구호들은 여성 정치 참여의 근본적인 목표들에 대해 몇 가지 결론을 시사한다. 첫째, 기혼 여성의 시민됨의 책무는 주로 가내 영역에 있었다. 국

---

56 통치를 위한 모델에서 통치의 대상으로 이동하는 미셸 푸코(Michel Foucault)의 가족 모델이 여기에 적용되는 듯하다. "Governmentality," 87-104.

57 LYA, Shanglin, "Funu jie biaoyu," 1976.

가 목표에 대한 그들의 기여는 자신의 집을 관리하는 데 있었다. 다른 많은 사회에서와 마찬가지로, 여성은 국가 전통의 수호자 역할을 하면서 개인 행위에 대한 근대화 개혁을 선도하거나, 적어도 권위주의를 승인하고 국가 전통의 요소로 대변될 수 있는 특정한 문화적 요소와 관습을 선택적으로 전유하는, 이중의 역할을 수행할 것으로 기대되었다. 가족에게 공유되는 중요한 미덕이자 아내를 성노동자와 결부시키는 것은 최전선이기에 의미를 더하는 검소함의 미덕이었다. 전통적인 미덕에 대한 이러한 성별화된 호소 뒤에는 두 가지 일이 진행되고 있었다. 첫째, 이러한 정책들은 중국본토에서의 전통 파괴 및 비도덕 사회와 대비된다. 둘째, 이러한 미덕의 유지를 여성과 연관시킴으로써, 진먼 당국은 본토에서 성별 차이가 삭제된 점과 그 분신인 진먼에서는 자연화된 차이가 생존하고 지지받고 있다는 점을 대비시키는 데로 관심을 돌렸다.

다른 냉전적 맥락에서와 마찬가지로, 가계 소비는 여성적인 문제로 성별화되어 "생활 수준의 중요한 영역에 대해 사람들과 그 관계를 협상하려는 정권의 노력의 중심에" 여성을 배치했다.[58] 가계에 대한 관리는 또한 가정 위생의 유지를 의미했다. 이것이 실제로 무엇을 의미하는지에 대한 상세한 지침이 존재했는데, 거기에는 보관 규칙, 가정 청소, 주변 지역 유지, 가축 사육 등이 포함되었다.[59] 정갈한 가정을 유지하는 것도 군사화되었는데, 이것이 민방자위대원에게 할당된 책임이었기 때문이다. 그래서 주변을 깔끔하게 정리하지 못하면 군기(軍氣)의 대상이 되거나, 심지어 부장의 변덕에 따라 자의적인 구금까지 받을 수 있었다. 다음 절에서 논의하겠지만, 여성들은 결혼하면서 민방자위대를 떠나게 된다. 그래서 대부분의 기혼 부부 중에서 아내가 아니라 남편이 민방자위대의 정식 멤버가 되었다. 그러나 위생은 주로 그 집 여성의 책임으로 남아 있었다. 1960년대 미국에서는 민방위(civil defense) 준비에 앞장서는 것이 좋은

---

58 Reid, "Cold War in the Kitchen," 252.

59 *JMXZ*, 683.

아내가 되는 중요한 부분으로 여겨졌다.[60] 진먼의 경우, 민방위라는 것이 민방자위대 체계를 통해 고도로 구조화되었기 때문에, 좋은 아내가 된다는 것은 부분적으로는 남편이 민방위 책임을 완수할 수 있도록 보장하는 것을 의미했다. 혼인으로 민방자위대를 떠난 쉬슈페이는 민방자위대 임무에 대한 질문이 나오자, "청소와 위생을 제외하고 다른 노동에 대한 책임은 없었어요. 훈련이나 연습에는 많이 참여하지 않았어요."라고 대답했다.[61] 남편의 위생 의무를 자신의 민방자위대 임무로 기억함으로써, 쉬씨는 남편에게 할당된 위생 업무가 완수되도록 함으로써 시민의 책임을 다했다는 생각을 내면화했다. 가족 규제 체제가 그녀의 개인적인 주체성을 형성하게 된 것이다.

대부분의 경우에 여성의 정치 활동은 가사, 가정의 영역에 국한되어 있었다. 하지만 여성들을 가정을 넘어 군영으로 데려가도록 용인된 여성 활동의 형태가 존재했는데, 이것은 민방자위대 내에서 성별화된 노동분업이 이루어졌음을 명백하게 보여준다. 이것이 라오쥔(勞軍, laojun)인데, "군대를 위문함(Greeting the troops)"이라는 의미였다. 라오쥔은 중화민국에서 군인의 사기, 복지, 오락을 담당하는 민간인을 지칭하는데 쓰이는 용어이다. 미군을 상대로 일하는 미국위문협회(USO: United Services Organizations)의 타이완 버전이다. 다른 나라에서와 마찬가지로, "군대를 위문하는" 일은 여성에 의해 가장 잘 수행될 수 있는 것이라고 여겨졌는데, 군 복무로 인해 군인들이 가질 수 없는 가정성을 여성이 부분적으로 채워줄 수 있었기 때문이다. 진먼의 라오쥔 역사에서 드러나는 기본적인 경향은 참여하는 지역 민간인의 수가 증가하고 있다는 것이다. 1950년대 초반에, 라오쥔은 주로 전문적인 연예인이나 타이완에서 방문한 저명 인사가 담당했다. 1970년대에는 일반 민간인, 특히 민간 여성이 군대

---

60 Kenneth Rose, *One Nation Underground: The Fallout Shelter in American Culture.*

61 Wu Mafu, *JMMFFT,* 1:493; Li Gangshi, "Nu ziweidui yiwang"; Xu Shupei, *JMMFTDJL,* 152.

를 위문하고 지원하기 위해 자주 그리고 정기적으로 부대를 방문했다. 심지어 "군대 위문"에 개인적으로 참여하지 않는 민간인도 부대에 강제적으로 기부하는 돈과 물품을 통해 연루되어 있었다. 지·아이·조 경제에 참여한 진먼의 많은 세탁 부녀들은 이미 군사화되어 있었지만, 민간 여성이 시민의 의무로서 군복을 세탁하게 되면서 한층 더 군사화되었다. 담배와 손수건은 마을 주민이 구입해서 마을 부회장을 통해 부대에 전달하게끔 강요되면서 군사화되었다.

1957년에 천종룬이 마을회장에 임명되었을 때, "마을에는 이미 여성 민방자위대가 있었고, 라오준 활동을 하고 있었어요. 하지만 이것이 의미하는 것은 기본적으로 여성 민방자위대를 새해나 다른 공휴일에 부대로 보내서 세탁과 수선을 지원하는 것이었죠." 당연히, 많은 경우에 이것은 여성들이 일상생활에서 그대로 행하고 있는 것들이었다. 한 가지 차이점이 있다면, 라오준 활동으로 세탁을 할 때는 그에 대한 대가를 받지 않는다는 것이었다. "노래나 공연은 아직 없었어요. 내가 마을회장이 된 이후에, 우리는 음악에 재능이 있는 여성 민방자위대 대원 몇 명을 선발해서 '리틀 칠리 페퍼스(Little Chili Peppers)'라는 공연단을 조직했죠. 그들은 매일 마을 사무소에 모여서 여성들에게 노래 강습을 하고 공연을 했어요." 이러한 활동의 도입은 여성들의 그런 행동이 완전히 부적절하다고 여기는 지역 주민들과의 긴장을 유발했다. "초기에는 사람들이 꽤 보수적이어서, 그들의 딸이 공연을 한다는 생각을 좋아하지 않았죠. 사람들은 그걸 수용하지 않았지만, 어쩔 수 없었죠. 정부의 규칙이었는데, 누가 감히 반대하겠어요? 만약 따르지 않았다면 처벌을 받았을 겁니다."[62] 따라서 라오준은 불가피하게 전통적인 성 역할 기대를 재조정하는 결과를 초래했다. 그것은 여성의 차이를 없애지 않고도 여성 활동의 새로운 가능성을 만들어냈다.

"군대 위문"이 실질적으로는 마을 지도자와 학교 교사에 의해 관장되었지만, 공식적으로 이는 부녀회와 중화부녀반공항아연합회(中華婦女反共抗俄聯合會:

---

62 Chen *Zonglun*, *JMMFFT*, III:73; Chen Zengjian, *JMMFFT*, II:263.

Chinese Women's Anti-Communist Anti-Soviet Alliance)의 의무였다. 이들 단체의 역사가 보여주는 것은, 다른 혁명적인 사회와 마찬가지로, 진먼의 여성 정치 활동의 정당성이 언제나 국가 대의의 우선성에 달려있었다는 점이다. 여성의 삶을 변화시키기 위한 노력은 국가의 정치적 의제에 도움이 되는 일에 여성을 동원하려는 노력에 종속되었다. 부녀회는 1946년 국민당의 지역 지부에 의해 설립되었으며, 지방 정부로부터 자금 지원을 받았다. 부녀회의 활동은 1958년 포격 도중에는 중단되었다가, 그 다음해부터 다시 시작됐다. 활동에는 라오쥔, 매년 여성의 날 행사 조직, 여성의 교육 신장, 수공예품 제작 훈련 등이 포함된다. 중화부녀반공항아연합회는 진먼방위사령부에 복무하는 군인의 여성 친인척을 위한 대규모 조직이었다. 장제스(蔣介石)의 아내 쑹메이링(宋美齡)에 의해 설립된 이 조직은 군대에 대한 지원이 주된 활동으로 이루어져 있었다. 이들 두 단체는 진먼의 조직화된 여성운동의 가능한 범위를 보여주는 듯하다. 군사적 비상사태는, 반식민주의적·민족주의 혁명 운동처럼 혹은 반공산주의 운동을 위해, 허용가능한 정치적 행동의 범위에 엄격한 제한을 가했다.[63] 단체들은 국가 안보를 최우선으로 하는 목표들의 고정된 위계를 지켜야 했다. 이러한 위계를 바꾸려는 시도나 불필요하게 기존의 사회적 합의를 훼손하려는 어떠한 시도도 위법적이고 부적절하며, 또한 잠재적으로 파괴적이고 편협한 이익을 추구한다는 것을 의미했다.

군인으로서의 여성

매춘부와 아내·어머니 이외에, 진먼에서 여성들이 분류된 세 번째 범주는 군인이다. 공식적인 표현물에서 가장 많이 주목을 받은 것이 바로 이 범주이다. 계엄 시기에 출판된 진먼에 관한 많은 사진 간행물에는 여성 민방자위대 대원

---

63   Elaine Tyler May, *Homeward Bound: American Families in the Cold War Era*; Michael Sherry, *In the Shadow of War :The United States since the 1930s*, 150-1.

그림 10.3 여성 민방자위대 팀(출처: Ming Qiushui(ed.), *Jinmen*, 진먼현 문화국 사용허가)

이 땅을 파고 있거나 행진하고 있는 사진이 포함되어 있다. 이들 사진 중에서 1971년에 출판된 사진 한 장은 발목까지 오는 흰 양말과 카키색 스커트를 입은 전투병 한 팀이 총을 높게 들고 카메라로 달려오고, 군복을 입은 남성 장교가 그 옆에서 오토바이를 타고 있는 장면을 담고 있다(그림 10.3).[64] 이 같은 여성성과 군사화 이미지의 병치는 단순히 여성이 군인이 되는 것 이상으로 무언가 복잡한 것이 있었다는 것을 말해준다.

이와 관련한 이슈가 있었던 사실상 모든 근대 사회에서, 군인으로서의 여성에 대한 의문이 정치적으로 쟁점화되었다. 신시아 인로의 연구는 군 지도자들이 일반적으로 여성의 군 복무에 반대하며, 일시적으로 필요하다고 설득되

---

64 Ming Qiushui(ed.), *Jinmen*(*Jiang zongtong yu Jinmen*), 56. 특색 있는 여성 제복이 진먼 민방자위대만의 전유물은 아니었다. 미 여군포병단(WAAC)을 모델로 한 '여성청년여단'도 비슷한 제복을 입었다. *Nu qingnian*, 21.

는 경우에도 그 기간을 제한하려 하며, 성별에 따라 병역을 명확하게 구분하려 했다는 것을 보여주고 있다. 반대로 많은 페미니스트들에게 여성의 군 복무는 시민권과 평등에 있어 매우 중요한 절차로 인식된다.[65] 하지만 대부분의 경우에 여성의 군 복무는 시민권에 있어 남녀의 성차(gender difference)가 사라진다는 것을 의미하지 않는다.

프라센짓 두아라(Prasenjit Duara) 등은 식민지와 탈식민 사회에서 가부장제가 어떻게 무너지지 않고 근대적인 형태로 재구성되었는지를 보여준다. 그는 이러한 재구성이 일어나는 두 가지의 형태에 대하여 논하고 있다. 첫 번째 형태는, 파르타 채터지(Partha Chatterjee)의 남아시아 연구에서 나타난 것으로, 여성이 국가의 진정한 핵심(authentic core)을 구현한다고 표현되며, 그들이 거주하는 가정의 영역은 식민 지배로부터의 유일한 피난처로 묘사된다. 두 번째 형태는, 두아라가 20세기 만주에서 탐색해 본 것으로, 근대적인 가부장제가 여성들이 가정의 영역 밖으로 나갈 수 있도록 허락하지만, "자기희생과 미덕이라는 역사적 수사에 의해 표현되는 문명화된 진정성의 깃발로, 공적인 장에 나온 여성들을 감싸버리려 한다는 것이다."[66] 진먼을 비롯하여 고도로 군사화된 20세기 아시아 사회는 세 번째 모델을 대표하는데, 여기에서 여성은 가정 밖으로 나와 활동하도록 요구되지만 거의 유례없는 군인의 역할을 맡아야 했다.[67] 일부 사례들의 경우, 여성의 군사화를 정당화하는 것은 혁명적인 변화였고, 다른 사례들에서는 국가의 존립이 위협받아 새로운 수준의 희생이 필요했던 긴급 상황이었다. 하지만 두 경우 모두, 여성의 동원은 필연적으로 성차를 제거하지 않는 방식으로 수행되었다.

---

65   Ilene Feinman, *Citizenship Rites: Feminist Soldiers and Feminist Antimilitarists.*

66   Duara, *Sovereignty and Authenticity,* 139; Chatterjee, *The Nation and its Fragments,* ch. 6.

67   군사화와의 연결고리가 항상 만들어진 것은 아니지만, 본토에서의 여성 동원은 중화인민공화국의 여성에 대한 많은 설명들에서 언급되고 있다.

이 절에서 나는 몇 가지 관점에서 민방자위대에 있었던 여성에 대한 질문을 탐구해 보려고 한다. 처음의 두 이슈들, 즉 여성 참여의 규칙과 여성 민방자위대 대원이 수행했던 기능의 문제는 병역에서의 성별화가 어떻게 더 큰 군사화 체제에 들어맞게 되었는지를 보여주었다. 세 번째 이슈인 여성 개인이 복무 의무에 어떻게 대응했는지에 대한 논의는 군사화 체제가 그 체제에 종속되어 있던 여성에게 어떻게 경험되는지 탐색하는 작업이다. 여성들이 군 복무에 참여해야 한다는 결정은 진먼에서 근대적인 여성을 구성하는데 필수적인 부분이었다. 하지만 이러한 참여의 성격은 군대와 민간 지도자들이 불문에 부친 가정 및 여성 스스로가 민방자위대 체계와 협상했던 방식 양자에 의해서 결정되었다. 그 결과는 젠더 관계를 조정하는 것이었을 뿐 결코 성차를 제거하지는 못했다. 예컨대, 기혼 여성을 민방자위대에서 제외하는 것은 그 자체로 성 역할에 대한 특정한 가정의 산물로서, 진먼 사람들을 중화민국의 시민으로서 변화시키는데 중요한 의미를 지니고 있었다. 시간이 지남에 따라, 여성의 군 복무 참여는 진먼의 민방자위대 복무 중에서 가장 널리 공표하고 기념하는 일이 되었다. 실제로 진먼의 여성 민방자위대원은 섬 자체의 광범위한 상징이 되었다. 하지만 이러한 기념은 진먼 여성이 남성과 평등을 이루었다는 것을 증명하기 위한 것이 아니었다. 오히려 국가 비상사태의 표식인 완전한 군사화를 상기시키는 것이었다.

계엄령이 내려진 직후 몇 달 동안, 성인 여성도 남성처럼 군대를 지원하는 노동력을 제공했다. 이러한 사실은 비상사태에 대한 단순한 자동적 반응일 뿐이라고 이해되지만, 이는 또한 대중적인 동원에 대한 정치적 필요라는 차원에서도 합리화되었는데 동원의 실패는 부분적으로 본토에서의 [국민당 정권의] 붕괴 원인으로 지목되었다. 하지만 민방자위대가 공식적으로 창설되면서 민간의 지원이 체계화되고 정례화됨에 따라 여성은 생물학적으로나 사회적으로 가장 적합하다고 여겨지는 기능을 부여받았다. 각 마을의 민방자위대는 이런 기능을 수행하기 위해 특수여성부대를 창설하였다. 남성 부대와 마찬가지로, 여성 부대의 과업 또한 평시와 전시로 나뉘어 있었다. 1950년대와 1960년대에 여성 부대에 배정된 과업은 평시에는 선전과 심리전이었고 전시에는 환자에 대한 응급처치 및 포로 경비 등이었다. 이러한 전시 역할의 이면에 놓여 있는 생각은 명백하게 여성은 실제로 전투가 일어나는 최전선에서 떨어져 있어야 한다는 것이다. 이는 들것을 나르는 업무가 남성 부대에 할당되어 있었던 이유이기도 했다. 예상할 수 있는 것처럼, 여성이 수행하는 과업은 남성의 과업과 구분되었으며 덜 중요한 것으로 여겨졌다. 몇몇 여성 응답자는 그들의 복무 의무가 민방자위대 의무의 일부가 아니라고 여길 정도였다. 한 여성에게 민방자위대에 참여했는지 묻자, "아뇨 나는 여성 여단에 참여했어요"라고 답하였다.[68]

1968년 이전에 여성 복무에 관한 규정의 변화는 군사화, 근대화되던 분류 체제, 전통적인 문화적 관습 및 기대 등이 어떻게 교차하는지를 보여준다. 여성의 민방자위대 복무를 위해서는 여성의 적절한 공적 역할에 대한 몇 가지 이해 방식들이 조정될 필요가 있었다. 군사화된 근대성과 관련된 관심은 모든 시민이 국가 방위라는 대의를 위해 동원될 것을 요구했다. 1950년대에 민방자위대 체계가 조직될 때, 성인 여성은 첫 아이를 임신하기 전까지 민방자위대에 참여해야 했다. 이는 육아는 여성의 일이라고 보는 전통적인 사회적 기대에 기반을 둔 것이었다. 임신 기간 동안 여성 민방자위대원들은 훈련이 불가능했으며, 출산 이후에는 육아의 의무를 다해야 했다. 한 여성은 "여성이 결혼하고 임신을 하면, 불러온 배를 민방자위대 장교에게 보여주어야 했어요. 장교가 여성의 임신을 확인하면, 민방자위대에서 탈퇴할 수 있었어요. 그래서 '군 복무를 그만하고 싶으면, 장교가 배를 문지르게 해야 한다'는 농담이 있었죠"라고 말한다.[69]

따라서 기혼 여성이 민방자위대에 계속 복무하는 것은 전통적인 의미에서 아내의 역할, 즉 아이를 낳는 역할을 제대로 하지 못한다는 것을 의미했다.

---

68   Ou Ganmu, *JMMFTDJL*, 161.

69   Lin Caikuan, in Lin and Lu, *Dongkeng*, 104.

"만약 결혼했는데 임신이 되지 않았다면 계속 나가야 했어요. 나는 결혼하고 임신하기까지 9년이 걸렸고, 다른 사람들이 결혼하고 임신을 해서(민방자위대를) 떠나는 것을 지켜보았죠. 매년 새 얼굴이 등장했고 그들은 임신해서 떠났지만, 나는 여전히 여성 부대에 박혀 있었죠. 매우 당황스러웠고, 내 복무 기간은 10년 이상 이어졌어요."[70] 이러한 발언은 여성들에게 특유했던 민방자위대 복무의 양면성을 잘 보여준다. 남성과 마찬가지로 여성들은 민방자위대 복무의 부담과 불편함에 대해 호소한다. 하지만 여성은 또한 모순에 맞닥뜨리게 되는데, 민방자위대 복무를 계속하는 것이 시민으로서 의무를 다하는 명예로운 일이지만 동시에 이는 가부장제 가정에서 여성으로서는 실패했다는 진술이라는 점이다.

1960년대와 70년대를 걸쳐서 여성의 민방자위대 제외 기준이 '임신'에서 '결혼'으로 변경되었다. 이러한 변화에 대해 문서로 남겨진 근거는 없으나, 나는 행정적 간소화의 문제였을 것이라고 추정한다. 관료체계는 인구를 조사하기 위해 호적제도와 민방자위대 적격심사제도를 만들었지만, 결혼으로 인한 인구 이동을 반영하기 쉽지 않았다. 문제는 진먼의 결혼 제도가 족외혼(exogamous)에다 시집살이(virilocal)라는 특성을 지녔다는데 있었다. 이것들은 여성이 다른 성을 가진 남성과 결혼하고, 남편의 마을로 이주를 한다는 사회적 현실을 설명하기 위한 기술적 용어이다. 그래서 결혼을 하게 되면 신부는 친아버지의 호적과 그녀의 민방자위대 직에서 말소되고, 남편의 호적과 그 마을의 민방자위대에 등록된다. 신부의 고향에서 신부에게 배정되었던 소총이나 무기들에 대한 등록부는 수정되어야 했고, 다른 사람이 총기를 유지할 의무를 넘겨받았다. 새 마을은 그녀에게 무기를 새로 배정해야 했다. 이러한 과정 중 어느 것도 불가능하지는 않았지만, 이는 마을 관료들에게 많은 업무를 유발했다. 그리고 신혼 여성이 곧 임신하여 민방자위대를 영원히 떠날 것이라고 추측되었기 때문에, 이 같은 절차는 자원의 낭비였다. 아마도 정책의 변화를 이끈 것은 마을

---

70 *Ibid*.

관료들로부터의 불만이었을 것이다. 풀뿌리 행정직들의 기술적 역량의 한계로 인해 행정적인 단순화가 이루어진 것이다.[71]

여성 행위에 대한 전통적인 관념들의 관성과 보편적인 동원의 필요성은 계속해서 상호작용하면서 여성 민방자위대 복무에 대한 규칙과 관습들을 형성해나갔다. 1968년 이후, 전투촌 체제 하에서 더 많은 여성들이 전투 임무를 맡게 되었지만, 기혼 여성은 여전히 연간 의무 훈련에서 제외되었다. 이제는 16~45세 사이의 모든 여성이 공식적으로 민방자위대에 속하게 되었다. 고령의 남성과 함께, 여성들은 전시에 낙하산 부대의 강하를 방해하고 마을을 방어하는 "방어 부대"를 조직하게 되었다. 반면, 미혼 여성과 청년들로 이루어진 "기동 부대"는 나가서 적과 교전하는 역할을 맡았다. 하지만 여성들이 자신의 의무로부터 멀어지게 하는 육아에 전념하게 될 것이라는 기대로 인해 여성의 역할을 제한하는 것이 바람직하다고 여겨졌다. 그래서 5세 이하의 아이 두 명 이상을 기르는 모든 여성은 전시에도 무기가 지급되지 않는다는 규정이 마련되었다.[72]

초기에는 대부분의 마을 여성이 문맹이었는데 이것은 군사 훈련에 장애가 되었다. 효율적인 민방자위대원이 되기 위해 여성은 읽는 법을 배워야 했다. 그래서 정치 지도원이 여성의 문맹 퇴치 수업을 조직하였고, "모든 여성들이 참여하도록 강요했다."[73] 문맹 퇴치 수업의 교재가 일부 남아 있는데, 이 교재들은 수업이 글을 가르치는 것뿐만 아니라 동원과 군사화된 가치를 주입하는데 사용되었음을 보여준다. 앞쪽의 단원 중 하나는 "자기 방위를 위한 시간은 지

---

71 비비엔느 슈(Vivienne Shue)는 집산화의 급속한 확산과 半사회주의 농업의 복잡한 문제가 농촌 간부들의 능력을 압도했다는 점을 연결하여 중화인민공화국과의 비교 사례들을 탐구하고 있다. *Peasant China in Transition: The Dynamics of Development Toward Socialism, 1949-1956*, ch. 7.

72 *Zhandou cun zhandou*, 63-4.

73 Lin Caikuan, in Lin and Lu, *Dongkeng*, 104.

금"이라는 제목을 달고 있으며, 민방자위대와 동물의 방어를 비교한다. 동물과 마찬가지로, "인간 역시 생존을 위해서 자신의 능력을 이용해야만 한다. 친구여! 우리는 공산주의자들이 우리를 헤치려는 것을 멍청하게 바라보면서 짐승처럼 되어서는 안 된다. 친족의 피를 잊을 수 있겠는가? 피는 반드시 피로써 갚아야 한다."[74] 이러한 배움의 결과는 예측가능하다. "여성들은 매우 완고해요. 우리는 그냥 시간을 죽이고 있었죠. 우리는 아무것도 배우지 않았어요."[75] 민방자위대 시스템을 근대화의 일차적인 기관으로 삼기로 한 결정의 예상치 못한 한 가지 결과는 민방자위대에 참여하지 않은 사람들이 근대 시민의 형성 과정에서 실질적으로 배제되었다는 점이다. 특히 1949년에 이미 아이를 가지고 있거나 임신가능 연령에 있던 여성은 글과 중국어 교육을 담당했던 조직에 속하지 못하였고, 그 결과 이들은 부분적인 시민성만을 갖춘 삶을 살게 되었다. 성 역할에 대한 전통적인 생각은 보편적인 동원과 근대화라는 표면적인 목표를 결과적으로 저하시킨 행정적 결정에 의해 강화되었다.

여성 민방자위대원의 문맹 문제는 1970년대 대부분 사라졌어야 했다. 진 먼을 삼민주의모범현으로 만들려는 계획의 일부로서 진먼현 정부는 학교에 막대한 투자를 하였으며, 진먼은 실제로 중화민국에서 9년제 의무 공교육을 도입한 첫 번째 지역이었다. 그렇다 하더라도 여성의 참여율이 계속해서 낮아서, 교육의 실효성에 대한 의문이 있었다. 1970년대 초반에 18세의 나이로 민방자위대에 들어간 한 여성 수필가는 연간 훈련의 첫 기간에 그녀와 다른 여성들이 수업을 받고 관련된 내용의 시험을 보았다고 기록하고 있다. "하지만 우리는 학교 교육을 많이 받지 못했고, 거의 글을 쓰지 못했어요. 우리는 심지어 자기 이름도 쓸 줄 몰랐어요. 결국 지도원은 호적에 있는 이름을 찾아보고 복사해 두라고 했죠. 시험이 참과 거짓을 가리는 것이면, 괜찮았어요."[76]

---

74 LYA, Shanglin, "Chuji minjiaoban guowen buxi jiaocai, xia," 1966.
75 Lin Caikuan, in Lin and Lu, *Dongkeng*, 104.
76 Li Gangshi, "Nu ziweidui yiwang."

여성 재생산의 생물학, 적절한 행동에 관해 문화적으로 형성된 관념, 민방자위대 의무 사이의 연결고리는 여성에게 민방자위대 의무를 협상할 수 있는 여지를 제공했다. 남성 간부는 월경이 군사 의무를 수행하는 능력에 방해가 될 수 있다는 논리를 받아들였고, 따라서 여성이 월경 중임을 확인해 주는 의사의 소견서를 가져오면 훈련과 운동에서 면제를 받을 수 있었다. 지역 병원의 직원들은 기꺼이 민방자위대 간부를 속이는 것을 묵인했다고 한다.[77] 노인들은 민방자위대에서 의무 복무할 것이라는 통지를 받았을 때, 어린 여성들과 그 부모들에게 얼마나 충격적인 일이었는지를 기억하고 있다. "몇몇 여자애들은 민방자위대에 들어가는 것을 무서워했어요. 그래서 빨리 약혼했고, 조혼이 아주 많았죠. 그리고 결혼하자마자 임신하길 바랐어요."[78] 그러므로 병역을 회피하려는 노력이 아마도 1949년 이후 결혼 연령이 낮아진 요인의 하나였을 것이다. 여성을 군 복무에서 제외한 근거는 출산 그 자체가 아니라 여성의 임무로 받아들여지는 양육이었다. "만약 민방자위대에 들어가기 싫다면, 아이를 가져야 했죠. 만약 아이가 없다면, 입양할 수도 있었어요. 주산에서는 이런 일이 꽤 자주 일어났어요. 호적에 등재가 되기도 전에, 태어난 지 몇 달 되지 않아도 아이를 입양할 수 있었죠."[79] 이러한 입양은 가까운 친척 사이에 일어나기는 경우가 많았다. 그것은 남성 후손을 이어가기 위해서 일족 내에서 입양을 하는 전통적인 관습의 각색이었고, 더 넓게 보자면 개인과 가구의 전략에 복무하는 가족과 친족의 유연한 접근법이었다. "이런 건 당시에 흔한 일이었고, 불법도 아니었어요."[80]

---

77 Tan Shuling 인터뷰.
78 Du Tiansheng, in Lin and Lu, *Dongkeng*, 98.
79 Lin Meilan 인터뷰.
80 Xu Shupei, *JMMFTDJL*, 152.

진먼의 여성 군인들

오늘날 남자건 여자건 많은 사람들은 민방자위대 복무에 대해 불만만을 가지고 있다. 민방자위대를 기피한 다양한 방법에 대한 설명과 함께 이러한 불만은 진먼 사람들의 반응이 완전히 부정적이었다는 인상을 준다. 사람들은 당시에 만들어진 자료들과는 상당히 다른 인상을 가지고 있다. 이 자료들은 여성의 새롭고 근대적인 이상을 구현한 진먼의 여성 민방자위대를 상찬했다. 진먼 전지정무가 발간한 연재물인 『진먼 투데이』는 1974년에 민방자위대를 특집으로 다루었는데, 진청 민방자위대의 난먼 지역 부대의 수석 장교인 19세의 리명치를 소개하고 있다. "그녀는 아름다울 뿐만 아니라, 자기 일에 진지했다. 부모에게 효도하고, 형제자매들을 잘 보살폈다. 그녀는 진정으로 훌륭한 현대 여성들의 대표였다." 리와 마찬가지로, 웡슈휘는 전통적인 덕목들을 동원된 시민의 덕목들과 결합한다(그녀는 여가 시간에 옷을 수선해서 부모가 동원된 형제자매를 지원할 수 있도록 돕고 있다). 그녀가 돋보이는 것은 국가적 대의에 대한 그녀의 헌신에서 자신에게 요구된 것 이상을 했기 때문이다. "그녀는 조국이 자기를 필요로 한다면, 이미 결혼을 했더라도 기꺼이 나서서 조국을 지키는 대의에 완전히 전념하여 전투원 대열에 합류할 것이라고 말했다."[81]

물론 그런 감정을 순전한 프로파간다라고 무시하는 것은 쉬운 일이다. 하지만 적어도 한 무리의 여성 민방자위대 대원들은 이 복무에 대해 큰 자부심을 가지고 있었다. 그러나 이 자부심은 가혹한 시스템에 대한 분노와 섞여 있으며, 이후 장에서 볼 수 있듯이, 적절한 보상을 요구하고 있다. 이들은 10월 10일 건국기념일 연휴에 거행되는 연례 군 열병식에 참가하기 위해 타이완으로 여행을 떠난 여성들이다. 1975년부터 1987년까지 매년 400명의 진먼의 남녀 민방자위대가 군 열병식에 참여했다. 그 팀의 주요 선발 기준은 신체적인 것으로,

---

81 "Zhandou de duo mianshou Li Mengqi"; "Panshan cun funu duizhang Weng Shuhui de caiyi chaoren."

남자는 키가 170cm 이상, 여자는 158cm 이상이어야 했다. 마을 민방자위대는 기준에 부합하는 부대원들을 확인하고 훈련소로 보내서 훈련 능력을 시험했다. 선발된 팀은 8월 말에는 하루 종일 훈련을 했다. 대부분의 사람들은 이 훈련의 시작을 8월 23일과 관련하여 기억하고 있는데, 1958년의 포격전 기념일 직후에 시작되었다. 10월 초, 이 팀은 10월 10일 국경일에 함께 행진할 마주의 민방자위대 동료들과 함께 마지막 훈련을 위해 타이완으로 이동했다.

처음에는 군 열병식에 참여하는 것에 대한 열의가 대단했다. 사람들은 선정되는 것을 영광스럽게 여겼고, 타이완으로의 여행과 사람들의 관심을 즐겼다. 그러나 시간이 지나면서 참신함은 사라졌고, 1980년대 초에는 관심이 훨씬 줄어들었다. 남성 장교들은 종종 이것을 군사훈련과 여성성을 조화시키는 문제로 설명했다. "진먼 민간인 입장에서 보면 국경일 퍼레이드는 정말 부담스러웠어요. 훈련은 3~4주 정도 진행됐고, 날씨와 상관없이 미룰 수 없었어요. 여자들은 아름다움을 중시하기 때문에 특히 참여를 꺼렸죠."[82] 쉬밍훙은 회상한다. "뜨거운 태양 아래서 훈련하는 것은 매우 힘든 일이었어요. 특히 여성들에게 적합하지 않았어요. 여성들은 하얀 피부를 좋아했고, 뜨거운 태양 아래서 훈련하면 피부가 검게 되기 때문에 아무도 참가하고 싶어 하지 않았죠. 그러나 그 때는 만강제직이있죠. 한 가정에 두세 명의 딸이 있다면 한 명은 보내야 했어요. 한 명은 참여해야 했죠."[83] 열정이 식기 시작하면서, 여성들이 책임을 회피할 가능성에 대한 우려가 커졌다. 1950년대와 1960년대에 전지정무는 출입통제를 강화함으로써 연례 훈련 전에 섬을 떠나려고 하는 남성들의 문제도 다루어야 했다. 이제 동일한 조치가 국경일 열병식의 팀원들에게도 적용됐다. 이 무렵에는 18세 이상의 미혼 여성들만 민방자위대에 들어갔기 때문에, 조치의 대상 집단이 되었다. 여름철에 출도(出島) 허가를 받지 못하는 범주에 미혼 여성

---

82 Wang Tingqing, *JMMFFT*, I:127.
83 Xu Minghong, cited in Dong, "Zhandi Jinmen."

이 추가되었고, 임시로 타이완에 체류하고 있던 진먼의 등록 주민들은 팀원 선발에 맞춰서 진먼으로 돌아와야 했다.

불평과 회피가 커지는 동안에도, 일부 참가자들은 민방자위대 복무가 여성 평등과 국가 대의를 위한 헌신 모두를 상징한다고 생각했다. 린진두는 "남성들만큼은 할 필요가 없었지만 그래도 훈련을 많이 받아야 했고, 우리 중 일부는 연례 훈련에 참가하기도 했죠. 우리가 견뎌야 했던 난이도는 남자들의 난이도에 못지않았어요. 당시 국가의 사정은 상당히 예외적이었죠. 공산군이 쳐들어올지도 몰랐어요. 그래서 자신을 보호하기 위한 전투 기술과 다른 사람들을 돌보는 간호 기술을 배우는 것은 좋은 일이었죠. 위기가 닥치면, 여러분 자신과 가족을 도울 수 있을 겁니다. 설령 그것이 더 힘들었다 하더라도, 나는 여전히 도전을 받아들이고 의무를 다하기 위해 최선을 다했을 겁니다."[84]

고량주나 "무망재거(無忘在莒)" 비문처럼, 여성 민방자위대의 열병식 시범대는 타이완에서 진먼의 강력한 상징이 되었다(이와 어느 정도 유사한 방식으로, 고도로 군사화된 여성들은 본토에서도 강력한 정치적 상징이 되었다). 1981년 팀장의 말처럼, 팀의 참여는 진먼에 매우 중요했다. "그렇지 않았으면, 대부분의 사람들은 지도에서 진먼을 찾기조차 매우 어려웠을 겁니다. 하지만 오늘날 모두가 이 작은 땅에 대한 높은 수준의 인식을 가지고 있어요. 그것은 우리의 민방자위대가 항상 잘 해냈기 때문이고, 많은 언론들이 인터뷰를 하기 위해 이곳에 왔기 때문이죠. 다른 나라에서도 군 열병식에 참가하러 많이 와서, 국제 언론의 주목을 받기도 했습니다."[85]

1980년대 초에 시범단에서 활동했던 여성들은 종종 참여의 하이라이트는 1982년 영화 '진먼의 여 전사들'에서 엑스트라 역할을 했을 때라고 말한다.[86]

---

84 Lin Jindou, *JMMFTDJL*, 157.
85 Chen Xiuzhu, *JMMFTDJL*, 231.
86 Lin Jindou, *JMMFTDJL*, 157.

이 영화를 예술적 걸작이라고 부를 사람은 없겠지만, 진먼 여군들의 복잡한 상징성과 고정관념의 일부를 끄집어내어 주기 때문에 우리에게 유용하다. 그 시대의 다른 타이완 영화들과 마찬가지로, 이 영화는 여러 캐릭터 중심의 하위 플롯으로 구성되어 있다. 주요 내용은 어부의 딸이자 잠수 공작원(해룡와병)의 여자친구인 비타오에 관한 것이다. 아버지가 바다에 나갔다가 인민해방군 병사에게 살해당하자 그녀는 복수를 맹세한다. 그녀의 지휘관인 장잉은 엄격함 때문에 대부분의 병사들로부터 미움을 받는 인물인데, 조의를 표하면서 그녀 역시 공산주의자들의 손에 고통을 받았다고 말한다. 그녀의 가족은 1958년 폭격으로 몰살당했다. 회상 장면에서 짧은 머리의 아기인 장잉이 폭발과 화염에 둘러싸인 것을 볼 수 있다. 진먼에는 철도가 없지만, 왠지 그녀는 철로 옆에 앉아 있는 것 같다. 이 장면은 1937년 일본군의 상하이 공격 당시에 버려진 아이의 상징적인 사진을 참고한 것으로서, 인민해방군을 일본군과 동일시하고 진먼의 영웅적인 인물들을 본토에서 일본군에게 저항한 사람들과 동일시하고 있다.[87] 장잉의 비극적인 과거는 왜 그녀가 그토록 자신의 임무에 엄격하며 결코 경계심을 풀지 않는지를 설명해준다. 그녀의 오랜 남자친구는 타이완에서 그녀에게 편지를 보내, 만약 그녀가 민방자위대를 떠나서 자기와 합류하지 않으면 관계를 끊겠다고 위협한다. 그러나 장잉은 거절한다. 아버지가 죽은 뒤에, 비타오는 군인인 남자친구에게 격투술을 가르쳐 달라고 부탁한다. 밤바다에서 적 잠수 공작원을 만난 비타오는 수류탄으로 그와 자신을 날려버림으로써 미래의 행복과 삶을 희생한다.

다른 두 하위 플롯은 군인이 된 여성이 범할 수 있는 잠재적인 결과들에 초점을 맞춘다. 수예는 타이완에서 온 군인과의 관계를 위해 가족의 모든 바람과 예절을 무시한다. 샤오유도 타이완 출신의 남자친구가 있는데, 아버지가 그

---

87 유명한 사진들은 여기에서 볼 수 있다. www.princeton.edu/~nanking/html/image_1.html(accessed September 20, 2007).

녀를 만나러 진먼으로 오면 저속한 멍청이처럼 행동하면서 아버지에게 존경심을 보이지도 않고 남자처럼 밥을 먹는다. 두 사람 모두 군 복무를 진지하게 생각하지 않고, 남자를 만나거나 장잉을 저주할 기회로만 여긴다. 훈련 도중 두 소녀는 갇히게 되지만 장잉이 그들을 구하러 온다. 그녀는 중상을 입었고, 다리를 절단해야 했다. 수예와 샤오유는 이제 그들의 길이 잘못되었다는 것을 깨닫고, 민방자위대 임무와 조국을 지키기 위한 신성한 의무에 전념할 것을 맹세한다. 궁극적으로 여군들의 위반(transgressive)은 국가적 대의에 대한 자기-희생에 의해 봉쇄된다. 영화는 장잉과 샤오유의 남자친구들이 여자친구가 민방자위대 임무를 완수하고 결혼할 수 있을 때까지의 오랜 기다림을 위로하는 것으로 끝을 맺는다. 물론 우리가 본 대로, 현실은 정반대였다. 진먼 여성들은 일반적으로 민방자위대에서 계속 복무하기 위해 결혼을 미루지 않았고, 복무를 피하거나 기간을 단축하기 위해 결혼을 앞당겼다. 그러나 군사화가 젠더 관계에 미치는 지대한 결과에 주의를 기울임으로써, 영화는 참으로 중요한 주제를 부각시킨다.

결론

나는 이 장에서 진먼의 비상사태가 젠더화되는 무수한 방식들, 그것이 어떻게 남녀에게 다르게 경험되는지 그리고 그것이 어떻게 성 역할과 기대를 동시에 강화하고 변화시켰는지를 설명하려고 노력했다. 매춘부, 아내·어머니, 군인이라는 세 범주는 군사화된 사회에서 여성의 잠재적인 위치를 규정했다(지·아이·조 사업가는 네 번째 범주였지만 이미 이전 장에서 논의된 바 있고, 공식적으로 존재하는 것이 아니어서 여기서 다시 제기할 필요는 없다). 얼핏 보면, 국가 지도자들 앞에서 행진하는 자랑스러운 여군들과 군 공창의 잔인한 환경에서 생활하고 일하는 매춘부들의 모습만큼 서로 다른 것은 없을 것이다. 이 범주들 사이에는 큰 차이점이 있지만, 공통적인 연결고리도 있다. 각 범주들은 군사화된 체제의 원활한 기능에 필수적인 역할을 수행했다. 그들에게 할당된 기능적 역할과 상관없이, 여성들은 국가적 대의를 위해 자신을 희생해야 했다. 실제로 831 매춘부든 민방자위대 군인이든 자기-희생은 여성성의 결정적인 요소가 되었다. 둘째, 여성은 국가적 전통의 수호자로 여겨졌지만, 그들의 사회적 지위는 과학적이고 이성적인 접근을 선호하며 과거의 후진적 습관을 배제하는 근대성의 중요한 지표로 여겨졌다. 두아라는 민족주의적인 가부장제가 자기-희생적인 여성을 민족적 정수의 상징으로 구성했다고 쓰고 있다.[88] 이는 추정되는 중국적 문화 전통을 선택적으로 채택하여, 보호하려는 여성과 가내 영역에 부여했던 진먼에서도 부분적으로 사실이었다. 그러나 여성은 부분적으로만 가정성에 묶여있을 수 있었다. 국가 비상사태와 국가 존립의 위협은 또한 여성들을 군사 목적으로 동원할 것을 요구했다. 매춘부들의 경우 부대의 성적 활력을 유지하고, 부인·어머니로서 지원과 가정 서비스를 제공하고, 여성 군인으로 전투에 참여하도록 하는 것이었다. 대부분의 사회에서 여성들은 보통 마지못해 군사적 역할을 수행하며 일시적인 요구 사항을 충족한다. 시간을 전쟁과 평화로 나누면 "여성 군인의 동원은(전쟁 시기의 일로서) 단기적이며 기본적으로 변칙적이라는 편리한 관념"도 가능하다.[89] 진먼에서는 비상사태가 전쟁과 평화의 구분을 흐리게 했다. 여성은 군사화된 근대성을 보여주면서 국가 전통을 수호하는 역할을 맡았고, 군인으로서의 역할로 인해 근대성뿐만 아니라 비상사태의 표식 역할을 하는 임무도 떠안았다.

진먼 여성 민방자위대의 기능적 역할은 국제지정학에서 섬의 역할과 동시에 바뀌었다. 진먼이 중요한 군사적 기능을 가지는 것으로부터 대만 정치와 세계의 다른 국가들 모두에서 주로 공산주의의 위협과 반공주의적 경계의 정치적 상징으로 복무하는데로 이동함에 따라, 진먼 여군들의 중요성은 군에 대

---

88 Duara, *Sovereignty and Authenticity*, 133.
89 Enloe, *Maneuvers*, 123. 90) Gail Hershatter, *Dangerous Pleasures: Prostitution and Modernity in Twentieth-Century Shanghai*, 305.

한 지원의 제공으로부터 여성들 역시 전세계적인 지정학적 투쟁에서 수행하는 역할이 있다는 것을 보여주는데로 이동했다. 진먼의 여성 민방자위대가 국경일 퍼레이드라는 매우 눈에 잘 띄는 장소에서의 역할 수행을 그만둔 1980년대 중반에 정확하게 지정학적 투쟁의 변화가 다시 일어난 것은 우연이 아니다.

다른 많은 방법에서와 같이, 타이완과 중국본토 사이에 있는 진먼의 중간자적 지위는 해협 양쪽에서 진행된 과정들에 빛을 비춰줄 수 있다. 진먼의 매춘 관리는 두 사회가 갈라진 하나의 영역이다. 1949년 이후 본토에서 성매매의 철폐는 근대의 건강한 국가로 부상한 중국의 상징이었다. 진먼에서 군사화의 특유한 맥락은 전 세계 군사기지에 공통적인 것과는 다른 입장을 요구한다. 많은 사회에서 매춘은 사회 질서에 대한 위협으로 간주되지만, 군사 기지 주변에서의 매춘은 종종 사회와 경제 질서에 잠재적으로 이로운 것으로 여겨진다. 초점은 매춘을 없애는 것이 아니라 봉쇄와 규제에 있다. 반면에, 진먼 민방자위대에서 여성과 남성의 평등주의를 축하하는 것은 성적 차이에 대한 마오쩌둥주의의 반응과 다소 유사했다.

본토에서와 마찬가지로, 평등주의는 역할의 전문화라는 측면에서 표현되었고, 종종 직접적인 생물학적 차이에 대한 반응으로서 합리화되었다. 마오쩌둥의 중국에서 여성의 노동 참여는 이론상으로는 남녀간의 불평등을 제거할 것이지만, 실제로는 단순히 기대들에 대한 부담을 가중시키는 경향이 있었다. 진먼에서 여성의 지위의 정치는 항상 국가안보에 종속되어 있었기 때문에, 여성 해방에 대한 이러한 명백한 약속은 없었다. 그럼에도 불구하고 결과는 거의 똑같았다. 1950년대와 1960년대 타이완에서, 여성들을 가정에 묶어두려는 시도는 중국 문화의 온전성을 회복하도록 되어 있었지만, 결국 소규모 가족 기업 가주의에 중요한 무급 노동력의 원천을 제공하는 것으로 끝났다. 진먼에서도 비슷한 상황이 발생했지만, 군사적인 상황 때문에 그 기업가 정신은 가내 작업장이 아니라 지·아이·조 사업으로 향했다. 여성에 대한 기대가 변화하는 방식에 유사점이 있는 것처럼, 변화하지 않는 방식들에서도 유사점이 있었다. 중화인민공화국과 진먼 모두에서, 성적 차이에 대한 유전적 가정은 지속되었다. 중국본토에서 이러한 차이점들은 종종 과학의 아우라에 가려졌다. 진먼에서는 비상사태가 이러한 합법화의 필요성을 없애버렸다. 두 사회 모두에서, 성이 합법화되는 맥락을 국가가 명시하고 규제해야 한다고 가정되었다. 본토에서는 그런 맥락이 하나뿐이었다. 바로 결혼이었다. 진먼의 독특한 특성, 즉 호전적 남성성에 대한 가정을 뒷받침할 필요성은 공창이라는 또 다른 맥락의 포함을 정당화했다. 이것은 여성의 섹슈얼리티가 남편 및 재생산과의 관계에서만 배타적으로 정의되지 않았음을 의미한다. 그러나 일반 여성에게 결혼과 출산이 불가피하다는 가정은 공유되었다. 바로 이것이 진먼 여성들이 결혼시에 민방자위대에서 소집 해제된 이유이다.

많은 사회에서 여성들은 국민적 범주들의 구성 및 변형과 관련된 담론에서 중요한 기표가 되었다. 진먼 그리고 중화인민공화국에서 여성들, 특히 군사화된 여성은 다른 종류의, 정치적 차이와 자기-희생적 시민성의 기표였다. 군사화 시기 동안, 진먼에서의 사회적 관계는 군사적 위협에 비추어 재구성되었다. 이 위협은 젠더 관계에 대한 변화의 근거였지만 또한 변화의 깊이를 제한했다. 따라서 군사화는 단순히 권리와 기회를 확장한 것이 아니라, 그것들을 제한할 수도 있었다. 군사화와 여성의 전투 동원은 가부장제를 재구성하는 것만큼이나 가부장제의 종식을 의미하지 않았다.

제11장 냉전의 귀신과 신

진먼에서 전지구적인 것과 지방적인 것들이 뒤엉킨 결과 중 하나는 초자연적인 영역에 존재했다. 1949년의 치열한 전투, 지속적인 포격전, 본토의 집과 가족으로부터 멀리 떨어진 곳에서 중화민국 병사들의 죽음은 진먼을 수많은 귀신의 땅으로 바꿔놓았다. 이 귀신들과의 조우는 진먼에서의 군 복무와 관련된 설화의 일부이며, 진먼의 귀신 이야기들은 현재 타이완의 인기 있는 초자연 소설 범주에 속하는 독특한 하위장르를 구성하고 있다. 진먼을 떠돌며 주민들 앞에 나타나는 죽은 군인들의 귀신, 군사시설 건설로 안식을 방해받아 군인들 앞에 나타나는 진먼 주민들의 귀신에 대한 이야기들이 있다.[1] 또한 이 귀신들의 물질적인 흔적도 존재한다. 이들을 위한 사당은 섬 도처에서 볼 수 있다. 이 사당들은 단지 근대화 국면에서 전통의 지속성을 보여주는 증거일 뿐 아니라, 사회를 형성하기 위해 기억과 종교의 힘을 사용하려는 국가적 노력을 반영하고 있다. 사당은 국가 통제체제와 사회적 삶 사이의 상호작용의 장소인 동시에 진

---

1 Wang Kui, *Naogui dang' an*은 그런 이야기들의 모음집 가운데 하나이다. 전 징집병들의 블로그 사이트에서 진먼의 귀신 이야기들을 찾아볼 수 있다. 예컨대, bbs.yuhome.net/thread-316579-1-8.html(accessed March 27, 2007).

면에서 일상의 지정학화의 또 다른 예시다. 거기에 진먼의 대중적인 종교는 국가적 행위자들과 민간인들 사이에서 지정학적 맥락에 의해 형성된 이슈들에 대한 의미화와 해석의 경합이 벌어지는 또 다른 영역이다.

애국 장군의 사당

구닝터우 주위의 들판에는 몇 제곱 미터 크기의 콘크리트 벽과 물결 모양의 양철 지붕으로 된 단순 구조물들이 있다. 각 구조물의 앞에는 향로가 놓여 있고 차양이 달린 단이 있다. 내부에는 일반적으로 신령의 상이 놓인 제단 하나와 제물을 올릴 탁자가 있다. 벽의 측면에는 신의 개입으로 소원이 이루어지길 바라는 기도자들의 감사가 담긴 현수막이 걸려있다. 사당의 외관은 중국 동남부와 타이완 전역에서 지방 신령들을 모시는 수많은 사당들과 비슷하다. 이 지역에서 흔히 찾아볼 수 있는 이 사당들은 배고픈 귀신들이나 낯선 타향에서 죽은 이름 모를 사람들을 기리고 있다. 진먼의 많은 사당에서 신의 이미지는 다른 곳의 사당들처럼 전통 중국 관리의 관복을 입은 고위 관료의 모습이 아니다. 오히려 신은 군복을 입고 중화민국 군모를 쓰고, 때로는 기관단총이나 다른 무기를 든 현대적인 인간으로 묘사되어있다. 진먼에서 이 신들은 애국장군(愛國將軍)으로 알려져 있으며, 이들은 섬을 위해 죽은 군인들의 영혼이라고 여겨진다. 구닝터우 주위에 사당이 밀집되어 있는 것은 1949년에 그곳에서 벌어진 전투의 결과이다.

    진먼의 대중 종교에 관한 뛰어난 학자인 츠창후이는 진먼에서 이런 사당을 40개 넘게 찾아냈다.[2] 일반적으로 이와 같은 사당들은 무속적 계시의 결과로서 등장했다. 수세기 동안 남성 또는 여성 무당들은 진먼 주민들이 죽은 영혼들이나 신과 소통할 수 있는 통로였다. 1950년대에 지역의 무당들은 죽은 병사들의 혼에 씐 적이 있다고 보고하기 시작했다. 이 혼들은 지역 사람들에게 사당

---

2   Chi Chang-hui, "Politics of Deification," ch. 5.

을 짓고 제물을 바칠 것을 요구했으며, 만약 그들의 요구를 들어주지 않으면 피해를 줄 것이라고 위협했다. 때로 이 혼령들은 마을 주민들에게 이름이 알려지지 않았거나 모르는 존재였다. 때때로 혼령들은 정확하고 구체적으로 자신을 알렸고, 주민들이 공유하는 기억을 들먹였다. 그래서 후샤(湖下)에서는 마을 우물에서 자살한 한 병사의 혼이 무당에게 씌어 사당을 지을 것을 요구했다. 또 다른 사당은 1958년의 포격전 때 분대가 즉사한 벙커의 자리에 지어졌다.[3] 종종 사당을 짓는 과정은 시체가 발견될 때 시작된다. 1976년 즈음, 두 구의 시체가 허우펑항(后豐港) 근처의 해변에 밀려왔다. 시체들이 반바지만 입고 있어서, 주민들은 그들이 잠수 공작원이라는 것을 알게 되었다. 대충 장례가 치러졌는데, 얼마 후에 매장지 근처에서 밭을 매던 한 여인이 앓기 시작했고 마을 무당에게 도움을 구했다. 그러자 두 죽은 남자의 귀신은 그녀의 꿈에 나타나서 제대로 된 장례와 제물을 요구했다. 그래서 여인은 작은 사당을 지었다. "그들이 중화민국의 잠수 공작원인지 공산주의 잠수 공작원인지조차 몰라서, 그들을 그냥 애국장군이라고 불렀어요."[4]

애국장군을 위한 가장 큰 사당은 구닝터우로 향하는 길에 있는 장엄한 사당이다. 이곳에서 기리는 신은 리광쳰(李光前)으로, 구닝터우의 영웅 중 한 명이었다. 그는 전투 첫날에 부하들을 이끌고 인민해방군 진지를 용감하게 공격하다가 사망했다.[5] 몇 년 후, 밤마다 이상한 소음에 골머리를 앓던 인근의 주민들이 여성 무당에게 원인을 파악해달라고 부탁했다. 그녀는 리광쳰과 접신했고, 그는 마을 사람들에게 사당을 세우고 제물을 바칠 것을 요구했다. 진먼방위사령부 당국에 문의한 결과, 놀랍게도 무당이 말한 모든 개인적인 세부 정보들이 죽은 영웅인 리광쳰과 일치한다는 것을 알게 되었고, 마을 사람들은 그의 요

---

3   *Ibid.*, 155.
4   Li Diaoyu 인터뷰.
5   2장을 보라.

청에 응했다. 그리고 1970년대, 혼령은 사당을 확장할 것을 요구했다. 이때 마을 주민들은 군대로 눈을 돌려 재정적 지원을 요청했다. 사령관은 큰 사당을 지을 수 있도록 거액을 기부하라고 명령했는데, 이곳에는 인상적인 출입문, 동물 석상의 영도(spirit way), 회의실, 사당 뒤에 박물관까지 구비되었다. 1970년대 말까지 사당은 지역 주민들이 제물을 바치고 보호를 비는 장소인 동시에 중화민국 군대의 영웅에 대한 정치적 교육과 기념의 장소가 되었다. 진먼현 정부가 구닝터우 전투 30주년을 기념했을 때, 정부는 대규모의 공동 제물을 주문했다. 추모사업계획서는 "적어도 이천 명의 주민(남녀노소), 학생, 각 지역의 사령관들과 사업가들, 노인들과 특별한 인사들이 참석해야 하며, 이는 행사 영상 촬영에 필요한 적절한 참배자들을 동원하기 위함"이라고 밝히고 있다.[6] 그러나 리광첸의 힘을 이용하고 전달하려는 국가적인 노력은 진먼 대중의 종교적 관습을 통제하고 감시하려는 계획의 일부에 지나지 않았다. 종교 정책을 자세히 살펴보면, 진먼에서 군사화와 근대성이 어떻게 연결되어 있는지 알 수 있다.

민간 신앙의 통제와 감시

1949년 이전 오랫동안 중화민국은 근대화라는 더 큰 목표의 일부으로서, 중국 민간종교의 개혁에 전념했다. 두아라(Prasenjit Duara)와 네도스텁(Rebecca Nedostup)이 보여준 것처럼, 공화주의 시기[1912~13]에는 종교와 미신의 경계를 분명히 하고 제도적인 종교의 힘을 약화하기 위한 정기적이고 대체로 성공적이지 못한 캠페인들이 있었다.[7] 1949년 이후, 타이완 섬뿐만 아니라 진먼에서도 대중 종교를 규제하기 위한 공식 정책들은 후진적이고 낭비적으로 보이

---

6   LYA, Shanglin, "Shejiao huodong," "Jinmen diqu qingzhu Guningtou zhanyi shengli sa zhounian shishi yaodian," 1979.

7   Prasenjit Duara, *Rescuing History from the Nation: Questioning Narratives of Modern China*, ch. 3; Rebecca Nedostup, "Religion, Superstition, and Governing Society in Republican China."

는 관행을 없애고 종교 조직들이 정부 통제를 위협하지 않도록 하는 데 집중되었다. 몇몇 종교 의식들은 전면적으로 금지되었다. 예컨대, 많은 마을들은 왕예(王爺)로 알려진 역신을 위한 사당을 가지고 있었다. 이 사당들은 병으로부터 마을을 지키기 위해 주기적으로 제사를 지냈는데, 종이를 붙여 만든 장엄한 배로 신들을 초대하고 다시 바다로 띄워 보냈다. 해변에서 단체 행동에 대한 제한은 이러한 의식을 불법으로 만들었다. 1949년 전의 진먼에서는 마을마다 주신을 모시고 다니면서 여러 마을의 사람들에게 향연과 사회적 네트워크를 만들 기회를 제공하는 사당들이 있었다. 이 축제 중 일부는 금지되었고, 다른 경우에는 의식이 하루로 제한되어 여러 마을로 신을 모시는 것이 불가능하게 되었다. 중원절은 명백하게는 아닐지라도 1949년에 규제된 또 다른 연례 축제였다. 축제의 절정은 죽은 자의 영혼을 불러오는 의식인 푸두(濟度)였다. 전통적으로 이웃 마을들은 축제를 다른 날에 열었고, 마을 사람들이 한 개 이상의 축제에 참여하고 사회적 결속을 다지는 것을 가능하게 했다. 보안상의 이유로 군은 축제를 하루로 제한하여 사람들이 자신의 마을 외의 축제에 참여하는 것을 불가능하게 만들었다. 이 정책은 또한 (마을들 사이의) 경쟁적인 지출이 줄어들 것이라는 생각으로, 즉 축제에 대한 지출을 줄이려는 의도를 가지고 있었다. 지출의 절약은 공산주의자들과의 투쟁에서 중요한 공헌으로 인식되었다.

    대중들의 종교적 표현을 규제하고 제한하려는 노력은 저항을 받았다. 마을 주민들은 경극을 열기 위한 구실을 찾았다. 그들은 신보다는 군인들의 즐거움을 위해서 경극을 후원했다. 이것은 낙후와 낭비의 표현이라기보다는 애국적인 제스처였다.[8] 사람들이 점점 더 부유해지면서 노골적인 저항의 사례도 있었다. 1977년 한 마을 주민은 허가 없이 경극단을 고용하여 문중 사당에서 공연을 했는데, 자신이 벌금형을 받을 것과 벌금의 대부분이 마을의 사회복지기

---

8   Lin Manqing 인터뷰.

금으로 갈 것을 알고 있었다.[9]

왕유란(王玉蘭) 숭배

소진면에서 가장 중요한 제례인 왕유란에 대한 숭배는 대중 종교를 둘러싼 해석 투쟁을 탐구하는 데 유용한 사례이다. 이 숭배는 1954년 여름에 섬으로 떠내려온 여자 시체의 원혼을 달래는 것에서 기원하였다. 시체는 매장되었고, 마을 사람들은 시체가 발견된 장소에서 그녀의 영혼에 제물을 바쳤다. 묘지에서 기이한 빛과 흐느끼는 소리가 흘러나왔다. 일부 제보자들은 무덤을 지날 때마다 군용 지프의 엔진이 꺼졌다고 전했다. 몇 달 뒤에 원혼은 지역의 무당에게 씌었고, 추모비에 적힌 것과 같은 그녀의 이야기가 흘러나왔다.

> 나의 성은 왕(王)이고 이름은 유란(玉蘭)이다. 나는 샤먼에서 왔고 17살이며 가난한 집안에서 태어났다. 7월 9일 오후, 내가 해변에서 조개를 줍고 있을 때, 주더와 마오쩌둥의 군인들이 나를 둘러싸고 욕보이려 했다. 나는 굴복하기 전에 죽기로 맹세했다. 나 유란은 모든 수단을 동원해 저항했다. 그러나 도적들의 짐승 같은 행동은 예측할 수 없었다. 화가 나고 모욕을 받은 그들은 몹시 분노했고, 더 무정하고 잔인하게 나를 벌거벗겨 바다에 던져 버렸다.[10]

소진면 해변으로 밀려온 시체를 수습하는 초기의 과정은, 수명대로 살지 못한 사람의 영혼이나 기이한 시체는 아사귀(餓死鬼)처럼 두려워해야 할 사악한

---

9 LYA, Shanglin, "Minjian baibai," 1977, county government to Shanglin village office re "Jumin X weigui chufa," September 8, 1977.

10 Tian Shuzhang, "Zhenlie ciji"; Yang Tianhou and Lin Likuan, *Jinmen simiao yinglian beiwen*, 197.

힘으로 인식되고 불행을 미연에 방지하기 위해 희생된 것이라는, 중국의 전통적인 민간 신앙의 방식과 일치한다. 심지어 초기 단계에서도 이 특별한 시체에 첨부된 신화는 진먼 상황에 고유한 특징들을 반영한다. 어떤 마을 사람들은 왕유란의 시체를 처음 찾은 것이 군인들이며, 그들의 상관이 마을 유지들에게 회의에 오라고 해서 해당 마을에서 실종된 소녀가 있는지 찾으라는 지시했다고 말한다. 마을 유지들은 그 시체가 자신들의 마을에 살던 사람이 아니라고 주장했다. 그러나 그 시체는 그녀가 친족에 속한다는 표시를 주었고, 이로 인해 마을 사람들은 그녀와 어떤 인연(緣分)이 있다고 생각하게 되었으며 장례를 치르도록 결정하게 되었다. 1950년대 초는 진먼 사람들 위에 군의 헤게모니가 강화된 시기였고, 마을 지도자들이 군 장교 앞으로 끌려가는 이 이야기는 그들의 공포와 위험의 진정한 근원을 암시한다. 군의 권력이 무한한 것처럼 보였던 시기에도, 꺼져버리는 엔진 이야기는 아무리 군인들이 마을 사람들의 삶을 힘들게 만들지라도, 다른 모든 사람들과 마찬가지로 군인들도 신의 힘에 종속되어 있다는 쓸쓸한 지적이라고 할 수 있다. 널리 퍼져있는 다른 이야기에 따르면, 군

그림 11.1 **왕유란 사찰의 외관**(저자 촬영)

인들이 얽히기 전에 사실 그 시체를 발견한 것은 마을 주민 두 명이었는데, 아홍이라고 알려진 한 사람이 사진관을 운영하고 있어서 카메라를 가지고 있었다. 그는 신기하게도 부패하지 않은 벌거벗은 시체의 사진을 찍었고, 지역 군인들에게 그 포르노그래픽 사진을 팔았다고 한다. 죽은 소녀의 혼은 분노했고, 얼마 지나지 않아 아홍은 병에 걸려 죽었다. 아홍의 일화는 시체의 성애화의 측면과 악귀가 될 가능성, 그리고 주민들이 점점 더 군과의 상업적 거래에 의존하는 등 변화하는 진먼 경제에 대한 양가적 감정을 짚고 있다.

현재 사당을 돌보는 81세의 늙은 맹인인 홍두오유에 의하면, 왕유란의 혼이 무당과 접신한 뒤에 마을 사람들은 그녀를 기리기 위한 사당을 짓길 원했으나 그러기에 그들은 너무 가난했다. 그래서 왕유란은 진먼에서 가장 높은 간부인 81사단의 사단장 텐슈장의 꿈에 나타나서 도움을 요청했고, 텐은 그의 부대를 움직여 칭치(青岐) 마을에 작은 절을 짓게 했다(2002년에 인터뷰했을 때, 홍두오유는 그 이후부터 신령이 무당을 통해 나타나지 않았다고 말했고, 이 주장은 현대 지방정치에서 몹시 분열적인 이슈를 반영하는데, 이는 12장에서 논의될 것이다). 텐은 열녀묘(烈女廟)라는 이름을 지어 사당의 현판을 만들었다. 왕의 죽음에 얽힌 사연을 설명한 후, 시체의 모습과 절의 건축 과정에 대해서는 다음과 같이 정리하고 있다.

> 이것은 매우 고통스러운 이야기다. 진먼과 샤먼 사이에는 사나운 바다 생물들이 돌아다닌다. 어떻게 그녀가 이곳으로 떠내려올 수 있었으며, 불의에 대한 이야기를 할 수 있었던 것인가? 살아 있는 동안 그녀는 저항할 수 있었다. 죽고 나서야 그녀는 자유를 향해 스스로를 던졌다. 붉은 도적들의 잔인하고 부도덕한 체제는 하늘과 사람 모두를 분개하게 했다. 왕의 영혼은 얼마나 고결하고 놀라운가! 오늘날 공산주의에 대한 전 세계의 분노는 그 정점에 다다랐고, 잔인함에 대한 혁명적인 저항은 바람과 같이 일어나고 있다. 전제 정치는 반드시 패배해야 하고, 잔인한 통치도 파괴되어야 한다. 사실이 그러하다. 꽃다운 나이에 죽은 고결한 영혼을 잠재우기 위해서, 그녀의 순결과 정

절을 기리기 위해서, 나는 애정을 기울여 이 기록을 작성했다.[11]

왕유란의 "순결과 정절" 그리고 이 가치를 지키기 위한 궁극적인 자기희생에 대한 톈의 공개적인 지지는 전통적인 여성적 가치를 공식적으로 지지해 온 오랜 전통과 맞아떨어진다. 과부의 정절과 성적인 순결을 지키기 위해 자살을 불사한 여인들에게 영예를 주는 체계적인 규제들은 14세기부터 중국에서 자리 잡아 왔다.[12] 그러나 절에 대한 사령관의 지원은 단순히 여성적 가치를 위한 국가적인 지지 전통의 확장이 아니었으며, 이는 공식적으로 1911년의 혁명으로 끝을 맺었다. 오히려 그것은 타이완에서 첫 수십 년 동안 중화민국의 문화적 담론을 특징지은 중국적 전통에 대한 자의식적인 호소의 한 부분이었다. 알렌 천(Allen Chun)은 국민당 정부가 "근대 사회에 관한 그들의 비전을 정당화하기 위해 전통을 환기하고, 되살리고, 재발명하는" 방법을 찾는 동안, 이 시기에 문화 정치가 어떻게 국가주의와 결합하게 되었는지 보여주었다.[13] 장제스와 그의 문화 관료들은 국민당이 중국 전통문화의, 더 나아가 중국 민족의 방패이자 수호자임을 주장했다. 문화에 대한 이들의 정의는 매우 보수적이었으며, 이는 본토에 있는 중국 공산당의 급진적인 비전에 대한 반응이었다. 따라서 전통적인 중국 도덕에서 부모가 딸의 결혼에 동의한 뒤에, 그리고 오직 남편과의 사이에서만 정당하게 표현될 수 있었던 섹슈얼리티에 대한 왕유란의 자기 통제는 본토에서 퍼져나가고 있다고 믿어졌던 음란하고 불효막심한 성적 자유와 극명하게 대조되었다. 심지어 민족주의적인 상징으로 굶주린 영혼과 신을 선택한 것도 국민당 문화 담론의 보수성을 말해준다. 초기 공화주의 정부가 통제와 근대화 기획의 한 부분으로 민간 신앙에 엄격한 규제를 가했던 반면, 1949년 이후 적

---

11 Tian Shuzhang, "Zhenlie ciji"; Yang and Lin, *Jinmen simiao*, 197.
12 Mark Elvin, "Female Virtue and the State in China," 111–52.
13 Chun, "Nationalism to Nationalizing," 128.

그림 11.2 **절에 모셔진 왕유란의 모습**(저자 촬영) 하단에 공양물로 스킨 크림이 놓여 있는 점이 눈에 띈다.

어도 수사적으로는 민간신앙에 대한 통제가 약화되었는데, 이것은 중국 전통 문화와 가치의 보호자로서 중화민국의 새로운 자기 이미지는 낯설고 무신론적이었던 공산주의 운동과의 대비에 의존하고 있었기 때문이다. 장제스 스스로 1953년에 이런 변화를 표명했는데, 이것은 초기 민족주의적 문화정책의 주요 진술이 된 쑨원의 『삼민주의』에 두 장을 보충하여 타이완에서 출판하는 것으로 나타났다. 장제스는 "중국 사회를 분열시키고 중국 국가를 말살하려는 음모를 꾸미는데 있어서, 중국 공산당은 종교를 박해하고 종교적 믿음에 대한 우리의 자유를 제한하는 것부터 시작한다. … 공산주의자들이 전 세계를 정복하고 전 인류를 노예로 만드는 것에 성공하기 전에, 그들이 어째서 종교의 뿌리와 가지를 잘라내 버리려고 하는지 우리가 파악하고 있어야, 우리는 개인과 사회 전반에 미치는 종교의 중요성을 완전히 이해할 수 있는 위치에 있게 될 것이다." 종교적인 관념들은 이제 인간 발전과 사회 안전을 위해 필수적인 것으로 여겨졌다. "믿음이 없는 사람은 삶에 아무런 목표가 없고, 종교가 없는 사회는 영적인 안정력이 없다."[14]

공식적인 문화 담론의 표현이라고 할 수 있는, 왕유란에 대한 텐의 해석은 진먼의 특유한 지정학을 반영하고 있지만 굶주린 영혼을 모시는 대중적 모델에서 벗어나 있다. 텐은 그녀를 전통 중국 문화의 미덕과 중국 공산당에 대한 영웅적인 저항의 상징으로 만들었고, 따라서 그가 섬기던 중화민국의 은유로 만들었다. 타이완은 공산주의 세력으로부터 본토의 궁극적인 탈환과 해방을 위한 근거지로서 중화민국의 모든 국민들은 이 과업에 전폭적으로 헌신해야 했고, 따라서 중국 혁명의 진정한 이상을 위한 자기-희생과 봉사의 정신을 주입할 필요가 있었다. 텐은 왕유란을 국가적 영웅이자 애국적 순교자로 그렸고, 이러한 목표를 위한 유용한 프로파간다적 상징으로 만들었다.

중화민국이 전통의 수호자로서의 이미지를 구축하고 있는 동안, 그 전통의 의미들은 재정의되었다. 예를 들어, 타이완 문화에 남은 일본의 영향과 타이완적 특성에 대한 관념은 공식적인 문화적 담론으로부터 체계적으로 숙청되었다. 알렌 천이 언급하듯, "전통이 발명되거나 재구성되는 한에서, 본질적으로 그것은 국가 형성의 헤게모니적 과정과 일치하는 일종의 신비화일 수밖에 없었다." 이러한 신비화가 전적으로 소진먼의 사람들에게 설득력이 있는 것은 아니었다. 지금은 도교의 사제를 맡고 있는 마을의 전 간부는 사원의 초기 건설에 대해 "그녀는 정치적인 이유로 구조되었죠 … 그 당시, 본토에서는 사당이 파괴되고 있었고, 그래서 그녀는 타이완이 다르다는 것을 보여주었어요"라고 말

---

14 Chiang Kai-shek, "Two Supplementary Chapters to Lectures on the Principle of People's Livelihood," 311.

했다.[15]

군인, 마을 사람, 그리고 도교

1950년대 중반 이후, 신앙의 의례적 실천·관습은 서로 얽혀있는 두 길을 따라 발전해왔다. 첫 번째 길은 군과 관련이 있다. 군사 계획은 신앙의 역사에 직접적인 영향을 미쳤다. 예컨대, 정보제공자들은 왕유란의 시체가 원래는 통산이라고 부르는 장소에 묻혀있었다고 말한다. 어느 시점엔가 통산에 지뢰를 매설할 것이라는 결정이 났다. 반대를 미연에 방지하기 위해 군인들은 왕유란의 시체를 파내어 새 콘크리트 무덤으로 이장했고, 이것이 사당 옆에 만들어진 것이다.

그러나 군과 신앙 사이의 관계는 이보다 훨씬 더 복잡했다. 진먼 주둔군의 간부와 군인들 또한 개인적으로는 신앙 의례의 독특한 조합에 참여했다. 중화민국 간부들은 종종 주둔하고 있는 지역 공동체의 의례에 참여하거나 지방의 주요 사당에서 참배를 올렸다. 군의 입장에서 이와 같은 참배는 두 가지 효과를 가진 것으로 받아들여졌는데, 간부가 휘하에 있는 부대를 위한 보호를 기원한다는 점에서 종교적으로 중요했으며 군과 공동체 사이의 연결을 공고히 한다는 점에서 사회적으로도 중요했다(비슷하게 계급이 높은 간부는 종종 지방 혈족의 조상묘에 추모 명판을 기증하기도 했다).

군 간부들이 언제부터 왕유란의 사당에 정기적으로 참배하기 시작했는지는 불분명하지만, 추정컨대 이는 텐슈장이 사당 건설을 지시한 후 얼마 되지 않아 시작된 것으로 보인다. 이 신앙은 오늘날까지 이어지는데, 1990년대 후반 주둔군의 규모가 사단에서 여단으로 줄어들었음에도 불구하고, 현재까지 지역의 여단장이 의례를 수행하고 있다. 직업 장교인 현 사령관은 매년 열리는 사당 축제에 귀빈으로 참여한다. 사령관은 또한 음력으로 매달 1일과 15일에 사당을 방문하여 참배하는데, 이때 젊은 징집병의 보조를 받는다. 징집병은 가장 먼

---

15   Dao Lieyu 인터뷰.

저 도착해서 가져온 과일 제물을 접시에 놓고 지전과 향을 준비한다. 사령관이 까만 승용차를 타고 도착한다. 그는 사당과 그 옆에 있는 무덤의 향로에 각각 향을 올린다. 시간을 절약하기 위해 간부가 무덤 옆에 있는 향로에 지전을 태울 동안, 사령관은 절을 하고 대기 중인 차로 돌아온다. 이 의례를 해석하면서 사령관은 그의 참여에 대해 몇 가지 다른 차원을 규정한다. 그는 전통이기 때문에 사당에서 참배를 한다. "원래 이 전통을 발전시킨 것은 주둔군 사령부였습니다. … 내가 처음 이곳에 왔을 때, 나의 전임이 이곳에 나를 데려와서 설명을 해줬습니다. 나는 이 일을 계속했고, 나의 후임자에게 전해줄 것입니다." 또한 그는 도구적 차원을 보고 있었다. 그의 휘하에 있는 병사들이 신을 공경하기 때문에, 그가 사령관으로서 그녀에게 존경을 표하는 것이 마땅하다는 것이다. "나는 원래는 이런 믿음을 가지고 있지 않았지만, 이제 내가 이곳에 배치를 받았기 때문에 나의 병사들이 더 좋게 느낄 수 있도록 이곳에 옵니다." 같은 이유로, 그는 때때로 지역의 기독교 교회에도 간다. 사당에서 참배하는 것은 지역사회와의 관계에 좋은 것이었고, 이는 그가 소진면에서 또 다른 중요한 사당인 보생대제(保生大帝)의 사당에 방문하는 이유이기도 하다. 마지막으로, 사령관은 그의 참여에서 시민적 차원을 보고 있다. 이곳에서 그는 왕유란이 귀신에서 신으로 변신한 모습을 직접 만져본다. "아름답고 공경할 만한 것은 무엇이든 신이 될 수 있습니다. 이것은 단지 그들이 우리를 도와줄 수 있을 뿐만 아니라, 그들이 우리를 가르칠 수 있기 때문이지요. 우리는 그들이 살아있을 동안 보여준 도덕성을 공경하고 그들을 존경합니다."[16] 여기서 사령관은 그의 전임자인 톈슈장에 의해 처음으로 표현된 왕유란의 가치를 언급하고 있다. 죽음 앞에서까지 순결을 지키는 전통적인 여성적 가치를 구현한 왕유란은 존경할만한 중국적 전통 가치의 상징이 된다.[17] 이것은 그녀를 중화민국의 공식적인 문화담론에서 전통

---

16 Lie Zhangguan 인터뷰.

17 Jun Siling 인터뷰. 이러한 반응은 로버트 웰러(Robert Weller)가 중국의 대중 종교에서 "엘

가치를 파괴하는 중국공산당에 대한 저항의 상징으로 만들었다. 따라서 왕유란에 대한 군의 숭배는 지난 반세기의 대부분 동안 중화민국의 국가주의적 계획 속에 있던 대중 동원화 기획의 일부였다. 그리고 이 기획은 타이완의 모든 시민들, 그 중에서도 국가의 안보와 관련하여 진먼과 같이 최전선에 있는 섬 주민들의 정체성과 중화민국의 방어를 결합하려는 것이었다.

자신의 의례적 실천에 대한 사령관의 이해는, 기본적인 의례의 구조가 동일했음에도 불구하고 지역 주민들의 것과는 달랐다. 마을 여성들은 매달 1일과 15일에 사당에 오는데, 매일 찾아오는 사람도 많다. 적은 수의 남자들도 참배를 한다. 사당의 다섯 지점(바깥의 향로, 사당의 양측, 중앙 사당, 무덤)에서 참배자들은 손뼉을 치고 직접 신에게 말을 한다. 일반적으로 참배자는 신에게 경의를 표한 다음, 가족 모두의 이름을 부르면서 모두의 보호와 때로는 각 개인을 위한 특별한 행운을 빈다. 이와 같은 기원 방식은 타이완이나 푸젠성 남부의 의례를 본 적이 있는 사람에게는 익숙할 것이다. 여기서 이들이 기원하는 것은 사업의 번창, 만리타향에 있는 사람의 안전한 귀환, 청소년인 자식들의 시험 성공, 결혼한 자식들의 득남(得男) 등이 있다. 마지막으로 참배자는 신에게 "나는 신도 아무개이며, 아무개 동네에서 왔습니다"라고 말하며 자신을 밝힌다. 참배자는 점을 치는 조각들을 던져보거나 점괘를 위해 그것들을 사용하기도 한다. 훙두오유는 점괘의 대략적인 내용을 해석할 수 있다. 지전을 태우는 일은 결코 빠트릴 수 없는데, 이는 참배자가 신에게로 들어가기 위한 호혜적 교류에 있어 필수적인 일이기 때문이다. 그래서 왕유란을 저항의 민족주의적 상징으로 변모시키려는 군의 노력에도 불구하고, 지역 사람들에게 그녀는 큰 힘을 가진 초자연적 존재로 남아 있고, 그녀는 마을 사람들의 공동체와 인간적인 관계를 맺고 있으며, 사람들은 개인적으로 힘든 일에 대해 그녀의 도움을 요청할 수 있다.

리트식 해석 스타일"이라고 규정한 것과 매우 일치한다. *Unities and Diversities in Chinese Religion*, 125.

소진면의 사람들은 특히 왕유란이 린더푸라는 이름의 부유하고 전도유망한 남자에게 도움을 주러 왔을 때처럼, 그녀에 대한 숭배를 번성하게 한 것이 바로 이런 힘이었다고 믿는다. 소진면의 다른 주민들처럼, 1910년에 태어난 린은 그의 아버지가 그랬던 것처럼 브루나이로 떠났다. 그는 성공한 사업가가 되었고, 1958년 술탄에 의해 지역 화교 커뮤니티의 대표인 카피탄(Kapitan)으로 임명되었다. 1976년에 가족과 함께 고향 마을로 돌아와서 사당을 찾아 예배를 드렸다. 지역의 전래에 의하면, 당시 그의 사업은 잘 되지 않았지만 그가 사당에 다녀간 뒤로 사업이 다시 번창하기 시작했다. 보답의 의미로 그는 사당을 재건축하고 확장할 자금을 기부했다. 재건축이 완료되었을 때 새긴 제사(題詞)의 내용에 따르면, "불행히도 사당이 처음에 지어졌을 때 건물은 초라하고 대충 만들어졌으며, 전당의 크기도 작았다. 때로는 분향객들도 너무 북적거린다고 느꼈다." 린의 개입 이후, "사당의 외관은 당당했고 전당은 인상적이었으며, 모든 것이 새로웠다."[18] 따라서 진면의 사람들에게 이 신앙의 성장은 근본적으로 왕유란의 정치적 상징으로서의 효용이 아니라 그녀가 가지고 있는 영험함에 달려 있었다.

이 신앙의 대중적인 민속들 대부분은 왕유란 숭배가 도덕적 모범을 기리는 시민의식이라는 공식적인 설명에서 벗어나거나 그런 설명에 도전적이다. 오히려 다수의 설화들이 그녀를 보통 사람들뿐만 아니라 군대의 영험한 초자연적 수호자로 그리고 있다. 그러나 지정학은 여전히 이 이야기들로부터 멀리 떨어져 있지 않다. 한 마을 여성은 1954~55년 타이완해협 위기 때 아마도 텐슈장으로 추정되는 사령관이 신령에 의해 구조되면서, 군인들이 처음으로 왕유란의 사당을 지었다고 말한다. "그는 포탄이 떨어질 당시에 밖에 있었고, 우연히 그녀의 무덤 근처에 있게 되었어요. 그는 무덤을 끌어안았고, 보호를 받았죠. 그래서 그가 사당을 짓기로 결심한 겁니다." 홍두오유에 의하면, "그녀가

---

18 "Lienu miao zhi."

없었더라면 진먼과 소진먼은 두 번의 타이완해협 위기(1954-5년과 1958년) 동안 파괴되었을 겁니다. 그때 폭탄이 벌떼처럼 떨어졌어요. 하지만 폭탄은 사람들로부터 멀리 떨어진 언덕에 떨어졌지요."[19]

민속과 의례에서 표현되는 왕유란의 젠더와 섹슈얼리티에 관한 생각들은 모호해서, 신에 대한 군의 해석과 대중적 해석 사이의 확고한 선을 흐리게 한다. 왕유란에 대한 많은 민간 설화들은 매우 성적인 의미를 포함하고 있다. 대부분의 정보제공자들은 그녀가 군인들의 손에 강간을 당했거나 거의 강간 당했을 것이라고 믿고 있다. 그렇지 않고서야 그녀의 시체가 발가벗고 있을 이유가 없기 때문이다. 사당의 한 제사(題詞)가 이를 다루고 있는데, 그 내용은 다음과 같다. "그녀는 자신의 아름다움을 탐하려고 사악한 계획을 품은 악당들과 마주쳤다. 그들은 극악무도해졌고, 그녀는 바다로 몸을 던져 희생했다."[20] 그녀의 섹슈얼리티는 또한 포르노 사진의 일화에서도 강조된다. 한편 왕유란에 대한 군의 해석은 그녀를 무성화하고, 욕망의 희생양이 아니라 순결의 영웅적인 상징으로 보여준다. 몇몇 정보제공자들은 또한 그녀에 관한 설화에서 성적인 주제들을 최소화하려고 노력했다. 예를 들어, 맹인인 사당 관리인 홍두오유는 사당의 방문객들에게 그녀에 관한 설화에서 불쾌한 부분을 제거한 이야기를 들려준다.

왕유란은 아버지가 일하고 있는 샤먼으로 여행을 갔습니다. 그 당시 사람들은 나무를 연료로 사용했어요. 그래서 그녀는 유목을 주우러 바다로 갔지요. 그녀는 검문소를 통과해야 했습니다. 한 공산당 군인이 그녀가 바닷가로 내려가는 것을 보았어요. 그러나 그는 근무를 교대하면서, 후임자에게 그녀에 대해 말하는 것을 잊고 말았죠. 그녀가 돌아오는 길에 검문소를 지날 때, 경

---

19   Chen Lili 인터뷰; Hong Duoyu 인터뷰.
20   "Lienu miao zhi."

비원이 신원 확인을 요구했습니다. 그녀는 열일곱 살이었고, 아무런 신분증이 없었죠. 그녀는 설명하려 했으나, 군인들은 그녀를 국민당의 첩자라고 비난했어요. 그들은 그녀를 욕보이고 말았죠. 그녀는 "당신들은 나를 사람이 아니라 짐승처럼 다루었다"고 말했어요. 그리고 그녀는 스스로의 몸을 바다에 던졌죠.[21]

스티븐 상렌(Steven Sangren)은 중국의 젠더 개념에서 여신에 대한 이해는 순결과 오염이라는 관념, 그리고 오염된 여성과 여성의 사회적 역할 사이의 결합을 통해 알려졌다고 주장한다. 따라서 여성 신은 월경, 성교, 출산과 관련된 오염의 낙인을 극복해야만 한다.[22] 순결을 지키려는 소녀들의 의로운 순교의 전통과 왕유란을 이어주는 설화들은 이러한 정화를 가능하게 한다.

중국 민간 신앙의 많은 지방신들처럼 왕유란 신앙은 도교식의 전래 전통과 결합해왔고, 이런 의미에서 또한 그녀는 무성화되었는데, 이것은 그녀가 더 신에 가까워질수록 인간이 가지고 있는 성적 측면들을 덜 보여주기 때문이다. 지방 재정이 허락하는 해마다 음력 5월 14일에 공동제사(公祭)가 열리는데, 이 날은 왕유란의 유해가 발견된 날이다. 중국 민간 신앙의 많은 사당 축제들과 마찬가지로, 이 제의는 동시에 열리는 두 제사로 기념된다. 지방의 도교 사제가 쨔오(醮), 즉 간결한 방식의 제사를 올리기 위해 고용된다. 쨔오 의식의 구조는 이미 잘 문서화되어 있기 때문에[23], 여기서 주목해야 할 유일한 요점은 의식 중에 사당이 우주를 재현하는 것으로 재구성되고 이런 고결한 장소들이 도교

---

21 츠창후이는 이것이 명확하게 "권위주의 통치 하에 사는 악몽"과 중화민국 군대에 의한 자의적 처우와 스파이 고발에 대한 마을 사람들과 홍의 취약성이 투영된 것이라고 지적한다. "Politics of Deification," 204-5.

22 Steven Sangren, "Female Gender in Chinese Religious Symbols: Kuan Yin, Ma Tsu, and the 'Eternal Mother,'" 4-25.

23 For example, Kristofer Schipper, *The Taoist Body*.

의 근본적인 힘을 넘겨받는다는 점이다. 왕유란 자체는 의례의 초점이 아니며, 그녀의 사당에서 벌어지는 의례의 수행은 지역의 도교도들이 그녀를 초자연적인 영역의 수 많은 신령들 중 하나로 이해하고 있다는 것을 보여준다. 미래의 계시가 그 안에서 그녀의 위치를 명시할 수도 있다. 홍두오유는 왕유란을 도교적 신들과 결합하는 것에서 한 발짝 더 나아가 있다. 그는 왕유란이 옥황상제의 외손녀이며 서왕모의 자매라고 설명한다. 왕유란을 지칭하는 대중적인 용어인 선고(仙姑) 또한 그녀가 더 큰 신적 세계관에 속한다는 통념을 반영한다.

동시에 행해지는 두 번째 의례는 보호자에게 경의를 표하는데 관심이 있는 지역 공동체의 것이다. 사당 운영위원회의 한 사람이 공동체 제사의 개요를 제공했다. 개요는 12단계를 포함하는데, 이 중에는 향, 술, 과일과 제물로 바칠 고기를 올리는 것, 제문 낭독, 절의 순서가 있으며, 처음과 끝에 음악을 연주한다. 도교적 제의가 다른 민간 신앙의 신들에 대한 제의와 동일한 반면, 마을의 제의는 두 가지 측면에서 왕유란이 가진 지위의 모호함을 드러낸다. 첫 번째로, 일반적으로 중국의 사찰 축제에서는 불교나 도교 등 종교 의례의 전문가들이 우선권을 쥐고, 제사를 올리는 연장자들은 일을 주도하는 승려나 사제의 지시를 따른다. 그러나 왕유란 제사의 중요한 단계에서 주도권을 쥐고 있는 것은 마을 공동체의 제사이다. 이는 제사의 두 번째 순서인 "장로가 제 자리에 자리를 잡는" 것에 반영되어 있다. "장로"는 소진면에서 지위가 높은 군 간부와 민간 공무원이 수행하는 역할이다. 그들은 도교 사제로부터 무엇을 해야 할지 지시 받기 위해 그 주위에 기다리며 서 있을 필요가 없다. 그들의 편의를 위해, 마을 제사는 이 두 주요 인사가 도착할 때 시작한다. 한 도교 사제도 이에 대해 "그들이 도착하면 나는 멈춰야 한다"고 언급하고 있다.[24] 제사의 또 다른 특징은 제문 자체인데, 도교 사제가 제문을 준비하지만 군에 의해 고취된 민족주의적 담론의 상당 부분을 통합하고 있다. 최근의 것은 다음과 같다.

---

24 Dao Lieyu 인터뷰.

제문

중화민국 건국 78년(1989) 5월 14일 진먼방위사령부의 부사령관 X장군이 례위(소진먼)의 각 집단의 대표들을 이끌고 있습니다. 왕선고열녀(王仙姑烈女) 앞에서 동물, 과일, 술, 향의 제사를 거행하기 위해, 아룁니다:

여성적 미덕의 모범, 네 가지 미덕이 모두 충만합니다/ 그녀는 죽음에 직면했고 굴복하지 않았습니다

그녀는 만행에 맞섰고 자신의 육신을 희생했습니다/ 옥과 같이 영원히 순결할 것입니다

순결함을 지키기 위한 그녀의 의지는 굳건했습니다/ 그녀는 욕되는 것을 거부했습니다

스스로의 생명을 가벼이 여기면서 역경 속에서 자신을 희생했습니다/ 국가를 위한 순교자

가까이와 멀리서 모두 그녀를 칭송합니다/ 영혼은 기뻐하고 땅은 평안합니다

그녀를 기리기 위해 사당을 세웠습니다/ 모든 사람이 그녀를 기립니다

향불이 타오릅니다/ 몇 번이고 그녀는 영험함을 보여주었습니다

군과 사람들을 보호하고 도우면서

공산당 도적들의 비극적인 잔인함은/ 국가의 재앙이 되고 사람들을 죽입니다

신과 인간이 함께 분개합니다/ 결국 그들은 반드시 멸망할 것입니다

우리는 축복을 받아 신의 축제에 당도했습니다/ 우리의 존경과 희생은 진실합니다

우리는 당신이 제물을 받길 간청합니다

연례 축제의 의례 속에 있는 이 모호함들은 한편으론 위로부터 부과된 종교적 해석의 한계를 보여주면서, 다른 한편으론 대중적 실천에 영향을 미치는 해석의 기입이 지닌 잠재력을 보여준다. 군대의 주둔은 지역 주민의 의례적 실

천에서도 그 역할을 수행하며, 신에 대한 그들의 믿음이 지속적인 군의 후원에서 중요한 역할을 한다는 점에도 의심의 여지가 없다. 텐슈장을 비롯한 군 간부들은 대대로 왕유란을 애국적 순교자, 궁극적으로 공산주의자들에 대한 중화민국의 승리를 이끌 전통적인 중국적 가치의 현신으로 정의하고자 했으나, 이 해석을 완전하게 기꺼이 받아들이고자 하는 신도는 거의 없었다. 비록 사람들이 분명히 그녀의 희생을 그녀가 가진 특수성에 대한 설명의 한 부분으로 보려고 함에도, 그녀는 그들의 삶에 영향을 주는 영험함 때문에 숭배를 받았다. 어떤 면에서는 상호보완적이고 다른 면에서는 모순되는 이 두 해석은 신앙의 개인적이고 집단적인 의례들 속에서 뒤엉켜 있다. 따라서 신앙의 초기 역사는 진면의 정체성을 두고 국가와 진면 사람들 사이에서 벌어진 투쟁의 표현으로 해석될 수 있다. 국가는 진면을 반공투쟁의 순수한 상징으로서 세우려 했던 반면, 진면 사람들은 신들이 일으킨 기적에 대해 공유하는 기억과 역사나 의례의 신념에 찬 전파를 가치있게 여겼다. 진면 사람들은 자신을 그들이 경험했던 과거의 산물로 보고, 따라서 그들 자신의 정체성에 대한 보다 다면적인 개념을 주장했다. 군사적 이익에 대한 지역사회의 종속은 그들에게 깊은 양면성을 낳았던 것이다.

지정학과 해석 양식: 유동하는 기표로서의 왕유란[25]

1950년 대에 수십 명의 애국장군들이 지역 무당들과 접신했고, 일반 사람들의 꿈에 나타났다. 같은 시기에 남부 유럽에서도 종교적 발현과 계시들이 난무했다. 윌리엄 크리스챤(William Christian)은 종교적 계시들이 오히려 일반적인 것이었다고 주장한다. 평범하지 않았던 것은 그런 계시가 광범위한 이목을 끌었다는 점이다. 그렇다면, 이것은 "하늘로부터 온 메시지에 대한 사회적 필요 혹

---

25 이 절의 논의는 이 장의 이전 버전에 대한 테이저(Stephen Teiser) 교수의 논의에 많은 빚을 지고 있다. 테이저 교수는 이 절 제목의 끔찍한 말장난에도 책임이 있다.

은 경고"의 시공간에 대한 지시라고 할 수 있다. 유럽에서 나타난 계시와 애국 장군의 등장은 오직 그들을 더 큰 맥락 속에서 찾음으로써 이해될 수 있다. 크리스찬에 따르면, 유럽에서의 계시와 유령들은 "전후 시기의 깊은 분열에 대한 감정적인 균형추"였다. 크리스찬은 사회와 국가를 통합하기 위한 이와 같은 계시들의 잠재력에 초점을 맞추고 있다.[26] 왕유란 숭배에 대한 우리의 미시적 분석은 이러한 일반화를 넘어서, 그녀가 해석되어 온 여러 가지 방식들을 탐구하는 것을 가능케 한다.

『중국 종교의 통일성과 다양성』에서 로버트 웰러(Robert Weller)는 하나의 의례적 행위에 관한 서로 다른 해석들이 해석 양식의 스펙트럼을 가로질러 그려질 수 있다고 제안한다.[27] 왕유란에 대한 예식에 관해, 우리는 더 큰 스펙트럼 안에서 몇 가지 다른 해석의 축을 구별할 수 있다. 첫 번째는 귀신으로부터 신으로의 축이다. 왕의 시체가 처음 발견되었을 때, 시체는 공동체와 어떤 관계도 없는 외부인의 물리적 흔적으로 이해되었다. 그녀의 영혼은 위험의 잠재적인 근원이었고, 따라서 그 영혼을 달래기 위해 마을 사람들은 시체를 매장하고 제물을 바쳤다. 오늘날 참배자들은 그녀를 도움과 보호를 줄 수 있는 잠재력을 가진 강력한 존재로 보고 있다. 달리 표현하자면 그녀는 신이다. 약간 다른 방향에서 이는 또한 그녀의 제사를 주관하는 군 당국과 도교 사제들의 해석이다. 따라서 이 축은 기본적으로 시간적 차원에 따라 놓여 있으며, 왕을 귀신으로 보는 시각이 시간이 지남에 따라 신으로 보는 시각에 길을 내어준 것이다. 두 번째 축은 구체적인 효험에서 추상적인 상징으로의 축이다. 지역 신도들의 눈에 그녀는 영험함 또는 령(靈) 덕분에 신이었다. 그러나 그녀는 또한 성적인 순결함의 상징이었고 공산당에 대한 저항의 상징이었다. 시간이 지나면서 축의 한

26　William Christian, "Religious Apparitions and the Cold War in Southern Europe," 239-66.

27　Weller, *Unities and Diversities*, 158-60.

끝에서 다른 끝으로의 변환이 일어났고, 상징으로서 그녀를 이해하려는 [군 당국의] 시도의 부상은 그녀의 힘에 집중한 [진먼 주민들의] 해석을 지워버리지 못했다. 이 축은 군과 민간 당국과 같은 외부자들 사이에서 지배적이던 상징적 해석이며, 사회적 차원에 따라 정렬되는 것으로 더 잘 이해될 수 있다. 그러나 두 가지 관점을 동시에 가지고 있었던 훙두오유의 예와 같이, 상당한 중첩이 존재한다. 이와 관련된 축은 제국 시대 말기에 중국 신들과의 관료적 및 비관료적 상호작용 형태에 관한 로버트 하임즈(Robert Hymes)의 연구와 친숙한데, 개인적인 관계에서 비개인적인 관계에 이르는 축이다.[28] 마을 여성들은 왕유란과 친밀하고 인격적인 관계를 맺고 있었는데, 이는 그들이 스스로의 이름을 부르고 가족 구성원들을 위한 특별한 행운을 빌 때 명백히 드러난다. 그러나 도교 사제들과 군 사령관에게 왕유란은 비인격적인 영적인 힘으로서 존경할 만하지만, 일반적으로 멀리 떨어져 있던 존재였다. 따라서 이 축은 또한 사회적 차원에 따라 놓여 있으나, 아마도 신을 비인격적 상징으로 대한 자들은 매우 의도적으로 그렇게 했을지 모른다. 예컨대, 사령관은 그의 부하들에게 근대화하는 중화민국의 상태를 대표하는 사람으로서 퇴보적이고 미신적인 것으로 보았던 다른 관점들로부터 그의 병사들뿐만 아니라 어쩌면 자신까지도 부분적으로 단절시키기 위한 방법 중 하나로서 이와 같은 해석을 보유하고 있었을 것이다.

마지막으로, 우리는 왕유란과 리광첸 그리고 진먼의 다른 귀신들을 더 넓은 세계와 묶는 네 번째 축을 알아볼 수 있다. 이 축은 '신민으로서의 죽은 자(the dead as subject)'로부터 '행위자로서의 죽은자(the dead as agent)'까지, 죽은 자를 정치적 통제의 대상(objects)으로 바라보는 국가의 시각으로부터 죽은 자를 자각하는 역사적 주인공(actors)이자 행위자(agents)로 바라보는 대중적 시각까지의 축이다. 권헌익과 션 말라니(Shaun Malarney)는 베트남에서 어떻게 전

---

28 Robert Hymes, *Way and Byway: Taoism, Local Religion and Models of Divinity in Sung and Modern China*.

통적인 종교 제도인 제사가 "국민적 통합의 기술"이 되었는지를 분석했다.[29] 베트남의 예와 같이, 왕유란에 대한 국가적 후원은 민족주의적 의례 정치의 한 부분이다. 이 의례의 정치는 삶과 죽음 사이의 상호작용이라는 오래된 정치와 교차한다.

　신앙의 역사를 이해하는 한 가지 방법은 이것을 여러 축의 극단들 사이에서 결정할 수 없는 변질들 혹은 아포리아(aporia)의 결과로 보는 것이다. 왕유란 시체의 발견에 뒤따르는 사건들의 연쇄를 작동시키는 것은 정확하게 신과 귀신 사이에 존재하는 모호성이다. 숭배를 장려하고 사당의 건설과 재건설로 귀결된, 마을 주민들과 지역 군대 간의 공통의 이해관계를 만들어 낸 것은 구체적인 효험과 추상적인 상징 사이의, 그리고 개인적 및 비개인적 상호작용들 사이의 평행한 모호성이다. 해석에서의 모호함은 하나의 신(神)이 배고픈 영혼에 대한 신앙에서 출발한 수호령으로 이해됨과 동시에 국제 지정학적 충돌의 전선에 서 있는 국가주의적 영웅으로 이해되는 것을 가능케 한다. 초기 단계에서 왕유란 신앙의 역사는 정확하게 대중문화로부터 나온 해석과 군사주의적인 공식 문화에 의해 장려된 해석 등 두 가지 해석이 상호침투한 이야기였다. 이와 같은 해석의 유연성은 현대의 민간 신앙을 이해하는 데 시사하는 바가 크다. 근대화와 세속화 사이에 직접적인 연결고리가 존재한다는 주장은 신빙성을 상실했지만, 때때로 민간 신앙의 지속 문제는 여전히 근대화의 도전과 위협에 직면하여 생존할 수 있는가라는 관점에서 그려지고 있다. 반면에 왕유란 신앙의 역사, 그리고 분명한 근대화 의제를 가진 국가의 현지 대리자들에 의한 후원은 어떤 맥락에서는 근대화하는 국가가 실제로 민간 신앙적 요소들의 지속과 정교화에 공헌할 수 있다는 점을 보여준다. 확실히 지역의 문화적 관습을 정치적 자원으로 전환하려는 국가의 노력이 신도들의 시야에서 이러한 실천들의 의미를

29　Heonik Kwon, *After the Massacre: Commemoration and Consolation in Ha My and My Lai*; Shaun Malarney, *Culture, Ritual and Revolution in Vietnam*.

빼앗지는 않는다. 왕유란뿐만 아니라 일상의 지정학화로부터 출현한 신들을 둘러싼 해석의 협상은 진먼의 사회와 문화의 군사화에서 또 다른 측면을 보여 준다. 우리는 다음 장에서 이러한 협상이 오직 시간의 흐름과 함께 더욱 복잡해지게 된다는 것을 살펴볼 것이다.

PART IV

탈군사화(Demilitarization)와 후군사화(postmilitarization)

1980년대에 사회생활에 다양한 결과를 초래하는 군사화 체제가 완전히 성숙했음에도 불구하고, 그 힘들은 이미 해체로 이어질 움직임을 보이고 있었다. 탈군사화는 군사화와 마찬가지로 중대하고 예기치 못한 결과를 초래할 것이다. 그리고 군사화의 과정과 마찬가지로, 탈군사화 과정에 대한 관심은 진먼의 지역사회가 어떻게 국가적, 지역적, 세계적 지정학과 밀접하게 계속 얽혀있는지, 먼 곳에서 직접 관련되지 않은 이유로 내린 결정이 어떻게 섬 주민들의 일상생활에 예상치 못한 방식으로 계속 영향을 끼쳤는지를 보여준다. 탈군사화의 결과는 군사화의 결과와 마찬가지로, 보다 광범위한 지정학적 힘들과 현지의 대리인들 및 현지 사정의 상호작용에서 비롯되었다.

군사화와 마찬가지로, 탈군사화라는 용어의 두 가지 의미를 구분할 수 있다. 좁은 의미의 탈군사화는 진먼을 방어하고 전쟁을 수행할 중화민국 국가의 능력감소를 지시한다. 구체적으로, 이것은 그 섬에서 군대를 철수시키는 것을 의미했다. 더 넓은 의미의 탈군사화는 군사적인 이해관계와 담론들로부터 사회적 삶의 분리를 말한다. 여기에서 우리의 주 관심사는 후자이지만, 두 가지 의미가 완전히 분리될 수는 없다.

국제적으로, 나중에 진먼의 탈군사화로 이어질 변화에 대한 첫 암시는 1970년대 초 국제체제에서 중화인민공화국의 새로운 역할, 특히 미·중 화해와 유엔에서 중화인민공화국이 대표단의 자리를 차지하게 된 사건들로 거슬러 올라간다. 이는 타이완이 국제 외교에서 고립되는 긴 과정의 시작을 의미했다. 미·중 화해는 세계 냉전으로부터 진먼의 점진적인 분리를 의미했다. 그러나 미국이 개입한 수십 년 뒤에도, 진먼의 지위를 포함하여 양안관계와 중국 내전의 끝나지 않은 문제들은 깔끔하게 해결될 수 없었다. 어떤 의미에서는 1970년대 이후에도 진먼은 여전히 냉전의 최전방에 있었다. 그러나 그것은 다른 냉전이었다.

개혁개방이라는 슬로건으로 요약될 수 있는 경제개발에 대한 중화인민공화국의 새로운 집중은 이 시기 양안관계의 해빙으로 이어졌다. 타이완에 대해 군사력을 사용할 권리가 있다는 단언을 중국이 포기하지는 않았지만, 1970년대 동안 지도자들은 평화적인 통일을 추구하는 전반적인 유화 정책을 채택했다. 그러나 타이완에 대한 중화인민공화국의 공격 가능성의 감소가 진먼의 탈군사화를 직접적으로 설명할 수는 없는데, 내가 이전 장에서 설명했듯이 1960년대부터 진먼의 군사적 중요성은 사소해졌기 때문이다. 그 이후 높은 수준의 군사화가 지속된 것은 군사적 요인보다는 주로 정치적 요인 때문이었다. 1980년대 초반까지 본토로부터 공산당의 위협에 주의를 돌리면서 국제적인 지지를 강화하려는 국민당의 노력은 계속 실패했다. 제8장에서 주장한 것처럼, 진먼 군사화의 핵심적인 정치적 목표는 이제 국민당의 권위주의를 정당화하기 위해 타이완 대중들의 관심을 본토로부터의 위협에 집중시키는 것으로 전환되었다. 따라서 탈군사화를 가능케 한 결정적인 변화는 주로 양안관계 자체가 아니라 중화민국 내의 국내 정치적 변동이었다.*

---

* 타이완에서의 이러한 변화가 마오쩌둥 사후 중화인민공화국의 극적인 방향 전환에 의해 어느 정도까지 가능했는가에 대한 답이 없는 질문이 문제를 복잡하게 만들지만, 국내적 변화를 덜 중요하게 만들지는 않는다. 나 역시 중화인민공화국의 잇따른 미사일 증산으로 타이완에 대한 위협이 심화되는 상황에서도 진먼의 전략적 중요성이 줄어들었는지에 대한 질문은 무시한다. 앞선 장에서 보았듯이, 군사적 위협만으로는 군사화를 설명할 수 없다.

제12장 탈군사화와 후군사화

1978년 12월 진먼은 경계 태세에 들어갔다. 민방자위대의 지휘관들은 "공산주의자들이 이 상황을 이용해서 침투하고 파괴행위를 할 수 있다"고 경고했다. 해안의 경비가 강화되었다. 민간인의 사기도 크게 고취되었다. 진먼방위사령부는 역경 속에서 국민의 단결을 촉구하는 팸플릿을 발행하고, 중화인민공화국의 불길한 새 계략에 대해 경고했다.[1] 이러한 불안감을 촉발한 것은 국제 문제에서의 주요한 발전, 즉 미·중 관계의 정상화였다. 1979년 1월 1일 미국은 중화인민공화국을 공식 인정하고, 타이완의 중화민국과 외교 관계를 단절했다. 이것은 국민당 정권에 큰 타격이었다. 같은 날 중화인민공화국은 '타이완 동포에게 보내는 메시지'를 발표하여, 평화적 재통합을 위한 서곡으로서 양국 정부(성명은 중화민국을 타이완 당국으로 지칭)가 무역·교통·우편 서비스의 직접 연결 및 대화에 나설 것을 요청했다. 성명서는 성의 표시로서 진먼과 마주에 대한 20

---

1 LYA, Xikou, "Anquan fanghu," 1978, county government to village offices re "Wei yin ying Zhong-Mei duanjiao zhi jushi bianhua," December 29, 1978; LYA, Shangqi, "Shehui jiaoyu," 1979-80, "Zhong-Mei gongtong fangyu tiaoyue feizhi hou guonei xuanchuan gongzuo de zuofa," December 17, 1979.

여 년의 '격일포격'이 끝날 것이라는 소식으로 마무리되었다. 중화인민공화국 국방장관은 별도의 성명을 통해 휴전 명령을 내렸다고 밝혔다. "타이완은 우리나라의 일부이고, 타이완의 동포는 우리의 형제다. 군인이든 민간인이든 본토로 건너와 친척과 친구를 방문하거나 혹은 타이완해협에서의 해운과 생산 활동을 위해 타이완, 펑후, 진먼, 마주에서 온 동포들의 편의를 위해서, 나는 이미 푸젠성의 최전방 부대에 오늘부터 진먼에 대한 포격을 중지하라는 명령을 내렸다."[2] 내가 앞서 논의한 바와 같이, 이 기간 동안 포격의 대부분은 폭발성 포탄이 아니라 프로파간다로 이루어져 있었으며, 민간인을 겨냥하지 않았다. 그래서 지역 주민들은 대부분 그 위험에 익숙해져 있었다. "포격이 끝날 때까지 그다지 큰 영향을 받지 않았어요. 우리는 이미 홀수 날에 대피소에 숨는 일에 익숙해져 있었죠. 가장 큰 차이점은 옛날에는 짝수 날에만 영화를 보러 갔다는 점이죠. 이제 우리는 매일 영화를 볼 수 있게 되었어요."[3] 그러나 포격의 종식은 진먼 역사의 한 국면이 끝났고 군사화된 일상생활의 리듬의 끝났다는 것을 의미했다. 진먼 사람들은 더 이상 대피소에서 번갈아 밤을 지새우지 않았다.

단기적으로는 이러한 변화가 진먼의 중대한 탈군사화로 이어지지 않았다. 많은 수의 병력이 철수하는 데 거의 10년이 걸렸는데, 이것은 실질적인 군사적 위협이 그 섬의 군사화와 오랫 동안 분리되어 있었음을 더욱 보여준다. 해협을 가로지르는 온화한 관계도 분명히 감축 이유의 일부였지만, 더 중요한 요인은 타이완의 정치적 변화였다. 1970년대 후반과 1980년대 초에 8장에서 언급한 국내의 정치적 발전은 더욱 심화되었다. 본토에 대한 재정복이 없을 것이라는 점이 명백해지자, 국민당은 점점 더 커지는 합법성의 위기에 직면했고, 비상사태에 대한 정당성에 점점 더 의문이 제기되었다. 장징궈 총통을 비롯한 중화민국 지도자들 역시 정치 개혁의 필요성을 확신하게 되었다. 1980년대까지

---

2 news.xinhuanet.com/ziliao/2003-01/24/content_705059.htm(accessed March 7, 2007).

3 Chen Jinhua 인터뷰.

경제적 번영은 더 많은 정치적 권리를 요구하는 중산층을 만들어냈다. 타이완의 독립을 염원하는 타이완 출신인들로 구성된 반대운동이 거세지고 있었으며, 그 지도자들은 1986년에 민주진보당(DPP: Democratic Progressive Party)을 결성하였다. 민주화를 위한 국제적인 압력도 커지고 있었다. 1987년 장징궈는 타이완에 대한 계엄령을 폐지했다. 이듬해 그가 세상을 떠난 뒤, 후임자인 리덩후이(李登輝)는 개혁을 계속하겠다는 의지를 표명했다.

이러한 변화와 동시에 본토와의 접촉 제한이 완화되었다. 이러한 정책 전환은 부분적으로, 오직 부분적으로만, 중화인민공화국의 제안에 대한 대응이었다. 1981년 중국 전국인민대표자회의는 타이완이 행정특별구가 되어 상당한 자치권을 유지하는 통일 계획을 제안했다. 이듬해 덩샤오핑은 '일국양제(一國兩制)'라는 문구를 만들어 이 제안을 정교하게 다듬었다. 중화민국 정부가 공식적인 직접 접촉 금지령을 유지하는 동안, 덩샤오핑의 국내 개혁 정책이 뿌리를 내렸고 타이완 기업인들이 본토에 투자하기 시작하면서 민간 경제관계는 점차 커지기 시작했다. 1987년 죽기 전에 고향집을 방문하고자 하는 전직 군인들의 시위로 인해 중화민국은 본토로의 여행 금지를 해제해야 했다. 타이완 사람들이 본토를 대거 방문하기 시작했고, 무역과 투자는 폭발적으로 증가했다.

진먼 민주화 운동

정치 변화는 타이완보다 진먼에서 더 느렸다. 정치구조의 차이는 1980년대 초 이미 뚜렷하게 나타났다. 진먼을 방문한 장징궈는 타이완에서 방문을 왔던 국회의원들이 진먼의 깨끗한 환경, 검소함, 번영, 낮은 범죄율에 매우 깊은 감명을 받았다고 지방 관료들에게 말했다. 그들은 어떻게 이것이 가능했냐는 질문이 나오자, 진먼에는 현과 지방의회가 없기 때문이라고 말했다.[4]

1987년 타이완에 대한 계엄령이 해제된 직후, 정부는 보안상의 이유로 진

---

4 Yang Shuqing, *Jinmen shehui diaocha*, 109.

먼과 마주에서는 계엄령이 계속 시행될 것이라는 성명을 발표했다. 그러나 타이완에서의 계엄령 해제는 정치적 반대를 위한 새로운 공간을 만들었고, 시위와 행진은 타이베이 거리에서 익숙한 광경이 되었다. 이미 살펴보았듯이, 정치적으로 활동적인 진먼 원주민들은 이 공간을 진먼 자체에서는 억압되었을 법한 방식으로 이용했다. 타이완 계엄령이 해제된 지 몇 주 지나지 않아, (우리가 이미 제비들의 용감한 킬러로 만난 적이 있는) 웡밍즈라는 카리스마 있는 젊은 기자가 새롭게 결성된 '진먼-마주 단합과 자조위원회'를 이끌고 해상의 섬들에서도 계엄 해제를 요구하는 시위를 벌였다. 몇 달 후, 이 단체는 민방자위대 복무 의무, 언론 제한, 사생활의 다양한 측면에서의 군사적 간섭, 심지어 증류소와 다른 국영 기업에서 직원 대우에 대한 불만 등을 포함하여, 끓어오르는 분노를 표현한 18개 항목의 성명서를 발표했다. 진먼 당국은 곧바로 반박하면서, 진먼 인구를 대표한다는 위원회의 주장에 이의를 제기하고 전지정무 체제의 성과를 예찬했다. 비상사태에서 가장 친숙한 정당화 전술이지만, 당국의 대응은 계엄을 해제하거나 심지어 현재의 조치에 의문을 제기하는 것이 잠재적으로 재앙적인 결과를 초래할 수 있다는 불길한 경고로 끝났다.

> 진먼과 마주는 푸젠 연안에서 단 하나의 물줄기로만 분리되어 있다. 공산당 도적들의 포탄 사정거리에 완전히 노출되어 있다. 이곳은 100% 전쟁 지역이다. 계엄 해제를 가볍게 논의해야 하는가? 진먼과 마주의 주민들에게 계엄령의 유지, 전지정무의 시행, 민방자위대 조직 등은 더욱이 타이완과 평후에서 국민의 안전과 이익, 번영과도 전적으로 일치한다.[5]

계엄령은 그대로 유지된 채, 1989년 중화민국의 국회 격인 입법원의 진먼 지역구 선출을 위해, 최초의 다당제 선거가 치러졌다. 웡밍즈는 민진당 후보로

---

5   Yang Xiaoxian, *Jinmen jindaishi*, 195.

선정되었지만 전지정무는 그를 비롯한 진먼의 반체제 인사들을 블랙리스트에 올렸다. 그들은 입도허가를 받지 못했고, 선거운동을 위해 섬으로 돌아갈 수 없었다. 아이러니하게도 과거의 반중화인민공화국 프로파간다를 참조하면서, 웡은 타이베이 장제스 기념관에서 날린 풍선에 자신의 선거 선전물을 붙여 타이완해협을 건너 진먼으로 떠내려가기를 바라며 배포했다. 국민당의 당 조직들이 작동하기 시작했고, 국민당 후보는 손쉽게 승리했다. 웡을 비롯한 다른 활동가들은 시위를 계속 조직했는데, 그들 대부분은 아이러니한 감성을 특징으로 한다. 예를 들어, 그들은 1989년 입법원 밖에서 농구공, 테이프 녹음기, 내부 튜브 등 수입과 사용이 여전히 제한되어 있는 물품들을 늘어놓고 '금지 물품 전시회'를 열었다. 이듬해 타이완의 젊은 진먼 지식인들은 몇몇 나이든 기자들의 조용한 지원을 받아 『진먼보도』 신문을 창간하고, 정치적 변화를 촉구했다. 신문은 타이완에 있는 진먼인들의 커뮤니티에 회람되었지만, 법적으로 진먼 자체에 가져올 수는 없었다.

대중의 지지를 강화하기 위한 노력의 일환으로, 진먼현 정부는 1989년 선거운동 과정에서 제기된 몇 가지 불만을 해결하기로 결정했다. 예를 들어, 불과 1년 전까지만 해도 군사기밀에 대한 용납할 수 없는 위험이라며 배제되었던 타이완으로의 민간 전화통화가 이제 허용되어, 타이완에서 일하거나 공부하는 구성원이 있는 진먼의 가족들에게 큰 편의가 제공되었다. 그러한 개혁은 전지정무가 여론에 반응한 첫 번째 지표였기 때문에, 작지만 의미심장한 것이었다. 다른 점진적인 변화가 뒤따랐다. 1990년에는 원성이 자자했던 출입도 허가 제도가 폐지되어 진먼 주민들이 타이완을 자유롭게 오갈 수 있게 되었다. 이 문제에 대한 논의는 거의 없었다. 홍콩을 경유해 본토로 이동하는 타이완인이 많고 적은 수의 본토인들만 타이완으로 오는 상황에서, 본토로부터의 침투와 본토로의 탈출을 막기 위해서라는 출입도 관리 제도의 원래 목적은 완전히 시대착오적인 것이 되었다. 나중에 이 제도에 추가된 기능들, 진먼 주민들이 민방자위대 임무를 완수하고 그럼으로써 지속적인 군사적 위협에 대한 확고한 수호자로서의 이미지를 강화한다는 것은 타이완-중국본토 관계의 변화로 인해 점차 무의미해졌다. 돌이켜보면, 출입도 허가 제도의 종식은 탈군사화의 진정한 시작을 의미한다고 볼 수 있다. 군사적 우려에 의해 통제되었던 사회생활의 중요한 차원이 처음으로 그런 관심사에서 분리되었다. 그러나 중요한 돌파구는 운동가들을 비켜갔다.

1991년 4월, 리덩후이 총통은 1949년부터 시행되어 총통에게 막대한 권한을 부여하고 사실상 헌법을 정지시켰던 '동원감란시기임시조관(動員戡亂時期臨時條款, 공산주의 반역 기간 동안 유효한 임시 규정)'을 해제했다. 다음날 국방장관은 진먼과 마주에서 계엄령이 그대로 유지될 것이라고 다시 발표했다. "중국 공산주의자들이 무력 사용을 포기하지 않는 한, 진먼과 마주에 대한 임시 계엄령은 해제되지 않을 것이다."[6] 진먼 사람들에게 이것은, 타이완에 대한 대대적인 자유화 직후에도 진먼에서는 현상 유지가 계속될 것이라고 발표했던, 1987년의 반복이었다. 진먼은 여전히 더 큰 지정학적 투쟁에 인질로 남아있는 것 같았다.

수년간의 경험으로 노련해진 야당 진영의 반응은 즉각적이었다. 새로 창설된 야당 산하의 한 기관이 입법원에서 농성을 선언했다. 그들의 요구에는 계엄령의 즉각적인 종식과 헌정으로의 완전한 이행, 기본권 보호, 전지정무 해체, 현장(縣長) 직선제 등이 포함되어 있었다. 언론 규제 철폐, 비거주자에 대한 여행 규제 철폐, 관광 합법화 등 구체적이고 즉각적인 요구도 많았다. 반체제 인사들은 관광이 지역경제에 도움이 될 수 있다고 주장하면서 진먼을 판문점 등 다른 냉전 접경지대에 비교했다. 과거의 국가 정책이 진먼을 전통적 네트워크로부터 격리시켰다면, 그러한 비교와 그에 따르는 접촉은 새로운 것을 상상하려는 노력의 시작을 알렸다. 이후 열흘 동안 시위대는 타이완의 변화가 진먼의 정체된 상황을 가릴 것을 우려하면서, 확장된 행동주의 레퍼토리를 사용하여 진먼에 대한 관심을 모았다. 한 무리의 여성 민방자위대원들은 제복을 불태웠

---

6   Yang Shuqing, *Jinmen daoyu*, 328-9.

다. 시위대는 진먼의 주춧돌을 놓았다고 알려진 당나라 시대의 관리 은주공(恩主公)의 종이 인형을 들고, 자신들의 정치투쟁에 대한 도움을 호소하면서 거리 행진을 벌였다.[7]

타이완과 본토 사이의 공식적·비공식적 접촉이 늘어났지만, 국민당은 원칙적으로 통일 원칙을 고수하면서도 덩샤오핑의 통일 요구를 일관되게 거부했다. 이 거절은 진먼에서 매우 구체적으로 표현되었다. 덩샤오핑의 "일국양제 통일중국(一國兩制統一中國)"이라는 공언이 샤먼 해안의 거대한 광고판에 게재되었는데, 진먼에서도 읽을 수 있을 정도로 컸다. 샤먼 주민들은 진먼 쪽에서 내건 "삼민주의 통일중국(三民主義統一中國)"이라는 표어를 볼 수 있었다. 진먼의 활동가들은 이제 중화민국 정부를 조롱하기 위해 같은 구호를 이용하기 시작했다. 진먼에 대한 계엄 유지와 그 부수적인 결과들도 "일국양제"의 사례가 아닌가?[8]

1987년과 마찬가지로 1991년의 시위 이후에도 몇 가지 구체적이면서도 사소한 변화가 뒤따랐다. 시위자들은 이런 변화가 전술의 성공을 보여주는 것이라고 지적한다. 사실 그들의 인식은 실제를 과장하고 있다. 당시 현장(縣長)이었던 천수이자이에 따르면, 국방부는 시위가 시작되기 훨씬 전인 1991년 5월까지 이미 전지정무를 해산하고 계엄령을 해제한다는 결정을 내렸다고 한다. 전 육군 대령이었던 천은 전임자의 예상치 못한 사퇴로 5월 3일 현장으로 낙하산 인사를 받았다. 당시 천은 국방부 참모총장실에서 근무하고 있었다. 그는 현장의 사무에서 다루어야 할 일로서, "진먼현을 어떻게 발전시킬지, 군의 철수에 어떻게 효과적으로 대처할 것인지 등 많은 이슈가 있었습니다. 이 직책에는 군사적 배경이 있고 진먼의 문제들을 다루어 본 경험이 있는 사람이 필요했습니

---

7   See chapter 2.
8   이런 비교는 1980년대 타이완의 신문에 자주 등장한다. 사례들은 다음 문헌에 재수록되었다. Liu Jiaguo, *Wo de jiaxiang*, 22, 28, 54. 진먼 민주화 운동의 다른 문헌들은 다음 자료에 수집되어 있다. Yang Shuqing, *Jinmen daoyu* and *Jinmen shehui diaocha*, and Weng Mingzhi, *Wuchao pengzhang*.

다"라고 말한다.[9] 그의 전임자는 1949년 이후로 현장으로 일한 최초의 진먼 토박이였으나 임기 몇 달 만에 사임하고 말았는데, 이 직책이 주는 압력을 견디기 힘들었기 때문이다. 그때부터 천 현장은 1990년대 비군사화의 상당 부분을 감독해 나갔다.

비상사태의 종식

반체제 인사들이 바라고 있던 돌파구는 1년 후에 찾아왔는데, 1992년 11월 7일부터 섬에서의 계엄령이 해제될 것이라는 갑작스러운 발표가 나왔다. 전지정무와 민방자위대는 즉각 해산되었다. 수십 년 동안 진먼의 삶을 구조화했던 두 기관이 그야말로 갑자기 사라져 버린 것이다.

돌이켜보면, 민방자위대의 해체는 그것의 등장보다 덜 갑작스런 일이었다. 민방자위대 내부의 불평, 타이완에 대한 반체제 인사들의 비난, 그리고 민방자위대의 정치적·상징적 중요성의 감소에 대한 대응으로 민방자위대의 의무가 지난 10년 동안 축소되고 있었기 때문이다. 연간 훈련 기간은 점차 단축되었다. 의무적 훈련에 투입된 시간을 보상하기 위해 민방자위대원에게 수당도 도입되었다. 그럼에도 불구하고 민방자위대의 최종적인 해체는 중대한 조치였다.

만약 더 이상 민방자위대에서 복무하지 않는다면, 진먼의 청년들에게 정규군에 징집될 자격이 생긴다는 것은 당연한 이치였다. 이 책임이 언제 효력을 발휘할지에 대해 많은 논쟁이 있었다. 민방자위대의 구식 무기를 어떻게 처분할 것인가와 같은 다른 즉각적인 우려도 있었다. 한 전직 민방자위대 관계자의 말처럼, "민방자위대가 [정규군] 사단과 맞먹는 위력을 가지고 있었기 때문에, 군 부대가 해산할 경우에 직면하는 것과 동일한 종류의 문제가 제기되었다."[10]

---

9 Chen Shuizai 인터뷰.

10 학자들에게는 불행하게도, 민방자위대 기록 보관소를 유지할 기관이 없어지자, 곧 실업자가

전지정무의 해체는 적어도 행정적으로는 단순했다. 이미 현정부가 자리를 잡고 있었다. 이전에는 명목적이었던 현정부의 권위는 다양한 분야에서 실질적인 권한을 부여받았다. 진먼방위사령부 사령관 및 참모들과 진먼 현장과의 관계는 여전히 가장 중요한 정치적 관계로 남아있었다. 이제 그들은 전지정무위원회의 일원으로서 일하기보다, 각자의 일을 하면서 서로 직접적으로 협력할 뿐이었다. 그러나 민방자위대의 종식과 마찬가지로 전지정무의 해체는 새로운 문제들을 야기했다. 예를 들어, 수십만 개의 지뢰를 찾아서 제거해야 했다.[11] 다른 문제들은 덜 중요했지만, 여전히 복잡했다. 조정된 군사 수송을 용이하게 하고 침입자들을 혼란스럽게 만들기 위해 건설된 진먼의 도로는 넓어지고 곧게 펴져야 했다. 변화가 너무 거대해서 헌정체제의 즉각적인 복원이 불가능하다고 여겨질 정도라고 이야기되었다. 그러나 '복원'이라는 용어 자체가 잘못된 말인데, 중화민국이 타이완으로 옮겨온 이래로 진먼이 헌정 하에 있었던 적이 없기 때문이다. 대신 국방부는 전환을 용이하게 하는 방안, 즉 비상사태를 종식시키기 위한 방안을 마련했다. 계엄 해제 직전인 1992년 여름, 진먼·마주의 세이프가드 및 지도 규정이 발표되었다.[12] 진먼 반체제운동 내부에서는 이 규정이 실제로는 단순히 새로운 형태의 통제를 재도입하는 조치, 즉 '계엄령의 절반 철폐'가 아니냐는 논의가 있었다.[13]

천수이자이의 배경과 군내 인맥이 매우 중요해지게 되었는데, 그것은 큰

될 간부들은 남아있는 기록물을 불태워 버리기 시작했다. Xu Minghong, *JMMFFT*, I: 309.

11 민간 기업에 의한 지뢰 제거는 글을 쓰고 있는 지금도 계속되고 있다. 천수이자이는 그의 임기 중 가장 중요한 업적 가운데 하나가 이 섬의 주요 지역에서 지뢰를 제거하는 것이었다고 생각한다. 2006-8년에 추가적인 경제발전이 필요한 지역에서 지뢰밭을 제거하기 위해 중화민국 정부에 의해 4억 타이완달러가 할당되었다. Chen Shuizai 인터뷰; "Landmine Monitor report 2005 - Taiwan," at www.icbl.org(accessed March 19, 2007).

12 Guofangbu shizheng bianyi ju, "Jieyan," 94 ff.

13 Yang Shuqing, *Jinmen shehui diaocha*, 33.

변화가 도래했던 바로 그 시기에 전지정무의 해산과 함께 군대와 현정부 사이의 제도화된 연결고리가 사라졌기 때문이다. 이러한 변화 중에서 가장 분명한 것은 대다수의 병력이 섬에서 철수한 것과 같은 좁은 의미에서 진먼의 탈군사화였다. 중화민국 정부는 표면적으로는 양안관계의 개선을 고려하여 1980년대 중반부터 병력 감축을 논의하기 시작했다. 사실 타이완에 대한 정치개혁도 그들의 생각에서 중요했는데, 국민당이 정치적 참여와 민주화를 확대함으로써 정통성의 새로운 기반을 추구함에 따라 공산당의 위협을 통해 정통성을 추구하던 일이 줄어들었기 때문이다. 1983년 5개 사단 중 1개 사단이 타이완으로 이전하였다. 1980년대 내내 진먼에는 4개 사단이 주둔했다. 그러나 남은 사단들은 허울만 좋은 상태가 되었는데, 그것은 그 안에서 복무하는 징집병들과 그들과의 거래에 의존하는 상점 주인들 및 다른 서비스 노동자들 모두에게 명확해 보였다. "내가 진먼에서 복무하고 있을 때, 병력의 수가 많이 줄었지요. 그러나 그들은 부대를 통째로 줄이는 것이 아니라, 각 부대의 병사를 줄여서 그렇게 했어요. 그래서 우리 중대에는 약 30명의 군인이 있었는데, 원래는 100명이 넘었어야 했죠. 이게 보초 임무와 순찰 임무를 정말 부담스럽게 만들었어요. 왜냐하면 부대가 훨씬 더 큰 규모일 때 하던 일을 계속해야 했기 때문이죠. 많은 초소들을 그냥 방치해야 했어요."[14] 1993년에 이 징병 장교가 진먼에 배치되었을 때 즈음에는, 병력 수가 절반으로 줄어 총 3만1,000여 명이 되었다. 1997년, 중화민국 군은 일반적인 감축을 시행했다. 진먼의 4개 사단은 이제 여단으로 격하되었고, 총 병력은 1만 6천 명 규모였다. 21세기 초에는 그 수가 11,000명 이하로 더욱 줄어들었다(부록 참조).[15]

지역 경제가 군사력의 존재에 크게 의존하고 있는 세계의 많은 지역에서, 경제적 곤란과 붕괴는 탈군사화의 즉각적이고 예상치 못한 결과로 등장한다.

---

14   Gao Kangwen 인터뷰.

15   "Jinfang bu zuzhi xitong dishan duizhao biao." See Appendix.

천수이자이에게 첫 번째 큰 도전 중 하나는 철군으로 인한 경세적 혼란으로부터 섬을 보호하는 것이었다. 무엇보다 가장 절박한 것은 전지정무를 통해 받았던 대규모의 국방부 보조금을 더 이상 보장할 수 없는 상황에서 현정부의 재정을 확보해야 한다는 점이었다. 중앙정부 자금을 획득하기 위해 타이베이에서 벌이는 로비는 새롭지만 점점 더 중요한 현장의 업무가 되었다. "우리는 사회복지 시스템을 개발하기 위해 노력해야 했습니다. 우리는 그것이 서양 국가들처럼 잘 되기를 원했죠. 하지만 그러기 위해서는 돈이 필요했어요. 그래서 우리가 자립할 수밖에 없다는 것이 내 생각이었죠." 보다 항구적인 해결책을 모색하기 위해서 현 당국은 증류소를 확장하기 위한 자금을 차입했다. 수십억 타이완달러에 달하는 연간 소득은 현 재정의 주축이 되어, 인상적인 복지 프로그램을 수립할 수 있게 되었다. 진먼 거주자들은 무상 의료, 무상 교육(중화민국에서 보편적인 것이지만, 진먼 학생들은 학교에서 무상급식도 받고 있다), 무료 대중 교통, 고령자를 위한 소액의 월 연금 등을 받고 있다. 진먼 주민들은 민방자위대 복무를 피하기 위해서 수십 년 동안 타이완으로 등기를 이전하려고 했지만, 이제 일부 타이완 주민들은 혜택을 받기 위해 진먼으로 등기를 이전하기 시작했고, 섬의 장기적인 인구 감소는 중단되었다.

불충분한 재정의 문제를 인식하는 것이 아마도 현대 정부의 본질적인 측면이겠지만, 주류 공장에서 나온 호재는 현의 재정 문제가 비교적 간단한 것으로 전환되었다는 것을 의미했다. 섬 경제 전반에 대해 말하자면, 더 큰 문제가 남아있었다. 지·아이·조 사업에 의존했던 수천 가구가 1980년대 동안 급격한 소득 감소를 겪었다. 계엄령이 해제되었을 때, 진먼의 1인당 국내총생산(GDP)은 약 4천 타이완달러로 타이완 전체의 3분의 2 정도밖에 되지 않았다.[16] 경제의 상당 부분이 지하에 있었기 때문에 이 통계가 정확하지 않다는 것을 모두가

---

16   *JMTJ*, LI(2004), 293. 다른 출처에서는 1991년에 약간 더 높은 수치로 미화 5,228달러를 제시한다. Chen Shuizai, *Jinmen jieyan qianhou*, 65.

알고 있었다. 지·아이·조 사업체의 많은 소유주들은 두 권의 장부를 보관하고 있었는데, 하나는 그들 자신이 사용하던 것이고 다른 하나는 세무 당국에 보여주기 위한 것이다.[17] 그러나 이 섬의 경제와 주민들의 생활 수준은 명백히 타이완의 경제보다 뒤떨어져 있었다. 타이완 경제의 기적은 대체로 진먼을 우회한 것 같았다. 병력 감축이 계속되면서 추가 감소가 예상됐다. 불과 몇 킬로미터 밖에 떨어져 있지 않은 샤먼과 계속 비교되고 있었기 때문에, 진먼의 후진성은 특히 두드러졌다. 1990년대까지 덩샤오핑의 개혁 아래 만들어진 최초의 경제특구 중 하나였던 샤먼은 외국인 투자와 건설, 인구, 생활 수준이 급격히 상승하는 신흥 경제중심지였다. "사람들은 샤먼의 밝은 불빛과 높은 건물들을 보고 '왜 우리 진먼은 아직도 밤에 어둡고 조용하지?' 하고 물었습니다."[18]

양안관계의 개선에도 불구하고, 1950년대와 1960년대에 경제발전을 가로막았던 지리적 고립과 지정학적 불안정의 문제가 동일하게 지속되었다. 1990년대 초 타이완의 투자가 맹렬한 속도로 본토로 옮겨가면서, 타이완의 정책 기획자들은 타이완 자체에 대한 투자를 유지하는 것은 물론 진먼으로 이끄는 것조차 어려움을 느끼고 있었다. 찾아낸 해결책은 관광을 지역경제의 근간으로 발전시키는 것이었다. 지정학적으로 중요했던 다른 곳들과 유사하게 진먼은 냉전 종식이 경제발전을 위한 재원을 거의 남겨두지 않은 상황이었다. 관광이 최선의 해결책을 제공하는 것 같았다. 관광은 실제로 1980년대 후반부터 공식 방문을 핑계로 은밀하게 성장해 왔다. 진먼에 국내외 방문객을 데려와 최전방 생활을 경험하게 하고 공산주의의 위협을 상기시키기 위해 세워졌던 기반시설은 자금을 창출하려는 기업가 관리들에 의해 방향 전환을 하게 되었다. 진먼에서 복무하는 징집병의 가족에게는 면회가 허락되었다. 군사화가 보편적인 군 복무에 의존했던 다른 사회들의 맥락과 마찬가지로, 부모들이 군대에 있

17　Xiao Shengyi 인터뷰.

18　Tan Keqi 인터뷰.

는 그들의 아들을 방문할 수 있도록 허용하는 것은 지속적인 군사화에 대한 지지를 쌓거나 최소한 반대를 미연에 방지하는 유용한 방법으로 여겨졌다. 관광이 합법화되기 이전에 타이완에서 진먼으로 가는 연간 방문객은 약 1만5,000명으로 추정되었다.[19] 관광 금지는 1993년에 해제되었다. 진먼 쪽에서의 반응은 엇갈렸다. 고객이 몇 달씩 주둔하던 군인들로부터 며칠 동안 방문하는 관광객으로 계속 바뀌었는데, 그것이 반드시 혜택이 되지는 않는다는 것을 지·아이·조 사업주들이 즉각 알아차렸기 때문이다.[20]

지방 정부와 중화민국 입법부는 이제 진먼에 국립공원을 세울 가능성을 제기했다. 타이완 여러 곳에서 규제되지 않은 관광개발로 인해 종종 부정적인 결과를 겪었던 당국은 진먼이 같은 운명을 겪지 않을까 염려했다.[21] 진먼의 환경은 관광객들로부터 보호가 필요했고, 관광객들은 환경으로부터 보호가 필요했다. 군이 철수한 섬에는 환경적으로 취약한 지역이 다수 있었는데, 지뢰나 드러나지 않은 포고령, 버려진 기지 등에 심각한 안전 우려가 있었다. 또한 도시와 마을의 개발이 오랫동안 엄격히 제한되어 온 가운데, 진먼은 전통 건축물뿐만 아니라 돌아온 화교들이 만든 전통과 서양식의 혼성 건축의 박물관이 되었다. 규제가 풀리고 오래된 집들이 많이 버려진 지금, 역사적 보존은 시급한 관심사가 되었다. 국가공원관리처(國家公園管理處)의 당초 브리핑에서는 대진먼의 35%, 소진먼의 70% 등 진먼의 상당 부분을 새 공원의 관리로 이관할 것을 요청했다. 소식이 나오자 대중들의 즉각적인 반대가 있었다. 사람들은 이 공원이 계엄령 해제가 가져오리라고 생각했던 것과 정반대로 경제발전을 저해할 것이

---

19   Huang Shiming, "1980 niandai hou Jinmen yu Nantou shehui li de fuxian: Taiwan fazhan jingyan zhong liangge difang shehui de fenxi," 94 ff.

20   찬반 양론의 일부가 다음 글에서 논의되고 있다. Chen Ziqiang, "Wei guanguang, xian kaiguang."

21   다음을 보라. Robert Weller, *Discovering Nature: Globalization and Environmental Culture in Taiwan and China.*

라고 우려했다. 1994년 주민들이 참여한 공청회가 열렸고, 결국 기획기구는 계획 범위를 축소했다. 1995년 말에 이르러 계획과 협의가 완료되었고, 정식으로 국립공원이 설립되었다.²²

그 무렵, 관광 사업은 이미 호황을 누리고 있었다. 1994년에는 35만 명 이상의 관광객이 방문했다. 이듬해에는 그 수가 거의 50만 명으로 급증했다.²³ 이들 중 상당수는 진먼에서 복무했던 전직 군인이나 징집병들이었고, 향수는 관광에 중요한 요소였다. 구닝터우의 한 박물관은 전투에 관한 다큐멘터리 영화를 상영하고 있다. 이 영화는 손자와 함께 전장을 다시 방문한 한 노병의 회상을 영화화했다. 학자들은 관광과 순례의 구조적 유사성에 대해 언급했는데, 두 가지 모두 공간적 전환을 통한 변형을 수반한다.²⁴ 대부분의 타이완 관광객들에게 진먼 관광은 영적인 의미보다는 역사적으로 고조된 장소로 가는 여정이다. 그 섬들은 군사적 충돌로 인해 신성화되었다. 진먼은 또한 본토를 응시할 수 있는, 즉 차이에 대한 질서있는 시각적 만남의 기회를 제공한다(오늘날 진먼을 방문하는 많은 타이완 방문객들은 이미 본토를 여행한 경험이 있고, 진먼을 돌아서 응시할 기회를 주는 샤먼도 자주 방문한다). 관광산업은 종종 진정성 있는 것을 상품화한다는 이유로 악마화되기도 하지만, 진먼에서 상품화된 것은 원시적인 자연이 아니라 군사화되고 동원된 것들이다. 진정성이 시장 과정과 단절된 특정 목적을 위해서 특정 지역에서 재생산된 일련의 상속된 관행들에 대한 충실성을 의미한다면, 진먼에서의 진정성은 시장 이전의 과거와의 연결이 아니라 지정학적인 과거와의 연결에 의해 구별된다.²⁵

아마도 향수(nostalgia)에 의존하는 산업의 명백한 한계 때문에, 관광을 더

---

22 Yang Shuqing, Jinmen *shehui diaocha*, 382-3.
23 Jiang Bowei, *Jinmen zhanshijiluji diaochayanjiu*, II:76.
24 Catherine Bell, *Ritual: Perspectives and Dimensions*, 242.
25 John Shepherd, "Commodification, Culture and Tourism," 192.

욱 발전시키려는 계획은 더욱 정교해졌고 심지어 이상해졌다. 1994년 현 당국은 지역의 수익을 늘리고 관광과 경제를 더욱 촉진하기 위한 방안으로, 국제 카지노 설립 가능성에 관한 연구를 의뢰했다. 수요를 충족시키기 위해 관광 인프라가 빠르게 생겨나고 있었다. 1994년까지 여러 마을에 수십 개의 불법 호텔이 운영되었다. 규제가 없는 상황에서 너무 많은 회사들이 너무 적은 종류의 사업을 추구하기 위해 뛰어들었고, 그 결과로 생긴 경쟁은 모든 사람들의 이익을 감소시켰다. 운송업이 좋은 예다. 관광이 시작된 지 1년 만에, 10개의 버스업체가 설립되어 관광객을 섬 일대로 이동시켰다. 일일 수송 가능 인원은 거의 4,000명에 달했지만 도착하는 관광객은 하루에 1,000명밖에 되지 않았다. 그리고 대부분의 투어는 보통 2일, 최대 3일 동안만 지속되어 상당한 수용력 과잉과 가격 하락이 있었다.[26] 결국 관광은 진먼의 전반적인 경제에 혜택을 주었지만, 모든 주민들에게 동등하게 혜택을 주지 못했다. 왕유란 사당의 맹인 관리자인 홍두오유는 "이 모든 관광으로부터 누가 이익을 봅니까?"라고 묻는다. "호텔 소유주, 레스토랑 소유주, 버스회사죠. 보통 사람들은 더 높은 가격에 고통받을 뿐입니다."[27]

관광업의 증가는 일부 사람들에게 새로운 기회를 제공했다. 포탄으로 만든 식칼은 이미 섬의 유명한 상품으로 자리잡았고, 우 장인(maestro)의 기업은 번창했다. 그들은 특히 관광객들을 위해 새로운 소매점을 열었다. 국내외 기자들이 매장을 방문해 우다웨이 대표를 인터뷰했다. "언론은 그 칼을 진먼의 상징으로 삼았습니다." 몇 명의 경쟁자들이 시장에 합류하여, 이 시장은 매년 3천만 타이완달러(미화 1백만 달러)를 넘는 규모로 성장했다. 그러나 우씨 가문은 여전히 전체 시장의 절반 가량을 차지하고 있다.[28] 식칼들이 더 이상 낡은 포탄

---

26 Jin Yilei, "Jinmen kaifang guangguang de shehui bianqian yanjiu," 63-77.
27 Hong Duoyu 인터뷰.
28 그 회사의 장부 담당자는 그들의 사업이 약 1천8백만 타이완달러의 가치가 있다고 말한다. Wu Kuaiji 인터뷰.

의 탄피로 제조되지 않고 일반 고철로 제조되는 것이 아닌가 하는 의심을 불러일으킨 것도 이 거대한 팽창이다. 땅콩사탕, 수수주(고량주) 등 다른 관광산업도 번창했다. 쌀을 수수와 교환하는 보다 큰 정책의 일환으로, 진먼 농부들은 계절 축제마다 매년 몇 차례씩 술을 몇 병씩 받아왔다. 관광객 수가 증가함에 따라, 지역 주민들은 마을의 관광 상점에 그들에게 배당된 술을 재판매하기 시작했다. 현지인들은 이 관행을 통해 수익을 극대화할 수 있는 방안도 모색했다. 확실한 해법은 주류 판매업자가 되어 진먼 도매가격으로 술을 산 다음, 그것을 관광 상점에 재판매하는 것이었다. 1994년 중반까지, 진먼에는 7천 이상의 주류 판매 허가 업자가 있었다. 이를 살펴보면, 3가구당 1가구꼴로 술집을 운영하고 있는 것이다. 이들 가게의 대부분은 단지 형식에 지나지 않았다. 그들은 한 병도 물리적으로 소유하지 않고서 주류를 사고 팔았다. 수십 년 동안 그래왔듯이, 진먼의 민간인들은 군사화와 탈군사화 체제의 허점을 발견하고 이를 최대한 활용했다.

그러나 지·아이·조 사업에 관련된 대부분의 가족들은 계엄이 끝난 이후 번창하지 못했다. "군대가 철수한 뒤로, 더 이상 인산인해는 없어요. 가게 주인들의 장사가 예전 같지 않아요. 군대에서 온 소비자가 없으니까 밖에서 물건을 실 사람이 없어요. 이미 많은 가게가 문을 닫았어요." 소진먼의 가게 주인인 샤오성위는 말한다. "군대 철수 이후 경제가 나빠졌어요. 관광객들은 매일 밤 소진먼을 떠나고 부엌칼, 사탕, 술 파는 몇몇 상점만 돈을 벌고 있죠. 예전에는 돈을 버는 방법이 많았는데 … 지금은 모두가 소수의 일자리를 두고 경쟁하고 있죠."[29] 섬의 모든 마을에서 버려진 지·아이·조 상점들을 볼 수 있다. 샤오의 발언은 탈군사화와 관광의 또 다른 결과, 즉 1950년대에 일어났던 지리적 변화의 역전이라는 점에서 관심을 끈다. 당시 이 섬의 경제 중심지는 진청에서 타이우산 주변의 중앙 군사 단지 쪽으로 이동했다. 특히 샨와이(山外)가 발전했는데,

---

29   Weng Tianzhen, *JMMFFT*, II:231; Xiao Shengyi 인터뷰.

그림 12.1 문을 닫은 샤오징의 지·아이·조 상점들(필자 촬영)

군대의 주요 밀집지역에 가까웠고 본토의 포격으로부터 산으로 보호되었기 때문이다. 소진면의 동린(東林)처럼 사단 사령부 가까이에 있던 다른 마을들도 번창했다. 오늘날 샨와이와 동린의 외곽 지역은 유령도시처럼 되었고, 진청은 섬에서 가장 활기찬 공동체로서의 전통적인 위치를 되찾았다(그림 12.1).

새로운 진먼의 831

진먼 사회의 많은 측면들을 재편한 이러한 발전과 더불어, 상업적인 성 산업이 변치 않고 그대로 남아있으리라고 기대하지는 않았을 것이다. 1980년대 후반에 군 공창, 831은 민영화되었다. 중화민국 군대는 성 산업에서 손을 떼고 있었다. 변화의 이유에 대한 직접적인 증거는 없지만, 근본적인 문제는 타이완 내 여론의 변화와 이런 여론에 대한 육군과 국방부 일부의 새로운 감수성이었던 것으로 보인다. 이용 가능한 유일한 구체적인 증거는 민간업체와 계약한 831의 법적 문서들이다. 1986년 말, 계약으로 진먼 회사가 6개의 공창을 월정액을 내고 관리할 수 있게 했다(그림 12.2). 회사 측은 50~70명의 "외모가 아름답고

그림 12.2 **노래방으로 전환된 옛 군 공창(필자 촬영)** 2007년에 성매매에 이용되고 있다는 이유로 경찰에 의해 폐업했다.

(30세 미만의) 건강하고 괜찮은" 성노동자를 고용할 것이라고 보증했다. 모집·관리·보상·접근·위생·건강 등의 규칙은 기존 규정에서 간단히 이전되었다. 국방부 정치전국(Political Warfare Office)은 사창가의 전반적인 감독을 유지했다. 민영화에도 불구하고 군대의 지속적인 감시가 필요한 몇 가지 요인들이 있었다. 누가 사창가를 경영하든 상관없이, 상업적인 성이 군인들의 전투태세를 위협하지 않도록 하는 것은 여전히 중요했다. 그래서 성병에 대한 보호는 여전히 관심사로 남아있었다. 사창가도 친밀감이 보안 침해로 이어지지 않도록 감시할 필요가 있었다. 시민사회와는 별개의 장소로서, 사창가 노동자들이 라디오, 카메라, 과시용 장치, 포르노 같은 금지된 혹은 제한된 물품을 지니고 있는지 확인하는 것은 군의 몫이었다. 외부 경계와 내부 경계 사이의 연관성에 대한 또 다른 표현에서, 여전히 성노동자 자신은 "공산주의자, 타이완 독립론자 또는 파괴선동자"에 대한 동정이나 관계에 대한 의심에서 벗어나야 했다.[30]

군인, 매춘부, 민간인들 사이에 확고한 경계를 유지하는 데 대한 스트레스 역시 이전 제도에서 물려받았다. 이용할 수 있는 대상의 범주는 명확하게 규정

---

30 JMJCJA, Item 75 caigan 1191, November 2, 1986.

되어 있었다. 복무 중인 군인과 장교, 가족이 없는 퇴역 군인, 가족이 없는 본토 출신 군인으로서 진먼에 정착한 자 등이 고객의 주요 범주였다. 섬 밖에서 온 공무원들은 여전히 모호한 집단으로 남아있었다. 그들은 군인이 아니었지만, 미혼이고 영구적인 진먼 거주자가 아닌 사람들도 정해진 시간에 사창가를 이용할 수 있도록 허용되었는데, 이는 직업에 관계없이 미혼남성이 민간인 여성들에게 잠재적인 위험으로 여겨졌기 때문일 것이다. 다른 모든 민간인들은 사창가를 이용하는 것이 금지되었다. 민간인 여성과 매춘부 사이의 분명한 경계선이 지속되었다. 성매매 업소 경영 계약서에는 '고결한 여성'이 성매매 업소에 출입하는 것과 '부적절한 행위에 가담하는 것'이 금지된다고 명시되어 있었다. 동시에 민영화 이후에도 831의 매춘부들은 여전히 자신만의 독특한 방식으로 국가 대의를 위해 동원된 여성으로 이해되었다. 이 때문에 모범적인 직원을 '모범 여성'으로 선정하는 전통이 계속됐다. 군대는 매년 여성의 날에 모범적인 성노동자에게 상금을 지급했다.[31]

    매춘업소와 성매매 여성의 수가 사실상 그대로 유지되고 이용률이 일정하게 유지된다고 가정했을 때, 군 병력이 감소하기 시작했음에도 불구하고 1980년대 후반까지도 군 공창은 수익성 있는 사업으로 남아있었다. 그래서 초기 2년 계약 후, 1989년에 매니지먼트사가 2년의 연장 계약을 열망한 것도 놀랄 일이 아니었다. 그러나 타이완의 국내 사건들이 개입되었다. 일본의 전전 식민지였던 한국에서 일본군 '위안부'들의 공적 캠페인에 뒤이어서, 타이완에서도 제2차 세계대전의 '위안부'들이 많은 공중의 관심을 끄는 화제가 되었다. 타이완에서 야당 의원들이 정부의 군사정책을 비판하기 위해 '위안부' 여성들의 비극을 조명했을 때, 831의 지속적인 존재를 포착했던 것이다. 1990년 말 경영 계약이 철회되었고, 진먼의 군 공창은 40여 년 만에 문을 닫았다.

    정확히 말하자면, 831 체제가 민간인들의 생활과 분리되어 있었기 때문에,

---

31   *Ibid.*

진먼에서의 움직임에 대한 지지가 전혀 없었던 것 같다. 오히려 실제로는 상당한 반대가 있었다. 성매매를 통해 경제적 이득을 본 사람들은 성매매의 폐쇄로 피해를 입었다고 하소연했다. 매춘업소의 직원 대부분은 퇴역한 군인들이었다. 직장에서 쫓겨나고 기술도 없던 그들은 사창가를 다시 열어달라고 현정부에 청원했다. 그들은 자기 자신만을 생각하는 것이 아니라 더 큰 민간 사회를 생각하고 있다고 주장했다. 그들은 "오랫동안 진먼은 질서정연했다. 사회는 평화로웠고 성 관련 범죄는 매우 드물었다. 이것은 사창가의 존재 덕분이었음에 틀림없다. 공중화장실이 없으면 사람들이 사방에 소변을 본다는 말도 있다. 사창가 폐쇄는 진먼 사회에 피해를 줄 가능성이 높고, 사람들이 이에 대해 매우 걱정하고 있다"고 말했다. 다시 말해서, 군인들의 강간으로부터 지역 여성을 보호하기 위해 사창가가 필수적이라는 군사적 견해가 이제 지역 민간인들에게 받아들여진 셈이다. 이듬해에는 군인에 의한 민간인 여성 성폭행 사건이 경찰에 신고됐다. 어린아이가 연루된 끔찍한 사건을 포함하여 이미 여러 건의 강간 사건이 있었다고 알려졌지만, 이 사건들은 쉬쉬하고 있었다. 이제 사창가의 재개를 요구하는 민간인들의 목소리가 커졌다. 현 자문위원회는 군과 공식적인 연관성은 없지만 군사화에 따른 압력에 대응하기 위해 필요한 것으로서, 순수 민간의 성매매 체제 구축을 제안했다. 제안서에는 "현 시점에서 군인들의 필요와 섬 밖의 민간인들 사이에서 균형을 맞추기가 매우 어렵다. 군인과 민간인 사이에 갈등이 생기고 강간 등 범죄가 급증해 위기를 초래할 우려가 있다"고 언급되었다. 제안은 거부되었지만, 민간인과 민간 당국이 그 근본적인 생각을 받아들인 것은 분명했다. 천수이자이 현장은 성폭행 사건을 언급하면서 진먼에서 남자 군인들의 존재는 "언제든지 터질 수 있는 폭탄"이라고 불렀다.[32]

---

32 Chen Changqing 인터뷰; JMJCJA, "Letter from three retired soldiers," no item number; Yan Chen and Dong Huifang, "831 chetuihou 9 yue 7 ri Jinmen fasheng shouzong junren qiangbao minfu an."

군사직 매춘 역사의 마지막 장은 탈군사화 이후에도 군사화에 의해 사회와 문화의 왜곡이 지속되는 한 가지 방식을 보여준다. 1950년대와 1960년대에 군부가 생산해 온 군사화된 남성성에 대한 이해는 지역사회에서 완전히 받아들여졌고, 결국에는 지역사회에 부정적인 것으로 보이는 정책을 추구하지 않도록 지도자들을 설득하려는 군부에 등을 돌리기에 이르렀다. 이리하여 군 공창은 진먼에 필수적인 존재로서 약탈당한 남성 병사들로부터 지역 민간인들을 보호하기 위해 필요한 것으로 여겨지게 되었다. 이러한 인식은 물론 제도에서 파생된 물질적 이익과 불가분의 관계에 있었는데, 이는 군인들에게 성적인 서비스를 판매하는 것이 지역 경제의 중요한 부분이었던 다른 여러 장소와 진먼이 공유하고 있는 연결고리이다. 그러나 이 경우에 실제 성매매 여성들은 아내와 딸, 지역 사회의 동료가 아니라 외부인이었기 때문에, 이 문제는 여성의 지위와 역할에 대한 다른 우려와는 단절되어 있었다.

군사 매춘에서의 변화는 탈군사화가 진먼의 젠더에 영향을 미치는 유일한 방식은 아니었다. 여성 민방자위대에 대한 보상(다음 장에서 더 논의될 주제)에 관한 공개적인 토론을 요구하면서, 웡밍즈는 건국기념일 군 열병식 참가자들이 열병식 훈련을 위해 "가족의 의무를 소홀히 하도록 강요받았다"고 언급하는데, 그 훈련이란 "고위 관료들이 볼 수 있도록 예쁜 춤을 추는 것"이었다.[33] 여성 민방자위대의 성애화된 요소가 명시적으로 언급된 최초의 사례일 것이다. 특히 흥미로운 점은 여성 민방자위대가 종식되면 여성들이 방해를 받을 위험 없이 가족 내에서 적절한 역할을 재개할 수 있을 것이라는 웡의 제안이었다. 여기에는 여성을 가사 영역에서 끌어낸 것이 비상사태였다는 분명한 인식이 있다. 이제 위급한 상황이 끝났으니 여성들은 그곳으로 돌아갈 수 있었다. 탈군사화는 국가를 위한 자기희생의 역할이 제거됨에 따라, 진먼 여성들이 전통적인 가부장제의 재개에 직면할 가능성을 제시하였다.

---

33 Weng Mingzhi, *Wuchao pengzhang*, 34-5.

밀수업자, 관광객, 소삼통(小三通)

우리가 6장에서 보았듯이, 수십 년 동안 진먼과 육지를 갈라놓은 해역을 가로지르는 소통과 통신을 규제하는 것은 전지정무의 주요 우선 과제였다. 양측에서 온 어선들 사이에 소규모 밀수도 오래전부터 진행되어 왔다. 리유민은 1980년대에 본토 어부들과 바다에서 만나 맥주를 마시면서 소식을 주고받은 기억이 있다. 계엄령이 해제된 뒤, 진먼 주민들이 밀수입으로 이득을 볼 기회를 찾으면서 어업허가 신청이 급증했다. 당국은 후속 조치를 취했지만 어느 정도 무성의하게 대처했는데, 밀수를 중단시킬 수가 없었고 주민들의 경제적 어려움을 어느 정도 덜어주었기 때문이다. 뉴욕타임스의 한 기자는 1990년대 중반까지 이 섬에서 소비되는 모든 농산물의 60~70%가 밀수된 것으로 추정했다.[34] 밀수가 공공연한 비밀이 되면서, 새로운 용어가 현지의 어휘에 들어왔다. 본토에서 온 상품들은 "떠돌아 온 것(漂过来)"이라고 한다.

2000년에는 해안경비 유지에 대한 책임이 해군에서 해경에게 넘어갔고, 본토 제품의 밀수는 진먼 앞바다에서 해변으로 옮겨갔다. 샤먼 지역의 어선들은 매일 소진먼으로 건너오기 시작했다. 일부 마을의 나이든 노인들은 본토의 재단사들이 양모로 정교하게 제작한 쑨원식 정장과 전통 치파오 가운을 입기 시작했다. 휴대폰을 갖춘 본토 어부들은 심지어 신속한 배달을 위해 진먼의 해변에서 본토로 주문을 전송할 수도 있었다. 이듬해 양안관계가 계속 깊어짐에 따라, 중화민국 정부는 진먼과 샤먼 사이의 직접 교통 연결을 승인했다. 이는 중화민국 정부가 계속 금지했던 본토와 타이완의 직접 연결과 구별하여, '소삼통(小三通)'이라고 알려져 있다. 일일 여객선 운항이 시작되었다. 이전에 진먼을 인근 본토와 연결해주었으나 1949년 이후 단절되었던 밀도 높은 사회경제적 유대가 되살아나기 시작했다. 지역 주민들은 잃어버린 친척들과 다시 연결되

---

34 Li Yumin 인터뷰; "For Taiwan's Frontier Islands, the War is Over," *New York Times*, October 4, 1995.

었다. 진먼에 정착한 중화민국 군인들은 해안의 가난한 어촌 마을에서 젊은 아내를 데리고 본토로 돌아갔다. 부유한 진먼 주민들은 본토에 투자하기 시작했고, 많은 사람들이 샤먼의 부동산을 구입했다. 요즘 진먼에서 유행하는 농담은 연로한 사람들이 현지 사투리로 서로 인사할 때 더 이상 "아직 밥 안 먹었어?"라고 묻지 않고 "최근에 샤먼에 다녀왔어?"라고 한다는 것이다.

관광과 밀수가 융합되어 주민들에게 새로운 소득원을 제공했다. 이러한 변화는 왕유란의 사당 밖에서도 뚜렷이 드러난다. 1990년대 초 관광버스가 처음 사당에 정차하기 시작했을 때, 칭치 마을 사람들은 땅콩, 과자, 식칼과 같은 현지 제품을 팔기 위해 노상 포장마차를 운영했다. 그 후 몇 년 동안 관광객들의 방문이 수만 명으로, 그 후에는 수십만 명으로 증가하자, 마을 사람들은 자금을 모아서 노점 위에 양철 지붕을 씌웠다. 그들의 사업도 바뀌었다. 현재 그들은 대부분 본토에서 밀반입된 약품들, 버섯이나 조개류 같은 특산품들, 그리고 옷이나 장난감 같은 제조품들을 판매한다. 노점상 중 많은 수가 지·아이·조 사업에 관여했다가 지금은 관광 사업에 다시 전념하고 있는 지역 여성들이다. 지역 상품 판매에서 본토 밀수 상품으로의 이러한 전환은 섬에 널리 퍼져있다. 군사기지 근처에서 관광지 근처로 사업 장소가 바뀐 것도 마찬가지다. 많은 타이완인들이 직접 본토를 여행하고 있음에도 불구하고, 밀반입된 본토 제품을 구입하는 것은 이제 진먼 관광 경험의 진정한 일부가 되었다. 한 가게 주인은 진청 가게에 있는 찻주전자나 도자기 피규어 같은 대부분의 본토 물건들이, 본토에서 홍콩과 타이완을 거쳐 상품을 환적해 오는 홍콩 회사를 통해 합법적으로 들여온 것이라고 알려주었다. 그러나 그의 사업에 중요한 것은 그 물건들이 본토에서 직접 밀수로 건너온 것이라고 고객들이 믿고 있다는 것이다.[35]

왕유란의 사당은 밀수의 증가 외에도 비상사태가 해제된 이후의 여러 변화를 탐구할 수 있는 유용한 곳이다. 현재 관광객들이 사당 방문객의 대부분을

---

35 Tan Keqi 인터뷰.

차지하고 있다. 타이완에서 온 1,000명 이상이 대부분 단체관광으로 사당 경내를 방문한다. 사찰 부지에는 사당 자체, 노천시장, 지역 특화상품을 전문으로 하는 진먼관광 체인점 등 세 가지 명소가 있다. 관광객들이 버스에서 내리면 가이드가 가게로 안내한다(가이드에게 건네지는 돈은 없지만, 아마도 어떤 종류의 고려 사항들이 관광에서 이 장소의 중요성과 현장 방문 동안 가게 방문에 초점을 맞추는 것 모두를 보장할 것이다). 가게를 나온 후, 그들은 노천시장이나 사당 또는 두 곳 모두를 방문한다. 사실상 거의 모든 단체관광객들이 시장을 방문하는 반면, 일반 버스 40~50명 정도의 관광객들 중에서 대개 절반 정도가 사당으로 들어간다. 이 중 대다수는 종교적인 의식을 행하지 않고, 단순히 사당의 이미지들 앞에 잠시 서 있다가 밖으로 나와서 묘를 본다. 대부분의 단체에서 소수의 관광객들은 보다 정교한 의식을 행한다. 그들은 헌금함(사실 헌금함은 두 상자가 있는데, 사당 관리인은 자신을 부양하기 위해 한 상자의 영수증을 챙긴다)에 기부를 하고, 그 대가로 옆 테이블에서 향로와 지전을 가져간다. 각 제단 앞에서 향을 태운 후에, 스킨 크림과 같은 제물을 남기고 점괘를 보기도 한다(11장 참조). 방문객들은 종종 비디오 카메라를 사용하여 그들의 방문을 기록한다.

관광객들과의 인터뷰는 아주 간략하게 진행할 수밖에 없었는데, 대개 관광버스 운전사가 화를 내고 경적을 울리면서 떠나겠다는 의사를 내비치는 바람에 중단되었다. 그들은 자신의 행위에 대해 타이완의 인기있는 사찰에서 들을 법한 설명을 제공한다. 이 사당이 진먼의 진정한 경험의 일부로 표상되어 왔기 때문에, 예배를 드리는 것은 진정성을 추구하는 행위의 일부라고 할 수 있다. 그들은 신이 보호를 제공하며 소원을 들어준다는 의미에서 구체적인 이익을, 또한 위안과 '기력을 갱생(補充能量)'해 준다는 의미에서 심리적인 이익을 주기를 바라면서 신을 숭배한다. 관광객들은 화장품을 내놓으면서 무의식적으로 자신들의 혁신을 의례 공연에 도입했다. 그들은 결혼하지 않은 귀신을 모시는 사당이 흔한 타이완에서의 경험을 바탕으로 그렇게 행동한다. 그런 귀신들은 살아 있는 미혼 여성들의 욕망과 유사하게 화장품이나 세련된 옷을 제물로 내

놓는 것을 선호한다고 여겨지고 있다.36 왕유란에게 화장품을 제공함으로써 관광객들은 사실상 왕유란을 재성애화(resexualizing) 하고 있으며, 군대의 민족주의적 상징 및 마을 주민들의 보호신과는 다른 시각에서 재해석하고 있다.

왕유란과 정체성의 정치

탈군사화 이후 왕유란 숭배의 내부 정치는 진먼의 정체성과 그 미래에 관한 논쟁의 장이 되었다. 그 미래에 대해 서로 다른 비전을 가진 사람들 사이에 분열이 생겼다. 홍두오유가 최초의 계시 이후에 신이 다시는 무당에게 접신하지 않았다고 주장했다는 점을 기억해 보자. 실제 상황은 더 복잡하다. 1990년대 후반부터 사당 앞의 시장에서 노점을 운영하고 있는 칭치 마을의 노파 천메이신은 여러 차례에 걸쳐 왕유란의 혼령이 들어왔었다고 주장했다. 진먼의 많은 무당들처럼 그녀는 약 35년 전에 죽은 군인의 영혼에 처음으로 접신했다. 다른 무당에게 훈련을 받으면서 그녀는 영혼들과 접신하고 병을 고치는 마력을 준비하는 능력을 키웠다. 몇 년 전에 그녀는 뜻밖에도 왕유란에게 홀렸는데, 왕유란은 그녀를 위로하기 위해 이장(移葬)의 의식을 행해 달라고 부탁했다. 이것은 낚시가 중요한 생업인 섬에서 바다에 빠져 죽은 사람의 영혼이 계속 산 사람을 괴롭힐 때 행해지는 일반적인 의식이며, 도교의 의례 및 옷이나 죽은 사람들이 원할 수 있는 다른 제물들을 포함한다. 왕유란의 계시가 있었던 시기는 아마도 관광의 확산과 어느 정도 관련이 있을 것이다. 왜냐하면 타이완에서 그들의 경험을 가져와서, 살아 있는 여성들에게 적합한 것으로 여겨지는 것들을 제물로 처음 제공한 것이 관광객들이기 때문이다. 이렇게 그녀의 섹슈얼리티에 대한 새로운 관심은 왕유란을 여전히 죽은 인간으로 남아있는 정도를 강조하는 효과가 있으며, 귀신에서 신으로의 이행을 완성하지 못하게 한다. 왕유란

---

36 Lin Fushi, *Guhun yu guixiong de shijie: Bei Taiwan de ligui xinyang*; Huang Pingying, "Taiwan minjian xinyang 'guhun' de fengsi-yige Taiwan shehuishi de kaocha."

은 그 후 여러 차례 천메이신에게 내려왔다. 2002년 6월, 천은 왕유란이 본토에 있는 그녀의 집으로 돌아가고 싶다는 소망을 밝혔다고 보고했다. 이것은 본토에 있는 사찰들의 분파라고 주장하는 타이완의 사찰들 사이에서 점점 더 일반화되고 있는 관행이다. 선원들의 여신인 마주를 숭배하는 타이완인들은 푸젠성에 있는 마주의 창건 사찰을 순례하는 경우가 많다. 그러나 왕유란의 신성이 공산주의에 대한 저항에서 비롯되었다고 보는 홍두오유는 왕유란이 중국 본토에 관심이 있다는 사실을 받아들이기를 거부했다. 그래서 그는 이제 천메이신의 접신의 정당성을 부인하고 있으며, 이것이 왕유란이 첫 계시 이후 어떤 무당에게도 접신한 적이 없다고 그가 말하는 이유이다. 칭치에서는 그 문제에 대해 의견이 분분하다. 왕의 귀환에 대한 논의는 진먼의 장래가 본토와 더 밀접한 관계에 있는가에 대한 논쟁의 대리물이라고 할 수 있다. 캐서린 베르데리(Katherine Verdery)가 포스트 사회주의 동유럽에 대해 쓴 것처럼, 시체들은 사람들이 "심각하게 혼란스러운 변화의 여파 가운데서 의미 세계를 재구성할 수 있는" 수단 중 하나가 될 수 있다.[37]

    홍두오유와 천메이신의 의견이 불일치하는 것은 진먼과 본토와의 관계에 대한 의견 불일치를 반영한다. 그와 다른 사찰 지도자들은 또한 진먼과 타이완의 관계에 관한 이견과 연결되어 있는 왕유란에 대해서도 강한 이견을 가지고 있다. 홍씨는 사당을 방문하는 대부분의 관광객들에 대해 통렬히 비난하고 있다. 어떤 사람은 사당에 들어가기만 하고, 어떤 사람은 아예 들어가려고 하지도 않는다. "그들이 왜 여기에서 예배를 드리겠어요? 그들은 부모조차도 공경하지 않는데 말이죠. 타이완에서 온 관광객 100명 중 오직 두 명만이 예배를 드립니

---

[37] 왜 시체가 포스트 사회주의 사회에서 이런 식으로 작용하는가에 대한 캐서린 버더리(Katherine Verdery)의 논의도 진먼과의 흥미로운 비교를 가능하게 한다. 그녀는 다른 요소들 중에서 "기존 정치체에 특유한 정치적 문제들 … 재산 환수, 정치적 다원화, 종교 개혁, 민족국가의 건설과 연결된 국민적 갈등"을 언급한다. *The Political Lives of Dead Bodies: Reburial and Postsocialist Change*, 50, 52-3.

다. 대부분 고개만 숙이고 헌금도 하지 않습니다. 절은 그저 관광 명소로 전락해 버렸어요." 홍씨는 향과 지전을 받고 헌금을 하는 것에 생계가 달려 있기 때문에, 홍두오유에게 절만 하는 것과 헌금을 하는 것을 구분하는 것은 중요한 관심사이다. 그러나 그는 관광객들의 태도가 타이완 사회의 도덕적 붕괴라는 더 큰 문제를 나타내는 것으로 보고 있다. "우리 중국인들의 위대한 문화가 파괴되었습니다. 타이완의 교육은 유교 교육이 아니라 불량배 교육(流氓教育)이 되어 버렸어요. 심지어 타이완에는 동족상잔, 모계상잔, 근친상간까지 하는 경우도 있어요." 그는 타이완의 중화민국이 자칭 중국 전통문화의 수호자로서의 역할을 포기했다고 생각한다. 이러한 포기는 현재 타이완 문화에 스며들고 있는 탐욕과 물질주의와 연관되어 있다고 느끼는 것이다. 이러한 탐욕의 가장 확실한 증거는 타이완 기업인들이 "국민들을 가난하게 내버려두고, 해외로 나가고 있다"는 것이다. 이것은 그들이 중화인민공화국으로 투자를 옮기고 있다는 것을 의미한다. 정치지도부의 책임도 크다. "우리 지도자들은 상황을 개선하기 위해 아무것도 하지 않습니다."

왕유란이 본토로 돌아가고 싶은지에 관한 질문과 홍두오유의 타이완사회 비판은 현재 진먼 사람들을 괴롭히고 있는 정체성의 근본적인 위기의 징후다. 이 정체성 위기는 결국 수십 년간의 군사화와 지정학화의 오랜 결과 중 하나이다. 비상사태는 현대의 사회와 정체성에 계속 그림자를 드리우고 있다.

이미 계엄령 시대에 타이완의 활동가들은, 타이완이 중국의 일부라는 국민당과 중화인민공화국의 주장에 대한 반박이자 타이완의 독립 이념을 정당화하기 위한 노력의 일환으로, 타이완의 독특한 정체성을 명확히 하기 시작했다. 이 새로운 정체성 표현은 그 이후 더욱 정교해지고 사회 전반에 뿌리내리게 되었다. 이러한 구성의 주요 역사적 요소는 17세기부터 시작된 본토로부터의 타이완 이주, 1895년부터 1945년까지의 일본 식민주의 시대, 그리고 1949년 이후의 급속한 경제사회 발전과 같은 타이완의 특유한 역사이다(타이완 원주민의 역사도 점차 찬미되고 있다). 이러한 타이완식 정체성은 진먼 사람들에게 매우 도전적이다. 그들은 타이완과 이런 역사를 거의 공유하지 않는다. 진먼의 선열은 천여 년 전에 섬으로 옮겨왔다고 한다. 8년 동안의 일본 점령은 잔존하는 결과들을 거의 남기지 않았고, 타이완의 급속한 경제 성장은 군사화 때문에 진먼을 우회했다.

이러한 딜레마에 대한 한 가지 대응은 진먼을 본토와 타이완이라는 두 사회들 사이의 중개자 또는 가교로 구성하려는 노력이었다. 천수이자이의 후임 현장은 진먼현 웹사이트에서 다음과 같이 언급하고 있다.

> 외부환경의 관점에서 보면, 현재 진먼의 위상은 타이완해협의 불안정으로 인해 불확실한 상태에 있다. 정치적으로는 진먼의 지리적으로 유리한 이점을 잘 살려 이 섬을 양안의 상호작용을 위한 특별 실험지대로 만들고, 해협 양쪽에 있는 자원을 활용하여 자유롭고 번영하며 기능적인 문화도시로 구체화하도록 노력해야 한다. 현 단계에서 진먼은 반공주의와 국가 수복의 보루라는 과거의 이미지를 제거하고, 해협을 가로지르는 가교 역할을 하는 개방적이고 번영하는 도시로서의 이미지를 재정립하는 방향으로 나아가야 한다.[38]

이는 지방정부가 흔히 말하는 관점이다. 또한 많은 진먼 주민들이 본토와의 전통적 유대를 되살리고, 그곳에 투자하고, 자주 왕복하는 등 실제로 실행하고 있는 것이기도 하다. 그러나 최근 진먼의 역사와 마찬가지로, 이 접근법이 진먼의 미래를 위한 지속 가능한 비전이 될 수 있을지에 대한 문제는 진먼 주민들과 관리들이 거의 통제할 수 없는 더 큰 힘에 달려 있다. 타이완과 본토 사이의 직접 교통 연결과 같은 보다 긴밀한 유대관계로의 이동은 두 사회 사이의 가교로서 진먼의 가치를 무의미하게 만들 것이다.

---

38 www.kinmen.gov.tw/English/eng_main2.htm(accessed November 24, 2002).

소수의 진먼 주민들은 타이완의 새로운 비전을 받아들이기로 했다. 이들은 타이완 독립운동에서 등장하여 민주화 이후에 가장 중요한 정당으로 성장한 민진당을 지지해 왔다. 진먼 문제와 관련된 정치 활동은 타이완의 반체제 인사들이 만든 공간을 십분 활용했고, 1980년대 후반 두 집단 사이에 일정한 이해 공동체가 존재했다. 웡밍즈가 민진당에 합류했을 때 널리 비난을 받았는데, 그 비판에 대응하여 쓴 두 편의 에세이는 교훈적이다. 그는 첫 번째 에세이 "왜 나는 민진당에 가입하려고 하는가"에서 자신의 일반적인 공약은 여러 정당이 권력을 놓고 경쟁하여 국민에게 가장 큰 이익을 가져다주고 부패를 제한하는 시스템에 있다고 설명했다. 민진당에 대한 그의 지지는 단순히 민주적 전환을 위한 지지였다. 그는 진먼의 모든 문제를 "강력한 당-국가-군대 파벌"의 탓으로 돌리면서, 소수의 활동가만으로 이 파벌에 효과적으로 반대하기 어렵다고 주장했다. 그들은 동맹군을 찾아야 했다.[39] 타이완독립을 촉진하는 민진당 정책의 의미에 대한 의구심, 그리고 부분적으로 진먼의 주요 대중조직이 국민당의 통제하에 머물러 있었기 때문에, 그의 의견에 동조하는 현지인은 거의 없었다. 많은 수의 공무원들과 국영기업의 직원들은 마찬가지로 야당을 지지하는 것을 꺼렸다. 1992년 11월 말, 진먼에서 처음 조직된 민진당 집회에는 20여 명의 참가자만 참여하였다.

이듬해 미국을 방문한 두 당 대표가 기자들에게 진먼의 미래는 진먼 사람들의 민주적 결정에 달려 있다고 기자들에게 밝히면서, 민진당에 대한 진먼의 의혹은 더욱 커졌다. 이는 겉보기에는 덜 강경한 것처럼 보였지만, 진먼과 마주는 타이완 영토가 아니라는 그들의 입장을 논리적으로 따랐던 것이다. 이는 진먼과 진먼 주재원들 사이에서 즉각적인 분노를 촉발했다. 민진당 중앙사무국은 당과 거리를 두면서, 진먼이 중화민국의 영토에 포함되어 있다는 것이 민진당의 입장이라고 단언했다. 이 문제는 1995년 쉬밍더 당협위원장이 진먼에서

---

39 Weng Mingzhi, *Wuchao pengzhang*, 25-6.

모든 군대를 철수시킬 것을 요구하면서 다시 불거졌다. 그가 말한 대로 "타이완의 아들들이 왜 진먼에서 인질로 잡힐 위험을 무릅써야 하는가?" 민진당이 진먼에 대한 경제발전 백서를 제시하면서 여론을 잠재우려 했지만, 쉬밍더 위원장의 발언은 중화민국이 진먼을 포기해야 한다는 주문으로 널리 해석됐다. 민진당이 공산주의자들에게 비밀 거래를 제안했다는 소문이 돌았는데, 양안해협을 가로지르는 평화 정착에 대한 대가로 연안의 섬들을 넘기기로 했다는 것이다.⁴⁰

민진당이 정치적 광야의 세력일 때 무시하는 것과 집권당이 되었을 때 어떻게 할 것인지는 전혀 다른 문제였다. 2000년에 민진당 천수이볜 후보가 중화민국 총통직에 선출된 것은 진먼에게는 충격적인 진전이었다. 주민들은 더 이상 국민당 주도의 정부가 그들의 이익을 보호할 것이라고 가정할 수 없다는 것을 깨달았다. 민진당 진먼 지구당이 서둘러 조직되었는데, 한 당원은 "우리가 중앙정부와 모든 유대를 잃었다는 것을 깨달았기 때문에 … 당원가입서에 서명했을 때 두 눈이 빨개졌는데, 내가 내 자신을 배신하고 있다고 느꼈기 때문입니다. 하지만 민진당에 가입하면 고향을 도울 수 있는 기회가 생깁니다. 우리가 해야 할 일은 다양한 수준에서 민진당 후보들을 위해 득표수를 늘리는 것입니다. 그러면 중앙에서도 우리를 주목하기 시작할 것입니다."⁴¹ 이제 민진당을 지원하는 것에 대한 잠재적인 개인적 및 직업적 혜택도 있었다. 민진당 내외에서 다년간의 반-국민당 활동으로 웡밍즈는 푸젠성 서기로 임명되었다.

그러나 진먼의 전반적인 투표 패턴은 여전히 강력하게 친-국민당 성향을 보인다. 현재 중화민국의 정치 환경에서 이것은 진먼이 범청 연합(pro-Blue Coalition)에 투표한다는 것을 의미한다. 2007년 현재 이 연합에는 국민당과 두 개의 분리된 정당이 포함되어 있다. 반대 진영에 비해 범청 연합은 궁극적인 통일

---

40   이것은 Yang *Shuqing, Jinmen shehui diaocha*, 11 ff에 기록되어 있다.

41   Wu Zengyun 인터뷰.

에 대한 지지의 입장에서 멀어질지라도 본토와 더 긴밀한 관계를 맺는 것을 선호한다. 따라서 지역 주민들의 정치는 1949년에 깨진 낡은 유대의 활성화와 새로운 유대의 창조를 통해 점점 본토에 구속되는 그들의 일상적 행동과 일치한다. 다른 분단된 냉전 사회들과 마찬가지로, 진먼을 만들어가는데 있어서 거울 이미지로서 중화인민공화국의 역할이 쇠퇴하는 것과 정확히 일치하여, 해협의 양면이 물질적으로 더 가까워지기 시작했다.

결론

1980년대 초반부터 1990년대 후반 사이에 진먼의 전략적 위치에서 변한 것은 사실상 아무것도 없었다. 그러나 이 기간에는 수십 년간 이어져 온 지역사회의 군사화와 탈군사화가 역전되었다. 이 변화의 원인은 군사적인 것이 아니라 정치적인 것이었다. 그것들은 베이징, 워싱턴, 특히 타이베이에서의 이슈와 의제에 연결되어 있었다. 따라서 탈군사화는 진먼이 지정학적 관심사에서 분리되는 것이 아니라 단순히 지정학화의 새로운 국면을 가리키는 것이었다. 이것은 1950년대에 그랬던 것처럼, 진먼이 지정학적 의사결정에 있어서 중요한 요인이었다는 말이 아니다. 그러나 지정학은 직접적이고 즉각적인 방식으로 지역사회를 계속해서 형성했다. 이러한 영향이 직접적이고 즉각적이라는 것은 의도적이었다는 의미가 아니다. 사람들이 생계를 유지하거나 가족을 조직하는 방식처럼, 진먼에서의 삶이 변화하는 방식은 일반적으로 예측하지 못한 것이었고, 더 큰 지정학적 변화와 지역의 개인·집단과의 상호작용의 산물이었다. 군사화는 지방 당국, 시민들, 군대가 지역사회의 근대성을 추구하고 증진시켜 온 방식과 밀접하게 연결되어 있었다. 군사화의 유산은 근대성, 특히 경제적인 성과를 달성하는데 매우 문제적이었음을 보여준다. 관광이 지역경제의 주축으로 지·아이·조 사업을 대체했을 때, 진먼은 한 형태의 의존성을 다른 형태의 의존성으로 교체했으며 경제적 근대화는 여전히 지역사회의 장기적인 안녕을 위한 주요 과제로 남아 있었다. 군사화 과정과 뒤이은 탈군사화 과정도 현대 정치와 지역 정체성 구축에 흔적을 남겼다. 다음 장에서 보게 되겠지만, 그것은 또한 군사화의 영향을 가장 많이 받는 사람들에 의해 군사화가 기억되는 방식에 심대한 영향을 미쳤으며, 개인 및 집단적 주체성에도 큰 영향을 미쳤다.

· · ·

제13장 기억과 정치

어떤 장소의 역사란 과거에 대한 기록 자체뿐만 아니라 그 과거가 어떻게 기억되느냐에 의해 구성된다. 과거에 대한 사람들의 기억이란 현재의 그들의 관심에 따라 주조되기 때문에, 역사가들은 역사에서 2가지의 추가적인 차원(기억 속에서 생산되는 것으로서의 과거, 정치적 맥락 속에서 배치되는 것으로서의 과거)을 고려할 필요가 있다. 앞의 장들은 첫 번째 차원에 초점을 맞추었다. 이 장에서는 두 번째와 세 번째 차원과 그들 사이의 연결점에 관해 탐구한다. 과거에 대한 감각도 그 자체로 충실하게 분석할 수 있는 실재라는 가정에서 출발하여, 이전에 논의된 역사적 현상의 일부를 재검토하고 그것들이 오늘날 어떻게 기억되는지를 질문해 보고자 한다.

문서화된 기록과 일치하지 않는 진먼 시민들의 대중적 기억(popular memory)이 많다. 예컨대, 많은 사람들은 섬에서 타이완으로의 '이주(emigration)'가 금지된 것으로 기억한다. 나는 타이완으로의 이주를 금지하는 공식적인 규제를 발견하지 못했고, 수 만 명의 이주자들의 존재 역시 이런 해석과 충돌한다. 우리가 보았던 것처럼, 오히려 타이완으로의 '이동(movement)'은 규제되었는데, 이것은 조금 다른 문제다. 과정이 있었는데, 보증인을 찾고 서류를 작성하고 승인을 얻는 등의 과정이 필요했다. 특히나 타이완으로의 이동이 군사적 의무를 회피하려는 의도가 아님을 증명하는 것이 중요했다. 진먼의 남성 거주자는 민방자위대에 복무할 책임이 있었고, 타이완의 남성 거주자는 일정 기간 징병의 책임이 있었다. 원론적으로 양자의 차이를 이용하는 것이 가능했는데, 예를 들면 타이완에 거주하면서 진먼 거주자라고 주장하는 식이다. 물론 타이완으로 이주할 수 없게 된 개인도 분명히 있었다. 그러나 이주에 대한 제한은 없었다. 하지만 많은 주민들은 다르게 기억한다. 그들은 종종 자신의 의지에 반하여, 위험에도 불구하고 진먼에 남는 것을 강요당했다고 말한다. 이주 제한에 대한 대중들의 기억이 거짓이라고 주장하는 것이 관심사는 아니다. 오히려 흥미로운 문제는 사람들의 마음 속에 어떻게 그리고 왜 그런 기억이 자리하게 되었는지를 탐구하는 것이다.

진먼 거주자들의 집단 기억 속에서 한 가지 핵심적인 요소는 개인이 국민(nation)과 맺는 관계에 관한 문제이다. 이전 장에서 보았듯이, 군사화는 진먼의 시민들을 '동원된 시민'의 전형으로 만들었다. 이것이 어떻게 기억되는가를 묻는다는 것은 주체성(subjectivity)의 문제로 넘어가는 것이다. 호미 바바(Homi Bhabha)는 국민적 주체성을 교육적인(pedagogical) 것과 수행적인(performative) 측면 두 가지로 구분했다. 전자는 국민과의 주체적인 동일시를 불러일으키는 일련의 행동과 담론들을 가리키며, 후자는 그러한 담론들에서 완전히 도출되지는 않는 행위성(agency)의 표현에 해당한다.[1] 진먼에서 교육적 차원의 국민적 주체성의 형성은 특히 고의적이고 계획적이었는데, 단순한 시민이 아니라 다른 시민에게 모범이 될 만한 시민의 형성이 목표였기 때문이다. 그러나 계엄령과 전지정무 체제가 끝난 이후로, 수행적인 측면이 중심적인 요소로 부상했다. 요컨대 진먼의 사례는 두 가지 측면, 즉 교육적인 것과 수행적인 것 사

---

1 Homi Bhabha, "DissemiNation: Time, Narrative, and the Margins of the Modern Nation," 297. 앤 아나고스트(Ann Anagnost)는 바바의 구별이 지배의 대상이자 자기 정체성의 행위자로서, 주체에 관한 푸코의 이중적 개념을 다시 복원하고 있다고 지적한다. "Constructing the Civilized Community," 347.

이의 상호작용이 시대적 맥락과 구체적으로 맞닿아 있음을 잘 보여준다.

　　사회적 또는 집단적 기억에 관한 최근의 문헌들은 지배적이고 공식적인 기억과 사적이고 대중적인 기억 사이의 차이에 초점을 맞추고 있다.[2] 공식적인 기억의 경우에 과거는 종종 현재를 위해 정당화하거나 합법화하는 데 이용되는 반면에, 대중적 기억은 이러한 방식을 비판하거나 혹은 이에 저항하는 방편이 될 수 있다. 진먼의 상황은 이러한 일반적 유형에 들어맞지만, 흥미로운 복잡성을 가지고 있다. 지난 10년 동안 대중의 기억은 공식적 기억의 많은 요소들을 자신의 목적에 맞게 전용해 왔다. 이렇게 전용된 공식적 기억은 현재의 정치적 투쟁에서 중요한 수단이 되었는데, 국가가 시민들의 주장에 반대하기 위하여 공식적 기억을 이용하는 형태가 아니라, 시민들이 공식적 기억을 이용하여 국가에 대한 자신들의 주장을 지지하게끔 이용하는 형태인 것이다. 바바의 말로 표현하자면, 사람들이 교육적인 측면에서 형성된 주체성의 유산을 이용하여 오늘날 자신들의 정치에 활용하는 것이다.

　　진먼의 기억에서 또 다른 주목할 만한 점은, 때로는 만장일치까지 보이는, 구술사에서의 수렴(convergence)의 정도이다. 즉 오늘날 그들이 과거의 경험을 기억하는 데 있어서 놀라운 공통성이 발견된다는 말이다. 앞장에서도 논의된 바 있는 몇몇 주제들은, 누가 그것을 수집하였는가에 상관없이, 구전 역사의 기록에서 반복적으로 제기되었다. 1949년에 있었던 문(doors)의 몰수 사태, 민방위대 군복을 스스로 마련해야만 했던 것이나 훈련 기간 중 스스로 끼니를 해결해야만 했던 것의 불공정성, 1958년 포격전 시기에 가족을 부양하기 어려웠던 기억들 등등은 구술자의 나이, 성별, 계층 등에 상관없이 모든 정보제공자들이 제기하는 주제이다. 이러한 사례들은 모리스 알박스(Maurice Halbwachs)의

2　Michael Kammen, *Mystic Chords of Memory: The Transformation of Tradition in American Culture*; John Bodnar, *Remaking America: Public Memory, Commemoration, and Patriotism in the Twentieth Century*.

견해, 즉 기억하는 것은 개인이지만, 무엇이 기억될 것인가를 결정하는 것은 사회적 집단이라는 통찰력을 강하게 뒷받침한다.[3] 이러한 집단적 기억들 중 일부는 분명히 강한 상징적 차원을 지니며, 이런 부과물들이 구술사에서 가장 자주 밝혀지는 것일 수도 있다. 왜냐하면 계엄령 하에서 생활의 다른 측면들(예컨대 자의적인 감금이나 강간의 위협 등)은 여전히 너무 고통스럽거나 외부자들과 논의하기에 너무 위험하기 때문이다. 그러나 나는 이 만장일치에 대한 설명의 적어도 일부는 현재의 정치투쟁, 특히 보상이나 다른 형태의 구제책들과 관련이 있다고 주장할 것이다. 이런 투쟁에서의 위치는 민간인 주민들에 의해 널리 공유되며, 그래서 그들이 관련 이슈에 관해 공통의 기억을 가질 것이라고 기대할 수 있을 것이다.

공통성이 있다고 말하는 것이 과거에 대해 하나의 기억만 존재한다는 것을 시사하는 것은 아니다. 반대로, 진먼 사람들은 과거를 다양한 방식으로 기억하고 있다. 한 개인이 과거를 국가의 생존을 위한 영광스러운 복무의 역사로 기억하는 동시에, 탄압의 역사로 기억하기도 한다. 이렇듯 과거에 관한 다양한 버전이 존재한다는 점은, 군사화 시기 동안 내부적으로 또는 외부적으로 소비된 공식 담론의 차원에서 진먼이 표상되었던 다른 방식들을 보여준다. 정치적 선전 역시 그것과 연관된 기억들처럼 종종 상호 모순적이다. 예컨대, 정치적 선전이 추구하는 목적에 따라서, 진먼은 부유하고 번영하는 곳이거나 가난하고 낙후된 곳으로 각기 묘사되었다. 제1차 위기 직후인 1955년부터 타이완 시민들에게 호소하는 호소문에는 "공산당으로부터 계속되는 포격으로 피해를 입은 많은 주민들은 비축된 식량과 살 집도 없어서 현재 궁핍한 상황에 놓여 있다"고 적혀있다.[4] 그러나 불과 몇 년 후에 농업발전에 관한 보고서는 시민들과 군인들을 굶기고 철수를 강요하는 공산주의자들의 노력에도 불구하고, "진먼에

---

3   Maurice Halbwachs, *On Collective Memory*.

4   Hu Tieji, *Cong baoweiJinma daofangongdalu*, 213.

서 경제 건설에 힘쓴 결과, 척박한 토양이 비옥한 오아시스로 변하여 번영하는 사회와 확고한 자유의 요새를 만들었다"고 적고 있다.[5] 이러한 차이는 단순히 시간의 경과로 설명되지 않는다. 진먼에 관한 표상들이 어떤 정치적 목적 속에 놓이느냐의 차이였다. 진먼 사람들 자체보다 이런 표상들에 종속된 사람은 없었으며, 강렬하고 과장된 선전의 활용은 당시 상황에 대한 인식뿐만 아니라 그 이후의 기억에도 영향을 미쳤다.

 그들이 받은 선전의 대부분은 해협 바로 건너편의 적에게 집중되었지만, 중화인민공화국과 공산주의 치하의 삶은 대중의 기억에서 많은 부분을 차지하지 않는다. 이런 기억의 부재는 적과의 접촉에 대한 일반적인 금지 조치의 잔존하는 결과이며, 적의 선전물에 눈길조차 주지 말고 넘기라고 민간인들을 압박한 결과이기도 했다. 그러므로 상대방의 어떤 것을 알고 기억하는 것은 분명히 명령을 어긴 것이다. 그러나 구술 정보제공자들과 문필가들은 계엄령하에서 삶의 다른 민감한 측면에 대해 논의하는 데 거의 주저하지 않았다. 더 중요한 요인은, 아마도 중화인민공화국이 집단적인 적이었을지 모르지만, 일상의 상호작용과 지역 주민들이 싸웠던 일상의 전투는 중화민국 국가 및 그 군대와 함께 이루어졌고, 이것들이 개인적이고 집단적인 기억의 소재이기 때문일 것이다. 젊은 정보제공자들은 학교에서 받은 반공 교육을 기억하고 있지만, 여기에 의도된 이유가 반드시 필요한 것은 아니다. "내가 1970년대 학교 다닐 때, 매년 몇 번씩 본토 어부들이 우리 반에 끌려왔어요. 우리는 반대편에서 태어나지 않은 것에 감사했죠 어릴 때부터 낚시하러 가야 했을 테니까요. … 안개가 자욱한 계절에 만약 잘못된 항구로 들어가게 되면, 결국 모델로서 퍼레이드를 하게 될 것이고, 집에 돌아갈 수나 있을지 걱정해야 하겠죠."[6] 다시 말해서, 경험으로부터 얻은 교훈은 본토 사람들이 국가의 정치적 선전에 이용될 수 있다는 것

---

5 Shen Zonghan, *Taiwan nongye*, 237.

6 Yang Wenwei, "Laiqu chi biandang."

이었는데, 이것이야말로 정확하게 진먼 사람들이 경험한 것이었다.

　공산주의자들과 중화인민공화국의 주민들 자체가 진먼 사람들의 기억에 끼친 영향은 거의 없지만, 중화인민공화국과의 더 큰 지정학적 상호작용은 그러한 기억들을 형성하는데 결정적인 역할을 했다. "군대가 진먼으로 후퇴했을 때", "58년 위기 이전", "1960년 포격 당시", "중화인민공화국과 미국의 관계가 정상화됐을 때" 등의 방식으로 진먼 주민들은 과거에 대한 기억을 구조화한다. 일상생활의 리듬은 지정학적 문제와 사건들에 의해 형성되었고, 개인과 집단 기억의 리듬 역시 그러했다. 이 장의 나머지 부분에서는 현대 진먼에 공존하는 세 가지 다른 유형의 기억, 즉 고통의 담론, 행위성의 담론, 향수의 담론 등을 탐구한다. 그 후에 나는 이 세 가지 유형에 대해, 두 가지 현대적인 설명과 하나의 역사적인 설명을 덧붙일 것이다.

고통(suffering)의 담론

진먼 주민들의 기억에서 핵심적인 부분은 그들이 계엄령 시기 동안 겪었던 고통이다. 이런 기억들을 분석하는 것은 그들의 경험에 대해 판단을 내리는 것이 아니라, 오히려 이러한 기억들 자체가 그 시대의 역사의 일부라는 점을 인식하는 것이다. 고통에 대한 기억은 전쟁과 전투의 트라우마에 대한 기억, 전지정무와 민방자위대 사령부 등 국가·정권과 그 대리인들의 행동으로 인한 고통의 기억 등, 두 가지 유형으로 나눌 수 있다. 두 유형의 기억은 1949년 무렵의 사건들에 대한 여전히 고통스런 기억 속에 겹쳐져 있다. 한 노년의 정보제공자는 전투가 시작되었을 때 그녀와 그녀의 부모가 어떻게 구닝터우에 있는 집에서 도망쳤는지 나에게 상기시키면서 눈물을 흘렸다. 그들은 몇 주 동안 내륙에 있는 친척들과 머물렀다.

　　"우리가 돌아왔을 때, 집은 비어있었어요. 모든 것을 도둑맞았죠. 우리가 돌아왔을 때, 군인들이 우리 집을 지키고 있었어요. 그들은 우리에게 총검을 겨누면서, 용건이 뭐냐고 물었죠. 우리를 들여 보내주지 않았어요. … 그때 우리는 집이 두 채 있었는데, 필리핀에서 송금해준 돈으로 산 것이었죠. … 그들은 우리의 아름다운 집을 부숴버렸어요. 나는 더 이상 얘기를 못하겠네요."[7]

몰수되거나 파괴된 건축물들 외에도, 사람들은 특히 나무문을 비롯하여 압수된 몇몇 특정한 품목들에 강한 기억을 가지고 있다. 기억되고 있는 다른 품목들은 정확하게 화자를 그녀 자신의 기억 속에, 그리고 마을과 가족의 역사 속에 위치시키는 것들이다. "군인들이 벙커에 쓰겠다고 묘비를 철거했을 때, 사람들은 격분했죠. 하지만 뭘 할 수 있겠어요."[8] 조상의 명판마저 연료로 사용한다며 파괴해버렸다. "이제 우리는 그 조상들의 이름도 모르게 되었죠."[9]

표면상으로는 방어기지 건설을 내세웠던 공식적 입장과는 별개로, 그들은 이 사건을 노골적인 도둑질로 기억했다. "당시 국군 병사들은 몰수하지 않는 것들에 대한 세 가지 기준을 가지고 있었죠. 즉, 그것이 없다면 볼 수 없는 어떤 것, 그것이 없다면 움직일 수 없는 어떤 것, 쓸모없는 것." 일부 군인들은 그들의 도둑질을 숨기기 위해, 동전 몇 닢을 던져주는 시늉을 했다. "헌병들이 원하는 것이 무엇이든 간에, 최상의 경우라면 동전 몇 개를 던져주는 정도였죠." 구닝터우 전투 이후의 힘든 몇 달 동안, 군인들의 절도 행위는 약탈하고 전리품을 챙기는 것과 다름없을 정도로 절망적인 문제였다. 그러나 이것은 집을 비워버린 사람들이나 수확할 준비가 되기 훨씬 전에 농작물을 거두어들인 마을 사람들에게는 거의 중요하지 않았다. "그들이 밭에 있는 우리 농작물을 다 훔쳐 갔

---

7   Li Shanwen 인터뷰.
8   Luo Jianfa, in Shi Maxiang *et al.*(eds.), *Rongmin koushu lishi*, 35.
9   Lin Manqing 인터뷰.

어요. 마치 우리는 헛일을 한 것 같았죠."¹⁰ 한 농부가 말했다. "그것을 좋게 말하면, 우리가 그 사람들을 부양하고 있었던 것이고, 덜 유쾌하게 말하자면 우리가 노예가 된 것 같았죠."¹¹

섬에 대한 포격의 기억들, 위기 시기의 더 격렬했던 포격과 그 후 수십 년간의 격일포격에 대한 기억은 종종 공식화되고 비인격화 된다. 포격을 공산당의 잔혹함과 연결시키려는 중화민국의 선전 노력은 대중의 기억에 거의 영향을 미치지 않았다. 탄약을 운반하거나 메시지를 나르는 등의 지상 임무를 부여받은 민방자위대 대원을 제외하면, 대부분의 사람들이 이 시기에 대한 질문을 받을 때 떠오르는 것은 초기의 공황, 비좁고 더러운 환경의 피난처, 자신과 가족을 먹여 살리려는 몸부림이다. 오늘날 사람들은 국가와 지역 요원들에 대한 그들의 분노에 대해 더 길게 말한다. 사실 앞의 글의 많은 부분을 움직이게 만드는 것은 바로 이런 발언들이다. "당시 민방자위대 복무는 의무적이었습니다. 우리는 어떤 권리도 없었고, 어떤 혜택도 받지 못했어요. 밥도 자신이 직접 챙겨야 했죠. 무엇을 하라고 하면 일을 해야 했고, 무엇을 말하라고 하면 그렇게 해야 했죠. 주저하면 안 되요. 군사재판에서 처벌을 받을 테니까요." 사람들은 그들이 강제노동을 당했던 어려운 상황들을 기억한다. "일을 하고 있을 때, 배급된 쌀이 서틈통에 실려 왔어요. 밥을 먹을 때 코를 막고 삼켜야 했어요. 그렇게라도 하지 않으면 어떻게 일할 에너지를 얻겠어요?" 가혹하고 자의적인 처벌도 지역적인 기억의 중요한 부분이다. 순빙슈는 허리띠를 풀고 민방자위대 훈련에 갔던 기억이 있다. "그 자리에서 구타를 당했고, 그 후 본부로 끌려가서 3일 동안 갇혀 있었어요." 개인적으로 그런 처벌을 받지 않은 사람들조차 그것을 일상생활의 일부로 회상한다. "그 시절에 그들이 당신을 괴롭히고 싶으면, 그냥

---

10 Wu Huating, in Shi Maxiang *et al.*(eds.), *Rongmin koushu lishi*, 28; Ou *Ganmu,-JMMFTDJL*, 162; Lin Manqing 인터뷰.

11 Chen *Zonglun,JMMFFT*, III:86.

당신을 가두어버렸을 겁니다." "30분 안에 민방자위대 소집에 나타나지 않으면, 당신은 잡혀가서 공산당 스파이로 낙인이 찍힐 겁니다."[12]

공산주의 전복의 위험에 대한 인식과 그 인식에서 비롯된 감시와 공포의 분위기 또한 많은 사람의 기억 속에 한 부분을 차지하고 있다. "지도원은 우리의 언행을 은밀히 주시했죠. 민주주의는 전혀 없었어요. 상부에 대한 불만이나 원한이 있다면 간첩이나 반역자로 몰리게 될 겁니다." "우린 두려웠고, 감히 말을 꺼내지도 못했어요."[13] 3장에서 논의된 보다 심각한 사건 이외에도, 진먼에 대한 백색 테러는 많은 사람들에게 영향을 미쳤으며 때로는 장기적인 결과를 초래했다. 천아일링은 1980년대에 국민당에 비판적인 발언을 한 사촌의 이야기를 들려주었다. 그는 그 문제가 조사되는 3개월 동안 수감 되었고 대학 입학시험을 놓쳐버렸다. 많은 일화들은 무심코 한 말이나 행동이 어떻게 사람을 의심받게 할 수 있는지와 관련이 있다.

고통의 기억들 중 일부는 시간이 지나고 나서야 완전히 이해될 뿐이다. 즉, 이러한 기억의 중요성은 역사화 될 때만 드러난다는 것이다. 민방자위대원들은 쌀을 저장해야 했다. 이러한 비축물들은 전형적으로 기한이 만료된 군사 비축물에서 나왔기 때문에, 마을 사람들에게 도달했을 때쯤엔 이미 몇 년이 지난 후였다. "그 쌀은 곰팡이로 항상 노란색을 띠고 있었어요. 간부들은 우리에게 이것은 비타민이 첨가되었기 때문이라고 말했습니다." 더 이상의 부패를 막기 위해 마을 사람들이 가장 오래된 비축분을 먼저 먹었기 때문에, 일반적으로 새로 산 쌀도 몇 달 더 저장한 후에 먹었다. 마주에 대한 1996년 한 의학 연구는 전반적인 사망률은 타이완과 비슷하지만 암 발병률은 상당히 높다고 보고하고 있다. 이 보고서는 암 발병률을 너무 오래 보관된 쌀에 있는 아프라톡신의

---

12 Hong *Futian,JMMFFT*, 1:384; Lin *Huocai,JMMFTDJL*, 146; Sun Bingshu, *JMMFTDJL*, 141; Xiao Shengyi 인터뷰; Lin *Huocai,JMMFTDJL*, 145.

13 LinJinshu, JMMFTDJL, 212; Xue Zuyao 인터뷰.

존재와 연관시켰다.[14] 진먼에 대한 유사한 연구는 이루어지지 않았지만, 많은 주민들은 계엄령 기간으로 인해 그들 역시 장기적인 건강 문제를 겪고 있다고 확신한다.

이 모든 기억을 연결해주는 것은 고통이라는 주제다. 이 기억들은 광범위한 모욕을 견뎌온 진먼의 민간인에 대한 것이다. 그 가운데 일부는 공산주의 적군의 손에 의한 것이지만, 더 많은 부분은 중화민국 국가, 전지정무 당국과 민방자위대 장교들의 손에 의한 것이었다. 이 양식은 주민들을 자신의 운명에 영향을 미칠 능력이 거의 없는 수동적 피해자로 표상한다. 이것은 지정학화라는 인식, 즉 그들의 고통이 그들 자신이 만들지 않은 정치적 갈등과 연결되어 있다는 감각을 제공하지만, 그것은 전적으로 부정적인 인식이다.

행위성의 담론

다른 모든 곳의 사람들이 그러하듯, 진먼 주민들도 공동체의 고유한 가치나 세계관 내에서 그럴듯한 용어로 자신들의 역사를 설명한다. 예컨대 구닝터우 전투에서 중국인민해방군의 패배는 수송지원의 실패나 부족한 지원 병력 때문이 아니라, 인민해방군의 전함을 애초의 상륙지점으로부터 멀리 날려버리고 썰물을 일으켜서 이들의 발을 묶어버린 신의 개입 때문이며, 그 덕에 중화민국 군인들이 배들을 불사를 수 있었다는 것이다.[15] 이러한 설명방식에서는, 1950년대 초 전염병의 창궐은 (공식발표에서 말하듯) 낙후된 위생상태 때문이 아니라, 군인들이 이전부터 들쥐의 개체 수를 감소시켰던 뱀들을 잡아먹었기 때문이다.

이러한 형태의 대중적 혹은 민속적 기억이 반드시 공식적 기억과 상충하는 것만은 아니며, 양자가 일치하는 사례도 있다. 예를 들어, 나이든 주민들은 1960년대와 1970년대에 그렇게 많은 지역 남성들이 정규군에 입대한 것이 지

---

14   Chen Ailing 인터뷰; Yang *Shuqing Jinmen shehui diaocha*, 142.

15   Li Tiansong, *JMMFFT*, II: 61.

역 아이들과 그들의 집에 있던 군인들 사이에서 발전한 긴밀한 관계 때문이었다고 설명한다. 이러한 기억은 군인과 민간인의 우호관계를 기념하는 현대적 선전에 반향한 것으로, 즉 "군인과 민간인은 모두 하나의 가족(軍民一家)"이라는 것이다. 이러한 설명들은 이 기간 동안 군민관계의 일부였던 긴장과 적대감을 최소화하며, 군사화 체제의 예상치 못한 하나의 결과가 고등교육에의 접근 가능성과 상층으로의 이동 가능성을 대부분 효과적으로 제거해 버린 것이라는 사실을 무시한다. 군대 경력은 많은 진먼 청년들에게 가난에서 벗어날 수 있는 가장 좋은 길이었다.[16]

그러나 다른 영역에서 민간의 기억은 공식적 담론과 차이를 보인다. 예컨대, 섬을 지키다가 죽어간 중화민국 군인들은 공식적으로 고결한 순교자로서 기억되고 있으며, 그들의 시신은 1952년 말에 후롄이 건설한 타이우산 기슭의 국립묘지에 안장되어 있다. 후롄은 국립묘지 앞에 '충성스런 순교자들을 위한 성지'라는 푯말과 쑨원의 동상을 세웠다. 이들 유적지는 중화민국 시민들의 결속을 강화하기 위해 진먼을 '정신적인 요새'로 탈바꿈시키려는 노력의 일환으로 조성되었다.[17] 이 장소들은 정치적 교육과 민족주의적 의례가 행해지는 공간이다. 군인, 민간인, 방문객들은 종종 사당까지 이끌려 가서 절을 하고 영웅적으로 죽은 사람들의 영혼에 향을 바친다. 국립묘지와 사당은 죽은 이들의 영혼을 숭배하고 모방해야 할 영웅으로 표상하는 반면, 대중문화 속에서 그들은 배고픈 귀신들이고 잠재적으로 약탈적이며 위험한 존재들이다. 이러한 이해는 섬을 떠도는 귀신 이야기에서도 표현되어 있는데, (괴롭히고 짓궂고 때로는 악의적인) 군인의 혼령들은 이 지역 사람들의 삶을 복잡하게 만든다. 또한 더 구체적인 표현의 형태로는, 십여 개의 소규모 '장군사당'을 들 수 있다. 이것은 전통사회에서 알 수 없는 영적인 힘들의 위협에 대처하기 위해 사용되었던 굶주린 혼

---

16   Chen Shuizai 인터뷰.

17   Hu *Lian Jinmenyijiu*, 83.

령을 위한 사당의 지역적 변종이다. 망자의 영혼에 대한 이러한 표현은 순국선열 묘지의 배치에 대한 일반인들의 이해에도 반영되어 있다. 그의 많은 재능들 가운데, 후롄은 뛰어난 점술가(geomancer)였던 것으로 믿어지고 있다. 쑨원의 청동상은 국부(國父)가 죽은 군인들의 영혼을 감시하고 산자들의 세계에 폐를 끼치지 않도록 하기 위해 후롄이 국립묘지 앞에 배치한 것이라고 사람들은 말한다.[18]

아이러니, 유머, 그리고 성적인 풍자는 이런 기억 방식에서 중요한 역할을 한다. 노인들이 모여 계엄령하에서 겪은 경험에 대해 이야기할 때, 공통의 주제는 초기에 군인과 민간인 사이에 상호 오해가 있었다는 것인데, 당시 민간인들이 현대 표준 중국어(만다린)를 구사하지 못했기 때문이다. 사람들은 종종 후롄이 어떻게 군용 차량으로 민간인들에게 탈것을 제공했는지에 대한 이야기를 듣는데, 이것은 지역 주민들에 대한 초대 사령관의 은총에 대한 표준적인 설명의 일부이다. "손을 들기만 하면, 그들이 멈출 겁니다. 나이든 숙녀들이 북경어를 잘 구사하지 못하면, '제가 당신 차에 타도 될까요(주오 니 더 츠즈)?'라고 묻는 대신에 '제가 당신 아내가 되어도 될까요(주오 니 더 치즈)?'라고 물으면 됩니다."[19] 이런 방식으로, 마을 사람들을 속여 먹거나 조롱하려는 군인들의 노력은 변함없이 역효과를 냈다. 이것도 잘 알려진 이야기인데, 나이든 숙녀는 군인에게 북경어로 "감사합니다"를 어떻게 말하는지 가르쳐 달라고 한다. 그 군인은 그녀에게 "왕빠단(王八蛋: 개자식, 문자 그대로는 '거북이 알'이라는 뜻)"이라고 말하라고 지시했다. 그녀는 공식 행사에서 이 문구를 처음으로 사용할 기회를 가졌는데, 그때 그녀는 후롄에게 그렇게 외쳤다.[20]

지역 주민들의 교활함은 종종 그들이 중화민국 정부와 그 지휘관들에게

---

18   Pan Shuqi 인터뷰.
19   Li Yumin 인터뷰.
20   Pan Shuqi 인터뷰. 이 이야기의 변형은 진먼 주민인 우양양밍의 회고록에 들어있다. Ouyang Yangming, *HuaiyiJinmen*, 262.

서 더 나은 결과를 얻을 수 있도록 해주었다. 예를 들어, 1949년 이후 어업이 금지되고 대부분의 어선이 파괴되었는데, 표면적으로는 방어 요새화에 사용할 자재를 생산하기 위한 것이었다(제2장에서 언급한 것처럼, 아마도 진짜 이유는 중화민국 병사들이 본토로 귀환하는 것을 더 어렵게 하기 위해서였을 것이다). 결국 금지 조치는 폐지되었다. 나이든 어부들은 이것이 어떻게 이루어졌는지 설명한다. 해안의 폐쇄는 "우리 어부들에게 정말 힘든 일이었습니다. 한번은 몇몇 어부들이 몰래 바다에 나갔는데, 그런 다음 포획물을 지휘관에게 가져갔죠. 그는 본토 내륙 출신이었어요. 그는 신선한 생선과 같은 것을 먹어 본 적이 없었죠. 그는 그것이 정말 맛있다고 생각했어요. 그래서 그는 낚시를 다시 시작하도록 허락해야 했지요."[21] 종교 활동에 대한 지출 제한을 극복하기 위해, 마을 주민들은 마을 신의 이름으로 공연을 하는 것이 아니라 인근의 군대를 위한 오락거리로서 라오쥔(勞軍: 군대 위문)을 하는 식으로 공연을 후원하는 방법을 배웠다.[22]

    주민들은 또한 통제나 규제에 대항하기 위해서 동원이나 애국의 언어를 어떻게 적절히 활용하게 되었는지를 기억한다. 통행금지 시간을 어긴 한 남자가 귀가 중에 검문소에 잡혔다. 그는 자신이 쑨원에 관한 영화를 보고 있었는데 차마 도중에 영화를 끊고 나올 수 없어서 늦게 되었다고 둘러대었고, 경비병들은 그를 풀어주었다고 한다. 종종 이런 사소한 승리는 단순히 지방 사람들이 쉽게 이용당한 병사들보다 훨씬 영리하기 때문이라고 말해진다. "벙커를 지을 때, 그들은 우리에게 벽돌을 제공하라고 요구했죠. 하지만 때로는 정말로 벽돌을 구하기가 불가능했고, 군인들이 점심을 먹으러 자리를 비운 틈을 타서 우리가 주었던 벽돌을 다시 빼돌렸죠."[23] 1958년 위기 시기에 선박을 하역하면서 미국 군사자문원조단(MAAG)을 위한 맥주를 민방위대 대원들이 어떻게 훔쳤는지

---

21   Li Diaoyu 인터뷰.

22   Lin Manqing 인터뷰.

23   Yingxi, "Dangnian yemu dichuishi"; Zheng *Chengda JMMFTDJL*, 180.

에 대한 이야기와 같은 기억들은 사람들의 침착함을 강조한다.[24] 이런 우스운 이야기들은 『진먼일보』 부록의 에세이에 자주 등장한다. 중국 언론에 등장하는 이런 장르의 이야기는 오래 전부터 이런 종류의 짧고 재미있는 일화들에 지면을 내어주고 있었다. 그러나 구술사에서도 같은 유형의 이야기가 자주 등장하여, 단순한 장르의 산물이 아님을 시사한다.

대중들이 사건을 기억하는 데 있어서, 그들의 기존 세계관이나 가치체계 내에서 이를 이해하려는 것은 매우 일반적인 현상이다. 진먼에서 이러한 기억 양식의 두드러진 점은 행위성뿐만 아니라 지역 주민들의 행동과 행위에 대해 지정학적 중요성을 부여하는 방식이다. 다른 말로 하자면, 이러한 형태의 기억에서는 지정학이 주민들의 삶에 영향을 미칠 뿐만 아니라, 그들의 삶도 지정학에 영향을 끼친다는 것이다. 공산주의에 맞선 그들의 용기는 끝나지 않은 중국 내전의 역사, 양안관계, 그리고 더 큰 차원의 전 지구적 냉전에서 중요한 요소로 기억되고 있다. 구닝터우 전투, 1954~5년과 1958년의 포격전 등은 위대한 승리로 기억된다. 진먼에 정착하여 지역의 미망인과 결혼한 본토 출신의 한 군인은 1958년의 위기를 이렇게 기억한다.

> 마오쩌둥은 자기들이 진먼을 잡을 수 있다면, 타이완을 방어하는 것은 불가능할 것이라고 말했죠. 8월 23일 그들이 발포하기 시작했어요. 우리 쪽도 준비가 되어 있었고 포탄도 실었지만, 발포하지는 않았죠. 그들의 총은 약했고, 포탄은 바다에 떨어졌어요. 우리는 두렵지 않았어요. … 우리는 그들의 비행기를 쫓아냈죠. 그들은 우리보다 더 큰 손실을 보았어요. 사상자도 그들이 더 많았죠. 20일이 지나도 그들은 여전히 승리하지 못했어요. 그래서 마오쩌둥은 어쩔 수 없이 실각할 수밖에 없었죠. 류샤오치가 그를 대신했어요. 격일로 포격할 것을 결정한 것이 바로 류샤오치였죠. … 우리는 정말 녹초가

---

24 Chen Zonglun, JMMFFT, 111:82-3.

되었어요. 당신도 2시간, 3시간, 5시간 전투를 치르고 나면 지칠 겁니다. 당신은 미국인이니까, 치료사에게 가야 했을 겁니다. 하지만 우리는 20여 일을 싸웠죠. 정말 힘들었어요. 하지만 우리는 그들을 물리쳤어요.[25]

마오쩌둥은 실제로 1960년대 초에 지도자 자리에서 물러났다. 그러나 대부분의 역사학자들은 이 결정을 진먼 사람들의 영웅주의가 아니라 대약진(大躍進)운동의 비참한 결과 탓으로 돌리고 있다. 승리의 공로를 인정받을 자격이 정규군뿐만 아니라 민간인에게도 있다는 생각처럼, 격일 포격이 1958년 중화민국의 승리에 대한 중화인민공화국의 대응이었다는 생각은 이 섬에서 흔히 찾아볼 수 있다. "공산주의자들은 우리를 이길 수 없다는 것을 알았기 때문에 격일로 우리를 포격하기 시작했습니다." 진먼의 생존은 "공산당의 눈에 들어간 티끌"처럼 그들에게 지속적인 자극제였다.[26]

이러한 기억 양식에서, 진먼의 생존은 타이완의 안전을 보장하는 데 중요한 역할을 해왔다. 결국, 공산당의 선전용 확성기가 1950년대 동안 "타이완을 피로 씻을 것"이라는 의도를 떠들어대지 않았던가? 그러나 진먼 사람들은 그들의 악의를 좌절시키면서 그들을 저지했고, 이는 결국 타이완이 상대적인 평화 속에서 수십 년간 비상한 경제발전을 누릴 수 있게 해주었다. "진먼의 군사 기적이 없었다면, 타이완의 경제 기적은 없었을 것이다." 지역 역사학자인 동췬롄은 주장한다. "1958년에 승리한 것은 민방자위대가 군대를 지원해 주었기 때문이다. 타이완과 펑후가 수십 년간의 평화를 누리면서 경제발전과 번영, 사회 민주화가 가능했던 것은 1958년에 승리했기 때문이다. 타이완에서의 이러한 업적들은 모두 1958년의 승리와 밀접하게 연결되어 있다." 정부의 이전 관료들은 더 나아가 미국과 동맹국들에 의한 냉전의 전반적인 행위에 대해 진먼이 지

---

25   Lin Jiongfu 인터뷰.
26   Pan Shuqi 인터뷰; Yang Shiying, "Kegu mingxin de 825."

닌 중요성을 인정한다. "그것은 정말 전략적인 질문입니다. 그것은 미국의 더 큰 전략의 일부였어요. 미국은 태평양을 방어하기 위해 타이완이 필요했고, 공산주의자들을 태평양에 들어오지 못하게 했죠. 그래서 진먼을 보유해야 했습니다."[27] 이러한 행위성의 핵심적인 부분은 그것이 자발적인 것으로 기억된다는 점이다. 천수이자이의 말대로, "진먼 사람들은 항상 본토로부터 위협을 받았기 때문에 다른 곳의 사람들보다 국가에 대한 충성심이 강합니다. 처음 수십 년 동안 큰 손실이 있었죠. 점차 그곳에서 삶과 죽음의 철학, 복수의 심리학이 발전했어요. 총을 어깨에 메지 않으면 살아남지 못했어요. 선택의 여지가 없었죠. 그래서 우리에게는 많은 선전이나 [정치] 교육이 필요하지 않았고, 사상 통제도 없었어요. 모든 사람들은 살아남기 위해 무기를 짊어져야 한다는 것을 깨달았던 것이죠."[28]

자신의 고향에 대해 특별한 것이 있다고 규정하는 것은 아마도 지역 의식의 보편적인 요소일 것이다. 그러나 진먼 사람들은 그들의 지역성을 특별할 뿐만 아니라 중요한 장소로서 기억한다. 고통의 담론에서는 계엄령 시기가 고난과 불공정한 대우, 자의적인 면죄와 처벌의 시기로 기억된다. 행위성의 담론에서는 같은 시기가 영웅주의와 전체 국민에 대한 애국적 헌신의 시기로 기억된다. 두 담론은 오늘날 진먼 사람들의 기억 속에 공존하고 있다.

향수의 담론

구술사에 나타나는 세 번째 기억 방식은 향수(nostalgia)다. 많은 사람들에게 민방자위대 복무에 대한 불만은 계엄령하의 삶에 대한 긍정적인 기억과 뒤섞여 있다. 이 시기는 사람들이 이기적이지 않고 서로 지지하던 시기로 기억된다.

---

27 Hong Futian, *JMMFFT*, 1:385; Yang Shiying, *JMMFFT*, 1:232; Dong Qunlian, "Zhandi Jinmen"; Chen Yangjin 인터뷰; Zhang Zhichu 인터뷰.

28 Chen Shuizai 인터뷰.

"그 시절 어디선가 문제가 생겼을 때, 모두들 작은 노력을 모아 문제를 해결했어요. 사람들이 서로 도왔죠." 이러한 상호 원조와 지원에 대한 기억은 군인과 민간인의 관계로도 확장된다. "우리는 병사들과 이야기를 나누었고, 서로 도왔습니다. 수확이 준비되면, 그들에게 도움을 요청하곤 했죠. 그들이 참호를 파야 할 때는 우리가 그들을 돕고 도구도 빌려주었죠." 늘 존재하는 군사적 위협에도 불구하고 생명은 안전하고 안정적이었다는 의식도 있다. "그 시절에는 도둑이 없었어요. 안전했죠. 차가 막히지 않았어요. 사람들도 단결했어요." 전직 간부들은 그 이유의 일부가 정부의 더 큰 권한에 있었다고 말한다. 그는 말한다. "오늘날과는 다릅니다. 오늘날에는 하나의 명령을 내리면, 다양한 의견과 반응이 있죠." "당시에는 하나의 명령이 있으면, 하나의 응답이 있었습니다."[29]

진먼 주민들이 자신의 경험에 향수를 불러일으킬 때, 그들은 종종 자신들이 경험한 정책과 타이완해협 반대편에서 사용했던 정책들에 대한 거울 이미지를 인식하는 경우가 있다. "생각은 똑같았고, 용어만 달랐죠. 우리는 간부들이 개혁되어야 한다고 말하는데, 그들은 비판받아야 한다고 말할 겁니다. 거의 모든 게 똑같죠." 전 현장인 천수이자이도 비슷한 견해를 가지고 있다. "민방자위대는 군사적, 정치적 기능을 가지고 있었습니다. 진먼 사람들을 통제하는 데 사용되었죠. 전쟁이 터지면 진먼의 전체 인구가 마치 군대처럼 될 겁니다. 그것은 공산주의자들과 매우 비슷했어요. 문제는 어떻게 사람들을 통제하는가였죠."[30] 이러한 논평을 놓고 보면, 천은 전지정무의 정책이 단순히 군사적 준비태세를 향상시키는 것이 아니라, 권력을 창출하고 행사하는 것에 있었다는 점을 잘 알고 있었다고 할 수 있다.

---

29 Lin *Huocai,JMMFTDJL*, 146; Chen Dading 인터뷰; Pan Shuqi 인터뷰.
30 Li Jinliang 인터뷰; Chen Shuizai 인터뷰.

세 가지 담론의 해석

기억의 세 가지 담론은 완전히 별개의 것이 아니라 때때로 뒤얽혀 있다. 따라서 예를 들어, 민방자위대가 지역 방위에 기여한 것을 되돌아볼 때, 훙푸톈은 더 예전의 단순했던 시간에 대해 향수에 잠긴다. "고향과 국가를 지키기 위해 자신을 희생하겠다는 민방자위대의 결의는 결코 흔들리지 않았습니다. 그러나 타이완의 민주화와 함께 각자는 자신의 이익을 강조하기 시작했습니다. 이러한 경향은 민방자위대원들이 스스로에게 질문을 던지게 만들죠. '왜 진먼 사람들에 대한 국민들의 부담은 이렇게나 무거운가? 모든 법적 제약들은 적절한가? 국가는 우리를 위해 무엇을 하는가? 최전선에서 우리의 희생이 그만한 가치가 있을까?'"[31] 정규군은 안전한 곳으로 철수시키면서 민방자위대는 해안 검문소에서 경비를 서도록 했던, 1958년 위기 당시의 부대 배치를 회상할 때 웡슈이셔에게 행위성과 고통은 동시에 발동된다. "민간인을 전선에 두고, 군인들을 2선에 두다니. 빌어먹을 놈들! 공산주의자들이 포격을 시작했을 때, 우리는 당장 발포도 할 수 없었어요. 명령을 기다려야 했으니까요 … 만약 대열을 이탈한다면 군사재판에 의해 처리되겠죠. 그 당시 나는 부분대장이었습니다. 그래서 장교들에게 항의했죠. 결과가 어땠을까요? 나는 두 달 동안 수감되었습니다."[32] 그러니 이런 오버랩에도 불구하고, 세 유형의 기억은 분석적으로 분리하는 것이 유용한데, 왜냐하면 이렇게 여러 양식들로 구조화하면 근본적인 문제들을 식별하는 것이 가능하기 때문이다. 집단 기억은 과거의 경험과 현대의 관심사 사이의 복잡한 관계에 의해 뒷받침된다. 우리는 세 가지 기억 양식을 각각 설명하거나 설명하는 데 도움이 되는 역사적 또는 현재의 정치 문제를 파악할 수 있다.

1992년 계엄령이 해제된 며칠 후, 웡밍즈는 진먼현 정부에 탄원서를 제출

---

31 Hong Futian,*JMMFFT*, 1:396-7.

32 Weng Shuishe,JMMFTDJL, 147.

했다. 탄원서에는 보상을 위한 세 가지 요구가 포함되어 있었다. 여기에는 억류되거나 손해를 입은 재산, 임금을 지불하지 않은 민방자위대 복무와 노역, 공산당이나 중화민국 정부에 의해 입은 상해에 대한 보상 등이다.[33] 이런 요구는 1947년 2·28사건을 비롯하여 국민당 통치하에서 고통을 받았던 타이완 주민들에게 보상과 구제가 시작되었을 무렵, 진먼 사람들에게도 처음으로 일어날 수 있었다. 타이완의 2·28사건은 국민당에 항의하는 타이완인들을 군대를 동원하여 진압하고 수천 명을 살해한 사건이었다. 이 사건과 뒤이은 은폐행위는 오랫동안 타이완 출신자들에게 원망의 원천이었고, 이를 조사하기로 한 결정은 반감을 가진 타이완인들과 국민당 사이에 화해의 기회로 비춰졌다. 그 후에 진먼의 신문에 실린 한 투고문은 텔레비전을 보던 장면으로부터 시작하여 다음과 같이 적고 있다. "타이완의 모든 사람들이 2·28에 대해 이야기한다. 하지만 아무도 우리 진먼의 이야기를 들으려고 하지 않는다. 이 칼럼은 텔레비전만큼 훌륭하지는 않겠지만, 적어도 우리에게 우리의 이야기를 할 기회를 준다."[34] 다른 사람들은 단순히 그들의 이야기를 할 기회 이상의 것을 원했다.

> 어렸을 때 군대에서 탄약을 나르는 것을 도와주다가 다쳤을 때를 생각했습니다. 그때 현정부는 120타이완달러와 쌀 한 봉지를 주었어요. 정말 한심했죠. 그러나 보잘것없는 우리는 감히 어떤 요구도 하지 못했어요. 이후 타이완에서는 각종 사건에 대한 보상을 잇따라 내놓기 시작했습니다. 그래서 나는 마을 회관에서 과거의 사건들을 끄집어내기 시작했지요. 집회가 있을 때마다, 나는 전투 중에 부상당한 우리들에게 보상해 달라고 정부에 요청했어요. 하지만 관리들은 그냥 적어만 놨어요. 그리고는 아무 것도 하지 않았

---

33   Weng Mingzhi, "San da yaoqiu, wu da xiwang," in Weng Mingzhi, *Wuchao pengzhang*, 53.

34   Weng Xiongfei, "805 budui de gushi."

죠.35

웡의 청원이 제출된 지 몇 년이 지나지 않아, 중화민국 정부는 지역의 불행했던 역사를 결정적으로 종식시키기 위해서 지난 수십 년 동안의 불공정 행위나 손해에 대해 보상하겠다고 발표했다. 결정을 내리는 데 있어서 시위나 항의의 역할을 인정하지는 않았지만, 웡의 요구에 상응하는 범주들로 보상이 제시된 것을 보면 분명히 연결고리가 존재했다. 먼저 주민들은 군에 의해 억류된 토지나 파괴된 가옥들에 대해 청구권을 주장할 수 있게 되었다. 전체적으로 8,000건 이상의 청구가 제기되었다(천수이자이는 적어도 이 중에서 일부는 허위라고 의심했다). 대부분은 청구인들에게 유리하게 해결되었다. 군대가 토지를 매입, 임대, 또는 반환하기 위해 소유자와 합의하도록 요구되었다. 토지문제는 병력 철수가 가속화되면서 해당 토지를 육군이 더 이상 사용하지 않게 되어, 해결이 그다지 어렵지 않은 것으로 판명되었다. 두 번째 유형의 보상은 전쟁 기간에 민간인들의 죽음이나 상해에 관한 것이었다. 보상은 중화민국 군대에 의한 피해에만 적용되었다. 세 번째 유형의 보상은 민방자위대 복무에 관한 것이었다. 1995년에 현 정부는 민방자위대 참전자들의 복무 기간, 직면한 위험, 그리고 그들이 훈장을 받았는지에 따라 많은 점수를 부여받을 것이라고 발표했다. 포인트 수는 보상 금액을 결정하였고, 최대 지급액은 245,000타이완달러였다. 보상금 수령자는 모두 4만 명에 달했다(이 수치에는 마주에서 받은 수령자도 포함되어 있다). 천수이자이는 총 지급액이 60억 타이완달러에 달했을 것으로 추정하고 있다.36

복무에 대한 일부의 보상 요구는 미해결 상태이다. 진먼과 다른 연해 섬에서 복무한 반공구국군(反共救國軍) 출신 유격대원 수만 명에게는 아무런 보상도

---

35 Wu Wuquan, JMMFFT, 11:96.

36 Chen Shuizai 인터뷰.

지급되지 않았는데, 그들에게 군인 급료에 상당하는 금액을 지불하는 비용이 엄청났기 때문이다. 많은 다른 사람들에게도 보상액에 대한 불만이 남아있다. 린용주의 아버지는 1958년 포격 당시 군대에 메시지를 전달하는 임무를 수행하다가 부상을 당했다. 그는 살아남았고, 1990년대 초반까지 살았다. 린용주는 부상에 대한 보상을 요구했으나, 그가 제시할 수 있었던 각종 진료 기록에도 불구하고 아버지가 이미 돌아가셨기 때문에 부상의 심각성을 평가할 방법이 없다는 말을 들었다. 그는 여전히 씁쓸하다. "법이 얼마나 불합리한지 알 수 있을 겁니다. 그 당시 민방자위대의 희생과 공헌을 제대로 보상해 줄 수는 없을 겁니다." 다른 이들은 보상금이 공평하게 분배되지 않았다고 불평한다. "(민방자위대에서 복무한) 공무원들도 보상을 받았지만, 그들은 굳이 목숨을 걸 필요가 없었어요."[37]

보상금을 배분하는 기준의 문제와 대중들의 기억 속의 고통은 밀접하게 연관되어 있다. 오늘날 진먼 사람들이 고통의 기억을 되돌아봄으로써 과거를 기억하는 이유는, 부분적으로 그것이 중화민국 정부가 과거를 다루는 방식이기 때문이다. 진먼 사람들이 그들의 고통을 분류하는 범주와 그들의 기억 속에 두드러지게 남아있는 고통의 유형은 보상이 이루어지는 범주와 깔끔하게 들어 맞는다. 보상 캠페인의 맥락 속에서 고통의 기억을 생생하게 유지함으로써, 진먼 주민들은 민족을 위해 기꺼이 희생할 것을 요구한 초기의 정치적 수사를 거부한다. 민방자위대 복무에 대한 보상 요구는 공식적 수사 내에 존재하는 모순을 이용한다. 타이완에서 정규군 복무가 성인 남성의 기본 의무였던 것처럼, 민방자위대 복무는 진먼에서 시민됨의 기본적인 의무라고 여겨졌다. 그러나 타이완의 징집병들에게 봉급이 주어진 반면, 민방자위대에는 그렇지 않았다. 지금 보상을 요구하는 사람들은 타이완의 신자유주의적인 정치경제적 논리를 정치적 수사에 대립시키면서, 자신들의 노동과 물질적 손해에 대한 금전적 배상을

---

37 Lin Yongju, in Lin and Lu, *Dongkeng*, 179; Ou Ganmu,*JMMFTDJL*, 162.

요구하는 것이다. 그러므로 이러한 양식의 기억은 과거를 향해 적용되지만, 현재의 관심사에 의해서 추동되는 시민권 담론의 한 형태인 것이다.

진먼 사람들의 회상 속에서 고통의 담론은 섬의 민간인들을 영웅으로 만들었던 행위성의 담론과 공존하고 있다. 사람들은 1949년, 1954~5년, 1958년 등 섬 주민들이 군대와 함께 이루어낸 위대한 승리들에 대해 자주 듣는다. 이런 기억들이 다소 순진하게 보일지 모르지만, 진먼의 정보제공자들이 제시하는 승리론적 인과관계를 논박하기보다는 이러한 기억들이 시사하는 현대적 함의에 대해 질문하는 것이 더 흥미롭다. 우리는 위에서 영웅주의의 비전이 계엄령 시기 초창기부터 정부 선전문에 나타나기 시작했다는 것을 살펴보았다. 영웅적 행위성의 비전이 언제 대중의 기억 속에 뿌리내렸는지를 파악하는 것은 쉽지 않은 일이다. 그것이 정부의 선전물 이외의 형식으로 처음으로 등장한 것은 1987~92년의 결정적인 시기에 정치 활동가들의 저술과 연설문 속에서였다. 그러나 그것은 아마도 정치적 도구로 변질되기 훨씬 이전에도 지역 정체성의 강력한 요소였을 것이다. 완전히 정교해진 버전은 1993년 타이완의 한 시위 선언문에 다음과 같이 등장한다.

> 구닝터우 선투와 8·23포격전 이후 현재까지, 타이완과 펑후의 안정과 번영을 지키기 위해, 국민의 안전을 지키기 위해, 많은 사람들의 생명이 무자비한 포격에 희생되어 왔다. 많은 사람들이 강제 노역, 민방자위대, 탄약의 운반을 위해 징집되었다. … (최근 발표된 타이완의 경제개발 6개년 계획을 언급하면서) 진먼은? 아직도 '전장'이다. 여전히 '전선'이다. 진먼은 아직도 그대로다. 사람들은 여전히 가난하고 피해는 수리되지 않았다. 진먼은 어찌 되는가? 나라를 위해 무수한 희생을 치렀던 진먼 사람들은 어찌 되는가?[38]

---

38   Yang Shuqing, *Jinmen shehui diaocha*, 99-100.

비슷한 시각이 오늘날에도 널리 퍼져있다. 한 전직 민방자위대원은 중화민국 정부에 대한 자신의 생각을 묻는 질문에 다음과 같이 대답했다. "나는 그들이 싫어요. 나를 가장 분개하게 만드는 것은 1958년 타이완해협 위기 시기에 사람들이 정부를 위해 너무나 많은 것을 바쳤다는 것입니다. 전쟁사 박물관에는 우리를 위한 어떤 기념비도 없어요. 우리는 적절한 보상을 받지 못했어요. 오늘날 타이완이 존재하는 것이 우리의 희생 때문인데도 말입니다."[39] 행위성의 담론은 지방경제를 위해서 중앙정부로부터 재정지원을 받기 위해 가장 흔히 사용되는 정치적 도구 중의 하나이다. 천수이자이는 1993년 첫 번째로 선출된 진먼 현장 취임사에서 행정의 시급한 임무를 다음과 같이 정리했다. "첫째, 40년 이상 누적되어 온 대중적 분노를 조속히 해결하고 극복하는 것, 둘째, 이상적인 진먼의 미래를 창조하기 위해서 투자와 개발을 촉진하는 것."[40] 행위성의 담론은 고통의 담론과 불가분의 관계에 놓여 있다. 정치적 선언문이든 개인적 회고담의 형태든, 이러한 담론은 현재와 과거를 이어준다. 계엄령 기간 동안, 중화민국 정부는 진먼에 가해지는 정책을 정당화하기 위해 특정한 논변을 펼쳤다. 오늘날 똑같은 수사가 진먼 사람들에 의해, 그들의 목적을 위해 재배치되고 있다. 여기에서 전복적으로 사용되고 있는 것은 대중적인 대항-기억이 아니라, 공식적 기억의 변형이다. 전용된 군사화의 공식 역사는 활동가들의 수사에서 핵심이 되었다. 그것은 또한 기억이 봉사하는 현대의 현실이 매우 극적으로 변화하고 있는 오늘날의 시점에 지역 대중의 기억에서 중요한 요소가 되었다.

이러한 현대적 변화는 오늘날 대중적인 기억의 향수를 설명하는데도 도움이 된다. 향수의 감정은 비단 진먼만의 현상은 아니다. 과거에 대한 관심은 갑작스럽고 불안정한 변화를 겪는 사회에서 흔한 현상이다. 계엄령 시기에 대한 향수는 상당 부분 지역사회의 현 상태에 대한 불만과 미래에 대한 불안을

---

39 Weng Shuishe, *JMMFTDJL*, 148.

40 Chen Shuizai, *Jinmen jieyan*, 97.

반영하고 있다. 진먼 사람들이 모범 시민으로 추앙받던 더 소박한 시기에 대한 향수는 어떤 면에서는 문화적 소외뿐만 아니라 급속한 사회경제적 변동을 겪고 있는 다른 사회들과 닮았다. 리사 로펠(Lisa Rofel)은 중화인민공화국에 있는 국영기업의 전직 산업 노동자들이 비슷한 양상을 보인다는 점을 밝혀냈다. 한때 국가의 영웅으로 추앙받던 그들은 현재 대부분 물질적으로나 이념적으로나 배제되어 있다.[41] 진먼 사람들이 그런 것처럼, 그들에게는 현재보다 과거가 더 바람직한 장소인 것이다.

행위성의 담론과 향수의 담론은 과거의 억압을 자기희생적인 애국주의로 재구성하는 지점에서 만난다. 이 재구성의 범위를 측정하는 것은 매우 어려운데, 국가의 선전이 사라지기 전부터 자신들을 영웅으로 만들면서 지역 주민들이 어느 정도는 국가의 선전을 받아들였기 때문이다. 그러나 주체성에 미치는 영향은 현대 정치의 극적인 변화 이후에 분명히 커졌다. 중화민국은 진먼에 대한 정책을 정당화하기 위해 다양한 주장을 전개해 왔다. 이러한 주장들은 이제 진먼 사람들에 의해 그들의 정치에 재배치되고 있다. 이러한 주장들 중 많은 것은 과거에 관한 것, 즉 1949년 이전에 진먼이 본토와 타이완에 연결되어 있던 것, 그리고 타이완과 자유세계의 수호자로서 진먼의 실제적이고 상징적인 기능에 관한 것이다. 그러므로 이러한 기억 방식은 오늘날 진먼 정체성에 대한 논쟁의 일부분이라고 할 수 있다. 이 논쟁은 공개적으로는 정치적 행동주의를 통해서, 내부적으로는 세 가지 양식의 기억을 혼합하는 개인적 주체성의 발전을 통해 진행되고 있다.

상황을 더욱 복잡하게 만드는 것은 이러한 기억 양식이 정치적 이유로 공공연하게 배치될 때, 움직이는 목표물을 향해 발사된다는 점이다. 중화민국 국가는 영원하고 불변하는 통일적 실체가 아니다. 계엄령 폐지 이후 몇 년 동안, 중화민국은 민주화와 복수 정당의 출현과 같은 극적인 변화를 겪었다. 국가나

---

41 Lisa Rafel, "Liberation Nostalgia and a Yearning for Modernity."

그 내부의 기관들은 때때로 전임자들의 주장을 부인하기 시작했다. 12장에서 논의한 것처럼, 타이완 특유의 정체성에 대한 증가하는 감각은 민진당에 의해 고무되었지만, 지금은 단순한 정치 운동 그 이상이 되었다. 본토를 수복하고 중국과 타이완의 어떠한 분열도 막기 위한 수십 년의 노력이 점점 더 많은 사람들에게 타이완의 국가성을 향한 길을 지연시키는 것처럼 보이자, 진먼 민간인들의 영웅주의는 점점 더 타이완 국민들과 무관한 것으로 보이게 되었고, 따라서 중앙정부로부터 투자를 유치하거나 우호적인 정책을 확보하려는 진먼의 노력은 점점 더 설득력이 떨어지게 되었다. 달리 말하자면, 여기에서 논의되는 다양한 기억의 담론들은 시민권과 민주화에 관한 현대의 캠페인들에서 과거가 배치되는 방식과는 다르다. 진먼에서 이러한 캠페인은 보상, 교환, 그리고 공정성의 수사학에 의해 형성된다. 따라서 그들은 지정학적, 냉전적 수사학과 자유주의적, 시장 수사학을 결합한다. 그러나 이 중에서 첫 번째는 중화민국과의 관련성이 낮아져서 정치적 도구로서 효율성이 떨어지고 있다. 1950년대의 영웅들이 무대에서 사라지기도 전에, 지역의 기억에서 그것의 중요성이 점차 줄어들지 않을까 하는 의구심이 들 수도 있다.

결론

지난 50년간 진먼 역사의 중심 요소는 정치적 상징으로서의 구성이었다.[42] 역사를 더 잘 이해하기 위해서는 그 상징성이 어떻게 생겨났는지 뿐만 아니라, 주민들 스스로 어떻게 해석했는지를 살펴보아야 한다. 우리가 보았듯이, 중화민국 정권과 그 대리인들은 본토로부터의 임박한 위협에 대한 지속적인 감각을 생성하는 데 완전히 성공한 적이 없었다. 오히려 진먼 주민들의 삶에서 가장 큰

---

42 철저한 분석은 또한 전지정무 기간과 그 이후에 기념관과 박물관에 의해 전달되고 있는 것들처럼, 진먼의 과거에 대한 공식적인 재현에 대한 고려를 포함할 것이다. 장보웨이는 그의 연구에서 이런 분석을 수행하고 있다. "Shei de zhanzheng lishi?"

도전은 중화민국 자체가 부과하는 제도의 제약 안에서 적응하고 전략을 세우는 것이었다. 진먼인들이 국가가 창조한 이미지를 그 국가와의 대화에 배치하여 사용하기 시작한 것은 군사적 위협이 물러난 이후부터였다. 이는 전지구적 이슈가 현지의 맥락에 뿌리내리고 있다는 것을 진먼의 역사가 보여주는 또 다른 방법이다. 이러한 전지구적 이슈를 둘러싼 담론은 그 자체로 정치적 자원이 될 수 있다. 지역 주민과 그들의 활동가 대표들에 의한 이러한 수사학의 배치는 그다지 성공적이지 못했다. 진먼의 어느 누구도 타이베이 정부가 미해결 문제를 처리한 방식에 만족하는 것 같지 않다. 이는 섬 주민들이 함께 살아가야 할 미래에 대한 일반적인 불확실성의 일부이다. 현재에 대한 그들의 양면성이 재현되는 방식들 중 하나는, 정치적 불안정과 군사적 위협이 역설적으로 경제적·사회적 안정을 제공했던, 과거에 대한 향수를 통해서이다. 계엄령 하의 진먼에 관한 전체 이야기는 이러한 다양한 기억 양식들에 대한 분석을 포함한다.

제14장 결론: 배가된 주변성

1949년 군인들이 처음으로 민간인들의 집을 임시 숙소로 사용했을 때, 장교들은 군사주의 이념을 병사들과 민간인들에게 심어주기 위해 마을의 벽에 슬로건을 그렸다. 나중에 지도원들은 더욱 영구적인 매체를 개발하여 집과 사원의 벽에 콘크리트로 새김무늬를 쌓아 올리게 했다. 섬에 건설된 환경에 새겨진 문구들을 통해 진먼 군사화의 연대표를 추적할 수 있을 것이다. "마오와 주더 배반자들을 전멸시키자"(1949); "본토에 있는 우리의 동포들을 해방시키자"(1950년대); "군인들과 민간인들이여 단결하자"(1956); "진먼에서의 우리의 시간을 결코 잊지 말라(無忘在莒)"; "삼민주의를 시행하고 본토를 수복하자"(1984) 등등(그림 14.1).[1] 대신에 나는 이 책에서 다른 종류의 역사적 자원들, 특히 지역 사람들의 구술사에 의존해 왔다. 다른 시대와 장소의 사람들과 마찬가지로, 오늘날 진먼의 사람들에게 미래에 대한 불안은 과거에 대한 강한 관심을 불러일으켰다. 그들의 기억은 지난 반세기 간의 강력한 세계적인 힘과 지역사회 간의 상호작용을 공식적 기록들을 넘어 탐구할 수 있도록 도와준다.

---

1   이 슬로건과 다른 슬로건들에 대한 사진이 수집되어 있다. Lin Baobei, *Qiangshang fenghuo*.

그림 14.1 "군인과 민간인은 함께 일하고, 공산주의와 싸우고 소련에 반대하자(軍民合作 反共抗俄)"(사진 촬영: 장보웨이)

이 책의 주요 목표는 내가 지정학화(geopoliticization)라고 이름 붙였던 현상, 즉 세계적 혹은 지역적(regional) 갈등과의 변화하는 연결성에 의해 진먼의 사회적 삶이 어떤 영향을 받았는지를 보여주는 것이다. 정책들 자체와 정책이 끼친 사회적 영향을 모두 이해하기 위해서는 전지정무(WZA) 정책들의 배후에 존재하던 지정학적 맥락을 재구성하는 것이 중요하다. 지정학화와 군사화 사이의 상호 작용은 1949년 이후 섬의 역사에서 가장 중요한 관계였다. 이 관계의 경로는 복잡했다. 책의 제1부에서 다룬 논점들을 요약하자면, 초기의 군사화는 구닝터우 전투의 예측하지 못한 결과와 그 상징적인 승리를 지키기 위해 촉발된 임시방편이었다. 사태가 안정되자, 임시방편은 더욱 공식적인 것으로 대체되었다. 1953년에는 민간 정부가 회복되었는데 이는 진먼이 자유의 보루라는 주장을 강화하기 위한 것이었다. 중화민국과 미국의 관계, 특히 섬의 수비를 위해 미국의 지원을 얻고자 하는 장제스의 노력은 주둔군의 큰 증가를 가져왔고, 주둔군의 숫자는 곧 민간인보다도 많아지게 되었다. 장제스는 섬의 함락이 사기에 치명타가 되고 중화민국의 생존 자체에 위협이 될 만큼, 계획적으로 진먼에 많은 수의 병력을 투자했다. 이것은 진먼의 방어가 단순히 양안관계의 문제가 아니라 냉전의 문제로 남아 있도록 보장하기 위한 장제스의 방법이었다. 그의 결정은 군사화에 대한 추가적인 정밀화와 제도화를 촉발했고, 진먼현 정부는 점점 더 정교해지고 실험적인 전지정무 체제를 통해 군대에 강력하게 종속되었다. 따라서 이미 1950년대 중반에는 진먼의 군사화는 좁은 의미의 군사적 우려와는 점점 더 연관이 없어졌고, 보다 큰 냉전의 정치투쟁과 연관이 있게 되었다. 이러한 변화는 지역 사람들에게 거대한 사회적 결과를 가져왔다.

만약 1958년 위기가 실제로 대약진운동을 지원하기 위해 대중을 동원하고 군사화하기 위한 목적에서 중화인민공화국에 대한 위협감을 강화하기 위한 마오의 바람과 연결된 것이었다면, 하나의 결과는 반대편의 적이 동일한 대응을 했다는 것이었다. 중화민국 정부는 차례로 적으로부터의 위협을 강조함으로써 진먼에서 새로운 차원의 동원과 군사화를 이끌었다. 이 시점에서 중국 본토에서의 국내 군사화와 진먼의 군사화는 사실상 보조를 같이 했고, 이 두 개의 톱니바퀴는 마오쩌둥의 외교 정책이라는 세 번째 톱니바퀴에 의해 연결되었다.

2년 후, 그 관계는 역전되었다. 1960년에 진먼을 '삼민주의 모범현'으로 만들자는 요청도 또한 본토의 발전에 대한 반응이었다. 그러나 초창기에 본토의 변화가 진먼과 본토 사회를 더욱 비슷해지도록 하는 결과를 낳았다면, 1960년의 정책들은 두 사회의 차이점을 부각하기 위한 목적을 지니고 있었다. 본토의 경제 위기가 중화민국의 선전 기회임을 인식하면서, 진먼에 대한 정책의 초점은 민간의 사회경제적 발전, 혹은 내가 군사화된 발전(militarized development)이라고 부른 것으로 옮겨갔다. 이러한 새로운 정책은 군사화의 종결을 의미하지 않았는데, 이것들이 궁극적으로는 군사적이고 지정학적인 고려에 따라 진행되었고, 새로운 형태의 권위주의 통제와 노동력 착취로 이어졌기 때문이다. 이것은 억압된 문민정치의 복귀가 아니라, 오히려 군사화 궤적에서의 변화였다.

1960년대 후반 진먼의 군사화는 전투촌 시스템과 더불어 새로운 단계로 진입하는데, 그 내용은 냉전과 내전이 뒤얽힌 또 다른 맥락의 공산주의 반란, 베트남에서 영감을 받은 것이었다. 본토의 문화대혁명이 아마도 이 초기 단계에서 중요한 역할을 했을지 모르지만, 10년 전과 달리 진먼에서 유사한 반응을 이끌어낸 것은 주로 본토에서 고조된 군사화가 아니었다. 그와 반대로, 1960년대 후반 진먼에 대한 사실상의 군사적 위협은 줄어들기 시작했다. 향후 10년 동안 전투촌 시스템을 유지한 근본적 이유는 중화인민공화국에 의한 위협을 강조함으로써 중화민국에 대한 국제적 지원을 강화하고자 하는 욕망이었다. 이것은 양안 갈등을, 실제로는 더 이상 존재하지 않는 양극화된 냉전의 관점에서 표현하려는 것이었다. 그러나 이러한 국제적인 선전은 효과적이지 않은 것으로 드러났고, 타이완의 외교 및 국제적인 위상은 점점 악화되었다. 타이완의 중화민국 국가도 커져가는 내부적 도전에 직면했고, 진먼의 군사화는 임박한 중화인민공화국의 공격으로 주의를 돌림으로써 계속되는 권위주의를 정당화하기 위한 도구로 사용되었다. 진먼은 이제 심지어 본토 사회의 군사화가 축소될 때에도 더욱 군사화되었다. 군사화의 정도를 결정짓는 핵심 변수는 더 이상 본토에 존재하지 않았다. 이제 그것은 타이완에 있었다.

진먼의 군사화는 항상 더 큰 지정학적인 힘들과 깊이 연관되어 있었지만, 일관된 방식으로는 아니었다. 초창기에는 본토에 대한 국내 정책적 고려가 외교 정책의 결정을 틀지었고, 그것이 이제 진먼의 군사화 정책을 결정했다. 이후 단계에서는 관련된 단위들의 규모가 더 커지고 더 작아졌다. 그것은 세계적 관계, 중미 관계, 그리고 국내적, 타이완 내부적 정치였다. 비록 전체적인 추세로는 군사화가 어느 때보다도 강화되었지만, 군사화와 군사적 위협 간의 관계는 시간의 흐름에 따라 근본적으로 역전되었다. 표 14.1에 요약되어 있는 이러한 관계는 군사화가 점점 더 군사적 관심사보다는 정치적 관심사에 의해 추동됨에 따라, 초창기에는 직접적이었고 나중 단계에서는 역전되었다.

진먼의 군사화 궤적은 매우 독특하지만, 이는 동시에 더욱 폭넓은 현상을

표 14.1 진먼 군사화의 연대기

국면	시기	중요한 변화	지정학적 방아쇠
임시적 군사화	1949-1956	민간 노동력의 착취 기존 네트워크의 파괴 감시와 세뇌의 체제	구닝터우 전투
전지정무 (WZA)	1956-1960 (WZA는 1992년까지)	병영의 확대 기존 체제의 공식화 민간의 군정에의 종속 민간의 병참 지원	미국-중화민국 상호방위조약 타이완 결의안
삼민주의 모범현	1960-1968	발전 군사화 사회기반시설과 경제발전	대약진운동과 그 결과
전투촌/ 지하 진먼	1968-1979 (1국면)	전투원으로서의 민방자위대 마을 내 터널 공사 대규모 방위 프로젝트 새로운 이데올로기 교육	미중 화해 (또한 문화대혁명, 모델로서 베트남전쟁)
	1979-1992 (2국면)		중화민국 국내 정당성 위기
탈군사화	1992~	문민정부의 복구와 군사통치의 종식 샤먼과의 유대의 갱신 경제 위기	타이완에서의 정치개혁 본토에서의 지속적인 개혁

분명히 보여준다. 냉전 시기 모든 곳에서 국가와 지역 공동체의 역사는 국제적인 지정학이 지역적(regional), 국가적, 지방적 이슈와 상호작용한 산물이었다. 『국가처럼 보기(Seeing Like a State)』에서 제임스 스콧(James C. Scott)은 사회 변혁의 장대한 계획은 전형적으로 네 가지 요소의 조합에서 비롯된다고 주장한다. 사회와 국가의 행정적 질서, 국가 계획의 가능성에 대한 신념이라는 "하이 모더니즘 이데올로기", 권위주의 국가, 그리고 약한 시민 사회. 그리고 이 네 가

지 요소들의 결합은 보통 재앙으로 귀결된다.[2] 진먼에 대한 이 연구는 20세기의 후반기 동안은 국제적 갈등의 지방적 접합이라는 다섯 번째 요인도 존재할 수 있음을 제안한다. 국가의 정책들은 국내의 야망이나 이해관계뿐만 아니라 지정학적인 요인에 의해서도 형성될 수 있다. 미국-중화민국 관계는 진먼에서 추진된 발전의 특정한 판본을 만들었지만, 이 관계는 섬 주민들의 이해관계와 가장 미미한 연결만을 가지고 있었다. 진먼에 대한 국민당 계획은 오직 부분적으로만 스콧의 "인간의 조건을 향상시키는 것"에 관한 것이었다.[3] 이것은 또한 적들의 정책 변화에 대응하는 것, 적과의 차이를 강조하는 것, 그리고 초강대국인 동맹국으로부터 동정을 얻는 것에 관한 일이었다. 따라서 심지어 국가의 계획이 완전한 재앙으로 이어지지 않았을 때에도, 그들의 성공이나 실패는 사회공학의 실제 목표만큼이나 지정학적인 이해관계에 의존해 있었다. 때로는 외부 맥락이 변하고 계획이 더 이상 의도했던 목적을 이루지 못하게 되어 계획이 실패하기도 한다. 진먼의 주민들이 분명히 1949년에 비해 오늘날 더 높은 생활수준을 누리고 있지만, 샤먼의 고층 건물들은 중화민국 체제의 우월성을 증명하는 하나의 방식으로서 군사화된 유토피아 모더니즘의 궁극적인 성공에 의문을 표시하고 있다.

지정학적 발전과 지방의 군사화 사이의 복잡한 상호관계는 진먼 이야기의 일부에 불과하다. 그 기간 내내 진먼은 비상사태에 머물러 있었고, 이것이 내가 '군사화된 유토피아 모더니즘(militarized utopian modernism)'이라고 부르는 야심차고 자의식적인 근대화 의제를 실행할 수 있게 했다. 중화민국의 나머지 지역뿐만 아니라 세계의 다른 많은 곳과도 폭넓게 공유되었던 이 의제는 어떻게 국가와 그 대리행위자(agent)들이 개인적이고 사회적인 삶에, 심지어는

---

2   Scott, *Seeing Like a State*, 4-5.
3   민족국가 형성이 제국주의의 위협 속에서 발생할 때 독특한 경로를 따른다는 것은 흔한 관찰이다. 비상사태의 위협 하에서 독특한 국가형성은 아마도 이 현상의 현대적 아바타일 것이다.

육체적인 삶에 대한 주권을 확보했는지에 있어서 결정적인 역할을 수행했다. 이 의제의 내용은 그 저자들의 무의식적인 가정들뿐만 아니라 지역적 맥락의 특이성에 의해서도 조정되었다. 국가와 지역의 관료들은 건강, 후진성, 훈육 등의 의미를 자기 나름대로 이해해서 '근대성'의 구성으로 이끌었고, 특정 문제에 집중하면서도 나머지에는 소홀했다. 피츠제럴드(John Fitzgerald), 해리슨(Henrietta Harrison) 등에 의해 확인된 중국인의 각성 혹은 중국의 근대성에 관한 많은 중요한 담론들, 예컨대 위생, 동원, 시민적 의례, 교육 등에 관한 담론들은 군사화에 의해 재주조되었다.[4] 예를 들어, 이 모든 담론들은 진면에서 도구화되었다. 과거에 근대화의 목표였던 것들은 이제 군사 태세의 확보, 적의 침입 방지, 국내 통합 촉진, 국제적 지원 등을 통해 국가 안보를 추구하기 위한 도구가 되었다. 지방과 국가 관료들의 생각 또한 그들이 중국적 전통요소라고 이해한 것들에 의해 형성되었다. 가족의 중심성, 상호 책임, 개인 윤리에의 호소 등에 대한 그들의 관념은 푸코적인 의미에서 근대적인 자기규율(modern self-discipline)과는 상당히 다르다.[5] 군사화의 모세혈관이 지역사회까지 확장됨에 따라, 냉전과 지정학은 일상생활의 폭넓은 영역에까지 내재하게 되었다. 군사화는 성에 대한 생각과 경험을 바꾸었지만 유전된 가정들을 소멸시키지 않았다. 새로운 종교 형태가 나타나면서 국가의 감시와 조종의 대상이 되었고, 국가와 사회 간의 새로운 상호교류의 장을 만들어 냈다. 세계적인 경제 담론들은 특정한 조건에 맞게 재조정되었고, 지역 사람들은 그러한 조건들이 만든 인센티브에 그들 자신의 결정으로 응답했다. 냉전은 가장 비정치적으로 보이는 삶 구성에도 영향을 미칠 수 있었다.

---

4   John Fitzgerald, *Awakening China: Politics, Culture and Class in the Nationalist Revolution*; Henrietta Harrison, *The Making of the Republican Citizen: Political Ceremonies and Symbols in China, 1911-1929*.

5   달리 말해서, 군사화 체제는 규율 기구를 지원하기 위해 고대적인 형태의 생산적 또는 생성적 권력을 불러일으키려 한다.

서론에서 나는 지정학화라는 용어의 세 가지 의미를 논의했다. 영향, 상징, 일상생활. 기억에 관한 마지막 장은 네 번째 의미를 제시한다. 구술사 증언과 서술에서 진먼 사람들은 지정학화가 그들 정체성의 일부가 되었음을 보여준다. 지정학화는 부분적으로 개인이 지정학적 문제들에 있어서 개인과 공동체의 역할로부터 자기 삶의 의미를 획득하는 주체성의 유형을 설명해 준다. 지정학화에 대한 이러한 감각을 세계화에 대한 최근의 논의들과 비교해 볼 수도 있다. 주체성과 관련하여 사용될 때, 세계화는 종종 사람들이 세계경제에 참여함으로써 삶의 의미가 불안정해지고 심지어 가치가 박탈되는 방식을 의미한다. 지정학화는 국내적 및 국제적 무대의 사건들이 지속적으로 진먼 사람들의 삶에 영향을 끼쳤음을 의미한다. 거대한 정치적 과정 속에서 진먼 사람들을 '앞잡이(pawn)'로 보지 않는 것이 어려운 일일 수 있지만, 이것이 그들 자신이 이 시기를 기억하는 방식은 아니다. 모든 중요한 순간마다 그들은 자신들을 사건의 가장 중요한 부분으로 놓는 대항-기억을 가지고 있다. 그들의 재치와 결단력은 그들을 이용하려는 친구와 적 모두를 약화시킨다. 이러한 대항-기억을 저항의 한 형태로 보는 것이 아주 잘못된 것은 아니다. 체제의 많은 부분에 대해 묵인하는 것 역시 그 체제에 대한 책임을 지역민의 어깨에 전가하는 것을 받아들이는 것으로 여겨서는 안된다. 오히려 파르쿠하(Judith Farquhar)와 장(Zhang Qicheng)이 서술했듯이, 우리는 사람들이 사회의 권력 배분을 "모호하게" 인지하고, 정치적이면서도 비적대적인 방식으로 동시에 대응할 수 있다는 점을 인식해야 한다.[6] 군사화 체제 내에서 진먼 주민들은 단순한 '앞잡이'가 아니라 다양한 영역에서 자신의 행위성을 발휘했다. 저울추가 한쪽으로 강하게 기울었지만, 다른 국가 체제와 마찬가지로 군사화 역시 수용과 협상의 과정이었다. 진먼 사람들이 전지구적 냉전에서 일종의 정치적 자본이 되었다는 치장휘의 통

---

6   Judith Farquhar and Qicheng Zhang, "Biopolitical Beijing: Pleasure, Sovereignty, and Self-Cultivation in China's Capital," 310.

찰을 바탕으로, 우리는 섬을 다양하게 정치적으로 이용하는 것이 일종의 탈영토화(deterritorialization), 최대의 정치적 가치를 얻기 위해 진먼을 공리화(axiomatize) 하는 것이라고 생각할 수 있다. 주민들의 관료주의 체제와의 협상은 지역사회를 재영토화(reterritorialize)하고 재부호화(recoding) 함으로써 문화적 및 사회적 형태를 회복하고 재배치하려는 노력이었다.[7]

장기적으로, 세계 정치에서 그들의 중요성이 계속해서 환기됨에 따라 진먼 사람들 사이에서 이 중요성을 수용하고 예찬하는 독특한 기억 양식이 만들어졌는데, 내가 영웅적 행위성의 담론이라고 부른 것이다. 이것은 지역 사람들의 무력함과 희생을 기억하는 고통 담론과 공존한다. 오늘날 과거를 비판하기 위해서 그리고 현재를 비판하기 위해서 두 가지 기억 양식을 같은 사람들이 이용하고 있다. 그들의 기억은 섬의 민주화 이행 과정을 만들었고, 계속해서 오늘날의 삶을 만들어 낸다. 과거부터 국가가 주도했던 수사를 전용하고 현재 정치투쟁에서 그것을 배치하는 과정은, 국가 변혁의 도식들에 관한 스콧의 발견에 대해 진먼의 사례가 공헌할 수 있는 또 다른 길을 제기한다. 그의 폭넓은 논의를 살펴보면, 그는 잘 의도된 계획이 엉망이 되어버린 비극적 재난들에 초점을 맞추고 있다. 그러나 진먼의 사례는 더 광범위한 현상의 일부가 될 수 있는 또 다른 예상치 못한 결과들을 드러낸다. 현대 진먼 사회에서 이루어지는 기억의 이용은, 그런 기획에의 [과거] 참여가 어떻게 현지 행위자들이 국가와 협상하는데 이용하는 [현재] 정치적 자원이 될 수 있는지를 보여준다. 따라서 국가 변혁적 기획의 정책을 고수한다는 주장은, 기획 자체가 폐기된 지 오랜 후에도, 그것을 고수하지 않았던 바로 그 사람들에 의해 정치투쟁들 속으로 배치될 수 있다. 이러한 주장들의 효력은 지역 행위자들의 행위뿐만 아니라 이런 기획들

---

7   Chi Chang-hui, "Politics of Deification," 73. 탈영토화와 재영토화 개념은 들뢰즈(Gilles Deleuze)와 가타리(Felix Guattari)에게서 따온 것인데, 이 주장은 그들의 용법을 상당히 확장한 것이다. *Anti-Oedipus*, 34-5.

이 현대 국가의 이미지에 어떻게 부합하는가에 의해서도 결정될 것이다. 그래서 군사화된 유토피아적 모더니즘의 장기적인 유산은 실로 다양하다.

세계 속의 진먼

역사에서 군사화에 관한 대부분의 연구는 전쟁의 발발로 귀결되는 목적론에 의해 형성된다. 이러한 이야기의 목적은 전형적으로 어떻게 군사화, 군국주의, 전쟁이 연관되어 있는지를 설명하는 것이다. 그러면 중심적인 질문은 군사화의 원인, 혹은 사회에서 전쟁을 막는 데 실패하게 한 것이 무엇인지 밝히는 것이 된다.[8] 그러나 군사화가 군사적 위협과 필연적인 관련이 없는 것처럼, 정치와 외교 문제에서 군사력에 의존하는 것도 군사주의와 아무 연관이 없을 수 있다. 진먼에서도 물론 군사화는 전쟁으로 이어지지 않았는데, 이것은 군사화 현상을 다른 시각에서, 즉 그것이 어떻게 전쟁으로 이어졌는지가 아니라 문화와 사회를 어떻게 형성하고 왜곡했는지 조사하는 것을 가능하게 해 준다.

내게 여러 번 인터뷰를 허락했던 고위 지방 관료는 내 연구가 진먼 사람들을 유쾌한 시각(comical light)에서 보여주지 않는다고 항상 우려했다. "오늘날 진먼의 많은 것들은 매우 우스꽝스러워 보여요." 그는 내게 여러 번 말했다. "당신은 진먼을 보고 비웃으면 안 됩니다."[9] 그는 주로 이 시기 진먼의 삶이 본토의 상황과 어떻게 닮았는지를 관찰한 직후에 이런 발언을 했다. 그의 걱정은 이러한 유사성이 캐리커처에 도움이 된다는 것이었다. 이러한 발언은 아마 마이클 헤르츠펠트(Michael Herzfeld)가 말한 문화적 친밀성(cultural intimacy), 즉 "외부적인 당혹감의 원천으로 여겨지지만 내부자들에게는 공통의 사회성을 보장

---

8 고전적인 예시는 Richard Smethurst, *A Social Basis for Japanese Militarism: The Army and the Rural Community*. 더 드물게, 질문이 바뀌어 사회의 무엇이 전쟁을 방지하는데 성공하느냐의 문제가 된다. 예컨대, Friedberg, *Garrison State*.

9 Li Jinliang 인터뷰.

해 주는 그런 문화적 정체성의 측면들에 대한 인식"의 현지의 표현일 것이다.[10] 그 관료는 또한 모든 지방사학자들이 반드시 생각해야 할 대표성(representativeness)과 특수성(particularism)의 문제를 그만의 방법으로 분명히 표현했다. 내가 진먼에서 추적했던 변화들은 20세기 군사화된 국가의 변화를 축소판의 형태로 또 때로는 과장된 형태로 보여준다. 군사화는 지역 지리의 변화를 가져 왔다. 어떤 장소는 인구가 줄어들었고 다른 곳은 늘어났다. 이는 초지역적 지리에도 변화를 가져왔다. 몇몇 오래된 네트워크는 파괴되었고 새로운 것들이 생겨났다. 이 새로운 네트워크들은 동등한 것들이 아니었다. 고도로 군사화된 많은 공동체들과 마찬가지로, 타이완과 진먼의 관계는 대도시와 식민지를 특징 짓는 의존 관계와 유사점을 공유한다. 부대에 납품하는 소기업가 계층 및 관료제의 부상과 더불어 정치경제에서도 변동이 있었다. 사회 내의 몇몇 집단은 이러한 변화를 통해 이득을 보았고 다른 집단들은 손해를 보았다. 하지만 모든 집단들의 지위는 군사적 위협과의 관계에 의해 평가받았다. 군사화가 이 시기 진먼 역사의 모든 부분을 설명하는 것은 아니지만, 군사화의 영향을 받지 않은 분야는 거의 없었다. 이러한 현상은 진먼만의 전유물이 아니다.

이 기간 내내 전지구적 요인들의 중요성 때문에, 나는 냉전이란 구절을 구닝터우 전투에서부터 1990년대 초반의 비군사화까지 전체적인 맥락을 설명하기 위해 사용했다. 당연하게도 중국 혁명에서 시작되어 여전히 지속되고 있는 중화민국과 중화인민공화국 간의 갈등은 진먼의 역사에서 매우 중요한 요소였다. 그러나 특히 미국으로 대표되는 초강대국의 이해관계와 개입이 그 갈등의 틀을 깊게 형성했다. 진먼의 독특한 지위는 처음부터 1950년 중국 내전의 국제화에서 비롯되었다. 이 최초의 지정학화는 다음 40년 동안의 광범위한 맥락을 형성했다. 1958년 진먼을 취하지 않겠다는 마오쩌둥의 결정은 미국-중화민국 동맹의 세부사항에 의해 결정되었다. 미국이 타이완의 안전을 보장하는 한, 진

---

10   Michael Herzfeld, *Cultural Intimacy: Social Poetics in the Nation-State*, 3.

먼을 확보하는 것은 타이완과 본토와의 분리를 촉진함으로써 통일이라는 궁극적 목표에 불리하게 작용할 것이었다. 격일 포격은 마오쩌둥의 이러한 현실 인식에서 비롯되었다. 심지어 1958년 이후 수십 년 동안, 중화민국의 진먼에 대한 정책은 대미 관계에 의해 계속 형성되었다.[11] 경제적·정치적 변동의 미국식 모델들이 계속해서 중화민국의 정치적 선택들에 영향을 미쳤다. 더욱 중요한 사실은 진먼을 반공 투쟁의 상징으로 만든 것은 부분적으로 미국을 겨냥한 정책이었다는 점이다. 냉전이라는 단어를 사용하는 두 번째 이유는 이것이 비교를 장려하기 때문이다. 물론 비교에는 한계가 존재한다. 진먼에는 독특하고, 심지어 진먼에만 특유한 것들이 많다. 양안 관계는 단순히 미-소 대립의 국지적 버전이 아니었다. 더욱 근본적인 차원에서는 아무리 우리가 냉전 시기의 사회사와 문화사에 대한 세계적인 비교를 추구한다고 하더라도, 단 하나가 아닌 다수의 냉전이 존재한다는 사실을 인정해야 한다. 냉전이 실제로 차갑게(cold) 남아 있지 않던 장소들에서 차이가 가장 두드러진다. 더 넓게 보자면, 유럽과 과거 유럽의 식민지였던 국가들 사이에서 냉전에 대한 현저한 차이가 존재한다. 이 시기에 대해 최근에 발전하고 있는 학계의 흐름은 탈식민화를 냉전적 갈등의 견지에서 해석하는 것이, 에드워드 사이드(Edward W. Said)가 영민하게 다루었던 것처럼, 비서방민족들에 대한 오리엔달리즘적 침묵하기(silencing)의 새로운 화신이라는 점을 지적하고 있다.[12] 라틴 아메리카와 달리, 진먼의 지정학화는 견고한 특권 세력과 사회 혁명 세력 간의 갈등으로 표현되지 않았다. 대부분의 동남아시아 국가들과 달리, 진먼의 지정학화는 탈식민화 투쟁과 거의 연결되지 않았다. 다른 한편으로, 타이완 해협 갈등이 순수하게 국내 문제일 뿐이

---

11   Westad, *The Global Cold ITTzr*, 30 ff.

12   Jeremi Suri, "The Cold War, Decolonization, and Global Social Awakenings: Historical Intersections," 3 54; Matthew Connelly, "Taking Off the Cold War Lens: Visions of North-South Conflict during the Algerian War of Independence," 739- 69; Edward Said, *Orientalism*.

라고 주장하는 것이 오랫동안 유지되어 온 그리고 정치적으로 동기 부여된 전술이었으며 또한 중국과 타이완을 그들이 뿌리내리고 있던 글로벌 네트워크와 과정들로부터 불필요하게 분리시키는 자기-지시적이며 스스로 오리엔탈화하는 운동이었다. 진먼의 역사를 단순히 군사적 대립의 주기적 발발이나 국공내전의 끝나지 않은 과업 정도로 파악하는 것에서 벗어남으로써, 우리는 진먼의 역사를 정치적·군사적·이데올로기적 교착상태(standoff) 이상의 것으로서, 서로 다른 지역들에 걸쳐 유사할 수 있는 광범위한 사회적 과정들과 결부된 것으로 바라볼 수 있다.

우리는 진먼에 관해서 무엇보다도 타이완 중화민국과의 관계에서 생각하게 될 것이다. 브루스 커밍스(Bruce Cumings)는 타이완을 예시로 들면서 국가 형성의 독특한 지역적 양식을 규명했는데, 그것을 관료적 권위주의 산업화 체제(BAIR: Bureaucratic-Authoritarian-Industrializing Regime)라고 불렀다. 이 체제는 국가의 상대적 자율성, 높은 수준에서 중앙의 조정 및 관료적 계획, 산업 부문들을 넘나들 수 있는 높은 수준의 유연성, 정치에서 노동 계급의 배제, 사회 복지에 대한 낮은 국가 지출, 권위주의적인 억압 등의 특징을 지니고 있다. 발전국가(developmental state)에 대한 문헌을 넘어서, 커밍스는 이 체제의 형성을 국가적인 차원뿐만 아니라 미국 헤게모니와 연관된 지역적(regional) 맥락에서 봐야 한다는 것을 보여준다.[13] 커밍스는 정치경제의 문제들에 초점을 맞추고 있지만, 진먼에 관한 연구는 관료적 권위주의 산업화 체제의 많은 사회적 시사점들 중 몇 가지를 잘 표현하고 있다. 더 나아가 커밍스는 외부의 헤게모니적 힘(미국)과 국내 사회와의 상호작용이 서로 다른 국가들에서 상이한 정치적 결과를 야기했다는 점을 지적하고 있는데, 진먼의 역사는 한 국가 내에서도 체제

---

13 Bruce Cumings, "The Origins and Development of the Northeast Asian Political Economy: Industrial Sectors, Product Cycles, and Political Consequences," 1-40. 타이완의 발전국가에 대해서는 다음을 보라. Gold, *State and Society in the Taiwan Miracle*.

의 구성과 결과들이 매우 다를 수 있음을 보여준다. 메레디스 우 커밍스(Meredith Woo-Cumings)가 보여주었듯이, 중화민국 국가는 안보 위협을 강조함으로써 전체 인구의 에너지를 발전 전략에 바치도록 동력화할 수 있었다. 우 커밍스는 중화민국 국가의 "천재성은 공격과 불안정에 대한 공포를 특출한 발전의 에너지로 동력화했다는데 있다"고 적고 있다.[14] 이러한 주장에 따르면, 특히 군사적 중요도가 줄어든 이후 진먼의 주요한 의의는 타이완 인구의 불안을 집중시킴으로써 발전국가에의 복무를 더욱 순조롭게 하는데 있었다. 우리가 진먼에 대해 보았던 많은 것들이 타이완에도 그대로 적용된다. 두 사회 모두 민간 인구를 반공주의 정치체로 구성하기 위해 교묘한 노력을 기울였는데, 이것은 억압적일 뿐만 아니라 생산적인 권력을 수반하는 과정이었다. 그밖에 고령의 남성 군인들의 정착과 치료와 같은 일상적인 이슈들도 두 곳 모두 공통적이었다. 하지만 시간이 지날수록 타이완에서 정치적·사회적 삶이 더욱 개방됨에 따라 두 사회는 분화되었다. 진먼은 표면적으로는 지정학적 대립에 의해 필요해진 극단적 정치의 지역화된 형태, 즉 예외상태(state of exception) 내부의 진정한 예외상태가 되었다. 따라서 중화민국의 진먼 건설은 위협에 의한 군사화를 집중하거나 국지화하려는 시도였으며, 더 좋은 것은 경제발전에 지장을 주지 않으면서 대중들의 마음 속에 그것을 각인할 수 있었다는 점이다. 진먼은 또한 집중된 자원이 권위주의적 지도자들의 개인적 기획들의 재활용 혹은 부활을 위해 활용될 수 있으며 그럼으로써 그 기획들의 과거의 실패를 역전시킬 수 있는 지역화된 장소를 제공했다.

진먼은 또한 타이완 해협 양쪽에 있는 두 체제의 역사에서 유사점과 차이점을 탐구할 수 있는 유용한 사례이다. 우리는 호적등록제도, 해충 박멸을 위한 대중 캠페인, 선전의 방식, 이러한 정책들의 결과 등 진먼과 중화인민공화국

---

14 Meredith Woo-Cumings, "National Security and the Rise of the Developmental State in South Korea and Taiwan," 336.

에 도입된 수 많은 정책들 사이에 엄청난 유사성이 있음을 발견할 수 있다. 예를 들어 위생을 증진시킨다거나 경계 너머로의 정보 흐름을 통제하는 것과 같은 비슷한 강박이 양측의 관료들을 규율했다. 두 체제는 또한 물질적 인센티브와 이데올로기적인 권유를 혼합하는 대중동원운동을 전개함으로써 그들이 파악한 문제들을 다루는데 공통된 접근법을 공유했다. 중화인민공화국과 진먼 당국은 모두 후진적이고 비근대적인 것으로 보이는 관행이 지속되는 문제들을 자주 파악해 냈는데, 면밀하게 분석해 보면 바로 그 당국들의 창조물이라는 점이 드러난다. 그들은 자신들이 개입할 목표물들을 스스로 만들어 냈다.

유사점 중 일부는 중국의 정치 문화적 유산의 공동 상속에서 비롯된 것으로 보인다. 두 체제 모두 정책의 문제들을 대중들의 실패 탓으로 돌렸고, 따라서 도덕의 교육과 전환이 성공적인 성취를 위해 필수적이라고 보았다. 진먼과 본토의 여러 정책에서 대중들을 교육하고 변화시켜야(教化) 한다는 유교적 명령의 잔재가 없는 것을 찾아보기 힘들 정도이다. 문제에 대한 솔루션은 국가의 개입 영역에서 먼저 추구되었다. 이러한 근본적인 국가주의(statism)는 우드사이드(Alexander Woodside)가 중국의 근대 초기 역사까지 거슬러 올라갔던 통치에 대한 접근법을 의미하는데, 이것은 정치적 문제를 기술적 이슈로 전환하는 경향, 즉 정치적 문제의 해결이 적절한 정책 솔루션을 찾는데 있다고 가정하는 경향을 말한다.[15] 정치적 문제들을 기술적 이슈로 전환함에 따라, 두 체제 모두 종종 행정적 목표가 정책의 수단보다 정책의 목적이 되도록 했다. 자신들을 인구의 동원과 사회 변혁의 전위대로 보았던, 소련의 영향을 받은 레닌주의 정당으로서, 양당[국민당과 중국공산당]의 공통적인 기원도 유사성을 설명하는데 도움이 된다.

그러나 두 체제 사이의 유사성을 설명하는 것은 그들이 공유하는 과거

---

15 Alexander Woodside, *Lost Modernities: China, Vietnam, Korea, and the Hazards of WVrld History*, chs. 3-4.

만이 아니다. 동베를린과 서베를린의 친족에 관한 연구에서 존 보니만(John Borneman)은 두 사회가 고립되어 설명될 수 없고 서로와의 관계에서만 설명될 수 있다고 주장한다.[16] 두 독일과 같이 중화민국과 중화인민공화국 역시 적을 자신의 반대자로 상상했을 뿐만 아니라 적과의 비교를 통해 자신의 정체성을 적극적으로 구성했다. 이러한 "거울화(mirroring)" 과정은 두 가지 매우 다른 형태를 띨 수 있다. 이 책에서 논의된 많은 변화들은 진먼을 본토의 "거울 상대(mirror opposite)"로 구성하려는 노력의 결과물이다. 중화민국 정부 당국에 의해 중국의 문화적 전통으로 인식된 것을 의식적이고 선택적으로 전용하는 과정은, 중화민국이 자신을 중화인민공화국으로부터 구분하기 위한 하나의 방법이었다. 차이는 정당성의 도구로 사용되었다. 그러나 진먼이 본토 상황의 "거울 이미지"로 구성되었던 또 다른 예시가 있는데, 때때로 이것들은 의도적이었다. 선전 방식에서의 유사성은 적이 어떠한 이득도 챙기지 못하도록 보장하기 위한 의도적인 노력이었다. 전투촌 시스템은 또 다른 냉전 하의 적국으로부터 도입되었는데, 매우 효과적으로 보였기 때문이다. 해충 퇴치 캠페인과 같은 다른 유사점들도 있었는데, 부지불식간에 이루어진 아이러니한 일이었다.

마오쩌둥 시기의 끔찍한 결과들을 경시하지 않으면서도 해협 너머의 정책에 대한 보기 드문 유사성과 대응에 관심을 가짐으로써, 우리가 1949년 이후 중국의 정치 문화를 이해하는 데도 이러한 유사성은 일정한 함의를 지니게 된다. 이는 체제가 충성을 요구한 가장 중요한 이데올로기, 지도자의 특이성, 혹은 체제 내의 관료적인 정치 등의 정치행위 모델이 두 체제가 따랐던 궤적들 모두를 완전히 이해하기에는 부적절하다는 것을 보여준다. 여기에는 과거로부터의 공유된 상속, 레닌주의적인 근대화 혁명 집단으로서의 공통의 기원, 동원과 근대화에 대한 공통의 비전, 상호 적대감에 기반을 둔 자기 인식 과정 등이 추가되어야 한다. 비상사태에서의 군사화는 타이완 해협 양쪽에서 다수의 유

---

16 Borneman, *Belonging*, 17.

사점을 공유하는 정책 수립과 실행의 유형들을 만들었다.

진먼에 대한 또 다른 유용한 비교는 고도로 군사화된 다른 사회들과의 비교이다. 전 세계적인 냉전 시기의 거대한 군사기지와 새로운 전선의 형성은 포트 브래그(Fort Bragg) 외곽, 노스캐롤라이나주의 파예트빌(Fayetteville)에서부터 필리핀의 수빅만(Subic Bay)에 이르기까지 전 세계의 공동체들에 유사한 결과를 가져왔다. 환경 파괴와 지역 경제의 혼란, 성매매의 증가, 직업 경로에서 군대의 중요성 증가 등 이 모든 것들은 많은 지역사회에서 유사하게 나타났다. 문승숙의 주장처럼, 군사화의 영향은 예상치 못했던 곳, 예컨대 시민권의 젠더화에서도 발견된다.[17] 유사점들은 이 사회들의 정치적 이용 및 현대적 유산들에까지 확장된다. 예를 들어, 오키나와는 진먼과 마찬가지로 군사화의 집중을 위한 지역화된 장소로 사용되었고, 그럼으로써 오키나와가 속했던 더 큰 사회에서 군사화를 감소시킬 수 있었다. 지역의 정체성과 국가 정체성의 관계에 대한 문제는 양쪽 당국들의 핵심적인 관심사였다(오키나와에서 이 문제는 19세기로까지 거슬러 올라간다). 후-군사화(post militarization) 시기에 대한 비교는 훨씬 더 적절해 보인다. 오늘날의 오키나와 상황에 대한 개번 맥코맥(Gavan McCormack)의 묘사는 주변화(marginality)의 문제와 이에 대한 지역 관료들의 순진한 낙관주의 사이의 간극에 이르기까지, 진먼의 상황과 매우 유사하다. 오키나와는 진먼과 마찬가지로, 이제 "민족-국가 중심의 지역적이고 세계적인 질서에 초-주변적(hyper-peripheral)이며 초-의존적인 후진지역(backwater)으로 통합되든가 … 아니면 21세기의 새롭게 탈집중화된, 지속가능하고 자연과 균형을 맞춘 질서 창조의 기반이 되는 것 사이의 선택"에 직면해 있다.[18]

즉각적인 비교를 넘어, 나는 앞의 장들에서 냉전 시기의 군사화된 근대성

17　예컨대 다음을 보라. Lutz, *Homefront*; Cynthia Enloe, *Bananas, Beaches and Bases: Making Feminist Sense of International Politics*, ch. 3; Moon, *Militarized Modernity*, ch. 5-6.

18　Gavan McCormack, "Okinawan Dilemmas: Coral Islands or Concrete Islands?," 278.

의 정치(politics of Cold War militarized modernity)에 대한 윤곽을 드러내기 위해 노력했다. 이것은 국제적인 냉전, 국가 간의 갈등을 둘러싼 관심사와 이해관계 및 근대성을 향한 요구가 배치되고 이해되는 방식을 지역화된 맥락에서 보여주고, 그것이 현재 어떻게 기억되는지를 보여주려는 것이었다. 이것은 일반적인 의미에서의 근대성의 정치가 아니라, 시간과 장소에 따른 지정학적 세부사항들에 의해 직접적으로 형성되는 정치이다. 나는 이것을 '냉전 시기의 군사화된 근대성의 정치'라고 부른다. 이 정치의 핵심은 군사화, 즉 군사적 관심사들이 사회생활에 침투하는 것이었다. 전 지구적인 지정학적 이슈들과 연결된 국가안보 위협이라는 특정한 비상사태에 근거하여 사회의 군사화를 정당화하는 것은 20세기 나머지 50년 동안 아시아에서, 특히 3개(6개?)의 분단된 국가들 및 다른 권위주의 체제 하에서 매우 흔한 현상이었다. 군사화는 20세기 아시아의 많은 다른 국가들에서도 중요한 요인이었고 사실 몇몇 국가에서는 정치경제에 매우 핵심적이었다. 이 지역에서 군사화는 근대화가 이해되고 추구되는 방식을 주조했다. 이것이 진면을 냉전과 전지구적 근대성의 지역적(regional) 굴절이라는 포괄적인 현상의 한 예시로 봐야 하는 이유이다. 몇몇 국가에서 군사화를 지속시킨 것은 끝나지 않은 내전이었고, 다른 국가에서는 초강대국의 개입이었다. 그러나 그들의 이데올로기직인 지향과는 무관하게 군사화 현상의 결과들은 국가들 사이에 광범위하게 비교될 수 있다. 거기에는 사회의 지정학화와 근대화에 대한 특정한 접근방식의 추구가 포함된다. 추정되는 군사적 위협은 자원 제약이나 대중적 지원의 필요성과 상관없이 원하는 정책을 실행할 수 있는 넓은 범위의 자율성을 이 국가들의 정부에 제공했다. 경제발전, 교육, 위생과 같은 근대화 정책은 근대화의 목적, 즉 근대화가 만들어 냈어야 할 바람직한 결과에서 지정학적 생존을 추구하는 '수단'으로 전환되었다(이것이 아마도 이러한 궁극적인 목표들이 식민지 권력을 타도하는 도구적 수단이 되었던 아시아에서, 반식민주의와 반제국주의 저항이라는 친숙한 이슈들에 대한 후기-식민주의적 반향일 것이다). 이런 상황에서 민간인들의 불복종이나 도피는 단순한 저항 이상의 것이었고, 그것은 적과의 협력을 의미했다. 이러한 정책들은 오늘날까지 남아 있는 예상치 못했던 결과들을 낳았다. 이러한 유산 중 하나는 국가적 노력에 참여하거나 준수하는 것이 점차 관련자들에게 정치적 자원이 되는 방식이었다.

지정학화된 군사화의 이러한 복잡하고 종종 예상치 못한 결과는 아시아에만 국한되지 않았다. 나의 논의는 진면의 군사화 정도가 모든 부분에서 군사적 위협의 구체적인 내용과 전혀 비례하지 않는다는 전제에 의존하고 있다. 이것은 2차 세계 대전 이후의 세계에서 널리 퍼진 현상이었다. 냉전(cold war)이 차갑게(cold) 남아 있던 곳에서[즉, 갈등이 열전으로 비화하지 않고 문자 그대로 냉전이 지속되던 곳에서], (좁은 의미든 넓은 의미든) 군사화의 적절한 수준을 계량화하는 것은 불가능했다. 특정한 위협에 대해 특정한 방식으로 대응하는 것은 대규모의 군대를 필요로 할 수 있지만, 결연한 의지를 보여주고 동맹국들을 안심시키는 일에는 끝이 없었다. 마이클 셰리(Michael Sherry)는 미국에서 군사화의 동력은 미국이 결코 나치 독일처럼 중앙 집권적으로 통치되거나 조정된 적이 없다는 사실에서 나왔다고 주장한다. 그것은 다양한 이해관계자들의 목적이 아니라 도구였다. "그 힘은 모든 종류의 갈등이 봉합되거나 국가안보에 대한 지배적인 우려에 부속되는 방식에서 비롯되었다." 비록 진면이 셰리가 암시하는 군사화의 연속선 상의 어딘가에 놓이더라도, 그 결과는 예외적이고 예측 불가능할 수 있다. 전 세계적으로 냉전의 위협은 내부적이면서도 동시에 외부적이었기 때문에, 사회 통제와 감시 이슈들에 심대한 영향을 미쳤다. 군사화는 일상적 삶의 많은 면모를 정치화했다. 군사화는 국가 안보 전략만큼이나 권력을 형성하고 행사하는 방식이기 때문이다. 군사화는 사회 변화를 가져 왔지만, 동시에 그러한 변화의 모습을 결정했고, 어떤 변화들은 강요하는 한편 다른 것들은 제한했다. 메이(Elaine Tyler May)가 미국에 대해 지적한 것처럼, "냉전의 정치와 이데올로기, 공공정책은 전후의 가족생활과 성역할을 형성하는데 결정적이었다."[19]

---

19   Sherry, *Shadow of war*, 177; May, *Homeward Bound*, 208.

무엇보다도, 냉전의 지역사 연구는 국제관계사와 국내적 과정의 역사 사이의 전통적 경계를 허무는 것이 얼마나 중요한지를 보여준다. 국제관계 이론가들은 외교 정책의 형성에 있어서 국내적 고려사항의 중요성을 오랫동안 인식하고 있었다. 그러나 사회사가들도 또한 국제적 고려가 국내 정책의 결정을 만들어 낼 수 있고 따라서 살아있는 인간의 경험을 심오하게 형성할 수 있다는 점을 인식해야 한다. 국지적 예시화를 통해서 냉전을 완전히 이해하기 위해서는 복수의 분석 척도를 넘나들 필요가 있다. 지정학적으로 정보를 획득한 사회사는 사회적으로 정보를 획득한 지정학적 역사만큼이나 중요하다. 그렇지 않다면, 역사적 전개는 그들이 실제로 경험한 방식과는 거리가 먼 추상적 수준에서 자신의 의미를 생성하는 방향으로 이루어질 것이다. 진먼의 이야기는 단순히 외교적·군사적 위기에 대한 이야기가 아니라, 일상적 삶의 새로운 양식에 관한 이야기이다. 그리고 냉전에 관한 진실로 통합적인 문화사, 사회사는 초강대국에서의 삶뿐만 아니라 냉전이 뜨거워진(즉, 냉전 속에서 열전을 경험한) 제3세계의 장소들 역시 포함해야 한다. 또한 지정학적 대립과 초강대국의 개입이 공동체와 가족들을 형성하고 사회와 문화를 왜곡했던 세계의 다른 많은 부분들도 고려해야 한다.

 본 연구에 활기를 불어넣은 주제인 지정학화, 근대화, 그리고 군사화는 1992년 이래로 진먼이 경험한 심대한 변화도 사고할 수 있는 유용한 방법으로 남아 있다. 섬의 지정학적 중요성에 대한 관심을 끌기 위해, 계엄령 시기에 전지정무는 경계로서의 진먼의 위치를 강조했다. 진먼은 군사적 경계이면서 이데올로기적인 경계였다. 세계적인 공산주의 세력과 자유주의 세력이 서로 대치하는 지점이었다. 이러한 경계는 종종 침투 불가능한 것으로 표현되었지만, 사실 이것은 투과될 수 있을 뿐만 아니라 진먼이 기대되는 역할을 수행하기 위해서라도 투과되어야 했다. 따라서 전지정무의 역할은 경계를 표시하고 엄격하게 경계를 지키는 것이었다. 1992년 계엄령 해제 이전에도 경계는 점차 사람들, 재화, 자본, 사상의 상호작용과 흐름이 유동적인 경계지대(borderland)가 되어가고 있었다. 이러한 경계로부터 경계지대로의 변화는 지정학화에서 세계화로 변화의 구체적인 표현이다. 지정학화 하에서 다른 장소들의 상호 연결성은 국민국가의 힘과 의제에 기반을 두고 있었다. 세계화 하에서는 그러한 상호 연결성이 최소한 원칙적으로는 신자유주의적인 경제 관계에 기초하고 있다. 오늘날 진먼에 너무나도 널리 퍼진 향수(nostalgia)는 지정학화를 세계화로 대체함으로써 발생한 혼란에 대한 반응이다. 진먼의 정부 당국은 지난 10년 동안 발전해 왔던 새로운 흐름이 계엄령 하에서는 불가능했던 번영을 가져다주기를 희망하고 있다. 그들은 경제적 자유주의와 이에 뒤이을 것으로 희망하는 사회복지라는 관점에서, 그들의 군부 전임자들과는 다른 방식으로 근대화를 정의하고 있다. 과거에 프로파간다 전쟁에서 승리하기 위한 수단이었던 교육 시설, 의료 서비스, 사회기반시설 등이 이제 다시 한번 근대화 프로젝트의 목적이 되었다.

    진먼은 분명히 군사화의 순환에서 벗어났다. 하지만 아직도 많은 상처(경관에 대한 상처, 사람이 입은 상처, 미래가능성에 대한 상처)를 마주하고 있다. 1960년대에 진먼 사람들은 그들이 세계적 사건의 중심에 있다는 사실에 자신감을 가질 수 있었다. 1970년대 중화인민공화국에 의해 타이완이 점차 주변화됨에 따라 이러한 자신감은 흔들렸다. 그리고 타이완 사람들이 단순히 정치보다는 역사와 관련된 정체성을 표현하기 시작하면서 진먼은 타이완으로부터도 주변화되게 되었다. 오늘날 진먼은 타이완과 함께, 그리고 타이완으로부터, 이중으로 주변화되었다. 이러한 이중적 주변화에 대한 감각, 그리고 이에 맞서 싸우고자 하는 열망이 진먼 사람들의 정체성의 일부가 되었다. 오늘날 세계화된 세계에서, 진먼이 지금보다 얼마나 더 주변적일 수 있을지 상상하기 힘들 정도이다. 진먼은 앞으로 절대로 1958년에 그랬던 것처럼 세계적 관심의 중심이 될 수 없을 것이다. 오늘날 섬의 주민들에게는 별로 위로가 되지 않겠지만, 진먼의 의의는 군사화의 결과와 비상사태의 수행에 대한 교훈에 있을 것이다.

    나는 진먼을 재현하는데 있어서 은유(metaphor)가 어떻게 지배적인 수사

(trope)가 될 수 있는지를 설명하면서 이 책을 시작했다. 비교사에서 진먼이 가지는 중요성에 대한 이런 주장은 어떤 의미에서는 나 역시 이 섬을 냉전의 경험에 대한 은유로서 인식하고 있음을 보여준다. 어쩌면 그 은유는 20세기의 글로벌 사회를 특징지었던 군사화와 전쟁의 폭력 등, 아직도 우리 자신을 형성하고 있는 사고들을 물려준 19세기의 위대한 사회이론가들도 전혀 예상하지 못했던 정도까지 더욱 연장될 수 있을지 모른다.[20] 진먼이 극단으로 치달은 군사화를 경험했다면, 그것은 더 일반적인 조건에 대한 성찰을 자극할 수도 있을 것이다. 진먼의 이야기는 군사적 위협이나 군사적 야망과는 거의 무관한 이유로 군사화가 일어날 수 있으며, 서로 다른 맥락의 군사화가 그 배후에 있는 이데올로기와는 상관없이 비슷한 정책과 사회적 결과를 가져올 수 있다는 점을 보여준다. 또한 군사화와 근대화가 어떻게 얽힐 수 있으며, 양자가 어떻게 독특한 정치를 함께 만들어 낼 수 있는지 보여준다. 진정한 민주주의나 민주주의라 표방하는 체제에서, 비상사태는 항상 군사화의 정당화 수단이었다. 그리고 비상사태라는 아포리아, 그것이 필수적이라는 자기-재현, 법과 무법 사이의 애매한 위치 등은 군사화가 삶의 다양한 영역으로까지 확장하게 만들고 그러한 확장을 정상으로 만드는 요인이다. 비상사태는 권위주의 체제나 억압뿐만 아니라 모든 종류의 정치, 사회, 경제, 문화 정책들을 징당화하기 위해 발동될 수 있다. 이러한 사태 전개는 객관적 상황에 대한 불가피한 대응이 결코 아니다. 그것들은 항상 지역적, 지역 횡단적, 혹은 전지구적인 정치에 의해 연결되고 조건화된다. 그리고 그것들은 항상 영향을 받는 개인 및 공동체와의 협상 과정을 거친다. 아감벤(Giorgio Agamben)은 근대 민주주의 사상이 시작된 이래 각국의 정부가 자유의 영역을 확장하고 있다고 주장하면서 동시에 비상사태와 그 불가

---

[20] 바로 이 점에 대한 비범한 탐구로서, 나는 지그문트 바우만(Zygmunt Bauman)의 홀로코스트에 대한 해석을 근대성의 바로 그 성격에 위치하는 것보다 전근대적인 야만성이 덜 생존적이라는 것으로 읽을 수 있다고 생각한다. *Modernity and the Holocaust*.

피성에 대한 호소를 통해 자유를 훼손해 왔다고 주장한다.[21] 이러한 해석에 따르면 예외상태(state of exception)나 계엄령은 근대 정부의 패러다임적 형태로 간주될 수 있다. 군사화가 20세기에 만연한 현상이었고 비상사태의 발동이 오늘날에도 관심사로 남아 있는 한, 진먼과 진먼 사람들의 경험은 유일하거나 무의미한 것이 아니라 상징적이며 교훈적일 수 있다.

---

21 Agamben, *Exceprion*, 11-22.

부록

표 A.1 민간인 인구와 병영의 규모

년도	민간인 인구	병영의 규모	
		병력	부대
1945	50,865		
1949			
1954		42,000(+6,000명의 게릴라)	9개 사단
1956	45,347		6개 사단
1958		95,000(Wu Lengxi)	
		86,000("US Military Policy")	
1959	41,014	80,000-100,000(?)	
1961	47,528		5개 사단
1966	56,842		
1970	61,008		
1975	59,668		
1980	51,883		
1985	48,846	60,000-80,000(?)	
1990	42,754		4개 사단
1993	45,807	30,979	
1997	51,080	15,974	
2000	53,832		4개 여단
2004	64,456	10,709	

민간인에 대한 수치는 다양한 통계집에서 나온 것이며 상당히 신뢰할만 하다(*JMXZ*, 355-62; JMTJ, no vol. number(1961); *JMTJ* LI(2004), 29). 병영 규모에 대한 수치는 조금 더 잠정적이다. 군사기밀을 이유로 중화민국 정부는 1990년대 이전에는 정확한 수치를 발표하지 않았다. 1954년의 수치는 미 중앙정보국 보고서(CIA: Office of Current Intelligence, Office of Current Intelligence, "The Chinese Official Islands", 1954, DDRS, 3. 이 수치의 신뢰성은 민간 인구 6,000명이라는 추정치에 의해 다소 문제시되고 있는데, 이는 6배 이상 틀린 수치지만, 저자의 우선 순위는 아니었다)에서 나온 것이다. 정보력이 좋았을 것으로 추정되는 마오쩌둥은 1958년 8월 중순 베이다이허에서 열린 회의에서 95,000이라는 수치를 사용했다 (Wu Lengxi, "Wuzhang yu wenzhang: Paohong Jinmen neimu," 6). 1958년 9월 미국 정부 소식통에 따르면 86,000명("US Military Policy and Objectives in Formosan Area - Draft Script for McElroy-Sandys Talks, September 22-October 3 1958," DDRS, 5-6)의 수치가 나온다. 학계 문헌에 자주 등장하는 평가로는 1958년 진먼과 마주의 수비대가 중화민국 육군의 3분의 1로 구성되었다는 것이다. 내 생각에 이것은 위기 초기에 CIA의 추정에 근거하여 아이젠하워가 언급한 것에서 비롯된 것 같다. 당시 중화민국 육군의 수는 45만 명이 넘었고, 전체 군 병력은 약 60만 명에 달했으므로 이는 분명히 과대평가된 것이었고, 당시에도 약간의 혼란을 초래했다. 핼퍼린(Halperin)에서 인용되고 있는 CIA 특수정보국의 추정치는 진먼(86,000명)과 마주(23,000명)의 수비군 합계를 32만 명으로 추산되는 전투준비병력과 비교하여 3분의 1이라는 수치에 도달한 것으로 보인다. 아이젠하워도 병력 숫자보다는 부대를 언급하고 있었을 것이다. 중화민국 육군 21개 사단 중에서 6개 사단은 진먼에, 1개 사단은 마주에 배치되어 있었다. 또는 정치적 목적을 위해 의도적으로 애매모호함을 조장하고 있었을지 모른다 ("Transcript of the President's News Conference on Foreign and Domestic Matters," *New York Times*, August 28, 1958; Morton Halperin, *The 1958 Taiwan Straits Crisis: A Documented History*, 4-5). 1993년 이후의 부대 수와 병력 수는 "Jinfang bu zuzhi xitong dishan duizhao biao"에서 나온 것이다. 이것은 진먼의 소식통이 나에게 제공한 복사된 서류다. 그 문서의 진위를 의심할 이유가 없다. 표지에는 진먼방위사령부(JDHQ)의 배지가 인쇄되어 있어서 부적절한 사용은 심각한 범죄가 될 수 있었다. 중화민국 육군에서 사단은 1~2만 명의 병력으로 구성된 부대다. 그래서 사단 수는 언론과 방문객들에게 주어진 대략적인 수치와 잘 맞아떨어진다. 총 수비대는 6만에서 10만 사이였다. 1983년 4개 사단을 남기고 1개 사단이 타이완으로 이전하였다. 그 후 10년 동안 사단의 수는 4개로 일정하게 유지되었다. 1997년에 4개 사단은 여단으로 격하되었다.

일러두기

사용된 약어

DDRS   Declassified Documents Reference Service, US

PRUS   *Foreign Relations of the United States*

GFBA   Guofangbu(Ministry of Defense) archives, ROC

GSGA   Guoshiguan(Academia Historica) archives, ROC

JMBD   *Jinmen baodao*(Jinmen Reports)

JMJCJA   Jinmen jingchaju(police bureau) archives, ROC

JMMFFT   Dong Qunlian(ed.),*Jinmenjieyan shiqi de minfang zuxun yu dongyuan fangtan lu*(Taibei: Guoshiguan, 2003-)

JMMFTDJL   Xu Weimin et al.(eds.), "Jinmen minfang dui de tiandiao jilu," *Jinmen Daoshang Minfangdui shiji ji Guo-Gong zhanyi diaocha yanjiu qizhong baogao*(Jinmen: Jinmen guojia gongyuan, 2000)

JMRB   *Jin men ribao*(Jinmen Daily)

JMTJ   *Jinmen tongji nianbiao*(Jinmen Statistical Annual)

JMXZ   *Jinmen xianzhi* Ginmen: Jinmen xianzhengfu,1992)

LYA   Lieyu(Little Jinmen) township archives, ROC

NARA   National Archives and Records Administration, US

SSJY   *Zhonghua Minguo shishi jiyao*(Taibei: Guoshiguan 1971-)

아래에 해당하는 지도와 그림은 원 저작권자와 연락이 닿지 않아 부득이하게 출처 표기만 하였습니다.

22~23쪽 지도, 53쪽(그림 2.2), 70쪽(그림 3.1), 110쪽(그림 5.1), 110쪽(그림 5.2), 126쪽(그림 6.1), 131쪽(그림 6.2), 138쪽(그림 6.4), 177쪽(그림 7.1), 181쪽(그림 7.2), 186쪽(그림 8.1), 190쪽(그림 8.2), 193쪽(그림 8.3), 196쪽(그림 8.4), 204쪽(그림 8.5), 214쪽(그림 9.1), 228쪽(그림 9.2), 229쪽(그림 9.3), 244쪽(그림 9.4), 245쪽(그림 9.5), 252쪽(그림 9.6), 259쪽(그림 10.1), 276쪽(표 10.1), 279쪽(그림 10.2), 287쪽(그림 10.3), 309쪽(그림 11.1), 312쪽(그림 11.2), 345쪽(그림 12.1), 346쪽(그림 12.2), 388쪽(그림 14.1), 391쪽(표 14.1), 411쪽(표 A.1)

냉전의 섬, 전선의 금문도
COLD WAR ISLAND: QUEMOY ON THE FRONT LINE

초판 1쇄 발행 | 2020년 12월 31일

지은이 | 마이클 스조니(Michael Szonyi)
옮긴이 | 김민환·정영신
편　 집 | 배원일
발행인 | 김태진
발행처 | 진인진
등　 록 | 제25100-2005-000003호
주　 소 | 경기도 과천시 별양상가 1로 18 614호(별양동 과천오피스텔)
전　 화 | 02-507-3077-8
팩　 스 | 02-507-3079
홈페이지 | http://www.zininzin.co.kr
이메일 | pub@zininzin.co.kr

ⓒ 진인진 2020
ISBN 978-89-6347-459-5 93300

* 책값은 표지 뒤에 있습니다.
* 아시아시대를 맞이하여 서울대학교 아시아연구소는 아시아 근현대사에 대한 정확하고 기본이 되는 역사연구들을 소개하고자 〈아시아 근현대사〉 총서를 기획했다.